U0961115

北京大学图书馆研究支持服务探索与实践丛书

机构知识库构建指南

崔海媛　著

海洋出版社

2019年 · 北京

图书在版编目（CIP）数据

机构知识库构建指南：北京大学图书馆研究支持服务探索与实践/崔海媛著 . —北京：海洋出版社，2019. 4

ISBN 978-7-5210-0346-8

Ⅰ. ①机… Ⅱ. ①崔… Ⅲ. ①图书馆工作-研究 Ⅳ. ①G25

中国版本图书馆 CIP 数据核字（2019）第 072391 号

丛书策划：高显刚

责任编辑：杨海萍　张　欣

责任印制：赵麟苏

海洋出版社　**出版发行**

http：//www. oceanpress. com. cn

北京市海淀区大慧寺路 8 号　邮编：100081

北京朝阳印刷厂有限责任公司印刷　　新华书店发行所经销

2019 年 5 月第 1 版　2019 年 5 月北京第 1 次印刷

开本：787mm×1092mm　1/16　印张：26. 5

字数：352 千字　定价：68. 00 元

发行部：62132549　邮购部：68038093　总编室：62114335

《机构知识库构建指南》
编委会

序

伴随着大数据和人工智能等新技术快速发展，全球研究范式和学术交流环境不断变革，开放科学和开放获取进程加快。新型科学研究和学术交流生态构建过程中，机构知识库是重要的数据基础。加快中国机构知识库建设，为学术研究提供更多高质量的机构知识库，是中国在全球开放科学体系重构中发挥作用的重要手段。北京大学图书馆崔海媛副研究馆员的专著《机构知识库构建指南》适时出版，为中国高校和科研机构建设机构知识库，提供了全面业务指南和完整流程建议。

崔海媛老师具有图书馆信息技术和软件服务二十二年的研究和应用经验，主持研发过数十个国内外具有影响力的软件服务和项目，带领北京大学图书馆信息化与数据中心团队完成了中国高等教育文献保障系统（CALIS）三期项目“机构知识库建设推广”和国家自然科学基金委项目“开放科学驱动下的开放获取政策研究与平台构建”，具有机构知识库领域深厚的研究积淀，尤其是在机构知识库平台建设、内容建设、政策建设和宣传推广等多方面都取得了丰硕的成果，积累了丰富的经验。该书是她和几位年青的馆员老师在经验总结基础上，广泛调研全球机构知识库研究和应用案例，对机构知识库建设有关的理论和实际问题进行梳理而成，既有学术性，又具可操作性。

2018 年 9 月，欧盟 11 国主要科研经费资助机构，签署发布了新的开放获取计划——cOAlition S 计划（简称为“S 计划”），提出：“从 2020 年 1 月 1 日起，所有由上述 11 国以及欧洲研究委员会拨款支持的科研项目，都必须将研究成果发表在完全开放获取期刊或出版平台上。”2018 年 12 月，在德国召开的第 14 届开放获取柏林会议上，37 个国家的资助机构、科研与教育机构和图书馆讨论进一步协调推进 S 计划。中国国家自然科学基金委、国家科技图书文献中心、中科院文献情报中心代表在会议上发布立场声明，明确表示中国支持 OA2020 和开放获取 S 计划，支持公共资助项目研究论文立即开放获取。

不难理解，旨在建立一个更易于获取的、高效的、公平的和透明的学术出版体系的 S 计划，是多方共赢的行动计划，需要研究资助者、研究机构、研究人员、学术团体、图书馆和出版商等方面的共同努力。仅就图书馆而言，尤其是大学图书馆和研究机构图书馆，在履行“精准揭示、组织、利用、传承人类知识和世界文明”这一核心使命过程中，对承载着人类知识和世界文明的信息资源的完整性和战略性有独特的要求，对广大用户的学习、教学和科研所需信息资源的实时保障和长久保存有独特的价值，对大学和研究机构的人才培养和科研创新所需服务的持续性和便捷性有独特的责任。S 计划无疑是满足这种要求、实现这种价值、承担这种责任的重要支撑。同时，建立健全相应的机构知识库，并由此参与开放获取运动和跨界交流合作，也不失为明智的战略选择。

“不谋万世者，不足谋一时；不谋全局者，不足谋一域。”《机构知识库构建指南》一书的内容，不仅是当前机构知识库领域的阶段性研究和实践成果，而且是全球科学研究和学术交流生态构建的战略篇章。衷心祝愿该书的出版对同行有助，对读者有益！

陈建龙
北京大学信息管理系教授
北京大学图书馆馆长
2019 年 3 月

前 言

自 1998 年“自由扩散科学成果运动”提出开放获取倡议后，二十年来，全球开放获取运动蓬勃发展，多个国家、资助机构、大学与科研机构制订开放获取政策，机构知识库发展迅速，已经成为全球学术交流中重要的学术资源。与其他国家对比，中国高校和科研机构无论在开放获取政策发布，还是机构知识库建设服务方面，都落后于世界。2018 年 11 月，在开放获取知识库登记网站（Registry of Open Access Repositories，ROAR）登记在册的全球开放获取知识库数量为 4 735 个，中国大陆只有 92 个（中国科学院研究所知识库 73 个，其他机构 19 个），香港地区 10 个，台湾地区 83 个，建设的机构知识库规模和影响力都非常有限。调研显示，虽然中国高校图书馆参与机构知识库的积极性很高，但因政策力度、技术能力、人员配备和建设经验不足，难以有效开展与推动机构知识库建设。2017 年开始，中国高校开始双一流建设，在教学和科研上，进入世界一流水平。机构知识库建设，应纳入各高校双一流建设规划中，中国机构知识库如果能在全球学术交流生态系统中发挥作用，有助于提升中国高校的学术影响力，支持双一流建设。

本书调研和分享了全球机构知识库的建设经验和成功案例，并基于编著者多年的研究和实践经验，对机构知识库的缘起、概念、发展历程、开放获取政策制定、软件平台选择和构建、开源软件 Dspace 应用、元数据标准规范制定、内容建设方法、服务推广策略、机构知识库与科研管理系统的融合、新一代机构知识库发展趋势等做了全面介绍，力图为国内同行提供从理论到实践的全面建议和参考。本书编著者是北京大学图书馆信息化与数据中心技术团队成员，具有丰富的图书馆新技术研究和开发经验，从事多年机构知识库的研究和建设工作，为北京大学机构库建设和发展做了多方面的贡献。在本书中，我们将研究成果和建设经验分享给读者，期待能给国内各高校图书馆机构知识库建设提供参考和借鉴，推动中国机构知识库发展。由于能力、学识不足，书中内容难免会有疏漏和不足，也诚意恳请业界同行指正。

本书的写作分工如下：

崔海媛（北京大学图书馆）：第一章、第二章、第三章、第七章、第八章、第九章，并负责全书的内容设计、组织、体例、审校和统稿；

罗鹏程（北京大学图书馆）：第三章、第四章、第八章；

李国俊（北京大学图书馆）：第三章、第四章；

刘丹（北京大学图书馆）：第五章、第六章；

吴越（北京大学图书馆）：第二章；

徐清白（北京大学图书馆）：第二章、第四章。

崔海媛

2018 年 11 月

目录

第一章　机构知识库发展概述

1.1　开放获取运动

1.1.1　背景

学术交流是科学研究的重要组成部分，是科学研究的本质[1]。自最早的两份学术期刊《学者周刊》和《哲学汇刊》于1665年问世以来，学术期刊一直是学术交流最为重要的正式渠道[2]。随着信息技术的发展和进步，尤其是互联网的出现和迅速普及，网络出版与电子数据库成为学术出版趋势。三百多年来，出版者、数据库商与图书馆在学术交流活动中发挥着重要作用，但自20世纪70年代产生并愈发严重的“学术期刊危机”问题使得出版者与图书馆出现了矛盾。访问学术期刊和获取学术成果方面的“价格危机”（pricing crisis）和“许可危机”（permission crisis）[3]，造成学术交流中，科研人员一方面不能有效快速地获取他人的研究成果，另一方面也不能无障碍传播研究成果。学术期刊的大幅度涨价，出版的商业化和兼并行为，使学术期刊的出版日益集中于少数商业出版者手中，学术期刊价格持续的高涨大大超出了图书馆文献采购经费预算的涨幅，迫使图书馆不得不削减期刊订购，造成价格危机。电子期刊与数据库普及后，出版商设置访问限制，将图书馆订购的电子期刊使用许可授权限制在一定范围内，造成许可危机，阻碍了学术研究成果的广泛传播和有效利用。

为了解决危机，打破传播壁垒，利用信息技术促进学术交流，学术界、图书馆界和出版界不断探索新的学术交流方式。20 世纪 90 年代末兴起与快速发展的开放获取运动（Open Access，OA），变革与推动了信息自由共享与传播的学术交流机制。不同于传统基于订阅的学术出版模式，开放获取倡导通过互联网进行学术成果无障碍传播，任何人可以在任何地点和任何时间，不受经济状态影响，平等获取并使用学术信息和研究成果[4]。

1.1.2　开放获取定义

目前，开放获取的定义，较为全面且广泛使用的有两个：

2001 年布达佩斯会议中将开放获取描述为：可以免费在互联网上得到，允许读者阅读、下载、复制、传播、打印、检索、获取文章全文，可以制作索引，把它们作为软件数据库，或者为了其他合法的目的使用而不存在资金、法律、技术障碍。对复制与传播的唯一约束就是，应确保作者有权利控制他们成果的完整性并使成果得到认可与引用[5]。

2003 年 4 月 11 日，在美国马里兰州召开的 Bethesda 会议上，定义开放获取具有两大特征[6]：①保留部分权利。作者及著作所有权人授权所有使用者免费、不能撤回、全球性、永久的取用权利，只要恰当的署名原著者，就可以不拘理由以任何数字媒体形式，公开复制、使用、散布、传送及展示原作品，制作及散布衍生作品；印本形式只限少量及个人用途。②公开发布。包括所有附件、以上著作权声明在内的完整作品，以适当的标准档案格式存储在至少一个在线知识库中。该知识库必须由学术单位、学会、政府机构或其他声誉卓著的机构支持，采用开放、传播无限制、跨平台及长期保存政策。

以美国国立医学图书馆（NLM）与美国国立卫生研究院（NIH）联合建立的生命科学期刊全文数据库（PubMed Central）为例，PubMed 就是生物医学领域里符合上述要求的一个知识库。

维基百科对开放获取的定义是[7]：开放获取是在网络范围内任何人都可以免费的、及时的、永久的、全文的联机获取数字科技与学术资料，主要是在同行评议的期刊上发表的研究资料。开放获取意味着任何用户在任何地方，都可以利用互联网链接、阅读、下载、存储、打印、使用和数据挖掘这篇文章的数字内容。开放获取的文章通常具有有限的版权和许可限制。简而言之，开放获取就是任何人在网络范围内都可以免费、及时、永久获取研究文章的全文。

美国研究图书馆学会（Association of Research Libraries，ARL）基于布达佩斯和 Bethesda 会议定义，将 OA 定义解释为："开放获取"是在基于订阅的传统出版模式以外的另一种选择。通过新的数字技术和网络化通信，任何人都可以及时、免费、不受任何限制地通过网络获取各类文献，包括经过同行评议过的期刊文章、参考文献、技术报告、学位论文等全文信息，用于科研教育及其他活动。从而促进科学信息的广泛传播，学术信息的交流与出版，提升科学研究的共利用程度，保障科学信息的长期保存。这是一种新的学术信息交流方法，作者提交作品不期望得到直接的金钱回报，而是提供这些作品使公众可以在公共网络上利用[8]。

基于以上定义，对用户免费以及无限制的合理使用是开放获取核心所在。开放获取不是免费获取（free access），也不是普遍存取（universal access），而主要有以下三方面特征：①通过网络获取，强调同行评议。开放获取的期刊一定是同行评议的期刊，而不是自由获取（free access）。开放获取期刊一定是同行评议的，一定是免费获取的。但是免费的期刊不一定是同行评议的期刊，也不一定是开放获取期刊；②强调他人（作者、机构）付费出版，读者免费使用，强调读者利用上没有经济、法律、技术的限制；读者可以获取全文，而不是文摘；③强调作者和版权所有者授予全世界所有读者免费、永久地获取、复制传播、向公众展示作品、传播派生作品、以合理的目的将作品复制到任何形式的数字媒介上的权利，以及用户制作少数印本作为个人使用的权利。开放获取的附加特征，包括自存储时的时滞、永久获取、版权所有者认同、作者拥有版权、遵循有关的开放获取的版权协议（如 Creative Commons、OAI 等）[7]。开放获取的范畴，不仅包括期刊论文，还包括软件、科学数据、学位论文、教学课件、图书、音频、视频、多媒体等等。表 1.1 总结了几个重要 OA 计划中对 OA 定义的界定与说明。

表 1.1　OA 重要计划对 OA 定义的界定与说明

时间	来源	权利人	限定条件	权利
2002	布达佩斯开放获取计划	作者		署名权、保持作品完整权
		所有用户	合法用途	阅读、下载、复制、传播、打印、检索、链接、导入软件
2003	关于 OA 出版的《百思达宣言》	作者及著作权持有者	免费、不可撤销、世界范围、永久的	授予使用者权利、恰当署名、以标准格式至少在一个由声誉卓著的机构支持的在线仓储中公开存储
		所有用户	不限理由、任何数字形式、个人使用的少量印刷本	公开复制、使用、传播、展示原作品，并制作和传播衍生作品
2003	关于自然与人文科学知识开放获取的《柏林宣言》	作者及著作权持有者	免费、不可撤销、全球性权利	署名作者，将包括各种附件在内的完整作品至少提交到一个应用 OAI 标准的在线仓储中，该仓储必须由学术机构、学会、政府部门或者其他知名组织设立和管理，以确保长期可用
		所有用户	不限目的、任何数字形式、个人使用的少量印刷本	公开复制、使用、分发、传播、展示原作品，传播衍生作品

续表

时间	来源	权利人	限定条件	权利
2004	IFLA/Welcome Trust	作者及著作权持有者	免费、不可撤销、世界范围、（著作权保护期内）永久	署名作者、必须将完整的作品和附属材料，加上上述内容的许可协议，以标准电子格式，在作品出版后立即、至少在一个应用互操作协议、不限制传播、能够永久保存的学术机构、政府部门、其他允许OA的组织仓储中存储
		使用者	以任何合理目的、署名作者、为个人使用少量复制	复制、使用、传播、表演、公开展示、衍生任何载体的作品
2006	澳大利亚 OAK Law	OA的核心原则是开放获取研究和学术成果，尤其是公共基金支持的研究成果		

1.1.3 开放获取发展

在开放获取目录网站（Open Access Directory，OAD），完整记录了开放获取发展历程中重要的时间表与事件[9]，其中对开放获取发展影响重要的历史事件笔者介绍如下。

1998年，“自由扩散科学成果运动”（也被称为“自由科学运动”）是公认的开放获取标志性时间[9]，倡议对于科学文献要减少版权条约中的限制条款，反对将作品复制权从作者转移给出版商。该倡议被认为是开放获取的重要起点，并逐渐引起全球广泛关注。

2001年12月1—2日，开放科学研究所（Open Society Institute，OSI）在匈牙利首都布达佩斯召开的科学和学术文献开放获取会议上发布了“布达佩斯开放获取计划”[5]，提出推动科技文献的开放获取，即用户通过互联网免费阅读、下载、复制和传播作品，并提出开放获取的两种实现形式：开放存储

（Self-Archiving）和开放出版（Open-access Journals）。开放存储即作者在论文发表后将论文存储在机构或专业知识库，立即或者延迟一段时间（一般为 6 个月或者 12 个月）后开放发表；开放出版即期刊以免费获取方式发表论文，供公众开放阅读。布达佩斯会议督促国际社会加快促进各学科领域的研究论文在因特网上免费获取的进程，从此引起国际社会的关注、支持、响应和参与。人们已经基本对开放获取的内涵、组织形式达成了共识，此会议标志着开放获取进入快速发展阶段。

2003 年 10 月，德国马普学会发起柏林会议，通过《关于自然科学与人文科学资源开放获取的柏林宣言》[10]，德国、法国、意大利等多国的科研机构于 2003 年 10 月 22 日在柏林联合签署，旨在利用互联网整合全球人类的科学与文化财产，为来自各国的研究者与网络使用者在更广泛的领域内提供一个免费的、更加开放的科研环境；呼吁向所有网络使用者免费开放更多的科学资源，以促进更好地利用互联网进行科学交流与出版。将开放获取的对象扩展到科研论文、科学数据、参考资料、图片图表、学术类多媒体资源等，并提出了开放获取的两个条件，即作者或者版权所有人承诺向所有用户提供免费的、不能撤回的和在全世界范围内复制、利用、传播权利，只要保证以适当方式显示作者权利；作品的完整版本应该以标准格式存储到在线存储库中以支持作品的开放获取和长期保存。

随着科学数据、教育资源等广泛数字化，开放获取得到进一步发展。2004 年 1 月，世界经合组织（Organization for Economic Co-operation and Development，OECD）科技政策委员会发布由 34 个国家联合签署的《公共资助研究数据的开放获取宣言》[11]，提出公共资助项目产生的科研数据应实现开放获取。该宣言提出要建立公共资助研究数据的开放获取机制，要建立透明的关于数据存储权、拥有权、使用伦理及其他限制、知识产权保护、使用者责任等的说明规则，通过标准化提高数据的互操作性，建立搜集和传播数据的最佳方法和技术来确保数据的真实性、原始性、安全性和完整性，建立数据管理最佳方法和专门服务来促进全球数据共享的高效率等，同时要兼顾开放获取为科研创新带来的利益和保护合法权益所需要的限制间的平衡，在设计科研数据获取机制时应与国家的法律体系保持一致。

2006 年 12 月，OECD 又颁布了《公共资助研究数据的开放获取原则和指南》[12]，指出“公共资助的研究数据”是由政府机构研究获取的数据、或利用任何级别的政府资金资助的研究产生的数据；科学数据主要指用来作为科学研究主要来源的事实记录（数值分数、文字记录、图像和声音等）。实际上，科学数据开放获取中已经涉及关于数据收集、处理、利用、保存、管理等一系列机制，已经成为科技基础设施建设的组成部分。

2007 年 9 月，在南非开普敦举行的开放教育会议发布《开普敦开放教育宣言》[13]提出，促进教育领域的开放资源、技术和教学实践。2008 年，欧洲大学协会理事会批准了其开放获取工作组的建议，要求各国大学校长理事会积极建立支持开放获取的政策机制。2009 年美国国家医学院发表《美国对世界健康的承诺：对新行政当局的建议》，提出公共资金资助的健康研究成果应该为公众开放获取。2009 年，白宫科技政策办公室公开征询公众意见，将国立健康研究院实行的资助项目研究论文强制性开放存储政策推广到整个联邦政府。2010 年 4 月，美国众议院六位议员提出《联邦政府研究成果公共获取法案》[14]，要求所有资助金额达到一亿美元以上的联邦资助机构实施与国立健康研究院相同的开放存储政策。2010 年 5 月，包括哈佛、斯坦福、普林斯顿、康奈尔、卡耐基-梅隆、加州大学及其各个分校、宾州、杜克等 27 所研究型大学教务长集体呼吁国会支持《联邦政府研究成果公共获取法案》。

2016 年 3 月 21 日，德国马普学会等机构通过设立专门网站正式发起了“开放获取 2020（Open Access 2020，OA 2020）”国际行动计划。OA 2020，是在《开放获取柏林宣言》框架下和基于开放获取使命声明的国际行动计划，是在第 11 届、第 12 届（简称 Berlin 12）柏林开放获取会议的重点讨论等一系列准备工作的基础上提出的，旨在加速开放和获取现有学术期刊从订阅模式向开放获取模式转化。作为表达 OA 2020 宗旨和使命的重要文件，“学术期刊大规模实现开放获取意向书”（Expression of Interest in the Large-scale Implementation of Open Access to Scholarly Journals，EoI），由德国马普学会于同日在 OA 2020 网站正式发布[15]。EoI 是 2015 年 12 月 8—9 日 Berlin 12 重点讨论的内容，也是该会议产生的重要成果。截至 2019 年 12 月 1 日，签署 EoI 的科研机构、资助机构、高校、图书馆联盟等已达 113 个[16]。OA 2020 通过 EoI 表达出各签署机构、组织、联盟等加速推动学术期刊向开放获取转化的国际行动意向。EoI 提出，为取得开放获取的所有优势，同时实现平稳、迅速和以学术为导向的转变，现有的学术期刊应由订阅获取向开放获取转变。

1.2 机构知识库发展概述

在 2002 年 2 月的《布达佩斯开放获取倡议》、2003 年的《贝塞斯达开放获取出版声明》、2003 年 10 月多国科研机构签署的《关于自然科学与人文科学资源开放获取的柏林宣言》（简称《柏林宣言》）和 2004 年 1 月经合组织（Organization for Economic Co-operation and Development，OECD）科技政策委员会部长级会议签署的《公共资金资助的研究数据的开放获取宣言》等政策促进下，全球开放获取运动蓬勃发展，多个国家、资助机构、大学与科研机构制订了开放获取政策，发布了机构知识库（Institutional Repository，IR）[17]。

1.2.1 机构知识库定义

机构知识库定义很多，常被引用的是瑞姆·库饶（Raym Crow）和克莱福德·林奇（Clifford A. Lynch）的定义。

美国学术出版和资源协会（Scholarly Publishing and Academic Resources Coalition，SPARC）资深顾问瑞姆·库饶（Raym Crow）被认为是最早系统化提出高校发展 IR 概念的西方学者，他将机构知识库定义为“数字化采集和完整保存单一或多个大学的知识成果产出的交流平台”并且满足高校发展的两大目标：①建立新形态的学术出版模式。通过数字出版创新手段分解传统出版结构，以改革依赖纸质出版的学术交流；②提高机构的知名度和声望。提供评价机构服务质量具体指标，从而提高知名度、学术地位和公共价值[18]。

网络信息联盟（Coalition for Networked Information，CNI）的克莱福德·林奇对 IR 的定义被众多学者认为最具代表性：IR 是为大学所有成员管理和传播学术成果的一系列服务，提供大学的数字资源长期且适当保存、组织、整理、永久访问和传播。IR 发展的最大意义是对大学产出的学术成果进行数字化保存和提供学术交流的传播功能[19]。此外，国际科学、技术与医学出版者协会（STM）商业出版顾问马克·沃尔（Mark Ware）提出知识库是机构基于网络技术而构建的学术资源数据库，为学术交流提供长期收集、积累并永久保存记录和传播的功能。认为系统采用的各类型电子格式必须符合永久保存的适用性，并且满足不同软件开发的 IR 平台所需具备的开放性和互操作性，整合“开放档案数据交换协议”（Open Archives Initiative，简称 OAI）标准的概念[20]。

英国联合信息系统委员会（JISC）关于 IR 的界定是“机构研究成果的合集。通常覆盖多个学科，有多种资金来源和传播方式。是否强制存储由各机构自行决定。机构对 IR 的内容可能有多种需要，包括 OA 传播、计量、推广和战略管理。看起来，多数工作是由书目信息部门完成的”[21]。

安布鲁斯特和罗马利将知识库根据发展政策和内容属性区分为以下 4 种类型：①学科知识库（Subject-based Repository），由学术社群成员建立，内容由相关主题研究者提供且为社群成员广泛采用；②研究知识库（Research

Repository)，由资助者要求研究成果集中保存并在公共领域中共享；③国家知识库系统（National Repository system），由国家级机构负责构建，以国家或地区为范围广泛搜集学术成果；④机构知识库（Institutional Repository），学术产出范围不限于单一机构或部门，可能由总图书馆负责收集和保存整个机构的学术研究知识资产[22]。他们认为学科知识库更符合学术研究与交流需求，是知识库发展方向[23]。

凯特·麦克道尔认为，机构知识库需要具有以下特征：①以研究机构为基础，所有院系人员都可以提交。仅限定特定院系或学者的知识库不是IR。②收集、保存与开放获取各种类型学术产出。仅收集一种类型，如学生作品、学位论文等知识库，不是IR。③有活力、持续更新与维护。图书馆主页或学术交流网站链接访问IR，在ROAR上注册，具有师生自存储机制，包括本人邮箱号提交内容等方式[24]。

苏珊·吉本斯（Susan Gibbons）提出IR的特点应包括：①数字内容保存；②收集机构学术成果；③机构支持；④长期保存与永久使用；⑤开放获取。IR应具备以下功能：①成果提交（Material submission）；② 元数据提交（Metadata application）；③开放获取（Access control）；④发现服务支持（Discovery support）；⑤发布（ Distribution）；⑥长期保存（Preservation）[25]。

机构知识库建设，对学术机构和研究者个人的益处主要是：①对学术机构来说，IR可提高其知名度和学术威望，有利于吸引高素质的学生、学者和基金资助；为机构各类型的学术研究提供长期保存，包括未发表的灰色文献；支持学习、教学和研究的工具，可吸引全球的目光；IR是机构学术成果的仓储，可以通过分类浏览方式链接到作者的在线简历和学术成果；通过在线访问和分享网站中的存储内容和其他技术架构，打破出版商的价格和技术障碍；提供“同行评议系统”出版学术期刊；提供用户开放获取学术研究。②对研究者个人来说，IR可提供更有效的、个性化的搜索和发现工具，增加个人在专业学科领域的知名度以及学术成果的传播和被引用机会；是安全性更高、系统管理和长期保存个人学术研究相关材料的服务平台，能够提供个人学术文献目录和学术评价分析，增加参与大规模研究项目的机会[26]。

综上所述，IR 是支撑机构学术交流研究的信息基础设施，收集并保存机构研究人员学术与智力成果，为学术研究和学术交流提供系列服务，包括存档，管理，发布，检索和开放共享。

在开放获取与机构知识库建设中，图书馆的作用与价值被重新思考、定位与重视。图书馆作为 IR 建设和运行管理者，承担起高校学术交流传播和开放出版角色，图书馆必须利用所有可用的人力和技术资源，为新型学术交流和研究设计出新的信息基础设施，成为高校学术交流中心，获得网络信息传播的领先地位[27]。

实践当中，IR 已经发展出多种形式。除机构形式外，还有区域联盟和国家联盟等多种联盟形式。表 1.2 从开放程度、内容类型、软件增值、软件类别、主办单位、学科数量和目标定位等多个角度划分 IR 的类型。

表 1.2　IR 的类型

序号	划分标准	类型
1	开放程度	完全开放型（提供元数据和全文）、混合型（提供元数据和部分全文）和封闭型（机构访问）
2	内容类型	文本库（有的 IR 将学位论文单独建库）、数据集库、多媒体库、教学资料库等
3	软件增值	应用型（简单运行软件）和开发型（改进软件，添加增值服务）
4	软件类别	商业软件用户（如 Bepress、CONTENTdm）、开源软件用户（如 Dspace、Eprints 和 Fedora 等）
5	主办方	单个机构主办型、多机构联合型
6	学科数量	单学科型和多学科型
7	目标定位	科研型、教育型、混合型

1.2.2 机构知识库发展历程

在开放获取运动推动下，20 世纪末，一些大学的院系创建了以“自存储”方式保存和开放本单位成员电子版文章的 e 印本文库。

1991 年，E-Print arXiv 成立。arXiv 是由美国国家科学基金会和美国能源部资助，由物理学家保罗·金斯帕在美国洛斯阿拉莫斯（Los Alamos）国家物理实验室建立的免费电子预印本机构知识库。从 2001 年起，由康乃尔（Cornell）大学维护和管理在美国洛斯阿拉莫斯国家实验室建立的免费电子预印本文献库，截至 2018 年 7 月 5 日，arXiv 收录包含物理学、数学、计算机科学、计量生物、计量金融与统计等学科共计 1 471 多万篇预印本文献[28]。arXiv 是机构知识库的引领者，是当今全世界物理学研究者最重要的交流平台。

1999 年，美国国立卫生研究院建立生物医学领域预印本数据库 E-Biomed service[29]。

2000 年 2 月，美国国立医学图书馆（NLM）与美国国立卫生研究院（NIH）联合建立 PubMed Central（PMC），鼓励研究者提交与保存发表学术成果。目前，PMC 已是世界上查找医学与生物文献利用率最高的开放获取知识库，收录生物医学和生命科学期刊文献全文，向全球免费开放使用。截至 2018 年 12 月 1 日，收录 7 423 多种期刊，520 万篇文章[30]。

2000 年，Current Science Group（CSG）公司成立 BioMed Central，提出由作者、机构承担出版费用的开放出版模式。

2000 年，由几位科学家发起成立非营利性组织科学公共图书馆（Public Library of Science，PLoS）。该图书馆成立后，发布公开信，倡议自 2001 年 9 月起，出版商允许其出版物在出版 6 个月内免费公开利用。大约 180 个国家的 3 400 名科学家最终签署了公开信，承诺到 2001 年 9 月不再在不符合这一要求的期刊上发表文章。由于公开信没有得到积极响应，PLoS 开始出版开放获取期刊。在得到 Gordon 与 BettyMoore 基金会 900 万美元为期 5 年的捐款后，PLoS 于 2003 年 10 月创建了第一份全文的、同行评议的电子期刊《PLoS 生物学》。后续出版有《PLoS 医学》《PLoS 遗传学》等，发表经过同行评议的医学研究文章、研究文章综述以及有关国际医学发展、有争议性的医学问题、被忽视的疾病和其他与健康有关的专题文章。与 arXiv 不同，科学公共图书馆是作为非营利机构建立的，接受捐赠，运行模式是成本回收型，作者（不是订购者）支付发表作品的费用。这种作者付费模式是开放获取出版的判定特性之一。它深刻地改变了知识的生产和传播，因为产品（同行评议的文章）对通过网络利用它的任何人都是免费的[31]。

2001 年 12 月，美国开放社会组织（Open Society Institute）在布达佩斯召开会议并于 2002 年 2 月发布《布达佩斯开放获取倡议》（Budapest Open Access Initiative，BOAI），全面推动开放获取发展。2003 年的《贝塞斯达开放获取出版声明》、2003 年 10 月多国科研机构签署的《关于自然科学与人文科学资源开放获取的柏林宣言》（简称《柏林宣言》）和 2004 年 1 月经合组织（Organization for Economic Co-operation and Development，OECD）科技政策委员会部长级会议签署的《公共资金资助的研究数据的开放获取宣言》促进下，全球开放获取运动蓬勃发展，多个国家、资助机构、大学与科研机构制订开放获取政策，发布开放获取知识库。

以欧盟第七框架计划（Seventh Framework Programme，简称 FP7）资助的 OpenAIRE 为例，欧洲开放获取基础设施研究项目（Open Access Infrastructure Research for Europe），是欧盟开放获取的基础设施，面向研究者，数据提供者，科研管理者和资助机构提供系列基础设施和服务，包括按照机构或者学科/主题构建知识库（ZENODO），供研究者和数据提供者等存缴研究数据和研究论文[32]。截至 2018 年 11 月 29 日，OpenAIRE 开放获取知识库共收录来自 1.3 万个知识库的成果、数据与项目信息，收录信息包括：2 385 万余成果

（论文，预印本等），6.6 万条数据集，欧盟（EU）、美国 NSF、葡萄牙科技基金会（FCT）、澳大利亚研究基金会（Australia Research Council 简称 ARC）和英国维康基金会（Wellcome Trust）等 17 个资助机构的 254 万余个研究项目信息与链接[33]。OpenAIRE 提供了丰富的 API 接口服务，用户可以利用接口，获取 OpenAIRE 的成果、数据与项目信息。

开放获取对学术交流模式有着重要影响，开放获取运动发展迅速，国内外众多机构进行了大量相关研究与实践，许多国家和机构也提供资助，并且得到了学者、研究机构、图书馆、用户等相关方的积极参与和支持。在开放获取运动与政策推动下，自 2002 年以来，全球机构知识库持续积极发展，不断深入。研究显示，国际开放获取政策体系日渐完善，知识库发展日渐成熟，进入研究与推动全球知识库互通操作与增强增值服务阶段。支持开放出版与开放数据服务，也成为知识库的发展方向。中国开放获取与知识库发展，进入积极快速发展时期，开放获取政策与知识库建设都得以推广与推进。

1.3 国际机构知识库发展

2018 年 10 月，根据机构知识库登记网站（Registry of Open Access Repositories，以下简称 ROAR）提供的数据，目前全世界在 ROAR 登记在册的机构知识库数量为 4 692 个[34]，2009 年 3 月的统计数据为 1 291 个。九年内，全球的机构知识库数量增加了 3 401 个。根据机构知识库注册网站（The Directory of Open Access Repositories，以下简称 OpenDOAR）的数据显示，截至 2018 年 11 月，在 OpenDOAR 登记的全球机构知识库从 2006 年 128 个知识库发展到 3 804 个[35]（图 1.1）。数据显示，十二年来，机构知识库全球发展迅速。

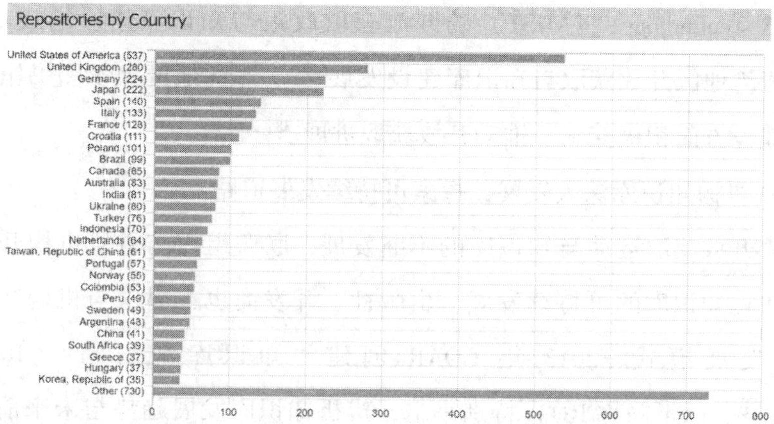

图 1.1　OpenDOAR 登记的全球机构知识库数量统计

1.3.1　国际机构知识库发展特点

（1）机构知识库数量不断增加，多国、多机构对机构知识库研究与实践成果丰硕

分析 ROAR、OpenDOAR 等机构知识库登记系统的数量、类型与国别等统计数据，可以看出全球知识库在数量上持续增长，内容建设不断深化，参与建设国家与机构日益多样化。以 OpenDOAR 注册信息为例，在 OpenDOAR 中注册的全球知识库保持每年增加 100~200 个，注册知识库中，除美国、英国、德国、日本、西班牙、法国等开放获取先行国家知识库注册数量持续增加，巴西、波兰、印度、中国等国知识库注册数量也在持续增加。

多国、多机构对机构知识库的研究与实践成果日渐丰富。欧美等国研究者开始关注知识库的功能延伸、增值服务研究、开放数据支持、科研管理系统与深入发展，探索知识库对开放数据的支持。日本、印度、马来西亚、南非、中国等多国研究者提供了机构知识库研究与实践经验[36]。知识库专家

Mohamed Ba-Essa 团队在阿卜杜拉国王科技大学（King Abdullah University of Science & Technology，KAUST）的开放获取政策与知识库建设的成功经验，开创了海湾地区开放获取与知识库建设发展[37]。非洲地区大学图书馆在机构知识库建设方面积极探索，推动开放获取进展[38]。

（2）机构知识库深入发展，探索可持续发展道路

随着开放获取运动与知识库的不断发展，联盟组织与科研机构开始思考与探索机构知识库的可持续发展，出版社、开发商也在寻求与机构知识库共存共赢发展模式。2013 年 COAR 创建“知识库观测站”（Repository Observatory，以下简称 RO）特别小组，辨析知识库发展趋势与未来前景，帮助机构知识库预测和应对知识库的快速发展，并获取、分享全世界 COAR 成员的想法、经验教训和最佳实践。2013 年 6 月，COAR 发布了《激励、整合与中介：知识库推广的可持续实践》报告，总结 8 个推广知识库的可持续实践做法，包括：宣传、机构强制命令、提供统计指标、提供内容补充和存储服务、提供研究人员简历、提供机构档案、提供出版商协议和直接存储服务[39]。

在研究、实践中，机构知识库建设者总结可持续发展方向：与国家、资助机构强制性开放获取政策紧密合作与服务；与机构科研管理系统融合发展；将数据提供给开放获取仓储系统，提供使用统计增值服务[40]。增强知识库功能与服务，从研究者角度，提供计量指标、数据自动更新与研究者主页，成为机构知识库技术发展的方向[41]。

（3）推动知识库协同整合、互操作与提供增强增值服务

欧洲科研管理系统组织（euro Current Research Information Systems，以下简称 euroCRIS）制定的通用欧洲科研管理系统标准框架（Common European Research Information Format，以下简称 CERIF），对欧盟各国科研管理系统建设与知识库发展具有重要影响。欧盟各国科研管理系统均遵循 CERIF 标准，

商业系统（如 Pure、Converis、Symplectic 等）、自建系统与开源应用都支持 CERIF 标准框架，实现了系统框架与数据的标准化，支持系统互操作[42]。随着机构知识库发展，在英国联合信息系统委员会（Joint Information Systems Committee，以下简称 JISC）与 euroCRIS 推动下，知识库与 CRIS 系统融合、实现数据互操作，成为欧洲开放获取知识的发展趋势。知识库仓储系统也提供了对 CRIS 系统的互操作接口服务，支持系统融合，增强服务。支持开放数据服务，也成为机构知识库发展的新趋势[43]。

（4）公共资助机构知识库成为重要学术资源

公共资助机构的开放获取，国家政策积极支持，知识产权相关问题易于解决。相对于大学与科研机构，更容易得到研究者的理解与支持。因此开放获取政策制定与执行，机构知识库建设与发展，都更具优势。以开放获取政策登记系统（Research funders' open access policies，JULIET）中统计数据为例，全世界 158 个资助机构，有 126 个（80%）有开放存储相关政策。而在机构知识库注册网站（The Directory of Open Access Repositories，OpenDOAR）截至 2016 年 12 月的统计数据显示，在 2577 个机构知识库中，仅有 19.7%的知识库有明确的内容政策[43]。公共资助机构发布政策的比例远高于大学与科研机构。

国际公共资助机构知识库发展更为迅速，更容易形成规模与学术影响力。以 JULIET 中统计数据为例，截至 2016 年 12 月 5 日，在 158 个资助机构中，107 个资助机构要求资助成果必须存放在指定或任意开放获取知识库中，39 个资助机构要求资助成果必须开放出版，42 个资助机构要求资助项目研究数据必须存放在指定或任意机构知识库[43]。美国自然科学基金委（NSF）、美国卫生研究院（NIH）、英国研究理事会（RCUK）、欧洲研究理事会（ERC）、英国惠康基金会（Wellcome Trust）、加拿大国立健康研究院（CNIH）、美国霍华德休斯医学研究所（HHM）、德国研究基金会（DFG）等资助机构的机构知识库的学术影响力越来越大，已经具有规模与国际学术影响力，已经成为学术交流与学术成果获取的主要途径之一。

1.3.2 国际机构知识库联盟组织介绍

（1）开放获取知识库联盟（Confederation of Open Access Repositories，COAR）

开放获取知识库联盟（Confederation of Open Access Repositories，COAR）创立于2009年10月。联盟缘起于2005—2009年欧盟委员会资助的欧盟欧洲数字知识库基础设施展望项目（Digital Repository Infrastructure Vision for Europe，DRIVE）。DRIVE建设过程中，发现有必要建立包含机构和组织的国际知识库联盟，促进全球知识库共同体和世界各地的知识库网络的实现。COAR目前已有包括欧洲、拉丁美洲、亚洲的24个国家140多个机构加盟，致力于发展成为一个全球开放获取知识库共同体，汇集跨国家、地区和学科领域的实践经验，构建一个连接全球开放获取知识库的知识基础设施[32]。

COAR通过制定规划、设立工作组研究OA与IR发展重点领域，为推动开放获取提供发展规划、标准规范、建设策略与最佳实践经验等有价值的指导与参考。COAR目前设置五个工作组：下一代知识库（COAR Next Generation Repositories）；知识库联盟（Aligning Repository Networks）；受控词表（Controlled Vocabularies）；开放计量（Open Metrics）；E环境下研究与学术交流中的图书馆员角色（Librarian Competencies for E-Research and Scholarly Communication）[44]。

（2）机构知识库登记网站（Registry of Open Access Repositories，ROAR）

机构知识库登记网站（Registry of Open Access Repositories，ROAR），是在英国南安普敦大学开发的开源软件EPrints基础上构建的IR开放注册平台。ROAR提供IR注册功能，供全世界IR登记注册，提供检索、浏览、统计等功能，供用户了解全世界注册 IR 的国家、知识库类型、软件平台等情况[34]。

（3）机构知识库注册目录网站（The Directory of Open Access Repositories，OpenDOAR）

机构知识库注册目录网站（The Directory of Open Access Repositories，OpenDOAR）通过对全球范围内的开放获取知识库资源进行系统地搜集、描述、组织和传递，工作人员检查每篇记录并提供经过质量控制的知识库列表[35]。OpenDOAR 由英国诺丁汉大学（University of Nottingham，UK）和瑞典兰德大学（University of Lund，Sweden）于 2005 年共同创办，2006 年 1 月提供服务。OpenDOAR 汇集全球机构知识库资源，提供了丰富的统计数据，通过聚集效应，展示机构知识库的整体规模和学术价值，扩大影响力[35]。

（4）机构知识库政策登记系统（The Registry of Open Access Repository Mandates and Policies，ROARMAP）

机构知识库政策登记系统（The Registry of Open Access Repository Mandates and Policies，ROARMAP），通过对全世界开放获取政策登记注册，汇集世界机构开放获取政策，提供检索、浏览与统计功能。在 ROARMAP 注册开放获取政策，有助于扩大机构开放获取影响力。通过 ROARMAP，可以了解全世界开放获取政策的现状[45]。

（5）资助机构开放获取政策登记系统（Research Funders' Open Access Policies，JULIET）

资助机构开放获取政策登记系统（Research Funders' Open Access Policies，JULIET），登记注册了全世界资助机构开放获取存档、出版与数据存档政策。通过 JULIET，可以了解各资助机构的开放获取相关政策，对项目申请、成果存档与出版具有参考意义[46]。

（6）开放获取期刊目录（Directory of Open Access Journals，DOAJ）

开放获取期刊目录（Directory of Open Access Journals，DOAJ），由瑞典隆

德大学图书馆于 2003 年 5 月创建，以提供高质量开放获取期刊的查询和获取服务为目标。该平台收录的开放获取期刊都是经过同行评议或严格评审的学术性、研究性期刊，具有免费、全文、高质量的特点，对学术研究具有很高的参考价值。最初 DOAJ 仅收录 350 种期刊，截至 2018 年 12 月收录 12 337 种开放获取期刊[47]。

1.3.3 国际机构知识库典型项目案例介绍

（1）开放档案计划（Open Archives Initiative，OAI）

1999 年 10 月，美国数字图书馆联盟（Digital Library Federation）、网络化信息联盟（Coalition for Networked Information）和国家科学基金会（National Science Foundation）共同启动了该项目。开放存档计划制定并推广旨在促进内容有效传播的互操作性标准，为电子资源访问和学术交流提供数据互操作服务，解决电子资源系统之间互不隶属，资料分散存储，难以整合等问题。OAI 制定发布的数据互操作规范标准，为数字资源联合目录的建立提供了有力的支持。2002 年 6 月，OAI 发布了 Open Archives Initiative Protocol for Metadata Harvesting（OAI-PMH）2.0 版本，提供了元数据互操作标准。2003 年 9 月，OAI 和开放档案元数据版权项目（Rights Metadata for Open archiving，RoMEO）发布 OAI 版权说明（OAI-rights）。2008 年 10 月，发布开放档案计划对象复用和交换标准（Open Archives Initiative Object Reuse and Exchange，OAI-ORE），约定网络资源描述和交换标准，为网络资源数据收割提供支持。2017 年 2 月，美国国家信息标准协会（National Information Standards Organization，NISO）和 OAI 合作制定的资源同步框架标准（The ResourceSync Framework Specification v1.1）被美国国家标准局（American National Standards Institute，ANSI）批准并发布，标准号：ANSI/NISO Z39.99-2017。该标准规定了系统被第三方系统同步数据的标准。在网络资源日渐丰富的学术生态环境下，该标准对网络资源开放、共享、交互非常重要。OAI 努力为开放资源提供技术框架和标准规范解决方案，推动开放获取发展[48]。

（2）英国 FAIR

2001 年，在 OAI 影响下，英国联合信息系统委员会（The Joint Information Systems Committee，简称 JISC）启动了机构资源存取计划（Focus on Access to Institutional Resources Programe，FAIR）。FAIR 计划的实施涉及 OA 运动的技术、法律、文化等各个方面，其发展策略和经验比较具有代表性。FAIR 计划是 JISC“信息环境发展战略”计划的重要组成部分。JISC“信息环境发展战略”计划旨在为英国的大学和学院构建存放和共享研究成果等信息资源的虚拟环境，FAIR 计划则侧重研究和评价实现数字资源存取的不同机制和相应要求，特别关注如何使高等教育和继续教育（Further Education）机构中产出的日益丰富的数字资源得到更广泛的利用，以积累相关经验，增进对机构库建设过程中涉及的技术、组织和文化等问题的理解。该项目已经于 2005 年 10 月结束。FAIR 在三年内，包括大学、图书馆、JISC、艺术馆、博物馆和商业公司在内的 50 多个机构参与其中，投入 200 万英镑，完成了 4 个领域 14 个项目成果（表 1.3），建立了多个机构知识库标准规范、软件平台和系统，为机构知识库发展提供了指南和案例参考，部分项目成果后续不断发展，对开放获取影响深远[49]。

表 1.3 英国 FAIR 项目成果说明

项目领域	项目成果	项目说明
电子印本和学位论文类（E-prints and e-theses cluster）	DAEDALUS	调查基于 OAI 协议的不同类型学术性电子资源（包括预印本、后印本、电子论文、管理文献和灰色文献）的存储和管理软件。项目成果包括软件工具选择指南、IR 建设指南、报告等。
	e-prints UK	基于 OAI 收割英国和全球知识库元数据，提供检索服务。
	Electronic Theses	为电子学位论文数据能够顺利收割进入 DAEDALUS 数据库，该项目研究提出电子学位论文的元数据标准、模型、实施指南等。
	HaIRST	研究提出多种资源类型的元数据标准、收割模型、实施指南、工具软件等。
	SHERPA	20 所大学合作共建自存档的 IR。该项目后续不断发展、扩展。目前运行维护 SHERPA、ROMEO、OpenDOAR、DRIVER 等重要项目平台。
	TARDis	研究建设 IR 的技术和文化因素影响，建设成果包括：改进 ePrints 软件；建设南安普顿大学 IR 等。
	Theses Alive!	研究、开发与建设基于 Dspace 的学位论文机构知识库。
博物馆和图像类（Museums and Images cluster）	Accessing the Virtual Museum	将伦敦大学学院的皮特里埃及考古博物馆藏品数字化，研究建设图像数字化元数据标准等。
	BioMed Image Archive	建设图像机构库软件和生物医学图像机构库，并研究提出元数据标准、报告、指南等。
	Harvesting the FitzWilliam	建设支持 OAI 标准的图像机构库软件和剑桥大学菲茨威廉博物馆藏品机构库。
	Hybrid Archives	研究人文社会科学数据服务系统（AHDS）的资源保存和获取模型，实现部分数据收割的存储模式。

续表

项目领域	项目成果	项目说明
机构门户 （Institutional Portal）	FAIR Enough	研究建设能统一检索、使用多机构资源、JISC 资源和服务的统一虚拟门户。
	PORTAL	研究如何将 JISC 资源和服务嵌入各机构门户。
知识产权类（RoME-O）		以大量调查为基础，提出开放资源的知识产权解决方案。项目后续继续发展，RoMEO 目前是最有影响的在线检查出版物版权开放权限的数据库。

（3）荷兰 DARE

2002 年，荷兰教育科研网（collaborative ICT organization for Dutch education and research，SURF）启动数字学术机构库（Digital Academic Repository，DARE）计划（2003—2006 年），目的是推动荷兰大学产生的研究成果能够被公共获取。计划目标是通过一个联合的带有搜索功能的门户将大学机构知识库互操作网络建立起来。最终产生了两个基础设施：研究型大学信息知识库网络门户 NARCIS（https：//www. narcis. nl/）及几年后建立的应用科学大学信息知识库网络 HBO 知识库（http：//www. hbo - kennisbank. nl/）。SURFshare 项目（2007—2011 年）是 DARE 项目的后续，为研究成果开放获取建设知识基础设施。项目关注基础设施的改善，通过改善研究人员的出版、合作环境（合作实验室），实现科学和学术交流的拓展（部分原因是基础设施的问题）以及研究数据的获取[50]。

（4）德国 OA 网络（OA-Network）

OA-Network 是在德国研究基金会（German Research Foundation，DFG）资助下，由德国网络信息计划组织（German Initiative for Network Information，DINI）于 2007 年发起，2012 年结项，旨在增强德国机构知识库中出版物在全国和国际范围内的影响力，以此来推动开放存取运动。该项目建设分为两个阶段，第一阶段为 2007—2009 年，DINI 要求德国所有获得 DINI 认证（DINI

Certificate）的机构知识库必须按照 OA-Network 样库整合，这一阶段主要是数据收集和存储，并建立 REST 检索界面，在这一用户界面中提供元数据和全文检索、学科分类浏览、文献类型检索等功能；第二阶段为 2009—2012 年，OA-Network 继续扩大收录范围，重点完善增值服务以支持第三方发展整合服务，推广 OA-Network 使之成为全国开放存取的实践典型，解决项目中出现的技术和组织上等问题。截至 2010 年 1 月，已有 138 个机构知识库加入到 OA-Network 项目中来。同时，OA-Network 与其他项目有着密切合作，提供增值服务，尤其是 2013 年完成的 OA 统计（OA-Statistics）、参考文献分散式开放存取（Distributed OpenAccess Reference Citation，DOARC）项目和 OA 剽窃检测（OA-Plagiarism Search，OAPS）。

2008 年 5 月，OA-Statistics 由德国网络信息计划组织（German Initiative for Network Information，DINI）的电子出版（Electronic Publishing）工作团队发起，该项目使用的统计数据是基于单篇文献的度量标准，反映用户对某一文献的感兴趣程度，并在此基础上分析用户使用行为来提供推荐服务，让用户接触到与其兴趣更相关的文献。其目的是通过收集全球范围内的使用统计数据（如出版平台、文献来源类型、国家、语种、相关主题）并提供数据分析服务让作者和使用者更加接受开放存取。

DOARC 负责分析描述 OA-Network 中收集的资源的引用网络，该项目的成果有三：一是为用户可视化展现文档之间的关系；二是引用和链接的信息将用于完善检索结果的排序；三是只要安装 DOARC 的软件和在线工具，作者在引用某一文献时，就能自动生成引用文献的标准格式，如 BibTex、Endnote 格式。

OA-Plagiarism Search（OAPS）目的是检测并避免文献抄袭的情况，因此，OAPS 项目提供检测文献抄袭的新服务，该增值服务于 2011 年 2 月免费开通 Beta 测试版，目前平台上已有 1 200 万篇文档，注册用户只要将论文提交至 OAPS 平台就能进行文献抄袭检测。

OA 学科知识库（OA-Subject Repositories）是在德国研究基金会（DFG）资助下，由德国康斯坦茨大学图书馆于 2010 年 4 月 1 日创建，2012 年 9 月 30 日完成。其目标是将机构库中的资源按照学科分类整合，建立基于学科的开放存取仓储，在项目实施过程中，康斯坦茨大学图书馆与其他学术机构合作完成数据流的基础架构，如与萨尔布吕肯大学图书馆合作收集心理学领域的预印本和后印本，与德国国家经济学图书馆合作收集经济学领域的出版物，与教育研究和教育信息研究所合作收集教育领域的出版物，与海德堡大学合作收集艺术史、南亚研究、古代史研究的资料[51]。

比勒费尔德学术搜索引擎（Bielefeld Academic Search Engine，BASE）是世界上著名的用于检索网络学术开放存取资源的搜索引擎，由德国比勒费尔德大学图书馆创建维护，并于 2006 年 6 月成为欧盟开放存取项目 DRIVER 的成员之一。BASE 使用 OAI-PMH 协议收集统一数据，并编制索引。截至 2018 年 10 月，BASE 已有 6 000 多个文献来源的 1.2 亿多篇文献，其中约 60%可以全文下载。与商业搜索引擎相比，BASE 的特点在于：一是收录对象是学术资源，因此对于资源的质量和相关性要求高；二是提供检索结果的书目记录和多种排序方式；三是提供二次检索，可按照作者、主题、出版年、语种、文献类型缩小检索范围[52]。

（5）澳大利亚 ARROW 与 Trove

2004 年 2 月，澳大利亚全球在线学术机构库（Australian Research Repositories Online to the World，ARROW）在澳大利亚教育技术与培训部（Australian Department of Education Skills and Training，DEST）资助下，由蒙纳士大学牵头，斯威本国立科技大学、南昆士兰大学、新南威尔士大学以及澳大利亚国家图书馆（National Library of Australia）等机构共同创建。其目的是建设软件平台，探索机构知识库最佳实践，管理电子印本、电子学位论文和其他数字出版物（如开放存取期刊）。2005 年 3 月发布服务。2006 年 6 月，开始实施 ARROW 二期项目（ARROW Stage-2），一方面为新成员提供 IR 建设指南，另一方面升级软件，增强功能。2009 年，ARROW 被重新命名为“澳大利亚在线研究”（ARO），截至 2010 年 11 月，ARO 可以检索自 35 个高等教育机构知识库，6 个政府机构知识库和 31 个其他研究机构的开放成果。

2008 年 8 月，澳大利亚国家图书馆开始建设 Trove 项目，目的是建立一个集成所有资源的检索门户。2009 年 11 月正式发布，检索范围包括 ARO 所有资源。2011 年 2 月，ARO 服务关闭，由 Trove 提供服务。截至 2018 年 10 月，Trove 可以检索近 6 亿的资源。数据来自澳大利亚各图书馆，博物馆，档案馆，知识库以及其他资源内容。并提供元数据、API 等服务，是国家图书馆，澳大利亚州和领地图书馆以及澳大利亚数百个文化和研究机构之间的成功合作项目[53]。

（6）欧盟地平线 2020 计划与 ERC 开放获取政策

为支持开放科学，欧盟委员会（European Commission，EC）发布 2012 科学信息建议，推动开放科学政策平台和欧洲开放科学云等项目。欧盟“地平线 2020”（Horizon 2020，H2020）规定，所有资助项目都需要开放获取和开放数据。H2020 于 2014 年 1 月 31 日在英国正式启动，其包含 7 个板块，分别为优秀科学、行业领导者、社会挑战、欧洲原子能、传播前言和扩大参与规模、科学与社会以及欧洲创新科技学院。其中，优秀科学板块旨在加强和扩大优秀科学原理的影响力，并借此打破国家间交流的屏障，提高欧盟内的研究与创新在全球的竞争力[54]。

H2020 规定欧洲研究委员会（European Research Council，ERC）资助的研究课题，课题团队必须保证所有与课题研究相关的同行评审的科学出版物开放获取，并给出了关于资助项目开放获取政策（表 1.4）与机构知识库存储指南等具体的说明[55]。对机构知识库存储，ERC 没有强制要求，而是给予推荐。建议首选学科知识库，生命科学推荐使用欧洲 PubMed 中心，物理科学推荐使用 arXiv，专著、书的章节使用 OAPEN Library，如果没有合适的学科知识库，研究者可使用机构知识库或集中式知识库，如 Zenodo、ResearchGate 和 Academia 等。可以选择绿色 OA 或金色 OA。绿色 OA 指自存档，作者将出版物的最终版本或同行评审后的草稿存储在知识库中，一些出版社要求一定的延迟后开放获取；金色 OA 也叫出版开放获取，出版物在出版后立即开放获取，金色 OA 花费来源于 ERC 资助费用。提供存储出版物的开放获取。受资助者必须保证出版物的存储版本通过知识库开放获取。开放获取应该尽可能地快速，最多不超过出版后 6 个月。人文社会科学领域最多延迟至出版后 12 个月。对于金色 OA 的出版物，必须在出版后立即提供开放存取。对于课题结束后的出版物，如果受资助者不能在最大延迟期提供开放获取，而且没有产生额外的金色 OA 费用，可以采用延迟期更长的绿色 OA。为了保证存储出版物的发现，也必须保证出版物的书目元数据开放获取。元数据必须包括一个持久标识符，如 DOI[56]。

表 1.4 ERC 资助项目开放获取政策要求

ERC 资助类型	计划安排	开放获取和开放科学政策要求
前沿研究资助	2007—2011 年（FP7）	没有正式义务
	2012—2013 年（FP7）	特殊条款 39，适用于开放存取的 ERC
	2014 年起（H2020）	关于开放存取的第 29.2 条适用；如果项目参与开放研究数据试点：第 29.3 条适用。
概念证明	2012—2013 年（FP7）	没有正式义务
	2014 年起（H2020）	关于开放存取的第 29.2 条适用
协调和支持行动	2007—2013 年（FP7）	没有正式义务
	2014 年起（H2020）	关于开放存取的第 29.2 条适用

（7）资助机构 cOALition S 计划

2018 年 9 月 4 日，来自法国、英国、荷兰、意大利等 11 个欧洲国家的主要科研经费资助机构，在 ERC 的支持下，联合签署了新的开放获取计划——cOAlition S 计划（以下简称“S 计划”）。S 计划的核心原则是：“从 2020 年 1 月 1 日起，所有由上述 11 国以及欧洲研究委员会拨款支持的科研项目，都必须将研究成果发表在完全开放获取期刊或出版平台上。”S 计划包括下列 10 项原则：①作者享有其出版物的版权。但所有出版物必须开放获取，首选知识共享署名许可（CC-BY），所签署的开放获取许可应符合《柏林宣言》；②资助者将共同为符合要求的开放获取期刊和开放获取平台提供标准和要求，确保其能提供高质量的服务；③如果高质量的开放获取期刊和平台尚未建立，资助者将以协调的方式提供激励措施，以便在适当时建立和支持这些期刊或平台，还将为开放获取基础设施提供必要的支持；④开放获取出版物费用由出资者或大学承担，而不是由研究人员个人承担。所有科学家都应该能够通过开放获取方式发表他们的工作成果，即便他们的机构费用有限；⑤开放获取出版费应该有合适的标准，且有最高限额；⑥资助者将要求大学、研究组织和图书馆调整其政策和战略，特别是确保透明度；⑦上述原则适用于所有类型的学术出版物，但实现开放获取专著和书籍的时间表可能晚于 2020 年 1 月 1 日；⑧具有长期存档功能和编辑创新潜力的开放的机构知识库将被认可；⑨“混合”出版模式不符合上述原则；⑩资助者将监督合规情况并制裁违规行为[57]。S 计划作为 OA2020 的行动计划，势必将加快开放出版步伐，改变传统学术出版格局[57]。

（8）美国自然科学基金委开放获取和开放数据政策

2015 年 3 月，美国国家科学基金会（National Science Foundation，NSF）发布名为“今天的数据，明天的发现”的开放获取计划，推动开放获取和开放数据，与 2013 年 2 月 22 日科学和技术政策办公室提出“增加获得联邦资助研究成果的机会”，以及鼓励数据共享和研究成果交流的政策目标保持一致。NSF 要求项目资助的成果论文必须在发表后 12 个月内存放在 NSF 指定的 IR 中，确保长期保存与机器可读，具有永久标识符等。NSF 的数据管理计划要求和数据引用政策将保持不变，未来会有进一步的指南要求。NSF 的机构知识库（NSF Public Access Repository，NSF-PAR），与能源部（Department of Energy，DOE）和科学与技术信息办公室（Office of Science and Technical Information，OSTI）的机构知识库建立互操作性。2018 年春季开始，两个机构（NSF 和 DOE）资助的出版物的作者可以一次性存放其原稿的最终版本，在 DOE/OSTI 系统中成功存放符合条件的出版物的作者现在可以通过 NSF-PAR 无缝地发布他们的出版物[58]。

（9）美国国立卫生研究院 PMC

2000 年 2 月，美国国立医学图书馆（National Library of Medicine NLM）与美国国立卫生研究院（National Institutes of Health，NIH）联合建立 PubMed 机构库（PubMed Central，PMC），鼓励研究者提交与保存发表学术成果。2008 年 4 月，NIH 开放获取政策强制性实施提案正式生效。政策要求所有由 NIH 资助的成果论文必须在发表后 12 个月内提交到 PMC[59]。一年多后，奥巴马总统签署的 2009 年度《全面拨款法案》中终于将 NIH 的强制性开放获取政策作为一项永久制度确立下来。强制性开放获取政策实施之后，PMC 每月有近 3 000 份新文章入库，PMC 数据库的访问量每天也超过了 200 万人次[60]。目前，PMC 已是世界上查找医学与生物文献利用率最高的开放获取知识库，收录生物医学和生命科学期刊文献全文，向全球免费开放使用。截至 2018 年 11 月 5 日，收录 7 300 多种期刊，5 亿篇文章[30]。

（10）英国惠康基金会（Wellcome Trust）开放获取政策 2020

惠康基金会致力于提高公民和动物的健康福利事业，是英国最大的非政府来源生物医药研究赞助者，也是世界最大的生物医学研究基金之一，与美国的霍华德·休斯医学研究所相比拟。惠康基金会每年获得捐助约为 145 亿英镑。2003 年，惠康基金会签署了开放获取宣言。2006 年 10 月，惠康基金会成为第一家要求强制实施开放获取的学术研究资助机构。2016 年 11 月，英国惠康基金会与英国开放式出版平台“F1000 研究”（F1000Research）合作建成基金会开放获取出版平台。惠康基金会表示：建设出版平台的长期目标之一，是最终改变对科学研究和科研人员的评估方式，从当前以论文发表的期刊为评估标准，转变到直接评估科研产出本身，如文章，数据集或软件工具。许多科研资助机构和科研组织包括惠康基金会认为，对科研人员的评估应该基于研究本身的内在价值，而不应基于在哪个期刊上出版论文。“惠康开放研究”平台 2016 年 11 月出版了第一篇论文，截至 2018 年 11 月已经有 2 412 篇文章。文章平均出版费用是 791 英镑（990 美元）[61]。

2018 年 11 月，惠康基金会和比尔及梅琳达·盖茨基金会加入 S 计划。惠康基金会和比尔及梅琳达·盖茨基金会更新了开放获取政策。惠康基金会开放获取政策变动最大的部分是：2020 年 1 月起，资助项目成果论文全部需要开放获取，可以从 PMC 和 EuropePMC 检索，并将不再承担受资助者在混合开放获取（同时拥有订阅和免费内容）期刊上发表文章的费用[62]。

（11）英国研究理事会和英国研究与创新的开放获取政策

2014 年 4 月，英国将对由公共资金资助的研究论文实施强制性的开放获取政策，凡是由英国研究理事会（Research Councils UK，RCUK）全部或部分资助的研究项目，在发表论文时，必须保证论文能让所有人免费下载。作者可以选择金色 OA（Gold OA）或是绿色 OA（Green OA），RCUK 建议优先选择金色 OA。

2016 年，英国研究与创新（UK Research and Innovation，UKRI）组织将原英国研究理事会下属的七个理事会（Research Councils）（英国艺术和人文学科理事会、英国生物技术和生物科学理事会、英国工程和物理科学理事会、英国经济和社会研究理事会、英国医学研究理事会、英国自然环境理事会和英国科学与技术设施理事会）与“创新英国”（Innovate UK）和“研究英格兰”（Research England）进行了整合，形成了一个单一的非政府部门组织。UKRI 中的这九个理事会各由一位执行主席领导。这些理事会将负责对各自科学领域中的活动进行战略性监管。英国皇家学会认为，这些执行主席应具备最高研究身份或地位，并能够全面主持英国科学、研究和创新团体的工作（包括通过与 UKRI 领导者的合作）。

2018 年 4 月，UKRI 修改开放获取政策，要求所有资助项目成果论文或会议论文必须在发表后立刻提交到开放知识库，时间不晚于发表后的 3 个月，并保证长期保存和机器可读[63]。

（12）国际高能物理开放出版资助联盟（SCOAP3）开放出版

国际高能物理开放出版资助联盟（Sponsoring Consortium for Open Access Publishing in Particle Physics，SCOAP3），是高能（粒子）物理领域的资助机构、研究机构和图书馆组成的联盟，致力于将该领域学术论文转为开放出版。SCOAP3 于 2007 年由欧洲原子能研究机构（简称 CERN）和德国马普学会等机构发起，2014 年，来自中国等国和欧洲核物理研究中心（CERN）的代表齐聚 CERN，宣布 SCOAP3 正式启动。目前，SCOAP3 包括来自 44 个国家的 3 000多个图书馆和图书馆联盟，大学，研究机构和资助机构。此外，3 个政府间组织（IGO）是 SCOAP3 的合作伙伴：欧洲核子研究组织（CERN），国际原子能机构（IAEA）和核研究联合研究所（JINR）。SCOAP3 由这些机构联合出资，根据公开竞争原则向出版高能物理高水平论文的出版社招标购买开放出版服务，将中标的高能物理期刊或期刊中的高能物理论文转为开放获取的形式出版。凡接受 SCOAP3 资助出版的论文，在出版时通过出版社网站立即并永远开放获取；论文按照创作共用署名许可（CC-BY）方式允许广泛的再利用；出版社不再向作者收取任何费用；出版社必须为所有图书馆扣减相应内容的订购费；出版社必须将论文自动转存到 SCOAP3 知识库，并通过该知识库分发到作者单位的机构知识库长期保存。截至 2018 年 11 月，SCOAP3 已经开放出版 24 174 篇论文[64]。

（13）日本机构知识库在线（Japanese Institutional Repository Online，JAIRO）

2013 年 4 月财团法人日本科学技术振兴机构（Japan Science and Technology Agency，JST）发布了开放获取政策，要求受到 JST 资助的日本科研论文在刊物上发表后，一年内必须免费公开其原文内容[65]。

2008 年 10 月 22 日，日本国立情报研究所（National Institute of Informatics，NII）开始试运行日本在线机构知识库（Japanese Institutional Repositories Online，JAIRO），并于 2009 年 4 月 1 日正式投入使用，并将其添加到 NII 学术内容门户 GeNii 综合搜索系统当中，能够检索日本 98 所大学和研究机构的开放获取仓储中的学术信息，如学术期刊论文、学位论文、研究纪要、研究报告书等，或者直接进入目标机构仓储中查找所需资源。

JAIRO 的成功得益于各类大学学术机构知识库的发展，在得到运营者允许的情况下对学术机构数据进行收集，并提供免费服务。另一方面，各机构之间通过 JAIRO 可以共享各个开放获取仓储中的学术资源，促进了各个机构之间的合作。截至 2018 年 11 月，JAIRO 已经有 701 个机构，总的资源数目已达 2 985 350 条[66]。

1.4 中国机构知识库发展情况

1.4.1 中国机构知识库发展特点[43]

（1）港台地区先行，大陆地区发展迅速

中国机构知识库发展，香港与台湾地区先行于大陆地区。2003 年 2 月，香港科技大学首先发布香港地区第一个基于 Dspace 开发的知识库。2006 年，香港科技大学图书馆联合香港中文大学、城市大学、香港教育大学、香港浸会大学、岭南大学、理工大学和香港大学，基于 VuFind，发布八所大学开放知识库的元数据检索平台 HKIR。截至 2016 年 12 月 5 日，HKIR 通过 OAI 收割了八所大学共 426 000 条元数据信息。

2006 年 6 月，台湾大学图书馆牵头，建设“建制机构学术成果典藏计划”项目，以台湾大学机构典藏建设开启台湾地区开放知识库建设，由台湾大学图书馆负责开发软件平台，建设标准规范，为全台湾各大学院校建设机构典藏提供基础。台湾大学机构典藏（NTUR）系统以 DSpace1. 4 Beta1 为基础开发完成，在中文语言处理、系统接口、功能增强等方面做了改进。2007 年至 2009 年，在台湾大学机构典藏库（NTUR）建设基础上，台湾大学牵头，联合台湾高校，发布与推广台湾学术机构典藏（Taiwan Academic Institutional Repository，TAIR，http：//tair. org. tw/），作为台湾地区整体学术研究成果的累积、展示与利用窗口。TAIR 的发布与发展，提升了台湾地区学术研究成果的曝光度与影响力。

中国大陆地区，机构知识库起步较晚。中科院于 2007—2008 年度启动、完成了力学研究所和文献情报中心知识库试点建设工作，并在试点的基础上于 2009 年启动第一期规模化推广，2011 年启动第二批推广。截至 2016 年 12 月，中国科学院机构库服务网格收录科学院 112 个研究所机构库，共 736 859 条数据记录，是国内最具建设规模的研究机构开放知识库。

中国高校机构知识库发展情况，在 CALIS 管理中心和北京大学图书馆于 2011 年进行的《我国高校机构知识库建设现状机构知识库建设情况调研》中显示，在参与调研的 349 家高校中，已建设机构知识库的有 54 家，建设中 25 家，拟建设 91 家，未建设 179 家。在调查基础上，2011 年启动，2012 年验收完成的 CALIS 三期“机构知识库建设及推广项目”，推动全国 25 个高校图书馆建设与发布了机构知识库，引领中国高校加快开放获取政策与知识库的研究与建设进程。在项目推动与开放获取理念日益认同与接受情况下，越来越多的高校开始尝试建设机构知识库，但已经建设并发挥效益的机构知识库数量不多，规模有限，基本以试验为主。2012 年 10 月，由科学院文献情报中心与北京大学图书馆发起、多所研究机构与高校图书馆参与的中国机构知识库推进工作组成立。2016 年 9 月，由 CALIS 和北京大学等 16 家高校馆发起的中国高校机构知识库联盟正式成立，通过联盟成员合作共享，旨在推动中国高校开放获取进程。

截至 2016 年 12 月，在 OpenDOAR 中注册的全球知识库 3 284 个中，中国机构，包括香港（4 个）与台湾地区（60 个），注册知识库共 103 个。在 ROAR 中注册的全球知识库共 4 366 个，中国机构注册知识库，大陆地区 92 个（66 个为科学院各研究所机构知识库），香港地区 4 个，台湾地区 72 个。中国高校与科研机构在国家政策、联盟组织、资助机构强制性要求等多方努力推动下，多个高校与科研机构在机构知识库建设上，做了研究与实践，机构知识库发展呈现出蓬勃发展趋势。

（2）与国际接轨，提升增强增值服务，探索可持续发展

中国科学院机构知识库在多年研究与建设基础上，与国际开放获取联盟积极交流，探索知识库的增强增值服务，支持更多资源类型，提供语义分析、研究者主页与引用分析等新服务。

北京大学机构知识库 2012 年发布，2013 年改版为以学者为核心的 2.0 版，2015 年发布回溯收集本校师生 41 万多篇学术论文成果。2015 年，北京大学科研管理系统开发确定在机构知识库基础上，开发与扩展功能，将机构知识库发展为科研管理系统成果管理与发布子系统。2018 年 10 月，系统开始测试并试运行。知识库与科研管理系统功能、流程与服务融合，是机构知识库新的发展方向，欧洲多所高校已经应用融合知识库管理的科研管理系统，北京大学的实践，将为中国高校知识库与国际同步发展提供新的范例与经验。

（3）中国资助机构知识库发展

中国资助机构的开放获取，以中国科学院与国际自然科学基金委员会在2004年5月24日签署《柏林宣言》为标志，开始中国开放获取政策制定与知识库建设进程。2014年5月19日，中国国家自然基金委发布了《国家自然科学基金委员会关于受资助项目科研论文实行开放获取的政策声明》。同日，中国科学院发布了《中国科学院关于公共资助科研项目发表的论文实行开放获取的政策声明》。声明要求得到公共资助的科研论文在发表后把论文最终审定稿存储到相应的知识库中，在发表后12个月内实行开放获取。该声明标志着中国开放获取政策的正式发布。

国家自然科学基金委员会基础研究知识库建设是国内首个资助机构开放获取知识库，其发布，引领中国开放获取进入了新的发展阶段。

1.4.2 中国机构知识库联盟组织介绍

（1）中国科学院机构知识库网格

中国科学院文献情报中心于2007—2008年启动机构知识库建设项目，首先完成了力学研究所IR和文献情报中心IR试点建设工作。在试点的基础上于2009年启动第一期规模化推广，2011年启动第二批推广，并持续推进。随着中科院IR推广工作的深入和相关支撑服务的不断完善，知识内容采集数量明显呈逐年增长态势，在中国科学院机构知识库网格（CAS IR GRID），集中收集、发布与保存中国科学院各机构知识库数据。截至2018年11月，CAS IR GRID收录成功114个研究所近88万条数据，内容包括论文、工作文档、预印本、技术报告、会议论文以及不同数字格式的数据集。CAS IR GRID的内容是围绕研究所知识库来进行组织的。每个研究所知识库按照该研究所的部门和专题结构进行组织。

科学院作为中国最早发布开放获取政策与全面实施IR建设的研究机构，

是中国目前最为成功的 IR 推广案例。文献情报中心为了高效推进并可持续地服务于中科院 IR 建设，为研究所和科研作者提供最大可能的支持，同时从技术平台开发、IR 建设服务、政策研究支撑、内容利用服务等方面采取了综合配套的支持机制，最大限度地减轻研究所和科研作者参与 IR 建设与服务的负担。在进行 IR 技术平台研发、知识资产管理政策研究的同时，配置学科馆员、技术和政策支撑团队与研究所协同工作；根据研究所特定需求，在研究所定制部署 IR 平台系统，建立研究所机构知识管理相关制度与规范，培育研究所自有知识资产管理能力；建设中科院 IR 网络集成服务门户（CAS IR GRID），对研究所 IR 元数据自动采集收割，提供集中揭示与集成检索服务，并提供浏览下载统计服务。政策研究、技术开发、服务支持是中科院研究所 IR 建设推广的三个重要方面，形成以服务支持为核心的三足鼎立推广建设模式。中科院 IR 推广建设，重要的不是技术平台搭建与数据的存储，而是服务建设[67]。

（2）中国高校机构知识库联盟

中国高校机构知识库联盟（Confederation of China Academic Institutional Repository，CHAIR）由中国高等教育文献保障系统（CALIS）组织部分高校、图书馆共同发起成立。

2011 年 6 月，CALIS 三期机构知识库建设及推广项目开始筹备，CALIS 管理中心与北京大学图书馆联合进行了中国大陆高校图书馆机构知识库建设现状的调研，并形成调研报告，为项目的规划和实施提供背景参考和数据支撑。2011 年 7 月选择在机构知识库建设方面有意向，有投入，有经验，也有成果的数家高校图书馆，进行意向征求和需求研讨。在此基础上，于 2011 年 8 月正式启动项目，并成立项目管理组与技术实施组，确定技术方案及任务分工，管理协调制度，开始项目的建设实施。针对当前我国大陆高校范围内机构知识库建设从认识理念，政策支持，技术平台到标准规范等各个方面都较为薄弱的现状，CALIS 三期机构知识库建设及推广项目建立了“示范馆+参建馆（1+4）”机制，由五个在机构知识库建设，尤其是机构知识库平台开发方面卓有成效和成果的图书馆作为示范馆，协作开发机构知识库平台。系统平台开发完成后，配备完整规范的建设指南，提供给 CALIS 成员馆免费使用。同时，每一个示范馆以地区或者类型为标准召集四到五个参建馆形成一个建设小组，由示范馆向参建馆提供机构知识库建设所涉及的系统平台搭建的具体技术支持和其他方面的咨询，帮助参建馆建设本机构的机构知识库，以期在短时间内尽可能地扩大项目的影响，丰富项目的建设成果，促进高校机构知识库的发展。项目确定的五个示范馆为北京大学图书馆，北京理工大学图书馆，重庆大学图书馆，清华大学图书馆和厦门大学图书馆。

2012 年 4 月 27 日项目正式通过验收，项目主要建设成果包括：①三套系统：由项目承建馆北京大学图书馆负责的 CALIS 机构知识库中心系统（CHAIR Central）（CHAIR Central URL），由项目示范馆北京大学图书馆，北京理工大学图书馆，清华大学图书馆和厦门大学图书馆联合开发的 CALIS 机构知识库本地系统（CHAIR Local 版本）和由项目示范馆重庆大学图书馆开发的 CALIS 机构知识库本地系统（CHAIR RISE 版本）。其中两套本地系统已经在 25 个示范馆和参建馆安装、部署、运行并提供服务。本地系统平台提供完整安装使用手册，供 CALIS 成员馆免费使用，项目承建馆（北大馆）与示范馆（北理工，清华，厦大和重大）并向参建馆提供技术支持与服务。中心系统已经开始注册与数据收割工作，目前已经完成注册 25 家高校范围内的机构库。②系列标准/规范/说明/手册：《元数据著录规范》《机构知识库构建指南手册》《机构知识库系统需求说明书》《机构知识库系统设计手册》《机构知识库系统用户手册》《机构知识库系统实施部署手册》等。③内容建设：截至项目验收，各参建馆总计完成多种类型资源 76 178 条，其中既包括图书专著、期刊论文、会议论文、研究报告、学位论文等常见的资源类型，也包括照片、画作、音视频习作、纪实类独立电影，计算机软件等特殊的资源类型。

2012 年 10 月 23 日中科院举办中国开放获取推介周召开国际会议，宣告成立中国机构知识库联盟，设立推进工作组，目标“通过协同合作开放协同创新机制，群策群力、互帮互助、实现共赢”更能快速的推广高校对于开放获得的理念和意识认知。

2016 年 9 月 22 日，CHAIR 联盟成立，推进全国高校机构知识库的建设，旨在推动学术成果的开放获取，促进学术成果的广泛应用。

（3）台湾学术机构典藏计划[68]

2004 年 2 月台湾大学首先提议建设“台湾学术研究电子图书馆”，该提议后来委托台湾淡江大学图书馆召集规划任务小组，并由“台湾国家图书馆”补助经费进行研究，这项提议即后来“台湾学术机构典藏”计划的前身。2006 年 5 月台湾“教育部”正式委托台湾大学图书馆，执行“台湾学术机构典藏计划（TAIR）”，2008 年 TAIR 系统平台建设完成，结合培育“种子学校”的方式开始试用系统。各校在事前准备、系统导入、校内推广及教育训练等事宜，通过模式复制及经验交流，充分了解建设过程面临的各项问题并提出解决方法。经过积极推广和辅导，2014 年底为止参与联盟机构共计 135 所，其中高校为 124 所。

联盟平台的优点是校外用户可以通过对联盟成员的认识对内容进行检索和浏览，扩展学校对外的曝光机会。自 2006 年到 2009 年通过上百所高校的参与，已逐步整合台湾高校知识资产，完整保存台湾研究人员的学术成果，并提升台湾学术研究的能见度与影响力。3 年内知识共享平台完成以下目标：构建系统雏形、规划永续经营发展机制、规划并制定系统需求与标准规范、规划并制定标准作业程序。建设目标为“分散建设、整合应用、资源共享、永续经营”。

(4) 香港 IR 联盟[68]

香港地区 8 所由政府资助的高校，由香港科技大学构建共同平台组成 IR 联盟，成员馆为香港大学、香港理工大学、香港科技大学、香港城市大学、香港中文大学、岭南大学和香港教育学院等，联盟所属高校 IR 均已向 OpenDOAR 注册并且提交数据。8 所高校中香港大学图书馆是唯一获得学校常态性编列预算支持 IR 发展，2005 年在开源软件 DSpace 基础上，开发香港大学学术库（The HKU Scholars Hub）；联盟平台成员馆岭南大学因为图书馆人力限制所以采用"数字空间"商业 IR 托管服务平台。

香港地区主要学术成果发表以英文为主，系统设计的功能多依循国际趋势。香港大学图书馆技术开发团队，通过 IR 与科研信息管理系统（Current Research Information management Systems，CRIS）达成互操作性整合服务，技术能力达到国际水平。

1.5 结语

机构知识库的研究与平台构建，需要了解开放获取和机构知识库起源背景、概念、目标、发展历程、现状和相关案例经验。理解开放获取和机构知识库的建设目标，有助于更好地规划、设计和建设机构知识库。

参考文献

[1] GARVEY W D.Communication:The essence of science:Facilitating information exchange among librarians,scientists,engineers and students[M].Elsevier.2014.

[2] 李武.最早的两份学术期刊[J].科技导报,2012,30(10):81-81.

[3] SUBER P. Open access overview. Focusing on open access to peer－reviewed research ar4ticles and their preprints[M].2007.

[4] 李武,刘兹恒.一种全新的学术出版模式:开放存取出版模式探析[J].中国图书馆学

报,2004,30(6):66-69.

[5] Read the budapest open access initiative[EB/OL].[2017-07-21].http://www.budapestopenaccessinitiative.org/read.

[6] Bethesda statement on open access publishing[EB/OL].[2017-07-22].http://legacy.earlham.edu/~peters/fos/bethesda.htm.

[7] 初景利,李麟.国内外开放获取的新发展[J].图书馆论坛,2009,(06):83-88.

[8] ASSOCIATION T A L. Open access[EB/OL].[2017-07-01].http://www.ala.org/advocacy/intfreedom/iftoolkits/litoolkit/openaccess.

[9] Timeline of the open access movement[EB/OL].[2017-07-21].http://oad.simmons.edu/oadwiki/Timeline.

[10] Berlin declaration on open access to knowledge in the sciences and humanities[EB/OL].[2017-07-07].http://www.berlin7.org/spip.php%3Farticle28.html.

[11] Science, technology and innovation for the 21st century. Meeting of the oecd committee for scientific and technological policy at ministerial level, 29-30 january 2004-final communique[EB/OL].[2017-07-01].http://www.oecd.org/science/sci-tech/sciencetechnologyandinnovationforthe21stcenturymeetingoftheoecdcommitteeforscientificandtechnologicalpolicyatministeriallevel29-30january2004-finalcommunique.htm.

[12] Oecd principles and guidelines for access to research data from public funding[EB/OL].[2017-07-01].https://www.oecd.org/sti/sci-tech/38500813.pdf.

[13] The cape town open education declaration[EB/OL].[2017-07-01].http://www.capetowndeclaration.org/.

[14] Federal research public access act 2006[EB/OL].[2017-07-01].http://www.taxpayeraccess.org/issues/frpaa2006/index.shtml.

[15] 郑建程,赵艳,肖曼,等.学术期刊从订阅模式向开放获取模式转化的经费可行性研究:Oa2020 的启示[J].图书情报工作,2016,60(12):75-80.

[16] Oa2020 mission[EB/OL].[2018-12-01].https://oa2020.org/mission/.

[17] 崔海媛,聂华,吴越,等.公共资助机构开放获取政策研究与实施——以国家自然科学

基金委员会基础研究知识库开放获取政策为例[J].大学图书馆学报,2017,35(3):79-86.

[18] CROW R.The case for institutional repositories: A sparc position paper, 2002[EB/OL].[2017-07-21]. https://uta-ir.tdl.org/uta-ir/bitstream/handle/10106/24350/Case%20for%20IRs_SPARC.pdf? sequence=1.

[19] 中国开放获取期刊全景[EB/OL].[2018-01-01]. http://ir.las.ac.cn/handle/12502/6728.

[20] Pathfinder research on web-based repositories[EB/OL].[2017-07-22].https://mrkwr.files.wordpress.com/2006/11/pals-report-on-institutional-repositories.pdf.

[21] JONES C, DARBY R, GILBERT L, et al.Report of the subject and institutional repositories interactions study[EB/OL].[2018-10-01].http://wiki.lib.sun.ac.za/images/c/cb/Siris-report-nov-2008.pdf.

[22] ARMBRUSTER C, ROMARY L.Comparing repository types: Challenges and barriers for subject-based repositories, research repositories, national repository systems and institutional repositories in serving scholarly communication[J].International Journal of Digital Library Systems (IJDLS), 2010, 1(4):61-73.

[23] ROMARY L, ARMBRUSTER C.Beyond institutional repositories[EB/OL].[2017-07-01].https://halshs.archives-ouvertes.fr/hal-00399881/document.

[24] MCDOWELL C S.Evaluating institutional repository deployment in american academe since early 2005[J].D-lib Magazine, 2007, 13(9/10).

[25] GIBBONS S.Defining an institutional repository[J].Library Technology Reports, 2009, 40(4):6-10.

[26] MARK T, SHEARER K. Institutional repositories: A review of content recruitment strategies; proceedings of the World Library and Information Congress: 72nd IFLA General Conference and Council Libraries: Dynamic Engines for the Knowledge and Information Society Seoul, Korea, F, 2006[C].

[27] WALTERS T O.Reinventing the library how repositories are causing librarians to rethink

their professional roles[J].portal:Libraries and the Academy,2007,7(2):213-225.

[28] Arxiv.Org help-general information about arxiv[EB/OL].[2018-12-01].https://arxiv.org/help/general.

[29] 刘天星,孔红梅,段靖.科技期刊传播技术,期刊功能和商业模式的历史演变及相互关系[J].2014.

[30] Us national library of medicine national institutes of health[EB/OL].[2016-12-05].https://www.ncbi.nlm.nih.gov/pmc/.

[31] 初景利.开放获取的发展与推动因素[J].图书馆论坛,2006,(06):238-242.

[32] 聂华.全球开放获取运动的新进展——openaire-coar2014 年会的观察与思考[J].大学图书馆学报,2015,(02):5-12.

[33] Openaire-search publications,datasets,projects ...[EB/OL].[2018-11-29].https://explore.openaire.eu/search/find.

[34] Registry of open access repositories[EB/OL].[2018-11-29].http://roar.eprints.org/.

[35] Opendoar statisticst-an overview of the data held in opendoar[EB/OL].[2018-11-25].http://v2.sherpa.ac.uk/view/repository_visualisations/1.html.

[36] SHEARER K,YAMAJI K,REPANAS K.Asian open access meeting report[EB/OL].[2017-03-01].https://www.coar-repositories.org/news-media/asian-open-access-meeting-2/.

[37] PONTO M.Digital repositorian's vision sets new standards for open access in the gulf region-frontiers blog[EB/OL].[2017-03-01].https://blog.frontiersin.org/2016/03/24/digital-repositorians-vision-sets-new-standards-for-open-access-in-the-gulf-region/.

[38] ZAID Y A,OKIKI O C.Building collaboration for an institutional repository in africa:Transcending barriers,creating opportunities[J].Journal of Interlibrary Loan,Document Delivery & Electronic Reserves,2014,24(3/4):103-111.

[39] 陆彩女,李麟,LI L.2013 年国际开放获取实践进展[J].图书情报工作,2014,(08):111-121.

[40] MARSH R M.The role of institutional repositories in developing the communication of

scholarly research[J].OCLC Systems & Services,2015,31(4):163-195.

[41] CLOBRIDGE A.Open access:Progress,possibilities,and the changing scholarly communications ecosystem[J].Online Searcher,2014,38(2):42-52.

[42] Main features of cerif[EB/OL].[2017-03-01].http://www.eurocris.org/cerif/main-features-cerif.

[43] 崔海媛,聂华,罗鹏程,等.资助机构开放获取知识库研究与构建——以国家自然科学基金基础研究知识库为例[J].图书情报工作,61(11):45-54.

[44] The confederation of open access repositories (coar)[EB/OL].[2018-05-01].https://www.coar-repositories.org/.

[45] About eprints[EB/OL].[2017-08-05].http://roarmap.eprints.org/eprints/.

[46] About sherpa juliet[EB/OL].[2017-08-05].http://v2.sherpa.ac.uk/juliet/information.html.

[47] About doaj[EB/OL].[2018-12-01].https://doaj.org/about.

[48] The open archives initiative[EB/OL].[2018-10-01].https://www.openarchives.org/.

[49] Fair synthesis:Introduction[EB/OL].[2018-10-01].http://webarchive.nationalarchives.gov.uk/20140702195129/http://www.jisc.ac.uk/whatwedo/programmes/fair/synthesis.aspx.

[50] Report:Monitor of dutch research repositories 2011[EB/OL].[2018-05-01].https://www.surf.nl/en/knowledge-base/2012/report-monitor-of-dutch-research-repositories-2011.html.

[51] Tair 的傳承與改變[EB/OL].[2018-01-01].http://ntur.lib.ntu.edu.tw/handle/246246/270514#.XAOd8WglI2w.

[52] What is base? [EB/OL].[2018-10-31].https://www.base-search.net/about/en/.

[53] Supporting australian research through trove[EB/OL].[2018-10-03].https://trove.nla.gov.au/general/supporting-australian-research-through-trove.

[54] Facts and figures for open research data[EB/OL].[2018-10-15].https://ec.europa.eu/info/research-and-innovation/strategy/goals-research-and-innovation-policy/open-sci-

ence/open-science-monitor/facts-and-figures-open-research-data_en.

[55] Open access[EB/OL].[2018-10-01].https://erc.europa.eu/funding-and-grants/managing-project/open-access.

[56] 翟中会,石蕾.欧盟出版物和研究数据的管理及开放获取制度研究——以欧盟“地平线 2020”计划为例[J].图书馆研究与工作,2018,(1):47-50.

[57] Coalition s[EB/OL].[2018-11-01].https://www.scienceeurope.org/coalition-s/.

[58] Public access plan:Today′s data,tomorrow′s discoveries:Increasing access to the results of research funded by the national science foundation[EB/OL].[2018-10-01].https://www.nsf.gov/news/special_reports/public_access/#.

[59] Nih public access policy details[EB/OL].[2018-10-01].https://publicaccess.nih.gov/policy.htm.

[60] 丁大尉,钟灿涛.Nih 强制性开放获取政策实施中的利益博弈——基于多元行动者交互作用的分析视角[J].图书情报工作,2013,57(06):43-48.

[61] 练小川.传统出版商遭釜底抽薪?[N].中国出版传媒商报 2017-08-01.

[62] Wellcome is updating its open access policy[EB/OL].[2018-11-08].https://wellcome.ac.uk/news/wellcome-updating-its-open-access-policy.

[63] Open access research[EB/OL].[2018-11-01].http://webarchive.nationalarchives.gov.uk/20180319120208/http://www.hefce.ac.uk/rsrch/oa/Policy/.

[64] Scoap3(高能物理开放出版资助联盟)[EB/OL].[2018-11-01].https://www.sciping.com/16300.html.

[65] 王洪华.2003-2013 年日本机构知识库的发展与服务[J].图书与情报,2014,158(04):80-85.

[66] Jairo[EB/OL].[2018-11-10].http://jairo.nii.ac.jp/.

[67] 张冬荣,祝忠明,李麟,等.中国科学院机构知识库建设推广与服务[J].图书情报工作,57(01):20-25.

[68] 包心萍.基于项目管理的两岸高校机构知识库发展研究[D];北京大学,2015.

第二章 开放获取政策框架与制定

开放获取政策源于机构知识库的建设，是机构知识库的广泛实践与开放获取运动长期发展的历史必然产物。从国内外发展现状来看，开放获取政策是由科研资助机构、高等院校及研究所等科研管理机构为通过机构知识库存储并向社会公众免费开放传播受其资助、聘用或培养的作者所产出科研成果的电子版本而依照法律和法规制定的成文管理规定。

要保证机构知识库稳定、可持续的发展，信息技术条件固然不可或缺，制定和实施开放获取政策更因其多重社会效益而应提上相关机构的议事日程。开放获取政策可以确认作者拥有以最小成本保持其作品最大限度使用和重用权利；可以授权作者所属机构帮助作者广泛传播其学术成果，从而最大限度扩展成果的影响力；可以让其他研究者和社会公众更容易获取到已发表的学术文章，降低学术文献资源的社会订购成本；可以在保证学术自由、作者权益并遵循著作权法规的同时，避免作者与出版商直接陷入著作权纠纷[1]。对机构知识库而言，开放获取政策既是其合法内容来源的制度保障，更被当做衡量其综合质量的关键指标之一。

本章从国内外开放获取政策的发展现状入手，分析政策的一般框架结构，提供制定政策的流程和建议。建设机构知识库、实践开放获取运动的同时，关注并推动开放获取政策等相关规章制度的建立和完善，有助于规范科研管理机构实施开放获取行为，协调出版商与学术社群之间的利益，保障机构知识库平台的正常运作，以促进科研成果迅速、自由传播的方式扩大和促进学术交流。

2.1 国内外开放获取政策发展现状

相较于OA机构知识库数量近年来的突飞猛涨，全球开放获取政策的制定和发布数量严重滞后。根据开放获取仓储注册中心（Registry of Open Access Repositories，ROAR）中提供的截至2017年6月的数据，在4 508个注册成功的机构知识库中[2]，仅有19%左右的机构（871个）在开放获取仓储强制存档政策注册中心（Registry of Open Access Repository Mandates and Policies，ROARMAP）中登记并发布了自己的政策信息[3]。

尽管制定政策的机构比例还比较低，但是从图2.1来看，全球制定并颁布开放获取政策的机构数量从2009年开始一直保持较快的增长态势。科研机构的政策增长尤其突出，2009年1月仅有139家注册了开放获取政策，2017年已达到648家。

ROARMAP提供的地区、国别分布数据显示，欧美两大洲注册有开放获取政策的机构数量分别为539家和212家，合计占全球总数约86%；排名前十位的国家为：美国、英国、土耳其、澳大利亚、西班牙、芬兰、德国、加拿大、意大利和葡萄牙（图2.2）。亚洲地区有多达795个机构在ROAR进行注册，但只有58个即7%的机构在ROARMAP中注册了开放获取的相关政策，政策数量在全球不足7%的比例。

根据“开放获取知识库目录”（Directory of Open Access Repositories，OpenDOAR）截至2016年11月的数据，在其总共3 350个注册机构知识库中，

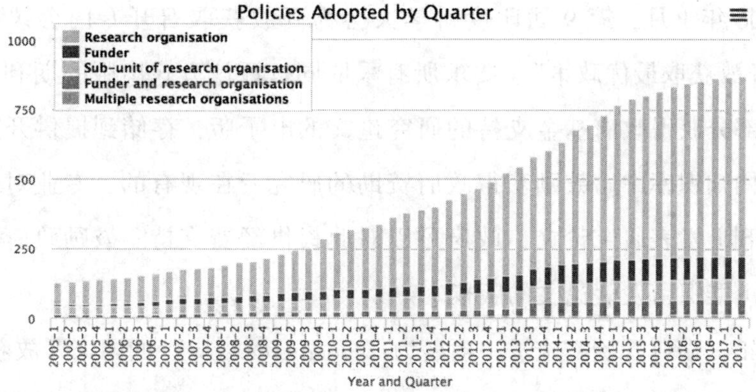

图 2.1　按机构分类的注册政策的机构量统计图

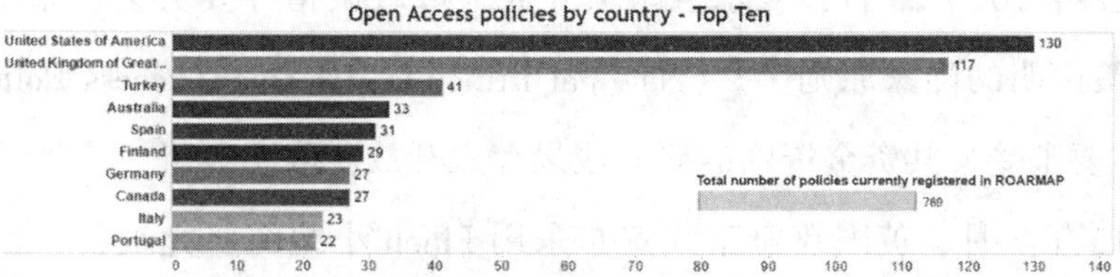

图 2.2　ROARMAP 中政策注册数量排名前十的国家

有 75%左右尚未制定相关的开放获取政策[4]；在已有政策的机构知识库中，按内容框架区分，仅有约 15%制定了元数据复用政策，约 20%制定了数据复用政策，约 20%制定了内容政策，约 20%制定了提交政策，约 8.4%制定了保存政策（参见后文 2.2.2“知识库级开放获取政策框架”）。

以上三大注册网站提供的各项数据已充分显示，机构知识库在全球范围内发展迅速，但政策数量明显偏少，需要推动建设政策发布。

2.1.1　国家政府的开放获取政策

政府的强制介入和积极引导能够加深社会各界对开放获取的认识，加速科研成果的获取和转化。

2006 年 1 月，第 9 届印度科学大会为开放获取召开专门会议，提出了“国家开放获取最优政策”。要求所有采取同行评议方式出版的期刊，将其中全部或部分获得政府基金支持的研究论文的电子版，存储到提供开放获取服务的机构知识库中。鼓励获得政府资助的研究者在现有的、专业对口的开放获取期刊上发表研究论文，政府可以对此提供经费支持。鼓励政府资助的研究者尽可能保留发表论文的版权[5]。

同年，瑞典开始实施了一项名为“OpenAccess. se”的国家开放获取计划。该计划对国家学术出版物搜索门户网站的创建、开放获取期刊目录的汇编以及一些制度和资助政策的制定发挥了重要作用[6]。

2012 年 10 月 23 日，爱尔兰国家开放存取政策指导委员会发布了《开放获取政策声明的国家原则[7]》（National Principles for Open Access Policy Statement)，要求受公共资金资助的研究成果存入开放获取库。

2012 年 7 月，英国政府正式宣布采用 Finch 小组的研究报告，作为“扩大研究成果公众获取”政策的基础，使论文出版加速向开放获取模式过渡。2013 年，由扩大研究成果开放获取工作小组起草的“2013 年开放获取政策”规定 5 年内所有英国政府资助的研究成果均实现开放获取，而第一年要达到 45%[8]。

2013 年 2 月，美国白宫科技政策办公室（White House Office of Science and Technology Policy，OSTP[9]）发布《提高联邦资助科学研究成果获取的备忘录》。OSTP 要求：凡资助研发经费超过 1 亿美元的联邦机构，都要在 6 个月内制定并提交一份计划的草案，旨在促进联邦资助的研究成果的公众获取。其要点是：将联邦资助科研成果形成的文献和数据，立即存放或者经过一定迟滞期存放于公众能在线获取的文库内；所储存文献可以是期刊出版的论文（VoR，文献记录版本）或者是期刊录用的作者手稿，迟滞期原则上规定为 12 个月。该备忘录的主要精神是：在“促进联邦资助科研成果公众获取所产生的巨大公众利益”和“确保学术出版行业提供的有价值贡献不致丢失”之间，力图取得平衡[10]。

欧盟委员会于 2008 年 8 月推行开放获取试点方案，作为欧盟“第七框架计划”（7th Framework Programme，FP7[11]）的一部分，要求几个主题领域的 FP7 项目将源自这些项目的同行审议论文或最终手稿存入在线数据库。

2013 年，欧盟在“Horizon 2020”（The EU Framework Programme for Research and Innovation）计划中全面实施开放获取，要求所有受资助项目产生的研究论文必须在规定的时间内存储到开放获取知识库中[12]。

同年，意大利发布开放获取研究成果的声明[13]。该声明由参加 2013 年 1 月 29 日举行的国家 MedOANet 研讨会的意大利大学校长和公共研究机构会议代表们签署。为了意大利的开放获取能够取得成功，他们承诺协调行动：鼓励 OA 知识库和技术基础设施的创建；鼓励研究人员在 OA 期刊、机构知识库或者学科知识库上发布其研究成果（数据和出版物）；通过采用机构的政策和规程，要求研究人员在机构 OA 知识库中存储其出版物，将有助于有效地实现开放获取原则。

2014 年，卡塔尔发布开放数据政策草案[14]，该草案是实现卡塔尔 2011—2016 年度国家发展战略任务的一部分，要求在卡塔尔高效率和透明地提供公共服务，以实现卡塔尔“2030 年卡塔尔国家愿景”的目标，用于社会进步，人类发展，建立一个健全多样化的经济和可持续的环境。

在立法方面，巴西在 2007 年 5 月提出了一项法案（PL 1120/2007），要求所有公立高等教育机构和科研单位都建立机构文献库[15]。

2013 年 2 月，美国国会提出了《公平获取科学技术研究成果法案(FASTR)[16]》，要求外部研究开支在 1 亿美元以上的所有联邦机构，都要制定一项联邦资助的研究成果公共获取政策。

同年 5 月，德国内阁通过了一份促进公共资金资助研究结果开放获取的草案，草案中提到作者将有权在成果首次发表12个月以后将该成果在互联网上向公众提供非商业性使用[17]。

同年11月，阿根廷政府颁布了《国家科技创新数字知识库开放获取法》[18]，要求所有属于国家科学技术系统（National Science and Technology System，SNCYT）的接受全额或者部分公共资助的机构应该建立免费的开放获取的机构电子知识库，并将所有的科学技术发表物和研究数据对外开放[19]。秘鲁国家参议院批准并通过了国家开放获取科学信息法[20]。该法律规定，从国家获得资金的国家科技部门机构必须建立机构数字知识库，提供国家科技成果报告的自由开放获取。

2014年，墨西哥开放获取法案得到通过[21]，要求使用公共基金资助的基础设施的项目成果，必须以开放的访问格式通过在线平台提供开放获取。

2.1.2 国际组织的开放获取政策

鉴于开放获取可以有效提升研究质量和研究影响力，为激发和利用学术研究与科技活动的新机遇，众多大型国际组织也陆续出台了各自的开放获取政策，以响应、支持并推动开放获取运动。

2012年4月，世界银行（World Bank）发布了针对世行所有研究成果和知识产物的开放获取政策[22]。

2013年5月全球研究理事会（Global Research Council）批准了《科研出版物开放获取行动计划[23]》，主要原则和目标有3条：①鼓励和支持在开放出版期刊发表开放获取论文；②鼓励和支持作者在开放获取知识库中自存储自己已发表的论文；③建立和连接各类存储开放获取论文的知识库。

同月，联合国教科文组织（United Nations Educational Scientific and Cultural Organization，UNESCO）发布了有关出版物的开放获取政策，其中提到将提供所有（研究）成果产出的在线访问而不受太多的著作权限制[24]。

2013 年 10 月，国际农业研究磋商组织联盟（Consultative Group for International Agricultural Research，CGIAR）发布了其开放获取与开放数据政策。

2014 年 7 月，世界卫生组织（World Health Organization，WHO）[25] 发布了开放获取政策，要求世卫组织工作人员撰写或联合撰写的文章必须刊登在已获得知识共享 3.0 政府间组织（IGO）许可协议的开放获取期刊或混合型开放获取期刊上，或刊登在准许于正式发表 12 个月内将所接受的作者原稿存放于欧洲医学文献中央数据库（Europe PMC）的订阅期刊上。同样，由接受世卫组织资助者撰写的文章必须刊登在已获得知识共享标准许可协议的开放获取期刊或混合型开放获取期刊上，或刊登在准许于正式发表 12 个月内将此文章存放于欧洲 PubMed 数据库的订阅期刊上。

2.1.3 科研资助机构的开放获取政策

科研资助机构是学术交流体系中的重要参与者和影响者。纳税人资助公共研究，研究所取得的成果也应该免费向纳税人开放。公共资金资助的学术发表和研究数据实现开放获取，不仅有利于资源共享，还有利于提高公共研究资助机构管理的透明度，有利于加强研究成果的社会监督，遏制科学不端行为的发生。近年来，各国科研资助机构纷纷出台了有关公共资金资助的研究数据的开放获取政策，对推动学术信息资源的开放获取发挥了重要作用[26]。

科研资助机构中较早开始启动开放获取相关工作的当属德国的马克思·普朗克学会（Max Planck Society，马普学会），该组织于 2003 年 10 月发布《关于自然科学与人文科学资源开放获取的柏林宣言》，拉开了全球开放获取运动的帷幕。

2004—2007 年间，澳大利亚研究理事会（Australian Research Council，ARC）和国家卫生、医学研究理事会、法国科学研究所、Jean Nicod 研究所、芬兰教育部、加拿大图书馆协会、卫生研究院、美国国立卫生研究院（National Institutes of Health，NIH）、欧洲研究理事会、欧盟、英国研究理事会（Research Councils UK，RCUK）、惠康基金会（Wellcome Trust）、瑞士国家科学基金委、印度科学协会、国家知识委员会、农业委员会等众多科研资助机构纷纷推出了开放获取相关的政策或立场声明。

通过几年的实施和问题总结，很多机构又重新对自己发布的相关政策进行了修订，可见对开放获取的关注和重视。

2012 年加拿大卫生研究院重新发布了科研成果的获取政策。NIH 于同年在其开放获取政策中新增了监督机制和惩罚措施，开始惩罚开放获取逃避者。

RCUK 在原有的开放获取基础上发布了修订版的开放获取政策指南，要求用 RCUK 的开放获取专项拨款支付文章处理费用的论文必须在在线出版的同时立即实现开放获取[27]。惠康基金会基于 2003 年的声明推出了新的开放获取政策。

2016 年 9 月 20 日德国联邦教研部全面实施“开放获取战略”，意味着公众可以通过互联网（如网络期刊）免费获取学术论文，每个人可以查找、阅读并继续传播文章。新举措有助于开放获取成为德国学术论文发表的标准模式。

2013 年日本科学技术振兴机构（Japan Science and Technology Agency，JST）发布其开放获取政策，规定在尊重科研人员发表自由的前提下，促使日本科研课题所产生的期刊论文在网络上免费获取[28]。

2.1.4 科研教育机构的开放获取政策

学术信息资源的开放获取在科研教育领域同样十分重要，科研教育机构因其直接管理科研作者而将政策重点置于支持建立本机构成果的仓储，或机构间的联盟仓储，以保障机构成果的自存储和机构间共享。从应用范围看，科研教育机构的政策可分为学校级（如澳大利亚昆士兰大学、瑞士的苏黎世大学、印度 Bharathidasan 大学和比利时 Liege 大学等）或院系级（如澳大利亚塔斯马尼亚大学计算学院和哈佛大学文理学院）；从政策的约束力看，则分为强制性政策和非强制性政策[29]。

英国南安普顿大学的电子与计算机学院是最早发布开放获取政策的机构，于 2003 年发布了第一版政策[30]。

2005 年，芬兰教育部发布了《芬兰科研出版促进开放获取的推荐策略》，公开支持开放获取，并要求高等教育学校建立或合作建立开放获取存储库，并将大学的研究成果开放获取[31]。

在美国，以 2008 年哈佛大学文理学院颁布开放获取政策为标志，科研教育机构的开放获取运动拉开序幕。在其发布的强制开放获取政策中规定，本学院的学术论文将强制存储在哈佛大学开放获取机构知识库中[32]。

2009 年，麻省理工大学教师委员会通过了校级政策。

2010 年，伊利诺伊大学通过了学位论文的开放获取政策，规定将所有的学位论文存储到学校的 IDEALS 机构知识库中。

随后至 2013 年，杜克大学、耶鲁大学、普林斯顿大学、哥伦比亚大学、宾夕法尼亚大学、佐治亚理工学院、加州理工学院纷纷发布了针对学术论文，研究产出的开放获取政策。

2014 年，伊利诺伊州发布开放获取法案，明确要求州内所有的公立大学必须在 2014 年 1 月提交关于制定开放获取政策和建立开放获取平台的报告[33]。

2.1.5 中国开放获取政策

在中国，开放获取政策的建设尚处于起步阶段。ROARMAP 中提供的数据显示，在 ROAR[34] 中成功注册的国内机构知识库有 92 个，其中正式发布政策的机构库 9 个，有大陆地区的中国科学院、中国科技部、中国国家自然科学基金委、中国科学院国家科学图书馆，以及港澳台地区的香港浸会大学、香港理工大学、香港大学（及图书馆）、台湾中兴大学。

另据 OpenDOAR 发布的详细分类统计，国内机构知识库政策更多关注提交和内容两方面的政策，对于元数据重用、数据重用和保存等方面较少制定支持政策[35]。整体数据表明，我国科研机构制定的开放获取政策在数量和质量上仍滞后于机构知识库平台和内容的建设。

在科研资助机构中，中国科技部于 2006 年 10 月发布了关于科研数据开放获取的相关政策。国家自然科学基金委员会（NSFC）于 2014 年 5 月发布开放获取政策声明，并于 2015 年发布了官方的基础研究知识库，公开了其资助的 8 个研究领域共 428 670 篇学术论文，为其他科研资助机构制定和实施类似政策做出了表率。国务院总理李克强在全球研究理事会 2014 年北京大会上的致辞中声明：中国将支持建立公共财政资助的科学知识开放获取机制，促进中国和世界科学事业共同发展。该声明[36]既表达了中国政府在开放获取问题上的基本立场，也是对 NSFC 等机构制定公共财政资助科研成果开放获取政策的明确支持。

在科研教育机构中，中国科学院“机构知识库服务网格”（CAS IR Grid）明确发布了开放获取政策，但其所涵盖的政策仍不够全面，仅限于内容、提交、传播授权许可三方面，对于撤回、保存、隐私等方面没有制定相关的政策。

厦门大学和集美大学仅在机构知识库主页上发布了版权相关的声明，其中集美大学虽在其网站其他介绍资料中提及了内容政策相关的内容，但并没有将其提炼成正式的政策文档。

台湾的“学术机构典藏系统”（TAIR）作为各学术机构科研成果的联合仓储，目前仅发布了文献著作权相关的政策，对于其他方面并没有制定正式的政策。

香港的“机构知识库整合系统”（HKIR）中的 8 个大学机构知识库，除香港中文大学和浸会大学，其他6所均在网站中发布了自己的开放获取政策，但其政策框架多集中于内容、提交和版权三方面，只有香港科技大学采用OpenDOAR提供的政策工具（Policies Tool）详细制定了全部五方面政策。

2013年7月8日，北京大学图书馆在上线北京大学机构知识库的同时发布了试行的机构知识库开放获取政策，涉及知识库的定义，以及内容、提交、使用、保存、撤回和隐私等六个方面的政策。

清华大学、北京工业大学、北京科技大学等高校的机构知识库也在政策建设方面进行了一定的研究和探索，暂时没有制定和发布正式的政策。

2.2 开放获取政策的内容框架

评价机构知识库建设水平的重要指标包括其所配套的开放获取政策的完备程度。开放获取政策可以细分为机构级政策和知识库级政策。机构级政策更偏向于管理层面，而知识库级政策偏向于操作层面。

然而，机构级政策和知识库级政策并不是完全独立互不相通的，在实际制定时，机构经常会根据自己的情况将两种政策元素融合在一个统一的政策中；没有设立自己知识库的机构为了使政策更有实操性，会在机构级政策中纳入更多知识库级的政策元素，如RCUK、NIH等；拥有自己的知识库的机构有的会将知识库级政策直接涵盖在机构级政策当中，如加州大学[37]。因此，对两类政策的元素进行分析和梳理，提出一份通用的政策元素框架对于制定开放获取政策的机构具有参考意义。

2.2.1 机构级开放获取政策框架

英国研究理事会在开放获取政策及支持指南[38]中，对开放获取政策建议包括：政策目标、政策范围、资助信息与研究材料（数据、模型等）说明、文章处理费（article processing charges，APC）资助政策、APC 说明、时滞期、版权说明、保存、提交说明、开放获取过渡期说明、资助经费不再支持出版费用说明、研究机构 APC 资助建议、实施说明等。欧盟开放获取联盟政策策略研究项目（Open Access Policy Alignment Strategies for European Union Research，PASTEUR4OA）对欧盟科研教育机构与资助机构提供了开放获取政策指南与模板，对开放获取政策制定提供了诸多详细的建议[39]。

本书从科研资助机构和科研教育机构中选取了 11 个具有代表性的机构（表 2.1），并对他们的开放获取政策的框架进行了详细分析。

表 2.1　部分资助与研究机构开放获取政策

	机构	政策文件名称
1	美国国立卫生研究院	Public Access Policy
2	欧盟科研框架计划：地平线 2020	Guidelines on Open Access to Scientific Publications and Research Data
3	英国研究理事会	RCUK Policy on Open Access and Supporting Guidance
4	澳大利亚研究理事会	ARC Open Access Policy
5	哈佛大学	Open Access Policies
6	加州大学洛杉矶分校	UC Presidential Open Access Policy
7	国家自然科学基金委	《国家自然科学基金委员会关于受资助项目科研论文实行开放获取的政策声明》2014-05-19 《关于公开国家自然科学基金资助项目结题报告及结题项目成果信息的通告》2014-07-23 《关于公开国家自然科学基金资助项目结题报告及结题项目成果信息的通告》2015-02-06
8	中国科学院	《中国科学院关于公共资助科研项目发表的论文实行开放获取的政策声明》2014-05-09 《开放获取政策问答》

通过归纳、梳理表 2.1 中各机构开放获取政策框架，可以得到机构级开

放获取政策通常包括如下内容（表2.2）。

①政策目的与意义：不管是强制性政策还是非强制性（导向性）政策，都需要说明推出和实施该政策的目标和定义。虽然各个机构的表述有所不同，但是使用最多的目的包括：促进学术和研究成果尽可能的广泛传播，实现机构科研成果的长期永久保存，让更多的机构之外的研究人员或社会公众利用这些科研成果[40]；

②知识产权相关的声明：任何开放获取形式都要有明确的版权声明以及关于知识库存储发布与正式出版的妥善处理。大多数开放获取政策在力求尊重作者享有的学术自由，给予他们选择学术成果的出版形式自由的同时，提倡和鼓励提供开放获取；

③免责声明或侵权声明：明确或者限定各方可以行使的权利和义务范围的声明；提供版权移补协议给研究人员，在签署后，机构以机构名义向出版商发出共同签署的文件及通知，以追回不当失去的著作权；

④内容：该部分政策通常包含规范成果类型、收缴范围（项目/机构/时间/人员）、版本要求、格式要求。很多开放获取政策基本不具有回溯力，对于政策发布之前已经发表或已经签署相关版权协议的成果不需要受到政策的约束。政策一般只限定在政策执行期间在机构工作的研究人员或者受到基金资助的研究人员[41]；

⑤访问：该部分政策通常包含对内容的访问方式、正式公开的时延期、深度、访问授权等等；

⑥是否强制存缴：是否要求强制存缴；

⑦问责机制：该部分政策通常定义机构中具体各个部门在政策实施过程中的责任，如解释政策，建立知识库，更新修订周期，监督机制等等；

⑧术语定义：该部分政策通常对政策中的一些特定的或新的术语进行解释；

⑨豁免：该部分政策通常提供豁免条件或豁免申请途径。豁免通常分为永久豁免和延迟开放两种类型。

表 2.2　科研资助与科研教育机构的开放获取政策的框架元素

	机构	目的意义	知识产权	免责声明	内容	访问	强制存缴	问责机制	术语定义	豁免
1	美国国立卫生研究院	√	√		√	√	√			
2	欧盟	√	√		√	√			√	√
3	英国研究理事会	√	√		√	√		√	√	
4	澳大利亚研究理事会	√		√	√	√	√	√	√	
5	哈佛大学	√	√		√	√			√	
6	加州大学洛杉矶分校	√	√		√	√	√	√	√	√
7	国家自然科学基金委	√			√					
8	中国科学院	√			√					

2.2.2　知识库级开放获取政策框架

机构知识库级政策并不因其地位低于机构级政策而缺乏重要性。通常根据知识库的类型、职能、学科跨度及所服务的对象制定知识库级政策。具体政策未必相同，但体系基本一致，通常包含两类条款：知识产权类和操作类。知识产权类条款规范知识库的存储范围、版权、数据复用等方面，操作类条款覆盖提交、撤回、保存等操作层面的政策。有的权威研究机构还对此类政策的内容框架做了细分。

EIFL-OA 项目负责人 Iryna Kuchma 提出，机构知识库的政策可具体分为5类：内容政策、提交政策、数据复用政策、保存政策和撤回政策。其中内容政策中主要规范知识库的类型、存储的资料类型、主要使用的语言等等；提交政策用于提交人的定义、提交内容的质量控制、版权声明等等；数据复用政策主要规范如何对元数据和全文数据的再利用；保存政策定义知识库将对所存储的内容提供何种保存策略；撤回政策规范撤回的条件及流程。

开放存取知识库目录 OpenDOAR 网站上提供的政策工具[42]也将开放获取政策的评价分成 5 方面标准，但分类表述不同：元数据政策、数据政策、内容政策、提交政策和保存政策。其中在元数据政策和数据政策中，OpenDOAR 认为不仅应涵盖元数据和数据的重用政策，还应规范机构知识库中存储的元数据和全文的描述信息。

此外，有一些科研教育机构制定的政策更加细致，除上述内容外，还制定了隐私政策。

（1）内容政策

内容是机构知识库的主体。内容收集的范围直接影响着一个机构知识库自身的定义。因此，在机构知识库中收录哪些类型的内容，必须实现通盘考虑。康奈尔大学 E-Commons@ Cornell[43]，麻省理工大学和剑桥大学的 DSpace @ Cambridge[44]均在政策文档中首先提及了内容政策，可见其重要性。在 E-Commons@ Cornell 的内容政策中规范了知识库中存储内容的类型、格式、大小和所有权四个方面。DSpace@ Cambridge 则在其内容政策中重点提出了其对内容质量的要求。

（2）提交政策

提交政策定义内容的收缴方式。机构知识库通常有三种提交方式。一种为分布式模式，完全由作者或资源提供者本人上传。第二种是半分布式，由机构内各单位指定专人负责上传本单位的智慧产出。第三种是集中式，由图书馆或机构内指定单位上传并管理本机构的研究成果[45]。很多机构知识库在建设初期，更多采用的是第三种集中式代理上传的方式，仅有少量内容采用第一种方式。

DSpace@ Cambridge 有单独的提交政策，其中定义了提交人，提交过程中的版权问题。而 E-Commons@ Cornell 没有单独的提交政策，仅是将内容的收缴方式、提交者的定义、提交内容的质量以及版权问题归纳在其存储政策中。

在这一部分政策中，同时还会对存储作品的版权和出版商或资助方的作品时滞期（Embargo Period）问题制定了相关条例。政策中声明了存储作品的版权由原作者持有，所有由第三方持有的版权也即保留。

（3）使用政策

使用政策是针对元数据、全文文档及全文数据资料的复用所制定的政策规定。DSpace@ Cambridge 针对全文数据和元数据分别设置了使用政策。

（4）保存政策

长期保存是机构知识库的重要使命，机构知识库更是知识资产长期保存的基础。E-Commons@ Cornell 在保存政策中明确提出了自己的长期保存策略。DSpace@ Cambridge 和英国巴斯大学也制定了较为详细的保存政策。

（5）撤回政策

开放获取机构知识库希望对存储的资料提供长期持久的获取。然而，在特定的情况下，可能需要从知识库中移除资料。很多机构将撤回政策归并在保存政策中。E-Commons@ Cornell 的撤回政策中明确规定了当内容被撤回时，元数据记录的变化情况。DSpace@ Cambridge 则明确列出了允许撤回的条件，当内容涉及经过验证的侵犯版权或抄袭、法律要求、国家安全、造假等四种情况之一时，将被撤回[46]。

（6）隐私政策

机构知识库中存储的内容及在内容收缴过程中收集到的信息，或多或少涉及提交者或使用者的个人信息，因此必须保证个人信息不会用于商业、公益目的，也不会透露给任何单位或个人。OpenDOAR 倡导的 5 方面政策条款中没有涉及隐私政策。但 E-Commons@ Cornell 和 DSpace@ Cambridge 均对隐私进行了相关规定。隐私条款是开放获取政策的重要补充，使得政策不仅对机构知识库的各项操作进行了规范，也对与机构知识库交互的提交者或使用者进行了保护，有助于增加用户对机构知识库系统的信赖。

2.2.3 开放获取政策框架建议

通过分析和总结机构级开放获取政策和知识库级开放获取政策，我们建议各机构在制定开放获取政策时，应在满足管理与法律层面要求的同时根据机构的特点与开放获取需要，在政策制定时考虑表 2.3 中列出的部分或全部内容。

表 2.3 开放获取政策框架建议

	政策元素	具体规定说明	用途	
			公开发布	内部管理
管理层面	政策目的/意义	说明政策在知识传播与成果存储等方面的目的与意义	√	
	政策原则		√	
	元数据标准			√
	检查与审核		√	√
	相关费用			√
	遵从度	强制性政策或指引性政策	√	√
	数据存储	方式、年限	√	√
	豁免申请	豁免申请，撤回申请	√	
	问责机制			√
法律层面	知识产权及所有权	版权转让协议，出版合同，作者著作权，版权移补协议	√	
	安全、隐私和保护		√	
	免责/侵权声明		√	
	相关法律法规		√	

续表

	政策元素	具体规定说明	用途	
			公开发布	内部管理
操作层面	内容	成果类型、范围（项目、机构、时间、人员）、版本、格式	√	
	提交政策	内容的收缴方式	√	
	数据使用	数据访问和引用方式、深度、使用授权	√	
	元数据使用	元数据访问和引用方式、深度、使用授权	√	
	公开时滞期	一般规定 12—24 个月以内	√	
	受资助人责任和义务	提交/认领、授权	√	
	知识库的操作流程		√	
	系统互操作	与异构系统的数据交互（一次提交、自动转存，授权推送）	√	

2.3　开放获取政策制定流程

开放获取政策是机构规章制度的组成部分，由机构法人颁布实施并由相关部门负责解释，具备正式的制度效力。开放获取政策的制定流程也应遵循机构规章制度制定的一般原则，经过充分的调研论证、意见征求、修改完善，通过正式程序成为机构的正式规章，并定期审查其实施情况，在必要时加以修订和重新颁布。

开放获取政策涉及多方面利益，包括读者、作者、出版商以及制定政策的机构本身，因而在通过政策制定以扩大科研成果影响力、促进学术交流的同时，应顾及各方利益，实现社会效益的合理增长。在制定过程中理应进行前期的调研与论证，全面把握各方需求，充分了解自身条件，对当前和未来做出正确的判断和预期。

本节对制定开放获取政策所涉及的调研与论证方法、政策相关问题、规章制度制定的程序与规范等关键问题分别加以论述，提供实践的建议。

2.3.1 调研与论证方法

机构开放获取政策的制定可采用文献法、问卷法、访谈法等研究方法，调研并论证相关问题，把握客观事实与主观意见。

（1）文献法

在政策制定的初期，政策制定团队应对国内外开放获取运动与政策制定的历史与现状进行全面的了解，从而明确本机构在参与开放获取运动中的基本定位。在这一阶段，可以广泛搜集并整理相关资料、门户网站和政策文本。

对于国外的外文资料，政策制定团队首先应搜索并获取已有中文译本；如关键的文献没有中文译本，在人员和时间充足的情况下，自行组织翻译工作，并整理成适合本机构相关人员阅读并认识国外开放获取政策的文献资料集。

文献的收集、整理和学习不仅有助于政策的起草和修订工作，同时也能帮助调查和访谈的对象获知相关情况，为问卷的制定提供内容参考，为决策者审批政策提供文献依据。

（2）问卷法

问卷法可以帮助政策制定团队以较高的效率获得较大样本量的反馈。通过问卷调查可以让政策制定者快速了解本机构情况，在制定政策时立足机构，尽可能满足机构内各利益方需求。

问卷设计中，基于文献法，政策制定团队已经对开放获取政策的分类、内容有了一定的了解。在问卷的设计中，政策制定团队除了关注问题设计本身，还需考虑将开放获取运动的历史、国内外发展现状、本机构制定政策的目标、目前已起草的政策文本、机构知识库建设进度等资料的简要介绍作为附件一起提供给被调查人，方便对问题感兴趣的被调查人详细了解问卷背景。问卷内容可兼顾知识测验与意见征询，前者不妨以选择题形式向被调查人介绍开放获取知识，答案既是对被调查人掌握开放获取知识的检验，也是对被调查人的知识普及，使他们对意见征询部分所涉及的背景也能有所了解——因为要答题，这种“科普”带有一定的强制性，很难被忽略，从而起到宣传教育的作用。意见征询部分则可以对被调查人的态度、意愿、建议等多方面出题了解，选择题、判断题、问答题形式均可按需采用。

在完成问卷的雏形设计后，政策制定团队应进行问卷的试答测试。首先团队内各组员对问卷进行试答。在试答结束后根据组员的反馈对问卷进行微调。然后从将要调研的各利益方中邀请几位志愿者，对微调后的问卷进行试答。最后根据志愿者的答题反馈，对问卷进行最终的修订并形成定稿。

问卷的发放可以有线上（在线问卷系统/Email 发送）和线下（纸质问卷派发）两种。政策制定团队可以通过机构内的科研/学科相关工作人员（如机构内图书馆的学科馆员、具体科研部门的科研秘书等）将问卷分发到机构内各二级单位的机构成员，并请他们回收后汇总到政策制定团队。如果条件允许，政策制定团队可以准备小型礼品给被调查人致以谢意。

批量的问卷调查可以征集到较为广泛的民意，反映了既是作者也是读者的一线教师、研究员的心声。

（3）访谈法

访谈法适用于向知识产权法律专家和图书馆学与情报学专家咨询专业意见。专家名单可通过汇总国内重要专业期刊和学术专著、译著中有关开放获取、开放出版等课题的作者，并根据他们与本机构的相关性（学科相关、业务联系等）加以遴选。确定专家名单的同时，准备访谈资料，包括对制定政策的目标、过程、已起草文本、机构知识库建设情况等的简要介绍，并且同样可以包含前述的调查问卷。

回收访谈结果可采用当面方式或函复方式。如果被访谈人方便会面，应尽量在其充分了解访谈话题和资料后安排一次到两次当面访谈。如果不便会面，也可以请被访谈人回信告知咨询意见。

访谈不同于简单的问卷调查，可能耗费咨询专家较多的时间和精力，因此政策制定机构应尽量提供一笔相当于数小时工作的劳务费，酬谢专家的专业付出。

2.3.2 政策相关问题——认识各方利益与素养

政策涉及至少4方面人群的利益与素养问题：读者通过机构知识库获取和引用科研成果，作者是为这些成果付出智慧劳动的直接生产者，出版商组织审阅并编辑、加工、正式出版科研成果，机构则管理甚至资助科研人员及科研项目。有关这些人群的利益与素养信息，都是制定开放获取政策所需的必要依据。

（1）读者的利益与素养

建立机构知识库，实施开放获取，对来自全社会、全世界的匿名互联网访问者免费提供本机构科研成果的元数据和全文，这些匿名访问者即读者是最直接的获益者。任何机构根据保密法规可公开发布的科研产出数量越多，质量越高，机构知识库的读者从开放获取政策中获益也越多。反之，假如该机构依法允许公开的部分科研产出数量与质量有限，都不值得与全社会分享，更难以体现机构的学术影响力，对学术交流的促进性有限，那么开放获取政策的制定计划可能也需要重新考虑。通常，由于这种科研成果发布是免费的（即便有时可能需要一个注册成为该机构知识库成员的手续），无需读者个人或其所属机构付费订阅，因而广受读者欢迎。

现时代的读者用户一般都具备基本的信息素养，能够使用一个设计合理的机构知识库系统浏览、搜索、下载、阅读自己所需的文献资源，但数字化阅读习惯的推广与培养也存在地区分布不平衡的实际情况。

（2）作者的利益与素养

开放获取政策对作者的益处包括：①开放获取并不取消作者的著作权和发表权，而是赋予机构公开发布的权利，并且往往是在科研成果公开发表、出版之后。②机构知识库的存档政策虽然具有强制性，但因其与科研成果长期保存政策相关联而更多体现为一种服务，即机构为成员免费永久保存其科研产出的电子版本数据。③在机构知识库的统一自存档服务之外，作者更可能享受到机构知识库免费提供的互联网发布与传播服务，使其科研成果拥有一个在期刊、会议等传统发表渠道之外的权威性发布平台，加速科研成果的传播，扩大作者的学术影响力，促进学术交流。

缘于上述理由，机构作者对开放获取政策的基本态度通常是支持的，但也应注意到两方面问题：①当开放获取行为可能影响期刊出版商的利益时，作者可能受到牵连。制定政策的机构必须确认自己具备足够的法律支持资源，当发生知识产权纠纷时，可以根据国家法规和机构的开放获取政策迅速化解纠纷，成为机构作者的坚强后盾。②科研成果的类型应当细分，调查了解并严格明确哪些类型的成果文献不宜实施开放获取。比如文艺作品、教材、专著等等，即便不考虑出版商的利益，作为凭借著作权获得经济收益的来源，很可能也不宜成为开放获取作品。具体机构情况可能不同，应当通过调研了解作者们的确切利益所在。

作者的信息素养与法律素养可能是制约开放获取政策制定的关键问题。在提供开放获取的同时，遵纪守法、履行合同非常重要。有的作者可能对开放获取的法律内涵存有理解偏差，因而对机构出台开放获取政策的意图怀有误解和疑虑，对相关科研资助机构提出的开放获取要求也不甚了解，以为可能损伤自己的著作权利益；有的作者在开放获取方面已经开始了个人的实践探索，比如将期刊文章的电子版本发布在个人主页或博客网站上，与学术同行开放分享。这些个人实践可能会在不经意间违反与期刊出版商的著作权协议，但可见其参与开放获取的意识，反映出部分作者的信息素养。

关于作者的利益和各方面素养，应当通过调研和论证进行深入的了解，这样才能对政策制定、实施、宣传过程中的诸多潜在障碍有所预备，也为机构知识库的建设与管理经营提供必要的民意基础。

（3）机构的利益与素养

在建设机构知识库、制定开放获取政策的过程中，机构本身必将投入大量人力、物力，但也应正视可能收获的利益，对此加以分析，做出预判。

①学术成果自存档：在开放获取政策的支持下，机构知识库的自存档行为将有章可循。如非保密或其他特殊情况，机构可强制成员呈缴电子版成果。这将为本机构保存科研产出成果提供制度保障。即便不向全社会开放获取，也可以无需订购任何商业数据库就让机构成员永久访问本机构的科研成果文献，同时为机构的科研成果管理提供安全保障。机构对学术成果自存档的要求是否迫切，将决定制定政策的动机。

②综合文献保障费减少：随着越来越多机构实现科研成果的开放获取，科研机构对商业数据库的整体依赖势必大大降低，从长期看，保障科研文献的订购费用将有所下降[47]。然而，科研机构更重要的身份是所属科研产出者的集体，在享受订购费用下降的福利的同时，不可避免地要支出开放出版费用，即文章处理费（APC）。这种费用与实施开放获取政策之间的关系更加直接，越是高产出的机构，APC 负担也越重。机构是否实施开放获取，参与学术期刊获取模式从订购向开放出版的转变，应慎重考量其经济条件，必须意识到综合文献保障成本的下降将是一个整体发展历程的长期结果。

③机构的科研和受资助潜力：从资助接受者的形象价值上看，因接受公共资助而实行成果的开放获取，既是对公共资金用于科学研究的必要回馈，也是向资助者和全社会公开证明受助机构科研能力的重要形式。资助者将根

据机构知识库中提供的开放获取成果，评估受助机构的科研水平，从而影响到今后向该机构提供资助的力度。在国外，如英国，很多高校制定开放获取政策的依据正是政府和基金会等科研资助机构的开放获取政策，这些科研资助机构处在资金链条的“上游”，自然对“下游”的科研教育机构（高校）造成压力，后者只能出台与之相顺应的政策[48]。总之，在制定政策时，理应评估机构能否因开放获取而吸引更多科研资助，或因拒绝开放获取而蒙受资金损失。

④机构的学术影响力：从科研主体的学术影响力角度看，根据开放获取政策，一家机构通过其机构知识库网站公开提供科研成果的方式也不同于作者通过个人网站发布作品，而是能够展现完整的学术阵容，发挥更加强大的宣传力度，使得个人因集体的规模而显扬，集体也因个人的汇集而丰满。机构成果作为一个整体显露在全社会面前，扩大影响力，加快成果传播速度，对机构而言可能意义重大。当然，这种意义的大小也与机构的专业学科布局等因素有关，比如理工农医类高校、科研院所、实验室等机构往往较为看重成果的及时公开传播，而人文社科类科研机构未必如此。制定开放获取政策是否必然能够扩大机构的学术影响力，并不是一个有现成确定答案的简单问题，应当结合机构自身的情况对未来的趋势作出判断。

为平衡各方利益，落实开放获取政策，建设好机构知识库，机构中的文献情报部门（比如高校中的图书馆）或科研管理部门（比如高校中的研究生院、科研部等）作为开放获取政策的主要执行机关，也必须具备足够完善的信息素质与法律素质。

①信息素养方面，实行开放获取政策的机构应具备起码的设备和人员条件，完成搭建并维护机构知识库系统及网络基础设施的任务。若非如此，开放获取只是空谈。不仅要搭建系统，而且一般来说还要根据实际需求对机构知识库系统加以适当的配置，甚至本地化二次开发。在系统上线后，还少不

了要培训科研成果作者、读者和机构中所有相关管理者如何正确使用。管理者对涉及开放获取的关键概念也应有所了解，同时深刻认识开放获取运动对科研工作和学术交流的重要价值，持开放获取的信息意识和服务观念，充分理解并支持本机构参与开放获取运动。制定政策时，必须对这些前提性问题做出正确的估量，即便当时不具备条件，也应预计在政策实施过程中能否及时达到要求。

②法律素质方面，机构既制定一种政策，也就是产生新的规章制度，对政策的相关问题，包括起草、修订、通过、实施等方方面面，都应有所认识和准备。政策制定者应与本机构法务部门沟通，针对草拟中的政策文本可能面临的法律问题、纠纷处置等咨询律师的意见，综合本机构所具备的法律支援能力和对成果实行开放获取的需求，决定开放获取政策的开放程度，也就是政策效力（参见后文 2. 4. 3“选择适用的政策效力方案”）。制定者还应特别考虑到，在实施阶段应如何对机构用户进行相关的政策法规教育，普及开放获取相关法律知识（参见后文 2. 4. 6“著作权咨询服务”），为此预估所需投入的人员和财力。

（4）出版商的利益与素养

出版商包括期刊出版商和数据库集成商，前者建立数据库发布电子期刊，或向后者让渡电子期刊传播权，而两者都可向学校、研究机构、个人出售电子期刊访问许可，以此获利。在开放获取运动兴起后，部分期刊出版商实行“金色开放获取”（Gold OA），读者及其所属机构无需为订购付费，但文章作者或其所属机构要向期刊支付高额的文章处理费。无论是数据库的订购费，还是期刊的文章处理费，都是出版商的直接经济利益。

科研机构的开放获取政策有可能与出版商的利益发生冲突，但绝不是必然的，而是可以避免的。这与机构所采用的开放获取政策的效力、对学术出版的资金支持条款、强制开放的文献类型等都有关系。机构应评估自己的开放获取需求与出版商利益的可能冲突点，在尊重知识产权的前提下与出版商充分沟通，以合理的方式使用本机构作者的科研成果。这是制定开放获取政策的关键难点，但也是实施政策的目的所在，即在读者、作者、机构的利益基本一致而与出版商存在利益矛盾的传统科研生产模式中，寻找共赢、共建、利益平衡的新型科研生产模式[49]，开放获取政策即新模式在机构一侧的制度表达。

出版商作为科研成果出版领域的传统主体，已越来越多认识到开放获取运动为当下大势所趋，但国内外不同地区、不同学科专业、不同规模的出版商对此认识并不一致，开放出版意识有强有弱，部分期刊和数据库仍然无所作为，并未支持“金色开放获取”。机构制定政策时，应对本机构主要订购的期刊、数据库的开放出版政策、态度做出大致的判断。

如果机构主要考虑实施“暗存储”等自存档政策（参见后文 2.4.3“选择适用的政策效力方案”），暂时不考虑完全的开放获取，则可能需要了解数据库集成商对批量获取并自存储科研成果电子版的态度，以便高效率的完成机构知识库的内容建设；如果不局限于“暗存储”方式，就应了解一些关键出版商对机构知识库传播何种版本的成果电子版有什么样的许可政策。

不同期刊出版商对待著作权和自存档的态度、政策不尽一致，可通过 SHERPA/RoMEO 网站[50]快速查询。网站将所有期刊出版商的自存档政策大致分为 4 类，以白、黄、蓝、绿四色鲜明地标识出来（图 2.3）。用户可以按期刊查找其出版商，或直接查找出版商名称。网站信息可能滞后或收录不全，仅供参考，并接受用户的推荐收录。如果网站尚未收录，用户可以前往出版商官方网站或根据期刊上的信息联系咨询其出版商，获知自存档政策。

- 绿色政策：允许存档“预印本”及“后印本”或出版商版本。
- 蓝色政策：允许存档“后印本”（Post-print，即经过同行评议的定稿）或出版商版本。

RoMEO Colour	Archiving policy
Green	Can archive pre-print *and* post-print or publisher's version/PDF
Blue	Can archive post-print (ie final draft post-refereeing) or publisher's version/PDF
Yellow	Can archive pre-print (ie pre-refereeing)
White	Archiving not formally supported

图 2.3　SHERPA/RoMEO 自存档颜色分类

- 黄色政策：允许存档“预印本”（Pre-print，即未经同行评议的原稿）。
- 白色政策：官方不支持自存档。

2.3.3　制定规章的程序与规范

开放获取政策的严肃性决定了制定者应根据其性质、地位，按照相应的程序与规范进行起草和制定。

（1）优先明确政策的性质、地位

如果需要开放获取政策具有机构一级的地位，比如对于高校来说，将此政策确立为“在学校办学自主权范围内依法制定的，规范校内教学、科研、管理、服务等管理行为，由学校发布，在全校具有普遍约束力”[51]，即通过学校规章的效力实施全校范围的开放获取，那么政策的性质就属于学校的规章，应按相应的管理办法进行制定。

但如果经评估、论证认为，尚不具备制定和实施机构一级开放获取政策的条件，也可以考虑先为机构知识库的日常运行订立一套机构知识库级的开放获取政策或管理规定。这样的政策相当于机构知识库与用户之间的约定、协议，而不是机构对其成员的强制性规定。

此外，对一些大型科研机构而言，整体采用开放获取政策可能面临较大的阻力和风险。为此，可以考虑先在个别二级单位进行政策试点，经实践检验后再推广到其他二级单位，最终决定是否上升为一级单位即整个机构的开放获取政策[52]。如果采用试点方案，政策的制定者、实施者、解释者均以二级单位为主体，政策对机构职工的作用范围也仅限于该二级单位。尽管政策试点方案可能较容易实施，但受二级单位资质所限，政策的性质也会有所不同，从而影响其法律效力。以国外高校为例，如美国的哈佛大学、哥伦比亚大学等，就是先从个别院系开始实施，其他院系陆续跟进，或者至今不曾全部参与。从技术上可以说，哈佛大学并不存在全校一级的开放获取政策，只有各院系的政策，但也成立了“学术交流办公室”（Office for Scholarly Communication）作为全校统一的服务部门，并将成果集中存档于“DASH”[53]（哈佛机构知识库）。需要指出的是，国外模式与其教育管理体制的特殊性有关。国内的大学及其他机构要么采取一步到位的全单位政策，要么从二级单位逐步试点，都应当根据本机构的实际情况具体分析和决策。

（2）国外高校开放获取政策的制度来源

美英两国高等院校颁布实施的开放获取政策，大致来源于两类不同的权力制度因素，即群众投票表决和资助机构政策。两种来源的深层差异可以对国内科研教育机构（高校及一些科研院所）选择开放获取政策的制定流程提供启发。

以哈佛大学为代表的美国高校，在其制定并推动开放获取政策的进程中，必须向学校或学院的全体教职工宣传和告知政策的内容、目的，经过教职工评议会（Faculty Senate）等议事机关投票表决通过，政策才能生效，最终由执行机关（教务长办公室、图书馆、机构知识库等）负责操作、实施。无论是哈佛大学各学院的开放获取政策文本、开放获取政策模板（含说明）[54]，还是哈佛大学学术交流办公室编写的政策指南[55]，均对这一点做了明确强调。

然而，以剑桥大学为代表的英国高校，群众投票表决并非推行开放获取政策的关键流程。此类政策的文本虽然也包含机构对开放获取的原则性声明，但主要内容是介绍与本机构科研活动密切相关的资助机构所制定的开放获取政策，提出本机构对成员的相应具体要求，同时说明可提供的配套服务。此类政策大致相当于资助机构开放获取政策的本地落实版本，因此，颁布和实施政策并不必经由机构成员的议事机关投票表决，机构的管理层即可做出决定。

美英两国高校开放获取政策的权力和制度来源，与两国的知识产权法律体系和政府角色都有关系，结果影响到政策的内容和制定流程。对中国的科研教育机构来说，很难简单复制两类政策制定流程，因为首先应当注意到，国内科研资助机构尚未出台开放获取政策，无法为接受资助的机构实行开放获取提供现成的政策依据，更谈不上要求或强制实行；其次还需认识到，国内高校的领导方式、决策过程、组织原则与美英两国高校存在差异，尤其与美国不同，所以照搬套路是行不通的，只能在理解其思路与精神之后，从实际出发，探索适合本机构的开放获取之路。

（3）国内科研教育机构制定规章制度的建议流程

根据国内外已有的开放获取政策，结合国内制定和颁布规章制度的一般管理办法，按次序列出以下流程，建议高校等科研教育机构在制定机构级开放获取政策时参考选用，并依据本单位的相关要求具体推进、实施。

①由职能部门负责起草，形成“征求意见稿”。职能部门可以是图书馆、信息政策管理部门（如信息化办公室）、科研管理部门等，依据职能分工在机构主管领导的指导下负责起草工作。如有必要，可由多个部门联合起草，或指定专门的工作小组负责起草工作。

②征求机构内各方意见，组织专家论证。征求对象包括：相关职能部门、二级科研单位、行业专家、教代会或其他科研人员群众组织的代表等。其中，行业专家又应覆盖信息管理（图书情报）专业、知识产权法律专业、编辑出版专业等。

③根据征求意见和专家论证的情况，对征求意见稿进行修改，形成“送审稿”，其中可保留不一致意见作为不同的解决方案，供机构决策时参考。同时形成“规章起草说明”，由起草部门领导签字并加盖公章。

④送审材料（上述送审稿、规章起草说明）报送机构一级行政机关审核。必要时，继续征求机构内各方意见，或征集法律、管理等方面专家的意见。

⑤如果审核通过，形成规章草案，报机构主管领导审阅；如果审核暂时不能通过，退回起草部门修改或做进一步协商。

⑥规章草案应由机构主管领导提交机构办公会等议事机构，按照规定程序审议通过。

⑦规章草案通过后，须经行政领导或主管相关工作的机构领导签署，由机构一级的行政机关以本机构正式文件的形式颁布。

上述流程①-③步环节主要由负责起草和修改政策文本的职能部门主导，应重点把握。其后的环节与机构自身制度关系较大。全部流程可概括为表 2.4（省略了不能通过的环节，所以次序编号与上述流程的环节序号不完全对应）。

表 2.4　开放获取政策制定流程概要

次序	概述	主体或对象	结果
1	起草政策文本	职能部门	征求意见稿
2	征求意见 组织论证	机构成员 行业专家	群众意见 专家建议
3	修改征求意见稿	职能部门	送审材料
4	报送审核	机构行政机关	规章草案
5	提交领导审阅	机构主管领导	规章草案
6	提交办公会审议	机构办公会	规章草案
7	领导签署	机构行政领导	正式文件
8	公开颁布	机构行政机关	正式文件

2.4 开放获取政策制定建议

结合国内外开放获取政策的理论研究与实践探索，针对政策起草原则、命名、政策效力类型、优先开放成果类型，以及与政策实施紧密相关的各项配套服务，建议考虑以下原则。

2.4.1 起草政策文本应注意的整体原则

制定机构一级的开放获取政策，需要注意两方面整体原则：合法性与协调性原则、稳定性与灵活性原则。

（1）合法性与协调性原则

开放获取政策应以宪法、法律和行政法规为依据。因涉及知识产权，更具体而言就是著作权，政策必须符合《中华人民共和国著作权法》的相关条款。如果是高校政策，还需注意遵守《高等学校知识产权保护管理规定》。相关的法律、法规不一定全部明确地写进开放获取政策的文本条款，但事实上不可违反，否则必然无效，并可能因此影响机构的声誉。

作为机构一级的规章制度，开放获取政策与机构现有规章制度之间的关系也应予以考量。在不涉及原则性立场的问题上，新政策应尽量尊重旧规章，保持制度运行的连贯性；否则应由机构设法协调，选择更加符合机构利益与社会发展的制度变革方向，必要时决议修改或废除旧规章的相关条款，并在新的开放获取政策中注明。

（2）稳定性与灵活性原则

开放获取政策的文本既要讲究规章制度的稳定性，也应保留一定的灵活性，即主要针对关乎开放获取目标的基本原则做出规定。国外部分开放获取政策定名为“原则性声明”（详见下文 2.4.2“政策的命名”）正有此类考虑。

顾及灵活性原则，技术性的细节不宜以规章制度的形式“写死”，而应在政策制定、通过、颁布后制定执行细则和解释性文件，对执行中的具体问题做出符合基本原则的灵活规定。

尽管如此，今后复审该政策的实施情况时，如果发现确实需要有所修改以适应新的社会实际，也应辩证地看待稳定性原则，果断启动政策的修订程序。

2.4.2 政策的命名

按名词词组的中心成分区分，国外开放获取政策主要有5类命名。

①“Policy”（“政策”），如美国哈佛大学各学院[56]、加州大学全校及部分校区[57]、加州理工学院[58]、普林斯顿大学[59]、杜克大学[60]、伊利诺伊大学厄巴纳-香槟校区[61]、国立卫生研究院（NIH）[62]、加拿大“三机构”（Tri-Agency）[63]、英国研究理事会（RCUK）[64]等采用。

②“Statement”（“声明”），如英国牛津大学[65]采用。

③“Statement of Principles”（“原则性声明”），如美国宾夕法尼亚大学[66]采用。

④“Statement of Position”或“Position Statement”（“立场声明”），类似于原则性声明，如美国华盛顿大学[67]、加拿大不列颠哥伦比亚大学[68]等采用。

⑤更复杂的表述如“Resolution Concerning ... Request for Advice on an Open Access Policy”（“有关开放获取政策征求意见稿的决议”），见于美国华盛顿大学教职工评议会的最新版开放获取政策[69]，或者“A Resolution in Support of Open Access to Research Articles”（“支持研究论文开放获取的决议”），见于该校学生评议会的开放获取政策[70]。

直接称为“政策”的最多，但也有“声明”“原则性声明”“立场声明”等，或以“决议”作为正式文件表述开放获取政策的，显得语气较弱，但从内容上看与直接称为政策的并无显著差异。可见，开放获取政策并非一定要命名为“开放获取政策”；根据各机构政策的性质、效力，也可以谓之“声明”或“决议”。

目前国内已正式颁布实施的两部开放获取政策，分别题为《中国科学院关于公共资助科研项目发表的论文实行开放获取的政策声明》和《中国国家自然科学基金委员会关于受资助项目科研论文实行开放获取的政策声明》，不难发现均以单位名称开头，以介词“关于”引出实行开放获取政策的作品的基本条件，最后以“政策声明”作为中心成分。

国内这两部政策都不简单称为“政策”，而是在点名“政策”之余借鉴了国外政策命名中的“声明”体裁。从正文看，这两部政策也更倾向于对原则、立场的正式表态，而不是对具体制度的条款化表述，所以更宜称为“声明”而非“政策”。两部政策的作品类型适用范围也不尽一致，这也体现在政策名称当中。总之，政策内容决定政策名称，如何命名当然应以本机构政策的内容、文体为转移，而不可照搬、盲从他人的成例。

2.4.3 选择适用的政策效力方案

制定并实施何种开放获取政策，属于机构的管理自由，可根据对机构自身法律与信息素养实际情况的评估，以及对开放获取的需求程度，政策条款赋予机构何等的作品存储权、使用权、二次传播权也可以有所不同。

如果以国外高校开放获取政策和机构知识库的实践为依据，可将高校强制性开放获取政策按其政策效力分为4个档次的方案[71]。

①授权机构并可退出方案：应用最广泛，效果最佳。政策要求教职员工在发表作品时授予机构一项非排他性的权利，但通常都会为教师提供一个申

请豁免或退出的选择。政策通常要求教职员工将作品存储到机构知识库中，即强制存储，但不完全强制传播。

②权利保留、机构缺席的自存储方案：要求教职员工在作品发表时保留一定的独占性权利。不管是否提供豁免选择，政策都要求教职员工将作品存储到机构知识库中。此类政策掺杂了对独占性权利的保留，可能影响开放获取的力度。

③不授权机构的自存储方案：机构要求教职员工将作品存储到机构库中，然后如果机构已经获得相关出版商的许可，可以将作品开放获取，那么存储之时就可以立即开放获取；否则就暂时设置为“暗存储”（只存储，不开放），直到机构获得许可才将其开放获取。暗存储期间，全文不开放但元数据可以开放。该方案较为灵活，既保障了自存储的强制性，又避免令机构陷入难以处置的法律纠纷。

④出版商允许的自存储方案：机构不要求任何权利（包括不要求暗存储），只提出在获得出版商允许后将作品存储到知识库并且开放获取。此类政策完全取决于出版商是否参与“金色 OA”，机构知识库在很大意义上相当于开放获取期刊的合法备份站，仅对这部分期刊所载作品具有强制性，而无法对本机构的科研产出实行完整、有效的长期保存。

如果政策的效力比上述第 4 类方案更弱，将不再具备起码的强制性，仅存鼓励性意义，因而不推荐使用，或至少不以开放获取政策的名义制定和使用。

2.4.4 优先实行公共资助科研成果的开放获取

前文 2.1.5“中国开放获取政策”提到 2014 年 5 月国务院总理李克强对于中国政府支持建立公共财政资助的科学知识开放获取机制的声明，可看作当前相关政策制定工作的指导意见，即优先对公共财政资助的科研成果实行开放获取。

从实践上看，科研资助机构（如政府、基金会）作为科研项目的出资人，要求成果作品实行开放获取是顺理成章的。然而，科研教育机构（包括高校及一些科研院所）大多是公共资助项目的具体承担者，或是充当项目组织实施的管理者[72]，如果要求本机构作者的一般科研成果实行开放获取，强制力相对较弱。这就决定了科研教育机构在实施开放获取政策之前应当充分征求民意，经正当程序获得全体教职员工或其代表机关的表决通过；同时提示了机构管理者和政策制定者，不妨优先对接受公共资助的科研项目成果实行开放获取，即配合或补充科研资助机构的开放获取要求。目前国内已有国家自然科学基金委员会和中国科学院出台了专门针对公共资助项目成果的开放获取政策，一个是科研资助机构，一个是科研教育机构，共同演示了这一优先路径的现实可行性。

当然，公共资助科研成果只是科研教育机构作者所产出全部科研成果的一个子集，并且对科研人员与研究过程的资助也不等同于对学术出版的资助，因而公共资助科研成果的开放获取行为同样应当尊重学术期刊在编辑出版活动中投入的成本及相应的知识产权（邻接权），科研项目的经费有必要覆盖学术出版所需费用，依法、合理地实行相关科研成果的开放获取。在公共财政所资助的项目以外，如何对科研教育机构作者的开放学术出版提供资金支持，也是开放获取政策制定与实施的重要领域。

2.4.5 对接适当的传播授权许可

演绎（修改）、分发（二次传播）特定的开放获取作品，不一定在开放获取政策中具体规定，但在执行中必然存在这样的问题。建议在开放获取政策中简要提及相关问题，引起机构作者的注意；在政策执行细则中可对此详加解释，配合宣推网站或其他方式、手段，向机构成员推荐一系列适用的传播授权许可，支持和鼓励他们明确选用，以此作为实施开放获取政策、运行机构知识库的配套服务之一。

常用的传播授权许可虽然属于法律上的所谓“格式合同”，但引起“格式化”而能够减轻作者逐条表达和主张每一项合同内容以及传播者知晓和理解合同内容的负担，并且与作为规章制度的开放获取政策相比，仍然具有一定的选择余地。两者的对接所产生的配合作用，可以弥补政策声明和执行细则难以覆盖到的社会关系领域，从而为起草政策文本时应当掌握的灵活性原则提供了必要的后续支持。

具体用于开放获取活动的传播授权许可，主要包括开源软件许可和知识共享许可。

（1）开源软件许可

开源软件运动倡导计算机软件开发者公开发布其软件作品的源代码，供终端用户、开发者、培训者、销售者等不经专门授权地使用、编译、修改，并署名传播，甚至允许销售盈利，但一般必须保留原有署名，可能还要沿用相同或类似的开源软件许可，继续开放源代码，提供有关修改的说明文档，等等。此类授权许可大多由民间非营利组织和高校提出并采用，例如阿帕奇软件基金会的 Apache 许可、加州大学董事会的 BSD 许可、自由软件基金会的 GNU GPL 和 LGPL 许可、麻省理工学院的 MIT 许可，典型的适用客体为计算机软件（及源代码）的传播，但实际应用中并不局限于此，可以适当推广到科研成果作品合法版本的开放传播上。

（2）知识共享许可（CC 许可）

由非营利组织 Creative Commons（简称“CC”）提出并维护的一系列公共版权许可协议，2013 年发布最新的 4.0 版，目前广泛应用于各类文章和设计作品。CC 许可具备极大的灵活选择性，允许作者对 4 方面权利做出约定，这些权利经自由组合后即形成十余种细分的具体许可，如 CC BY（署名）、

CC BY-SA（署名、相同方式共享）、CC BY-NC（署名、非商业性使用）、CC BY-ND（署名、禁止演绎）等等，并通过分层式的设计，实现了对法律文本性、大众可读性、计算机可读性的兼顾[73]。相比开源软件许可，CC 许可或许更适合学术期刊论文等科研成果作品的开放传播，至少更容易为大多数作者理解和选用。

此外，部分机构知识库还承担了科研数据的开放平台职能，因而也可推荐 ODC（OpenData Commons）等研究数据类的传播授权许可，比如中国科学院文献情报中心机构知识库（NSL OpenIR）网站即列举了包括 CC 许可、开源软件许可和 ODC 许可在内的各类传播授权许可[74]。

各机构应根据自身特点和需要，为作者提供适合的传播授权许可推荐清单。同时建议提供官方主页的参考信息，简要比较其内容特点，培训相关知识，指导作者按需选用。

2.4.6 著作权咨询服务

国外很多科研机构的图书情报管理部门在其主页上设立著作权（版权）相关栏目，为机构用户在合理使用著作权作品的同时注意规避法律纠纷，提供了知识普及的窗口和咨询沟通的桥梁。栏目的具体服务内容可能包含如下项目：①介绍著作权基础知识。②解读著作权法规对作品使用的规定。③介绍本机构持有的著作权作品复制授权许可。④为机构内的教学目的提供作品复制服务。⑤由专业团队提供著作权咨询服务，接受用户反馈。⑥宣传各类免费学术资源，包括开放获取资源。⑦制作网络公开课（MOOC）的著作权。

上述服务内容应当涵盖与开放获取有关的问题。提供此类服务，不仅包括表面上建立的网站、主页，更重要的是，机构或其图书情报管理部门应注意总结与本机构密切相关的著作权问题，提供实践中的最佳对策，并培训图书馆员等直接服务主体，积极适应专业咨询工作的需要。[75]对于规模较大的机构，还可以由图书情报管理部门设立专门的著作权服务部门，处理所有相关事务，支持学术出版，推动开放获取[76]。

需要注意的是，国内外法律体系不同，著作权相关法规也存在重要差异，因而当机构作者需要向国外学术期刊投稿时，很可能要面对更多影响自存储和开放获取的问题。在推行具体服务时，务必认真区分，谨慎对待，必要时应协助作者与出版商联络协调相关事宜。

2.4.7 支持开放学术出版事业

开放获取政策使科研机构、机构成员和全社会读者得以免费享有传统的学术出版商对科研成果的独占性传播权，开创了有利于知识交流的学术成果生态系统。与此同时，科研机构本身很可能也主办学术期刊，作为学术出版事业的参与者当然应该以身作则，加入到开放获取期刊转型的改革进程中，凭借主体地位支持开放学术出版。科研机构可以通过开放获取政策的文本对此予以说明，包括针对本机构应当提供的支持性配套服务、出版费用资助及学术评价方式的变革趋势等加以声明。

（1）支持性配套服务

具备技术条件的职能部门可以为本机构旗下的学术期刊提供有利于开放获取的支撑平台。以北京大学为例，图书馆除建立机构知识库外，还为校内各科研单位主办和出版的学术期刊（含内刊、辑刊）设立了“北京大学期刊网”平台，集中保存并公开提供各家刊物的概况信息、联系方式、卷期篇目元数据，以及部分期刊的全文数据。

（2）出版费用资助

对于社会上采用开放出版形式的学术期刊，科研机构应以资助作者支付文章处理费（APC）的方式承认期刊的合法经济利益，从而一方面支持机构作者在开放获取期刊上发表文章，参与“金色 OA”，另一方面逐渐推进本机构文献保障模式由订购为主向开放获取为主的变革，为全社会自由获取学术研究成果添砖加瓦。科研机构积极筹措出版经费，开拓资助来源和渠道，规范资金的申请使用，并向机构成员宣传、推广。

对于某些学科（如物理学），机构还应正视并鼓励成员将最新科研成果投稿到 arXiv. org 等开放仓储平台并在机构知识库中存档和公开，在职称评定等人事制度中对此类成果所产生的学术影响力予以适当的认可。

以中国社会科学院承建的“国家哲学社会科学学术期刊数据库”（简称“国家期刊库”或“NSSD”）为例，该库收录了 200 种国家社科基金资助的专业学术期刊[77]，实现刊物文章的全文发布（发布平台即 NSSD 网站），供数据库用户免费阅读。同时，NSSD 也收录了 80 多种中国社科院期刊。国家期刊库的建立和发展，在相当程度上削弱了数据库集成商对学术期刊论文电子版传播的商业垄断，在维护期刊出版商合理经济利益的同时，推动国内社会科学界参与开放获取，促进各学科知识的传播与交流，堪称开放学术出版事业的合作典范。

2.4.8 建设学术交流网站平台

在制定开放获取政策的同时，机构应准备建立辅助性的宣推网站平台。此类网站平台通常属于机构图书馆主页或图书馆指南/指引 #（LibGuides）导航网站的一个栏目，在命名方面可参考“学术交流（Scholarly Communication）”相关的命名。不同于汉语传统语境中以举办学术研讨会、访问调研等形式为主的学术交流，此处是指与开放获取政策、机构知识库、开放数据平台等相关的内容，以及本章前述各种配套服务。有的机构网站将此栏目与版权服务栏目合并。

除开放获取政策文本外，“学术交流”网站还应发布政策的执行细则和解释性文件，介绍与开放获取、开放出版、开放科学有关的基础知识和最新消息，帮助机构作者和读者了解开放获取的观念、历史、发展现状，以及本机构的实践情况，并向作者和读者集中推荐参与开放获取的途径、方式、工具，提醒必要的注意事项。总之，以实际行动为导向，将开放获取政策与其他信息、资料构成一个完整的知识框架和信息窗口。

2.5 结语

全球各机构开放获取政策的制定、发布和实施，将蓬勃发展的开放获取运动和机构知识库的运作引向规范化轨道，以合法、合规的方式打破学术期刊出版商对自由传播学术成果设置的垄断性限制，使得研究者对社会的贡献与影响倍增，在科研资助机构与科研教育机构间建立起合作管理科研成果的上下游关系，为全社会监督和共享公共资助科研项目成果提供制度保障。为推动机构知识库发展，如何制定开放获取政策，完善其框架，修订其条款，是科研人员和科研管理者共同关注的课题。

参考文献

[1] SHIEBER S,SUBER P.Drafting a policy-Harvard Open Access Project[EB/OL].[2017-07-19].https://cyber.harvard.edu/hoap/Drafting_a_policy.

[2] ROAR[EB/OL].[2017-07-19].http://roar.eprints.org.

[3] Data Visualization[EB/OL].[2017-07-19].http://roarmap.eprints.org/dataviz2.html.

[4] Growth of the OpenDOAR Database-Worldwide[EB/OL].[2017-07-19].http://www.opendoar.org/onechart.php? cID=&ctID=&rtID=&clID=&lID=&potID=&rSoftWareName=&search=&groupby=r.rDateAdded&orderby=&charttype=growth&width=600&height=350&caption=Growth%20of%20the%20OpenDOAR%20Database%20-%20Worldwide.

[5] 魏来,孟连生.印度的信息资源开放获取活动及启示[J].图书馆杂志,2006,25(9):61-63.

[6] 欧盟研究报告:公共资助的科研成果的开放获取状况[J/OL].全球科技投入要览,2013,(17/18).[2017-07-19].http://www.nstl.gov.cn/nstl.outlineRead/viewPDF.jsp? id = http://www. nstl. gov. cn/NSTL/PutIntoOutlineRead/fdbadcaf - bbc4 - 44e7 - 9ce1 -de932e31c89c.

[7] National Steering Committee on Open Access Policy [EB/ OL].[2017-09-05] .http://openaccess.thehealthwell.info/.

[8] 欧盟研究报告:公共资助的科研成果的开放获取状况[J/OL].全球科技投入要览,2013,(17/18).[2017-07-19].http://www.nstl.gov.cn/nstl.outlineRead/viewPDF.jsp? id = http://www. nstl. gov. cn/NSTL/PutIntoOutlineRead/fdbadcaf - bbc4 - 44e7 - 9ce1 -de932e31c89c.

[9] White House Office of Science and Technology Policy [EB/ OL].[2017-09-05].https://www.whitehouse.gov/ostp

[10] 崔丽芬.数字化时代的学术期刊模式——OA 运动形势回顾[J].知识管理论坛,2014,5:005.

[11] 7th Framework Programme [EB/ OL].[2017-09-05].https://ec.europa.eu/research/fp7/index_en.cfm.

[12] Guidelines on Open Access to Scientific Publications and Research Data in Horizon 2020 [EB/OL].[2017-03-16].https://ec.europa.eu/research/participants/data/ref/h2020/grants_manual/hi/oa_pilot/h2020-hi-oa-pilot-guide_en.pdf.

[13] Position statement on Open Access to research outputs in Italy [EB/ OL].[2017-09-05].http://wiki.openarchives.it/images/f/f4/Position_paper_en.pdf.

[14] Open Data Policy [EB/ OL].[2017-09-05].http://www.motc.gov.qa/en/documents/document/open-data-policy

[15] 欧盟研究报告:公共资助的科研成果的开放获取状况[J/OL].全球科技投入要览,2013,(17/18).[2017-07-19].http://www.nstl.gov.cn/nstl.outlineRead/viewPDF.jsp? id = http://www. nstl. gov. cn/NSTL/PutIntoOutlineRead/fdbadcaf - bbc4 - 44e7 - 9ce1 -de932e31c89c.

[16] FASTR [EB/ OL]. [2017-09-05]. https://en. wikipedia. org/wiki/Fair_Access_to_Science_and_Technology_Research_Act.

[17] 陆彩女,李麟.2013 年国际开放获取实践进展[J].图书情报工作,2014,58(08):111-121.

[18] No.26.899,Creating Institutional Open Access Digital Repositories,Owned or Shared[EB/OL].[2017-07-19].https://www.ip-watch.org/2013/12/16/argentina-passes-open-access-act-making-publicly-funded-research-available.

[19] Argentina Passes Open Access Act For Publicly Funded Research[EB/OL].[2017-07-19].https://www.ip-watch.org/2013/12/16/argentina-passes-open-access-act-making-publicly-funded-research-available.

[20] Peru [EB/ OL]. [2017-09-05]. http://www.unesco.org/new/en/communication-and-information/portals-and-platforms/goap/access-by-region/latin-america-and-the-caribbean/peru/.

[21] Bill to pass a decree to reform several articles of the general law of science and technology and the general law on education [EB/ OL].[2017-09-05].http://www.redalyc.org/redalyc/media/redalyc_n/acceso-abierto/inc/pdf/Iniciativa_Herrera_Anzaldo_in.pdf.

[22] World Bank Open Access Policy for Formal Publications (English)[EB/OL].[2017-07-19]. http://documents. worldbank. org/curated/en/992881468337274796/World-Bank-Open-Access-Policy-for-Formal-Publications.

[23] Action Plan towards Open Access to Publications[EB/OL].[2017-07-19].http://www.globalresearchcouncil. org/sites/default/files/pdfs/grc_action_plan_open_access%20FINAL.pdf.

[24] Open Access Policy concerning UNESCO publications[EB/OL].[2017-07-19].http://www.unesco.org/new/fileadmin/MULTIMEDIA/HQ/ERI/pdf/oa_policy_en_2.pdf.

[25] WHO 开放获取政策[EB/OL].[2017-07-19].http://www.who.int/about/policy/zh.

[26] 陈敬全,袁红梅.科研资助机构的开放获取政策——基于国外实践的分析[J].中国基础科学,2007,3(6).

[27] 陆彩女,李麟.2013 年国际开放获取实践进展[J].图书情报工作,2014,58(08):111-121.

[28] 顾立平.日本 JST 发布开放获取政策[J].中国图书馆学报,2013,6:011.

[29] 李书宁.国外大学开放获取政策研究[J].图书情报工作,2013,57(10):12-17.

[30] Open Access & Institutional Repository:Introduction [EB/ OL].[2017-09-05].http://library.soton.ac.uk/openaccess

[31] 李荣素,牛晓艳.国外开放存取政策研究[J].图书馆建设,2007 (5):13-15.

[32] Harvard Adopts 38th Green Open Access Self-Archiving Mandate[EB/OL].[2017-07-19]. http://openaccess. eprints. org/index. php? /archives/362-Harvard-Adopts-38th-Green-Open-Access-Self-Archiving-Mandate.html.

[33] 蒋树勇,钟静.立法保障下的美国机构开放获取发展[J].新世纪图书馆,2014 (2):68-71.

[34] Registry of Open Access Repositories[EB/OL].[2017-07-19].http://roar.eprints.org.

[35] OpenDOAR Charts-China[EB/OL].[2017-07-19].http://www.opendoar.org/find.php

[36] 李克强.李克强在全球研究理事会 2014 年北京大会上的致辞[EB/OL].(2014-05-27)[2017-07-31].http://news.xinhuanet.com/politics/2014-05/27/c_1110886486.htm.

[37] UC Presidential Open Access Policy[EB/OL].[2017-07-19].http://osc.universityofcalifornia.edu/open-access-policy/policy-text/presidential.

[38] RCUK policy on open access and supporting guidance[EB/OL].[2017-07-19].http://www.rcuk.ac.uk/documents/docuG ments/rcukopenacespolicy-pdf.

[39] PASTEUR4OA.Open Access Policy Guidelines for Funders[EB/OL].[2017-07-19].http://www.pasteur4oa.eu/resources/137.

[40] 李书宁.国外大学开放获取政策研究[J].图书情报工作,2013,57(10):12-17.

[41] 李书宁.国外大学开放获取政策研究[J].图书情报工作,2013,57(10):12-17.

[42] OpenDOAR policy tool[EB/OL].[2017-07-19].http://www.opendoar.org/tools/en/policies.php.

[43] eCommons@ Cornel Policies[EB/OL].[2017-07-19].http://ecommons.library.cornel.

edu/policy.html#content.

[44] DSpace@ Cambridge Policies[EB/OL].[2017-07-19].http://www.lib.cam.ac.uk/repository/about/policies.html#submission.

[45] 王学勤.机构知识库建设相关政策研究[J].中国图书馆学报,2007,33(3):44-47.

[46] DSpace@ Cambridge Policies[EB/OL].[2017-07-19].http://www.lib.cam.ac.uk/repository/about/policies.html#submission.

[47] 郑建程,赵艳,肖曼,等.学术期刊从订阅模式向开放获取模式转化的经费可行性研究:OA2020 的启示[J].图书情报工作,2016,60(12):75-80.

[48] 李书宁.英国大学开放获取政策研究[J].图书情报知识,2017(1):98-105.

[49] 田甜.开放出版的 APC 与支持政策研究[J].农业图书情报学刊,2016,28(11):146-150.

[50] JISC.SHERPA/RoMEO[EB/OL].[2017-08-05].http://www.sherpa.ac.uk/romeo/definitions.php? la=en&fIDnum=|&mode=simple&version=#colours.

[51] 北京大学.北京大学规章制定管理办法[EB/OL].http://xxgk.pku.edu.cn/gksx/jbxx/gzzd/35627.htm,(2005-10-13)[2017-07-18].

[52] 李国俊,邱小花,肖明.国外高校强制性开放获取政策研究[J].大学图书馆学报,2014,32(3):39-43.

[53] Digital Access to Scholarship at Harvard[DB/OL].[2017-07-18] https://dash.harvard.edu.

[54] SHIEBER S M.Model Open Access Policy[EB/OL].(2015-12-18)[2017-07-31].https://osc.hul.harvard.edu/modelpolicy.

[55] SHIEBER S,SUBER P.Good practices for university open-access policies-Harvard Open Access Project[EB/OL].(2017-07-18)[2017-07-31].https://cyber.harvard.edu/hoap/Good_practices_for_university_open-access_policies.

[56] Open Access Policies[EB/OL].[2017-07-18].https://osc.hul.harvard.edu/policies.

[57] The Regents of the University of California.UC Open Access Policies[EB/OL].[2017-07-18].http://osc.universityofcalifornia.edu/open-access-policy.

[58] California Institute of Technology Open Access Policy[EB/OL].(2013-06-10)[2017-07-18].https://www.library.caltech.edu/sites/default/files/OA_Policy_6.10.2013.pdf.

[59] Open Access[EB/OL].[2017-07-18].http://dof.princeton.edu/policies-procedure/policies/open-access.

[60] Open Access[EB/OL].[2017-07-18].https://scholarworks.duke.edu/open-access.

[61] MURPHY H.New Open Access Policy[EB/OL].(2015-10-22)[2017-07-18].http://www.library.illinois.edu/news/openaccesspolicy.html.

[62] NIH Public Access Policy[EB/OL].(2014-03-18)[2017-07-18].https://publicaccess.nih.gov.

[63] Tri-Agency Open Access Policy on Publications[EB/OL].(2016-12-21)[2017-07-18].http://www.science.gc.ca/eic/site/063.nsf/eng/h_F6765465.html.

[64] RCUK Policy on Open Access and Supporting Guidance[EB/OL].[2017-07-19].http://www.rcuk.ac.uk/documents/documents/rcukopenaccesspolicy-pdf.

[65] Statement on Open Access at the University of Oxford[EB/OL].(2013-03-13)[2017-07-18].http://openaccess.ox.ac.uk/wp-content/uploads/sites/2/2013/03/Statement-on-Open-Access-at-the-University-of-Oxford-Approved-by-Council-on-11-March-2013.pdf.

[66] Open-Access Statement of Principles for Scholarly Articles[J/OL].University of Pennsylvania Almanac.2011,58(3)[2017-07-18].http://www.upenn.edu/almanac/volumes/v58/n03/openaccess.html.

[67] Open Access to Research Results: UW Statement of Position[EB/OL].(2007-04-27)[2017-07-18].https://www.washington.edu/research/policies/open-access-to-research-results.

[68] UBC Open Access Position Statement[EB/OL].(2014-03-31)[2017-07-18].http://wiki.ubc.ca/Library:Scholarly_Communications/UBC_Open_Access_Position_Statement.

[69] Resolution Concerning the UW Open Access Repository & Request for Advice on an Open Access Policy[EB/OL].(2015-04-30)[2017-07-18].http://www.washington.edu/fac-

ulty/files/2014/05/543.pdf.

[70] SIMS K.A Resolution in Support of Open Access to Research Articles[EB/OL].(2015-02-05)[2017-07-18].http://depts.washington.edu/asuwsen/oro/#! LegislationView/id=138457.

[71] 苑世芬.基于国外实践的高校科研成果开放获取政策的构建与实施策略[J].高校图书馆工作,2016,(1):57-61.

[72] 苑世芬.我国高校科研成果强制性开放获取的法律政策探析[J].图书馆界,2016,(02):25-28.

[73] Creative Commons.关于许可协议[EB/OL].[2017-07-19].https://creativecommons.org/licenses.

[74] 中国科学院文献情报中心.提交作品的传播授权许可[EB/OL].[2017-07-04].http://ir.las.ac.cn/guiter? id=5.

[75] 鄂丽君.英国高校图书馆的版权服务调查与启示[J].图书馆建设,2016,(09):64-69.

[76] 叶秀明.美国大学图书馆版权服务调查及启示[J].图书情报工作,2015,(17):62-66.

[77] 中国社会科学院图书馆.国家哲学社会科学学术期刊数据库:社科基金资助导航[DB/OL].[2017-07-19].http://www.nssd.org/journal/fund.aspx.

第三章　机构知识库软件平台建设指南

3.1　全球机构知识库软件平台应用概况

全球开放获取机构知识库注册平台[1]（Registry of Open Access Repositories，ROAR），由英国南安普敦大学电子与计算机科学学院开发和维护。该平台提供机构知识库注册服务，并按照国家、年份、机构库类型和机构库软件等四个类别分别来进行浏览检索服务，并将机构知识库按照所在地点在地图上进行标识，进行可视化显示，方便用户查找。此外该平台还提供快速检索、高级检索等功能，方便用户查找世界范围内的机构知识库。截止到 2017 年 6 月 12 日，该平台共有 3 805 个机构知识库进行了注册。

笔者在全球机构知识库注册平台（ROAR）统计出目前全球机构知识库平台所使用的软件类型（截止到 2017 年 6 月 12 日），如图 3. 1 和表 3. 1 所示。从图 3. 1 中可以看出，有将近一半的机构知识库平台使用了 DSpace，17%的机构选择了 EPrints 软件，12%的机构使用了 Bepress 软件，这三款软件占到了全球机构知识库软件的 77%。其中 DSpace 和 EPrints 是开源软件，Bepress 是商业软件。

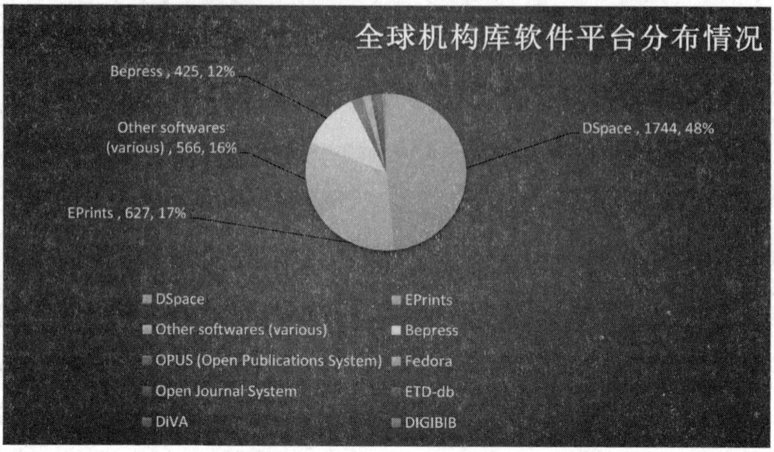

图 3.1　全球机构知识库软件平台分布情况（截止到 2017 年 6 月）

表 3.1　全球机构知识库软件平台数量统计（截止到 2017 年 6 月）

序号	机构库软件平台	数量
1	DSpace	1 744
2	EPrints	627
3	Other softwares (various)	566
4	Bepress	425
5	OPUS (Open Publications System)	88
6	Fedora	59
7	Open Journal System	31
8	ETD-db	30
9	DiVA	26
10	DIGIBIB	24
11	CDS Invenio	23
12	HAL	23
13	Open Repository	23
14	Greenstone	22
15	MiTOS	14
16	ContentDM by OCLC	11

续表

序号	机构库软件平台	数量
17	Fez	11
18	DigiTool	9
19	MyCoRe	9
20	Equella	6
21	DoKS	5
22	ARNO	4
23	PMB Services	3
24	SBCAT	3
25	SciX	3
26	EDOC	1
27	i-Tor	1
28	Keystone DLS	1
29	SobekCM	1
30	WIKINDX	1
31	Zentity	1

3.2 机构知识库的关键技术发展

机构知识库是收集、管理、保存和传播一个研究机构知识数字资源仓储平台。机构知识库又名机构仓储、机构典藏、机构库、机构存储，美国研究图书馆协会（Association of Research Libraries，ARL）最早提出了发展“机构仓储”的战略和构想。学术出版和学术资源联盟（Scholarly Publishing and Academic Resources Coalition，SPARC）的一个研究报告中将机构知识库定义为“收集和保存一个或多个大学知识产出的数字资源集合”，报告认为机构知识库包含四层涵义：机构性——不同于学科或专题知识库；学术性——主要收藏学术资源；累积性和长期保存——长久保留本机构的智力资产；开放性和互操作性——保证机构内外的用户能方便存取资源，支持不同机构知识库间的互操作。[2,3]从这个角度来看，机构知识库的长期保存和互操作是机构知识库的重要功能之一，而对数字资源的唯一标识能够促进资源的长期利用和传播。而随着语义网技术的发展，机构知识库对语义的支持是未来机构知识库发展的热点之一。

3.2.1 支持多项国际标准协议的互操作

机构知识库通常使用元数据来描述其存储和管理的数字资源。但是不同的领域和学科，针对不同的数字资源拥有不同的元数据描述标准。为了促进机构知识库之间的资源共享，避免机构知识库成为独立的“信息孤岛”，机构知识库系统应当支持元数据间的互操作协议和标准。目前常见的元数据互操作协议包括：OAI-PMH、OAI-ORE、OpenURL 等。

（1）OAI-PMH[4,5]

OAI：Open Archives Initiative（开放文档先导组织）的主要目的是为了促进信息的有效交流和共享。为了解决和促进数字资源的共享和利用，1999 年在美国新墨西哥州的圣达菲召开的一次电子出版界研讨会上，提出了一个标准接口，使得网络服务器可以通过这个接口来发布其电子文档的元数据，多个采用这种接口的仓储结合在一起就可以形成一个联邦式的仓储，其他组织可以像对单独一个仓储操作一样检索和利用这些仓储中的元数据，这个接口就是 OAI 协议的雏形。这次会议基本确立了 OAI 协议的框架，同时把核心的参与者组织到一起成立了协议的领导和组织机构。由于许多部门也都面临相似的信息共享问题，所以这项工作有许多对网络信息有兴趣的组织参与进来，其中包括 NASA、OCLC 等著名机构以及众多大学、图书馆、博物馆以及一些出版商。并且在网络信息联盟（The Coalition for Networked Information，CNI）、数字图书馆联盟（Digital Library Federation，DLF）和国家科学基金会（National Science Foundation，NSF）的支持和资助下在 Cornell 大学设立了主管这项工作的秘书处，由 OAI 协议框架的最初倡导者 Carl Lagoze 和 Herbert Van de Sompel 两位教授负责日常事务，同时设立指导委员会和技术委员会分别负责协议框架的指导和具体的技术开发工作。经过开发人员一年多的努力，2001 年 1 月推出了 OAI 元数据收割协议（The Open Archives Initiative Protocol for Metadata Harvesting，OAI－PMH）的可操作版本 OAI－PMH 1.0。OAI－PMH1.0 版的协议可以为各类从事网络内容出版的组织所用，任何网络服务器都可以配置这个协议。经过一年多的试用反馈，OAI 组织的开发人员又于 2002 年 6 月推出了协议的第二版 OAI-PMH2.0。

OAI-PMH 使用 TCP/IP 协议对收割者和仓储之间进行数据传输。OAI-PMH 包含两个角色：一个是数据提供者（Data Provider），另一个是服务提供者（Service Providers）。

Data Provider：数据提供者是元数据的发布方，一般拥有一个或多个仓储，采用 OAI 技术框架发布元数据，使得服务提供者可以根据自己的需要对这些元数据进行收割加工。

Service Providers：服务提供者是元数据的收割方，使用 OAI 协议向数据提供者发出请求，并接收返回的元数据作为构造附加服务的基础。一个服务提供者可以收割多个数据提供者的数据。

在 OAI 协议中，通过 HTTP 协议规定了六种请求数据的方式，这些请求也被称作为动词：

- Identify：得到有关数据仓储的基本信息，如 URL、所使用的协议版本、Email 地址等。
- Listmetadataformat：得到数据仓储所支持的元数据格式信息。
- Listsets：列出数据仓储中所有集合的信息，以方便用户选择性收割。

- ListIdentifiers：列出数据仓储中相关记录的标识符。
- ListRecords：列出完整的元数据记录信息。
- GetRecords：根据指定的条目号和元数据格式，从数据仓储中得到数据记录的内容。

（2）OAI-ORE[6-7]

OAI-PMH 协议已经实现了机构知识库间元数据的互操作，但是对机构知识库间数字对象的互操作却无能为力，OAI-ORE（Open Archives Initiative Object Reuse and Exchange）就是在这样的背景下产生的。OAI-ORE 是 OAI 组织为解决分布式数字仓储间数字对象交换而制定的规范，于 2008 年 10 月正式发布。OAI-ORE 的目标是开发标准的、可互操作的、机器可读的机制来表达复合数字对象资源，并且建立复合数字对象内部组件之间的逻辑关系以及网络信息空间中复合对象与其他资源之间的关系，以支持数字对象资源的交换、重用、可视化和保存等。OAI-ORE 是基于 Web 架构提出的，利用语义网、关联数据（Linked Data）及 URIs 领域的最新研究成果，它采用 RDF 模型的“主-谓-宾”三元组形式来表示对象间关系。

ORE 抽象数据模型的主要实体包括：聚合（Aggregation）、被聚合资源（Aggregated Resource）、资源图（Resource Map）、代理（Proxy）。各个主要实体间关系的 UML 如图 3.2 所示。OAI-ORE 数据模型中，一个聚合是一组资源的集合，聚合中的组件资源被定义为被聚合资源。聚合是一个抽象的概念，它与被聚合资源的关系通过资源图声明，所有的聚合和被聚合资源由唯一的 URIs 标识。资源图描述一个聚合，列举其描述聚合的组件（被聚合资源）、组件间的关系、组件与其他资源间的关系以及其他属性等。一个资源图只能描述一个聚合，有且仅有一个 URI 标识，一个聚合可以被多个资源图描述。

（3）OpenURL[8-10]

OpenURL 可称之为开放的统一资源定位器（Open Uniform Resource Loca-

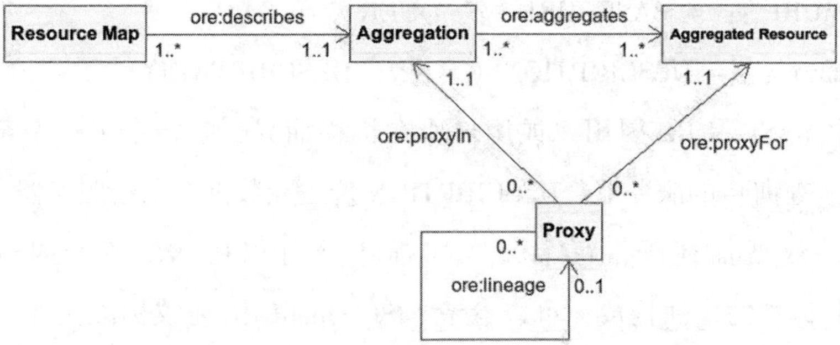

图 3.2 ORE 数据模型中实体间关系的 UML 图

tors)，最初是由比利时 Ghent 大学的 H. 萨姆堡尔（Herbert Van de Sompel）及其同事在研制 SFX（Speeial Effects）系统时提出，目的是把不同来源和不同通信协议的信息源及相关服务融合在一起，实现不同类型、不同格式和异地分布信息资源的无缝链接。OpenURL 克服传统链接框架的局限，可为用户提供上下文相关（Context-sensitive）链接传递服务。

2001 年，美国国家信息标准组织（National Information Standards Organization，NISO）成立一个专门小组，在 H. 萨姆堡尔等人工作的基础上，开发基于 Web 应用的 OpenURL 语法。并将 OpenURL 0.1 作为美国国家标准（ANSI）Z39.88-200X，并在 2005 年批准了 OpenURL 标准版 1.0 为新的美国国家标准 NISOZ39.88-2004。

OpenURL 作为一种协议，规定了统一的信息服务提供者之间传递对象的元数据格式，形成一种开放的、上下文相关的链接框架结构。该协议允许信息源（如 Elsevier 或 ProQuest）传送特定对象的元数据或者是元数据对象的参考项目（如期刊 ISSN 号、标题、作者、期卷、刊号、页码等）到某机构的网络服务组件上（通常是一个服务器，如 SFX 服务器）。OpenURL 语法由 BaseURL 和相关元数据组成，其中也包含一些传输附加信息的指令，如下所示：

OpenURL :: = BASE-URL '?' QUERY

QUERY :: = DESCRIPTION ('&&' DESCRIPTION)

其中 BASE-URL 因用户或用户所在机构而异，它指定了一个可以执行 QUERY（查询）的服务器。DESCRIPTION 传送元数据对象给服务器，它可以有多个元数据描述项，每个元数据描述项可以用 && 符号隔开。有关 OpenURL 详细的语法构成，可以参考 NISO OpenURL 协议标准文件[10]。机构知识库通过 OpenURL 协议，为数字对象生成一个 URL，然后通过链接解析服务器来获取到该对象的全文链接。

3.2.2 支持 Linked Data[11-15]

关联数据（Linked Data）概念是万维网的发明人 Tim Berners-Lee（蒂姆·伯纳斯·李）于 2006 年首次提出的，当时是作为万维网上用来发布数据的一种方式提出的。2007 年，W3C（国际互联网协会）正式启动了关联开放数据项目（Linking Open Data，LOD），用来规范发布和连接各种数据、信息。目标是利用语义网技术来实现 Web 智能化，用协议来规范发布和连接 Web 的各种数据。目的是希望在万维网的基础上，建立一个计算机能理解的、可描述的、富含语义、具有结构化的、互联互通的知识网络，从而使人们更加高效地利用这些相互关联的信息。关联数据是一种推荐的最佳实践，用来在语义网中使用 URI 和 RDF 发布、分享、连接各类数据、信息和知识，发布和部署实例数据和类数据，从而可以通过 HTTP 协议揭示并获取这些数据，同时强调数据的相互关联、相互联系以及有益于人机理解的语境信息。关联数据强调建立已有信息的语义标注和实现数据之间的关联，它具有框架简洁、标准化、自助化、去中心化、低成本的特点，为构建人机理解的数据网络提供了根本性的保障，为实现语义网奠定了坚实的基础。

Tim Berners-Lee 提出了关联数据构建和实现的 4 个基本原则：

- 使用 URI 作为任何事物的标识名称；
- 使用 HTTP URI 让任何人都可以访问这一全局唯一的标识名称；
- 当有人访问某个标识名称时，以 RDF 形式提供有用的信息；
- 尽可能提供相关的 URI，可以使人们发现更多的相关信息。

可以看出，四条原则提供了在遵从统一的网络结构和标准的前提下发布和链接数据的基本方法。这也符合 Tim Berners-Lee 的“最少设计”原则，把简单的东西简化，复杂的东西变得可能。

从技术上看，关联数据是语义网的一种轻量级的实现方式，可以让 Web 代理通过简单通用的 HTTP URI 规范直接访问文档中的“数据”，是实现“数据的网络”的关键技术。发布关联数据从技术上来说是很简单的，需要遵守两条基本准则：①用资源描述框架数据模型在万维网上发布结构化数据；②用 RDF 链接不同数据源的数据。

W3C 的 RDF 是指由“主体（subject）--谓词（predicate）--客体（object）”三部分（称为“三元组”）组成的资源描述通用模型。其中“主体”是有统一标识符（URI）的资源，可以是没有命名空间的空白节点如 DOI、ISBN 等；“客体”可以是有 URI 的资源、空白节点、也可以是字串值；而“谓词”表示了主体和客体的关系，即第二条原则中的 RDF 链接（RDF Links）。根据关联数据的原则，关联数据的三元组都应该尽可能地以 URI 来表达，以 RDF 来编码。尤其是主体，必须能够以开放的 HTTP 方式来存取，数据的 RDF 描述中应包含其他更多数据的链接。

关联数据完全建立在已有的 Web 技术（HTTP、URL 和 HTML）基础上，四个基本原则对 Web 技术规范作了进一步的规范和限定。关联数据的发布可简单概括为如下步骤：

①用 RDF 数据模型描述要发布的数据资源，为其生成 HTTP URI（通常是一个 Cool URI），并生成资源的 RDF 描述文档。

②在数据与数据之间建立 RDF 链接。

③在 Web 上发布 RDF 文档，可采用以下两种方法之一：支持 HTTP 的内容协商机制（Content Negotiation），根据客户端信息请求的类型（text/html 还是 application/rdf + xml）决定返回 HTML 的表示形式还是 RDF 的表示形式；或支持采用带“#”号（hash）的 URI 方式定位到 RDF 中具体的数据资源。

④提供一个标准开放的访问接口，支持使用 RDF 的标准化检索语言 SPARQL 对 RDF 数据库进行检索，供远程调用本地数据。

中国科学院文献情报中心的祝忠明团队对主流机构仓储支持 RDF 数据的情况进行了调查研究，分析了机构知识库对 RDF 数据提供支持需要解决的重点问题。由于各个机构知识库都有自己的底层数据模型和结构模型，不使用 RDF 三元组模型，不直接存储三元组数据。因此，机构知识库要对 RDF 三元组数据提供支持，首先要解决从系统原始数据到 RDF 三元组数据的转化，也即模型映射的问题。不同的机构知识库软件由于构建的目的不同，软件开发的时间不同，造成机构知识库的底层模型相互之间就有很大的区别，这些区别也就造成了底层模型向 RDF 三元组模型映射的难度各不相同。有些机构仓储，使用广泛的 Dspace，以研究机构的组织结构为基础，组织方式反映的是使用该系统的研究机构的内部结构，固然有利于机构仓储以机构为单位对资源进行组织，但是也造成模型映射上的困难；又比如 Fedora 系统，使用数字对象的概念为核心，定义了一系列用来表示数字对象的概念，确定了数字对象之间的关系以及数字对象的连接“行为”，这些都为 Fedora 支持 Semantic Web 提供了有利条件，模型映射就比较容易实现。Eprints 针对语义网和 RDF 数据存储做出了相应的改进，数据转化的问题已经基本解决，但是该系统对 RDF 等语义数据的使用仍然集中在较低的层次，数据模型等并不是很完善。虽然这些机构知识库软件对 RDF 的支持力度不一样，但是都在不断地进行改进，随着技术的发展，机构知识库软件对语义网和 RDF 的支持会越来越完善。[16]

3.2.3 应用唯一标识符

在网络环境下，统一资源定位符（Uniform Resource Locator，URL）容易改变，不能很好地用于资源的持久标识和引用。同一资源可能有多个副本，多种格式，从而拥有多个 URL 地址，通过 URL 无法将其识别为同一资源。持久标识符能够对资源进行持久的、唯一的标识，有助于资源的引用、识别、定位和长期保存，在数字出版、数字资源长期保存等领域得到了广泛的研究和应用。目前已有多种唯一标识符应用于机构知识库的实践中，包括 Handle、DOI、ORCID 等。

（1）Handle[16-19]

Handle System 是一个全球数字对象唯一标识符系统，它作为一个完整的数字对象唯一标识符系统，对数字对象描述、管理、利用以及开放式数字信息环境的构建都产生了深远的影响。Handle 由美国国家研究创新机构（Corporation for National Research Initiatives，CNRI）设计实现，最早用作 CNRI 数字对象架构中的一个组件，于 1994 年作为计算机科学技术报告项目的一部分提出并实现。2014 年 1 月 CNRI 和国际电信联盟共同发起，在瑞士日内瓦注册成立了新的 Handle 全球运营与管理组织——数字对象编号管理基金会（Digital Object Numbering Authority Foundation，DONA）。DONA 由 4 个初始的多主管理员（Multiple Primary Administrators，MPA）组成：德国哥廷根科学数据分析与处理公司（Gesellschaft für wissenschaftliche Datenverarbeitung mbH Göttingen，GWDG）、工信部电子科技情报研究所-中数创新公司-西恩多纳公司（ETIRI-CDI-CHC）联盟、美国 CNRI、国际电信联盟。CNRI 主要关注数字图书馆、政府和老用户的标识符应用，GWDG 主要关注科学数据标识符分配，ETIRI-CDI-CHC 主要关注中国物联网和商业方面的应用。

Handle System 的技术特点：

• 一致性：Handle 作为一种标识符是独立的，在其所标识的信息资源的位置和属性发生变化时保持不变，这与 URLs 不一样；

• 安全名字服务：Handle System 的协议提供一种安全机制，保障在网络上名字解析和名字管理的安全；

• 国际化支持：Handle 的名字空间是以 Unicode3.0 为基础的，采用 UTF-8 编码方式，支持多语种应用；

• 分布式服务模式：Handle System 定义了一种分层的服务模式，解析服务可以通过本地的服务器，也可以通过顶级服务器；解析数据可以在不同的节点复制，同时每个节点的工作也可以由多台服务器来完成，提高了解析效率；

• 分布式管理：每个 Handle 都指定自己的管理者，Handle 所有者定义 Handle 的访问权限，通过认证协议实现分布式的管理，保证了管理的安全性。

Handle 的名字空间包括两个部分：一个是命名机构（Naming Authority）标识（前缀），另一个是在该命名机构中的唯一本地标识（后缀）。这两部分用“/”隔开。具体表示为：

Handle：=Naming Authority/Local Name

其中：

命名机构（Naming Authority）是创建有关 Handle 的管理单位，每个命名机构又可以下辖若干子命名机构，整体构成一个树状结构。上级命名机构和子命名机构的标识需求注册申请，并且是全球唯一的。一个完整的命名机构标识由上级命名机构（父节点）标识和下级命名机构（子节点）标识组成，并用“.”隔开。

本地名称是为数字对象所分配的本地名称，它由所在机构自主定义，在本地命名空间内是唯一的。命名机构、子命名机构的标识名加上数字对象的局部名称便构成了数字对象在全球 Handle 命名域内的唯一标识符，即数字对象的 Handle。

在 Handle System 中，包括了两层服务，第一层服务或顶层服务是全球服务，称为全球 Handle 注册服务（The Gobal Handle Registry，GHR）；下一层服务为本地服务，称为本地 Handle 服务（Local Handle Services，LHS）。GHR 服务拥有最高权限，它不仅可以管理所有的 Handle 命名空间并提供相应的 Handle 服务，而且还能管理对 Handle 命名的权限并对每个 LHS 提供与命名权限有关的服务信息。本地 LHS 服务主要功能是在 GHR 服务的基础上管理所辖范围的 Handle。

（2）DOI[20-22]

数字对象唯一标识（Digital Object Identifier，DOI）是针对数字资源的永久性标识符。1994 年美国出版协会（American Associate of Publishing，AAP）为探讨互联网上的著作权保护问题，成立了非盈利性组织国际 DOI 基金会（International DOI Foundation，IDF），开始探讨防止著作出版物被非法使用所需的技术，IDF 在美国国家研究推进机构（The Corporation for National Research Initiatives，CNRI）的支持下，制订了 DOI 标准和相应的解析系统。

国际 DOI 基金会 IDF 负责 DOI 的运营和管理，它采用注册代理（Register Agent，RA）的经营管理模式，利用 DOI 的标识唯一性来保护著作的知识产权，构造了一个从内容创建者到出版商、信息服务提供商，再到用户的完整的产品控制链和产业链。

目前全球有 10 个注册代理商来代理注册全球的 DOI，包括 Crossref、DataCite、中国科学技术信息研究所、中国知网等。Crossref 是由美国出版者国际链接联合会有限公司于 2000 年 6 月创建，同年 9 月成为 IDF 授权的第一个 DOI 注册代理机构，主要负责科技图书期刊类文献资源的 DOI 注册。DataCite 主要负责研究数据类数字资源的 DOI 注册。中国科学技术信息研究所和万方数据公司 2007 年联合向 IDF 申请取得了 DOI 的中文注册权，并在此基础上成立了中文DOI注册中心，成为中文信息服务领域的第一个国际DOI基金会（IDF）组织下的中文代理商，建立并负责运作中文DOI的推广与应用。2013年CNKI申请成为DOI注册代理机构。

DOI标识符是一组由字母、数字或其他符号组成的字符串，包括前缀、后缀两个部分，中间用一个“/”分隔。前缀由DOI管理机构分配给各出版商，后缀由各出版商自行指定并分配给数字出版物。原则上，每个出版商只分配一个唯一的前缀。DOI系统具有以下功能特点：

- 唯一性。DOI标识符能对任何数字化对象（如文本、图片、声音、数据、影像、软件等）进行唯一标识，使数字化对象能被人们准确地识别和提取。

- 永久性。DOI标识符一旦生成和分配就将永久不变，不随其所标识的数字化对象的持有者或存储地址等属性的变更而改变。

- 驱动性（Actionable）。DOI标识符类似于面向对象模型中的“事件”，能用来驱动某个动作。其中最简单的动作就是对数字化对象进行定位。

- 兼容性。它可以与现有的一些标识符（如国际标准书号ISBN、国际标准刊号ISSN、国际标准文本代码ISTC、出版者标识符PII等）相互兼容。

- 互操作性（Interoperable）。DOI的处理系统可以与任何因特网上不同的计算机操作系统在处理同一数据时保持一致，能与不同时期的技术系统兼容。

- 动态更新。DOI系统可对其元数据、应用和服务功能进行快速的动态更新。

（3）作者唯一标识符[23-29]

作者名称歧义一直是机构知识库关注的重要问题，涉及机构人员的成果归属、学术评价和科研管理等多个方面。为解决作者名称歧义的问题，许多组织机构提出了为科研人员分配唯一标识符的方案，比较有影响力的作者唯一标识符包括爱思唯尔（Elsevier）的 Author ID、汤森路透的 Researcher ID、中国科学院文献情报中心的 iAuthor 以及目前比较受欢迎的开放研究人员及贡献者唯一标识（Open Researcher and Contributor Identifier，ORCID）等等。

Author ID 是由爱思唯尔于 2006 年推出的，Author ID 不需要作者申请，由系统自动给每个作者分配，系统根据作者机构、主题领域、所在城市和国家、文献出处、出版日期、引文以及合作者等信息使用算法将作者和作者的出版物进行匹配关联。2008 年汤森路透推出了 Researcher ID（Researcher Identity）注册服务，目的是为注册的作者分配唯一身份标识符，Researcher ID 需要作者注册申请。其工作原理就是作者在 Researcher ID 中注册个人信息并提交和认领个人著作，Researcher ID 为注册的作者分配 ID 的同时建立了作者 ID 与作者出版物之间的稳定关联。Author ID 和 Researcher ID 都是面向出版商组织内部的唯一标识符，而 ORCID 则是面向全球的作者唯一标识符。iAuthor 是 2014 年由中国科学院文献情报中心为解决中国科研人员姓名歧义问题，与 ORCID 合作建立的注册平台。通过 iAuthor 注册平台，中国科研人员可以创建一个永久的、国际通用的科研身份证号（ORCID 号），帮助中国科研人员融入全球的学术圈。

ORCID 是于 2012 年出现的新型作者标识体系，旨在通过为研究者个人提供持久、唯一的标识符注册，解决科研和学术交流过程中的名称消歧问题，并通过嵌入机构知识管理的核心业务流，关联研究者成果、链接其他责任者 ID。ORCID 的出现与流行，为机构知识库解决名称歧义问题、构建作品认领机制、完善科研评价与管理，提供了新的选择与机会。

ORCID 起源于汤森路透集团和自然出版集团 2009 年 11 月在剑桥召开的第一次名称标识符高峰会议，会议旨在探讨解决名称歧义的问题。ORCID 后来得到了包括汤森路透社、自然出版集团、爱思唯尔出版社、斯普林格出版社、大英图书馆和英国惠康基金会等多家世界最有影响力的学术团体、出版商及科研机构和大学学术团体的支持，共同提出了一个电子化识别某一特定作者对科学文献贡献的身份识别项目 ORCID，引起了科学界广泛关注。ORCID 致力于解决学术研究中的研究者姓名混淆的问题，建立关于研究者唯一识别的国际规范制度，是一套免费的、全球唯一的 16 位身份识别码，具有唯一性、国际性、持久性、互操作性的特点。

为了推动 ORCID 的实施，2010 年 8 月在美国特拉华州威尔明顿市正式成立了 ORCID Initiative，并设董事会，ORCID 倡议作为非营利组织正式启动，越来越多的机构和赞助商加入。截止到 2017 年 6 月共有 699 个组织加入了 ORCID 组织，有效的 ORCID 数量超过了 360 万。

在机构知识库中引入作者唯一标识符系统，有助于：机构研究人员科研产出的精确归属，为机构知识发现、科研管理、学术评价等提供准确的数据基础；减少对学术产出的反复识别，缩短标识时间，有利于科研管理业务流的标准化，从而提高工作效率；为追踪和汇总科研人员与基金、出版等机构有关的工作情况，提供准确、便捷的发现途径和关联关系；为第三方（如机构人事档案系统、引文数据库、基金及项目申请系统、出版系统等）复用机构知识库，提供整合和嵌入点；简化个人的作品认领过程，辅助其学术工作中的论文发现、成果统计与汇总等。

3.2.4 数字资源长期保存

如何保存和维持数字信息的长期获取和永久保存，是目前数字资源长期发展面临的主要问题之一。与数字资源长期保存的相关技术也在不断发展中，其中开放档案信息系统（Open Archival Information System，OAIS）模型是数字资源长期保存领域比较成熟的技术，已经被广泛地采纳，应用于数字保存工具、机构知识库的发展等领域。

（1）OAIS 参考模型[30-34]

1995 年，在国际标准化组织（ISO）的请求下，美国国家航空和航天局的空间数据系统咨询委员会（Consultative Committee for Space Data Systems，CCSDS）开始开发了一个旨在对数字资源的存取标准和长期保存的规定概念和参考框架。CCSDS 于 1999 年 5 月将开放档案信息系统（Open Archival Information System，OAIS）参考模型的雏形公布，OAIS 参考模型针对数字信息的长期保存和维护的存档系统提供一个概念性的框架，描述了一个档案系统存在的环境、档案系统的功能组织以及支持档案信息管理的基础结构，适用于图书馆、档案馆及其他文化传承机构、政府部门和私有机构。这一参考模型作为 ISO 的推荐草案得到了广泛的评阅，经过扩充修改后的新的 OAIS 参考模型于 2003 年正式成为 ISO 标准。

自 OAIS 发布以来，很多数字档案的研究和开发的项目都以 OAIS 作为一个优先遵守的标准规范。在 OAIS 参考模型中，提供了一个完整的档案信息保存功能，它包括信息摄入（接收）、档案存储、数据管理、存取和分发。OAIS 同时论述了数字信息从一种媒体或格式到另一媒体或格式的移植、信息表示的数据模型、信息保存中软件的作用、档案系统之间数字信息的交换等。OAIS 还确立了各项功能的内部联系与外部的接口，以及一系列在这些接口之上的高层服务。

OAIS 是一个置身于信息生产者、管理者和消费者之间的存档体系，OAIS 环境反映的是与 OAIS 系统交互的实体，如图 3.3 所示。

- 信息生产者是提供需要保存信息的人或者是客户系统。生产者通过 OAIS 的摄取过程（ingest）向 OAIS 提交要保存的信息，包括元数据。这个过程接受提交的数据并准备到档案系统中存储。信息生产者与 OAIS 的相互作用通常被描述为提交协议，具体包括：提交的信息类型、期望生产者能提供的元数据以及从生产者到存档的实际传送管理。

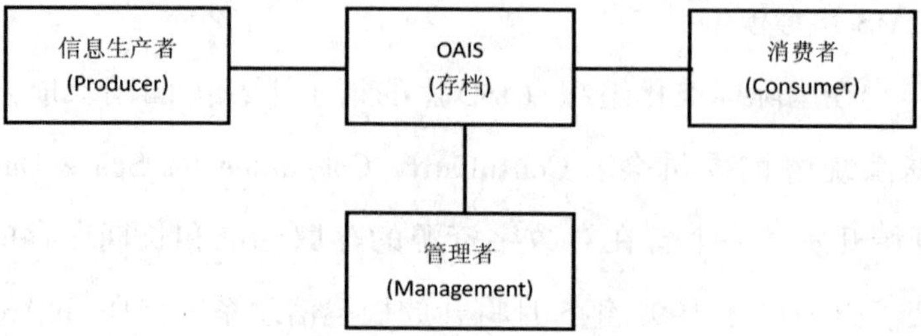

图 3.3　OAIS 参考模型中实体关系图

• 管理者由设置 OAIS 整体政策的人组成。管理者在 OAIS 中主要职责是明确档案收集的范围，确认档案条目的保存许可，对 OAIS 的运行情况进行分析和调整。

• OAIS 的消费者指的是与 OAIS 服务交互以获取特定保存信息的人或系统。在 OAIS 消费者中，包括了被称为“目标团体（Designated Community）”的特殊消费者，他们可以理解为保存信息的用户集合。

在 OAIS 中定义了 3 种信息包和 6 项功能共同组成了 OAIS 参考模型的框架结构，如图 3.4 所示。

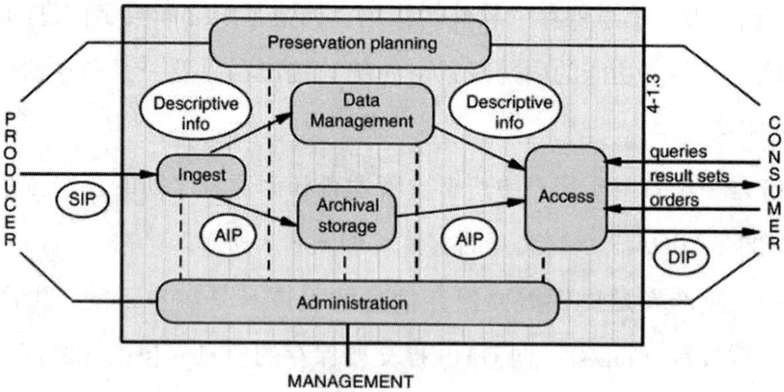

图 3.4　OAIS 参考模型的框架结构

① OAIS 参考模型的 3 种信息包

OAIS 提出了信息包（Information Package）的概念来说明档案生产者向 OAIS 的提交过程和 OAIS 向档案消费者的分发过程。一个信息包是一个包含名为内容信息（Content Information）和保存描述信息（Preservation Description Information，PDI）两种信息对象的容器。内容信息和保存描述信息被认为是通过打包信息进行封装和标识的，而为了使打好的信息包可以被了解和发现，需要通过描述信息对信息包进行描述。OAIS 对提交给它的信息包、所存储的信息包以及它分发给其他消费者的信息包进行了区分，分别将这些信息包叫做提交信息包（Submission Information Pack-age，SIP）、存档信息包（Archival Information Package，AIP）和分发信息包（Dissemination Information Package，DIP）。

• 提交信息包（SIP）是信息生产者提供给 OAIS 的信息包。它的格式和具体内容通常情况下是生产者和 OAIS 系统之间协商的结果。多数的提交信息包通常由一些内容信息和相关的保存描述信息组成，但它可能需要多个提交信息包来形成一个完整的内容信息和相应的保存描述信息，从而进一步形成一个存档信息包，一个提交信息包也可能包括需要被包括在多个存档信息包中的信息。

• 在 OAIS 中，一个或多个提交信息包需要被转换成为一个或多个存档信息包进行保存。存档信息包有一系列完整的保存描述信息和相关的内容信息。一个提交信息包还可能会由多个其他的提交信息包组成。存档信息包的打包信息（PI）需要遵守 OAIS 内部的标准并服从 OAIS 的管理。

• 根据消费者的请求，OAIS 需要以分发信息包（DIP）的方式提供一个存档信息包的所有或者部分内容给消费者。一个分发信息包也可能包括多个存档信息包，但并不一定有完整的保存描述信息。分发信息包的打包信息（PI）需要以某种方式显性出现，以使消费者可以明确地辨别出所要的信息。

根据分发媒体和消费者需求的不同，打包信息可能以多种方式存在。

②OAIS 参考模型的六大功能模块

• 接收模块（Ingest）：接收模块负责接收信息生产者所提交的信息，并进行归档存储。具体功能包括：接收形成者传输到 OAIS 系统的信息；确定已收信息是否完整；将提交的信息转换成适合归档系统的格式；创建支持 OAIS 查询和检索功能的元数据；将所移交的信息及相关元数据归档存储。简而言之，接收模块作为与形成者联系的接口，管理接收过程中所有程序，并为归档保存做准备。

• 归档存储模块（Archival Storage）：归档存储模块负责数字信息的长期存储与维护。具体功能有：保证归档的内容处于适当的存储状态，如在线、近线或离线；维护数字信息的长期完整性与可读性。为满足这些要求，“归档存储模块”工作内容有：定期采取措施，如介质更新或格式迁移等；实施安全维护机制，如自动纠错程序、灾难恢复程序等；创建用以支持用户查询的检索项等。“归档存储模块”与外界并不发生直接的联系。

• 数据管理模块（Data Management）：其功能包括：维护用以支持查找的描述性元数据数据库；管理用以支持内部系统操作的管理性元数据，如系统执行数据或存取统计数据。具体工作内容有：维护数据库；执行数据查询功能，并生成查询结果报告；当数据生成、修改或删除时，及时更新数据库。

• 保存计划模块（Preservation Planning）：其主要功能是制定 OAIS 的保存策略，并根据外部环境的变化，推荐适当的修订建议。这一模块监测系统外部环境的变化以及由此对 OAIS 系统的影响，如存储介质和存储技术的发展；“指定团体”范畴的变化等。为适应这些变化，该模块适时形成改进建议，帮助更新 OAIS 的存储策略和程序。“保存计划”扮演了 OAIS 系统的守护神的角色，时刻防范外部环境的变化，适时提出并帮助实施应对策略。

• 存取模块（Access）：其主要功能是向用户，尤其是“指定团体”提供信息的定位、查询请求和接收传输等服务。具体包括：处理查询请求，并向数据管理模块提交问题；接收查询结果项，并按需要将其转换成适当的格式输出给用户。存取模块同样要对归档信息的安全控制和访问权限负责。它代表 OAIS 系统与用户进行直接交互，因此，它是决定 OAIS 信息能否满足用户需求的最基本模块。

- 系统管理模块（Administration）：系统管理模块主要负责 OAIS 系统的日常运作。作为 OAIS 内外部交互的中心，它既与其他五个模块进行合作，又与 OAIS 外部的形成者、用户和管理层产生直接的交互。它的主要工作内容有：检查归档与存储系统；监控系统性能；帮助系统适时升级；与形成者沟通（如商议传输协议等）；为用户提供客户服务与支持等。

（2）适合长期保存的文件格式[35,36]

在文件数据长期保存的过程中，有些格式的数据文件能够相对保存长的时间，而有些格式的数据文件过了一两年就不能打开，或者虽然能够打开，但是已经不能清楚地进行显示。虽然不存在永久保存的文件格式，但是根据康奈尔大学的研究与实践，认为具有以下特点的文件格式适合长期保存：

- 完全开放的文档
- 与特定的平台无关的文档
- 非专属的文档（与厂商无关的文档）
- 没有损害或者特定软件压缩过的文档
- 非嵌入式的文档、程序或者脚本
- 非全部加密或者部分加密的文档
- 没有密码保护的文档

目前机构知识库中常见的文件类型包括文本、图像、音频、视频等，这些不同类型的文件拥有多种文件格式。美国国会图书馆关于图书馆数字馆藏战略计划项目中专门研究了数字文件格式的可长期保存问题，分析了影响数字资源长期保持的因素，指导和帮助图书馆员选择合适的数字文件格式来进行长期保存。机构知识库可以存储任何格式的文件，但是为了机构知识库存储内容的可持续性，机构知识库应当存储适合长期保存的数字文件格式。康奈尔大学机构知识库为了实现其存储数字资源的长期保持和长期访问，制定了保存支持政策，并且列出了哪些文件格式适合长期存储，哪些文件格式不适合长期存储，供用户提交时参考，如表 3.2 所示。这一方面帮助用户识别出哪些是适合长期保存的文件格式，同时也指导用户将不适合长期保存的文件格式转换为适合长期保存的文件格式，共同促进机构知识库的长期保存。

表 3.2　不同的文件格式的长期保持策略

文件类型	适合长期保存的文件格式	可接受的文件格式	不适合长期保存的文件格式
文本（Text）	• 纯文本（编码：US-ASCII、UTF-8、带 BOM 的 UTF-16） • XML 文件（包含 XSD、XSL、XHTML 等） • PDF/A-1（ISO 19005-1）（*.pdf）	• 层叠样式表（*.css） • DTD（*.dtd） • 纯文本（ISO 8859-1 编码） • PDF（嵌入字体）（*.pdf） • RTF 文件（*.rtf） • HTML • SGML（*.sgml） • Open Office（*.sxw/*.odt） • OOXML（ISO/IEC DIS 29500）（*.docx）	• PDF（加密）（*.pdf） • Microsoft Word（*.doc） • WordPerfect（*.wpd） • DVI（*.dvi） 其他文本文件

续表

文件类型	适合长期保存的文件格式	可接受的文件格式	不适合长期保存的文件格式
• 光栅图像 • （Raster Image）	• TIFF（未压缩） • JPEG2000（无损耗）（*.jp2） • PNG（*.png）	• BMP（*.bmp） • JPEG/JFIF（*.jpg） • JPEG2000（有耗损）（*.jp2） • TIFF（压缩） • GIF（*.gif） • Digital Negative DNG（*.dng）	• MrSID（*.sid） • TIFF（in Planar format） • FlashPix（*.fpx） • PhotoShop（*.psd） • RAW • JPEG 2000 Part 2（*.jpf，*.jpx） • 其他光栅图像格式
矢量图形（Vector Graphics）	• SVG（*.svg）	• CGM 文件（*.cgm）	• Encapsulated Postscript（EPS） • Macromedia Flash（*.swf） • 其他矢量图形格式
音频（Audio）	• AIFF（PCM）（*.aif，*.aiff） • WAV（PCM）（*.wav）	• SUN Audio（未压缩）（*.au） • 标准的 MIDI（*.mid，*.midi） • Ogg Vorbis（*.ogg） • Free Lossless Audio Codec（*.flac） • Advance Audio Coding（*.mp4，*.m4a，*.aac） • MP3（MPEG-1/2，Layer 3）（*.mp3）	• AIFC（压缩）（*.aifc） • NeXT SND（*.snd） • RealNetworks ´Real Audio´（*.ra，*.rm，*.ram） • Windows Media Audio（*.wma） • Protected AAC（*.m4p） • WAV（压缩）（*.wav） • 其他音频格式

续表

文件类型	适合长期保存的文件格式	可接受的文件格式	不适合长期保存的文件格式
视频（Video）	• Motion JPEG 2000（ISO/IEC 15444-4）（*.mj2） • AVI（未压缩）（*.avi） • QuickTime Movie（未压缩）（*.mov）	• Ogg Theora（*.ogg） • MPEG-1，MPEG-2（*.mpg，*.mpeg，wrapped in AVI，MOV） • MPEG-4（H.263，H.264）（*.mp4，wrapped in AVI，MOV）	• AVI（others）（*.avi） • QuickTime Movie（others）（*.mov） • RealNetworks ´Real Video´（*.rv） • Windows Media Video（*.wmv） • 其他视频文件格式
电子数据表（Spreadsheet）/数据库（Database）	• 逗号分隔值文件格式（*.csv） • 带分隔符的文本文件（*.txt） • SQL DDL	• DBF（*.dbf） • OpenOffice（*.sxc/*.ods） • OOXML（ISO/IEC DIS 29500）（*.xlsx）	• Excel（*.xls） • 其他电子数据表或者数据库格式
虚拟现实（Virtual Reality）	• X3D（*.x3d）	• VRML（*.wrl，*.vrml） • U3D（Universal 3D file format）	• 其他虚拟现实文件格式
计算机程序（Computer Programs）	• 计算机程序源代码（未编译）（*.c，*.c++，*.java，*.js，*.jsp，*.php，*.pl 等）		• 编译/可执行文件格式（EXE，*.class，COM，DLL，BIN，DRV，OVL，SYS，PIF）
演示（Presentation）		• OpenOffice（*.sxi/*.odp） • OOXML（ISO/IEC DIS 29500）（*.pptx）	• PowerPoint（*.ppt） • 其他演示文件格式

3.3 机构知识库开源软件介绍

在开放获取运动面向全球的发展过程中，机构知识库作为“绿色OA”模式的主要存储平台，对推动开放获取运动的快速发展以及OA理念的传播起了重要作用，特别是开源机构知识库软件。开源机构知识库软件一方面秉承了开放获取运动中“开放”的理念，另一方面也降低了实施开放获取运动的成本，因此越来越多的科研机构采用了开源机构知识库来存储机构的数字资源。目前全球比较流行的开源机构知识库软件包括DSpace、Fedora和Eprints，本节主要从系统简介、数据模型、系统架构和功能特点四个方面来介绍这三款开源机构知识库软件。

3.3.1 DSpace软件介绍

（1）DSpace简介[37-39]

DSpace系统是由美国麻省理工学院图书馆（MIT Libraries）和美国惠普公司实验室（Hewlett-Packard Labs）于2002年联合开发的基于数字内容管理的开源软件，目的是管理和检索各种类型的学术性数字资源，重点考虑数字资源的长期存储、长期访问和保存。自该软件2002年发布以来，越来越多的用户使用DSpace来管理各种类型的数字资源，于是2004年成立了DSpace联盟来指导DSpace的发展方向。2007年7月DSpace的继续繁荣发展促使HP和MIT成立了DSpace基金会，该基金会是一个非盈利性的组织，目的是为不断增加的DSpace用户提供技术上的支持和管理。

随着机构知识库的发展，越来越多的机构意识到，机构知识库将成为支撑学术工作和学术交流的信息基础设施中非常关键的组成部分。因此，2008年7月世界两大机构知识库的开源软件商：DSpace Foundation和Fedora Commons 宣布将开展合作，为高校和学术社区提供统一的方法来管理不断增长的数字资源。2009 年初这两大组织机构开始具体探讨合作的方向和合作的意义，两个组织的合作进一步促进了机构知识库软件的发展，降低了使用软件的成本，增强了长期访问和永久保存数字内容的可能性。2009 年 7 月提供开源机构知识库的两大非盈利性组织 DSpace Foundation 和 Fedora Commons 联合成立了 DuraSpace。DuraSpace 的成立将全世界使用这两大开源机构知识库的用户连接到了一起，加深了学术机构、科研机构和开源软件商的联系，为不断发展的数字资源内容管理提供新的解决方案。DuraSpace 的目的是发展新的技术来促进数字资源的可持久的访问和长期保存。

目前 DuraSpace 为开源软件提供技术支持的项目包括：DSpace、Fedora 和 VIVO（一个基于本体的面向科学和学术交流的学者语义网络的开源软件平台）。此外，DuraSpace 还提供两项收费的服务：DuraCloud 和 DSpaceDirect

- DuraCloud：是为 DSpace 平台的数据提供云存储的解决方案。
- DSpaceDirect：是为小型学术机构提供低成本的长期存储数字资源的托管机构知识库的服务，主要面向数据量较少、没有技术力量的机构。

（2）DSpace 的数据模型[40]

数据模型是指反映 DSpace 组织数据的方式。DSpace 系统中使用分层结构的对象来组织数据，这种组织方式能很好地反映一个组织的机构，便于构建分级式的应用系统。这些对象自顶向下分别为：组织（Community）、集合（Collection）、条目（Item）、数据包（Bundle）、比特流（Bitstream），关系如图 3.5 所示。

DSpace 可以有多个 Community，每个 Community 可以划分多个 sub-community，这种结构与学院-系的结构类似，一个 Community 表示一个学院，一个 sub-community 表示一个学院下面的系、研究中心或者实验室。

一个 Community 可以包含多个 Collection，一个 Collection 可以出现在多个

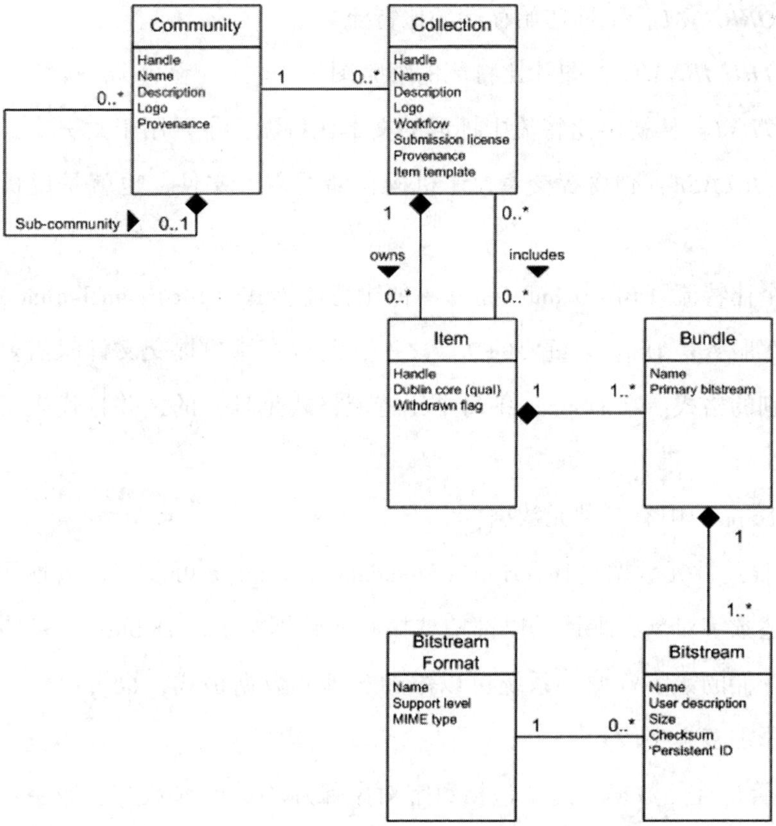

图 3.5　Dspace 的数据模型

community 中，这中间需要建立关联关系。

Collection 一般由相同属性的 item 组成，每个 Collection 包含多个 item，但是每个 item 只能属于一个 Collection。虽然，有可能某个 item 出现在多个 Collection 中，但是实际上这是同一个 item，只是这个 item 与多个 Collection 建立了关联关系。

Item 可以进一步划分为比特流的数据包。比特流是指一串由 0 和 1 组成的数据流，是常见的计算机文件。将相关联的比特流组织在一起就形成了数据包。在 DSpace 中，一个 item 有以下数据包：

- *ORIGINAL*：一种初始存储的比特流
- *THUMBNAILS*：图片比特流的缩略图
- *TEXT*：从初始比特流中抽取的文本比特流，主要用于索引
- *LICENSE*：包含提交者授予机构存储的许可文件，也就是说机构存储的权利

每个比特流（Bitstream）拥有一种比特流格式（Bitstream Format）。因为长期保存服务是 DSpace 重要的功能之一，所以在用户提交文件时需要识别出文件特别的格式。在 DSpace 中每个比特流格式是唯一的，并且代表某种特殊格式的文件。

在 DSpace 中有三种元数据：

- 描述性元数据（Descriptive Metadata）：DSpace 可以支持多种元数据格式来描述数字对象，默认是以都柏林核心元数据标准（Dublin Core Metadata）来描述存储的数字资源。系统可以添加多种元数据格式，也可以对某种元数据格式添加多个字段。
- 管理性元数据：这个包括数字对象保存相关的元数据、数字对象来源以及使用规则的数据。这些数据大部分存储在 DSpace 的关系型数据库中。来源元数据是以都柏林核心元数据的方式进行存储的。此外，一些管理性元数据信息（如比特流的字节大小，MIME 类型等）与都柏林核心元数据的信息是重复的，这主要是为了让数字内容更好的被检索到。
- 结构性元数据：主要包括如何给最终用户展示条目或条目中的比特流的信息以及条目各组成部分之间的关系。例如一篇论文包含多个图片，每个图片代表论文中的一页。那么结构性元数据包含了每个图片是一页和图片在论文中的顺序等信息。在 DSpace 中一个条目的比特流可能被分成不同的数据包。每个比特流有个唯一的 ID 来指向它所属的条目，这样就可以为每个比特流生成持久的唯一标识符了。

（3）DSpace 的体系结构[41]

DSpace 的体系架构是由应用层（Application Layer）、业务逻辑层（Business Logic Layer）和存储层（Storage Layer）三层结构组成的，是软件设计中典型的 MVC 架构模式。每一层分别由不同的组件组成，各司其职；层与层之间，通过应用程序接口相互联系，层层相连通，相互作用。在实际应用中，应用层程序调用业务逻辑层和存储层程序来实现用户所需要的各种功能。DSpace 的体系架构如图 3.6 所示。

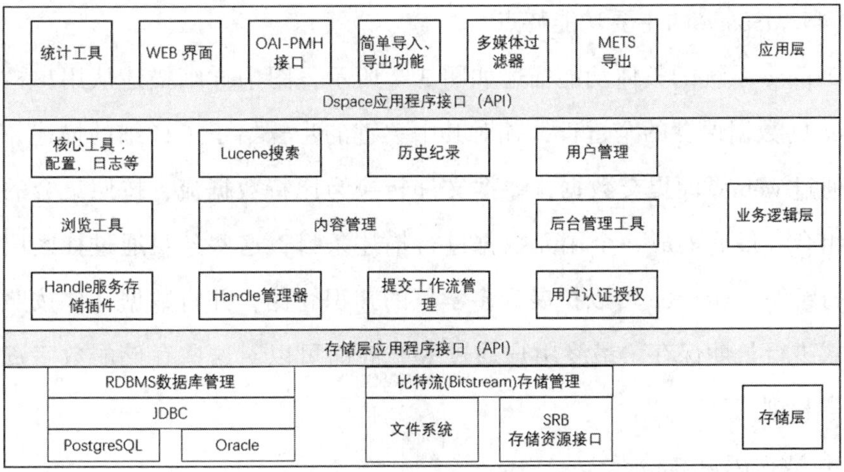

图 3.6　Dspace 系统架构

• 应用层（Application Layer）：主要负责提供接口与用户进行交互操作，包括用户界面、OAI-PMH 数据服务、元数据导入和导出、元数据的转移、注册、多媒体过滤、子社区层级管理等功能组件。在 DSpace 源代码中 org. dspace. app 包下面所有的类都是与应用层相关的。

• 业务逻辑层（Business Logic Layer）：主要包括数字资源内容的管理、用户和用户组的管理、认证和授权的管理、工作流管理、Handle 服务的嵌入和管理、日志统计、搜索和浏览等功能。DSpace 源代码中 org. dspace 包下面所有的类都是与业务逻辑层相关的（除了 storage 和 app 以外的类）。

- 存储层（Storage Layer）：主要负责元数据和文件的存储，包含两大部分：一是元数据的存储和文件信息流的存储。对元数据信息的存储主要是通过关系型数据库 Postgre SQL（或其他关系型数据库，Oracle）来实现的，对文件的存储主要是通过文件系统或 SRB（Storage Resource Broker）来实现，系统程序与数据存储之间需要调用 JDBC 来完成存储。DSpace 源代码中 org. dspace. storage 包下面所有的类都是与数据存储层相关的。

（4）DSpace 的主要功能特点

DSpace 系统的整体功能描述如图 3. 7 所示，图中详细描述从用户检索到 DSpace 的数据保存的全过程，并对其中关键的步骤给予了详细的描述。首先用户通过 web 界面提交数据，数据文件转换为比特数据流，按照集合的方式进行组合，最后形成一个用元数据进行描述条目，这些条目通过社区层级结构进行组织。DSpace 可以扩展为多学科的知识仓储，并将数据文件按照最初的格式进行长期保存。最终用户通过 web 界面可以对这些存储的数字资源进行检索和浏览。

- 数据浏览与检索[43]

DSpace 是按照社区机构和集合来进行内容管理的，所以用户可以在 DSpace 系统中提供了按题名、作者、出版日期进行浏览 DSpace 存储库中全部条目的功能，也可以选择相应的社区或合集后，浏览该社区或合集下所有条目的功能。这些浏览功能大大方便了用户的使用。

在具体浏览某个条目内容时，某些条目只能下载到本机硬盘上后才能浏览或观看，如音、视频数字资源（要求安装相关应用软件，播放器）。某些条目则可以直接在 Web 浏览器中打开，需另外下载到本机，如网页、图片等。

另外，DSpace 系统使用了 Solr，用户提供了高效的检索服务。DSpace 系统提供了两种检索方式：一种是简单检索方式，在检索栏中输入检索词，系

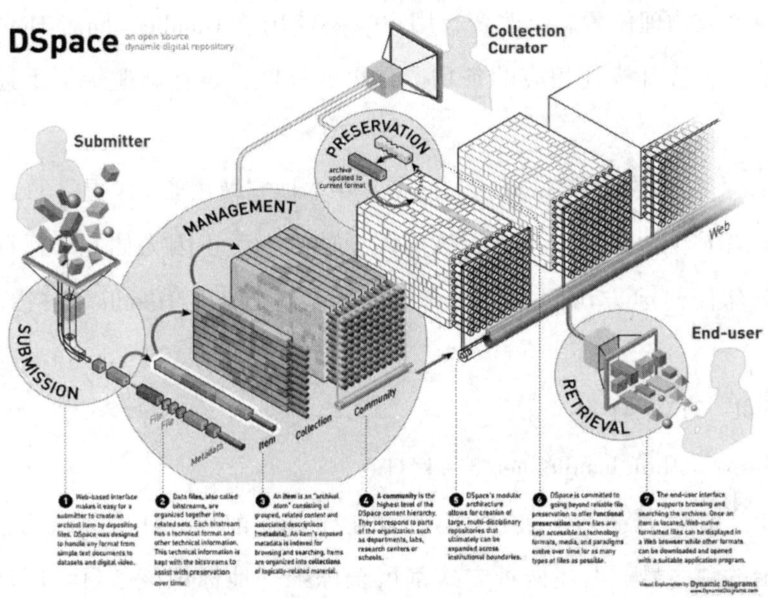

图 3.7　Dspace 系统的整体功能概览[42]

统自动在 DSpace 存储库检索相关内容（检索字段可以由用户自定义）。另一种是高级检索方式，可以在指定相应的合集和 DC 元数据字段进行精确检索和逻辑检索。

• 持久访问标识符 Handle[44]

在 DSpace 系统中描述型元数据元素标识符（Identifier）的限定词 URI 的值是由 CNRI（Corporation for National Research Initiatives）提供的 Handle 系统专门负责赋值。常常由于某种原因，用户在点击一个网页的链接（如收藏在收藏夹中的链接）时，发现原有内容已经更换，或者原有内容还存在但已经更换了链接地址，或者已经不能链接成为了死链。这些现象都给用户的使用造成了不便，从而对该链接及所在站点产生怀疑和不信任感。DSpace 开发人员为避免这种情况，运用 CNRI 提供的 Handle 系统为每一条条目、合集、社区产生一个全球唯一的永久统一标识符 Handle。这就意味着无论条目、合集、社区的内容或物理位置怎么改变，用户只要使用该 Handle，同时 Handle 服务器运行正常，就可找到相应的条目、合集或社区，这样就避免了上述现象的发生。

DSpace 系统要使用 Handles，首先要在本地安装由 CNRI 提供的 Handle 服务，向 CNRI 申请 Handle 前缀，该前缀全球唯一。正因为如此才保证了用户可以在全球任何地方访问相应的条目、合集、社区。Handle 的格式有如下两种：

■ hdl：3144/41

■ http：//hdl. handle. net/3144/41

其中，3144 是某大学向 CNRI 申请的 Handle 前缀，41 是系统为其中一条条目分配的顺序号。上述两种方式都可全球唯一地标识该条目。用户只要在网页浏览器中输入第二种方式即可访问到该条目，第一种方式需要安装 CNRI 提供的插件才可以访问相应的条目。

- 数据导入和导出

DSpace 系统主要用于长期保存管理教育科研机构的各种数字化资源，包括论文、图书、图书章节、数据集、学习资源、图像、3D 图像、地图、乐谱、设计图、预印本、录音记录、音乐录音、软件、技术报告、论著、视频、工作文档等等，几乎包括了所有格式的数字化的文字、图像、音频和视频资源。以上这些资源提交到 DSpace 系统后构成了基本的条目单元。

Item（条目）是 DSpace 系统存储库中的基本存档单元，是 DSpace 系统数据导入的基本单元。DSpace 系统的数据导入有两种方式，一种是从 Web 界面提交条目，一次只能提交一条条目，另一种方式是在命令行模式下用命令的方式将一批条目导入到相应的合集下。

考虑到数据备份和系统间数据移值，及数据交换的需要，DSpace 系统提供了相应的导入与导出脚本工具。运用导出脚本工具可以导出某合集下的一条条目或者所有条目。相反，用导入脚本工具，可以把上述导出的条目导入到本系统或其他 DSpace 系统相应的合集中。上述导出与导入功能也就同时实现了条目数据的备份、移植、交换、恢复的过程。[44]

为了使 DSpace 系统中的数据能够与其他系统数据进行更完备的交换，DSpace 系统还提供了基于 METS 的导出工具，能够把条目中比特流导成基于 METS 元数据格式的文件。另外，DSpace 系统同时支持 OAI 协议和 Open URL 协议。通过 OAI 接口，有关机构（如 OAIster，美国密歇根州大学数字图书馆的一个项目成果服务）可以定期或不定期对 DSpace 系统的元数据进行收割。由于 DSpace 系统支持 Open URL 协议，于拥有 SFX 服务器的机构，系统将在每个条目页面上显示一个 Open URL 链接，同时能够响应外来的 Open URL 请求，这些都有利于相关信息的检索与利用。[43]

- 工作流管理[44]

DSpace 在一开始设计时就考虑了数字资源的管理需求，在 DSpace 中嵌入了工作流的设计。当条目提交或导入后，不能正式归入 DSpace 存储库中，要经过审核人员审核并确认后才能正式归档。DSpace 系统把这一过程称为工作流（Workflow），按不同功能权限将工作流分为三步：第一步，接受或者拒绝新提交的条目；第二步，编辑新提交条目的元数据，接受或者拒绝新提交的条目；第三步，编辑新提交条目的元数据，能拒绝新提交的条目。上述三个步骤必须按顺序依次执行，如果系统设置时忽略了某一步骤，则直接跳入下一步骤；如果三个步骤都被忽略，新提交的条目提交完后直接正式归入 DSpace 存储库，这种方式是系统默认的设置。新提交的条目如果被拒绝，那么被拒绝的原因或理由将以邮件的方式通知提交者，提交者做相关的修改后再提交。如果新提交的条目被接受，顺序进入下一步骤。拥有管理员权限的用户可以直接删除新提交的条目，工作流也将因此而取消。

- 用户与数字对象管理[45]

DSpace 系统中权限的策略管理大体上包括两部分，一部分是对用户的权限管理；另一部分是对 DSpace 数字对象的权限管理。

DSpace 系统中，对用户及权限的管理主要是基于群组（group）的管理，所谓群组是指具有相同功能权限的用户集合。对单个用户的管理主要包括对该用户在 DSpace 系统中注册信息的管理，另外还包括是否允许该用户通过 Web 界面登录系统，是否需要相关凭证才能登录系统、删除或添加新用户等。

对群组的管理主要是群组成员的管理及群组权限的管理。对于群组的成员管理，可以随时添加或删除。群组权限的管理主要是为该群组授予何种角色，角色主要包括管理员（Administrator）、匿名（Anonymous）、合集管理者（Collection Administrator）、条目提交者（Submitter）、工作流执行者（workflow）等。其中有两个组是特殊的组，管理员组和匿名组。管理员组中的成员具有最高的权限，可以执行任何操作；而匿名组拥有最低的权限，只能浏览 DSpace 系统中只读的数字对象。任何注册用户和未注册用户都默认拥有匿名组的权限。

对数字对象的权限管理主要是指对前述社区、合集、条目、数字包、比特流的权限管理。这些数字对象拥有的权限如表 3.3 所示。

表 3.3　Dspace 中的数字对象权限管理

数字对象名称	权限	说明
社区权限	添加/移除	添加或移除社区下的合集或子社区
合集权限	添加/移除	添加或移除合集下的条目，此处添加是指可以上传条目到该合集的权限
	默认条目读取	所有提交的条目都默认可以被浏览
	默认比特流读取	所有提交条目的比特流都默认可以被浏览
	合集管理	能够编辑合集中的条目，或者将其移除，或者把其他合集下的条目映射到本合集

续表

数字对象名称	权限	说明
社区权限	添加/移除	添加或移除社区下的合集或子社区
条目权限	添加/移除	添加或移除条目下的数字包
	读	可以浏览条目内容（条目元数据默认总是可以读的）
	写	可以修改条目内容
数字包权限	添加/移除	添加或移除数字包下的比特流
比特流权限	读	可以浏览比特流
	写	可以修改比特流

以上各个数字对象的权限都可以赋给某个群组，然后群组成员都可以执行相应的权限。需要注意的是 DSpace 中没有删除的权项，只有移除的权项，即“删除”某项并不是从物理上把数据去除，而是把数据隐藏了起来。

- 使用统计与订阅[43]

DSpace 系统有一个强大的日志记录功能，系统的安装、运行和使用情况都有详细的日志记录。使用 DSpace 系统自带的日志分析工具可以对系统使用情况进行统计分析，可以得到对管理员或用户有帮助意义的统计报表。统计报表包括了如下内容：条目被浏览或阅读的次数，集、社区被访问的次数、通过 OAI 被访问的总次数、归档内容概要、用户登录情况、最常用的检索等等。通过定制，这些统计报告可以按月呈现或只呈现总的情况，可以让所有用户看到这些统计报告，也可定制为只有部分管理员可以看到。

若用户对某一专题的合集或多个合集下的条目持续关注或感兴趣，可以通过订阅（subscribe）的方式了解这些专题的最新条目。在每个合集的 Web 首页都有一个订阅按钮，用户可以通过点击该按钮来订阅该合集的内容。这样，当有新的条目提交到该合集时，DSpace 系统会将这些条目的简要信息自动通过邮件的方式通知订阅用户，方便用户随时了解最新信息，用户也可以随时取消订阅。

3.3.2 Fedora 软件介绍

（1）Fedora 简介[46]

Fedora 是英文 Flexibile Extensible Digital Object Repository Architecture 的英文首字母缩写，意思是灵活可扩展的数字对象存储架构。Fedora 最初来源于 1997 年康奈尔大学（Cornell University）计算机学院数字图书馆研究兴趣小组的一个研究项目，这项研究得到了美国国家科学基金会（NSF）和美国国防部高级研究项目机构（DARPA）的资助。其目的是管理、传播和保存各种类型的数字资源。Fedora 具有健壮性和模块化的特点，特别适合数字图书馆和档案馆来管理和存储各类型数字资源，尤其是适合那些数据量大、数字对象复杂的历史文化档案类数据和科学数据。2000 年，弗吉尼亚大学图书馆（University of Virginia Library）加入了该项目，共同开发和发展 Fedora 软件。为了促进 Fedora 更好的发展，2001 年在梅隆基金（Mellon Foundation）的支持下，康奈尔大学与弗吉利亚大学合作将 Fedora 软件转变为开源软件。随着 Fedora 用户数量的增加，2007 年在 Gordon and Betty Moore Foundation 基金的支持下，成立了 Fedora Commons 社区组织。这是一个非盈利性的组织，主要目的是为了 Fedora 的用户搭建一个沟通交流的平台，对 Fedora 的用户实践提供技术支持和指导，从而促进 Fedora 更好地发展。2009 年 7 月 Fedora Commons 和 DSpace Foundation 正式进行合作，创建 DuraSpace，促进数字对象的可持续访问和永久保存技术的进一步发展，从而保持在数字资源管理和保存技术上的创新和领先地位。

（2）Fedora 的数据模型[47-49]

Fedora 中的数字对象模型可以用来表示文档、图片、音频、视频、元数据、数字集合等多种数字对象。同时一个数字对象可以集成一个或多个内容。对于数字对象中存储的内容也有较强的随意性，既可本地存放，也可以位于网络上，只要知道内容的存储位置。这样的设计可以方便对数字资源的整合利用，提高效率，避免重复建设。

Fedora 数字对象（Fedora Digital Object）采用 Fedora Object XML（FOXML）来进行描述，是具有唯一标识的网络实体，它可以用来表示各类资源，如一本书、一个网址、一个对象等。它的组成结构如图 3.8 所示。

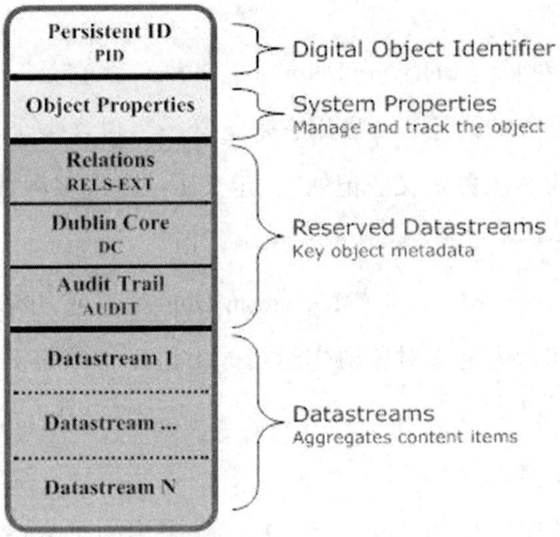

图 3.8　Fedora 数字对象模型

• PID 是数字对象的唯一标识符，用来标识一个数据对象。在进行数据存储的时，必须给数据对象分配一个唯一的 PID，在进行数据访问时，也是通过 PID 来实现数据读取。

• 数据流（DataStream）：是数字对象所包含的数据，一个数字对象可以有多个数据流。数据流的内容没有具体的格式要求，可以是各种元数据，如 DC 元数据、MARC 数据等，也可以是数据本身，如文本、图像及其他二进制文件等，可以存储在 Fedora 内部或外部（需要一个 URL 链接）。数据流又可以分为两种，一种是系统预留的数据流（Reserved DataStream）如：都柏林核心集合 DC，RELS-EXT（Relations）；另一种是资源创建者可以自定义的数据流。

基于以上的数字对象模型，Fedora 系统设计了三种不同的数字对象：

• 数据对象（Data Objects）：用来存储数字对象的数据，可以用它来表示多种实体，如图片、一本书、电子表格、出版物等等，一个数据对象可以包含多个数据流；

• 行为定义对象（Behavior Definition Object）：它是一种特殊的数字对象，用来存储对服务的描述，可以用它来定义一个包含多个方法的抽象服务。它相当于仓储中的“服务定义登记处”，定义了一种或多种数字对象可能需要的“行为抽象”；

• 行为机制对象（Behavior Mechanism Object）：它用来保存绑定元数据的具体服务。它和行为定义对象协作运行。由这三种数字对象构成 Fedora 系统运作的基础。

（3）Fedora 的体系架构[50-52]

Fedora 的系统架构如图 3.9 所示。Fedora 采用的是 REST 架构。REST 是英文 Representational State Transfer 的缩写，中文翻译为“表述性状态转移”，是由 Roy Thomas Fielding 博士在他的论文《Architectural Styles and the Design of Network-based Software Architectures》中提出的一个术语。REST 是为分布式超媒体系统设计的一种架构风格。REST 在原有的 B/S 架构上增加了三个新规范：统一接口，分层系统和按需代码。Fedora 有三个重要的接口来对外服务：REST 服务接口，授权机制接口和 OAI-PMH 服务接口。

Fedora 采用了 ModeShape 分布式存储架构。ModeShape 是一个分布式的、层次化的、事务的、一致的数据存储，支持查询、全文检索、事件、版本，以及灵活的、动态模式。它查询速度非常快、可用性高、极易伸缩。ModeShape 能够自动地从文件或者数据库中提取结构化的信息，满足用户复杂的查询条件。

Fedora 的数据存储支持两种模式：一种是本地文件系统或者云存储模式，另一种是基于数据库的存储模式，包括 MySQL、PostgreSQL 等数据库。

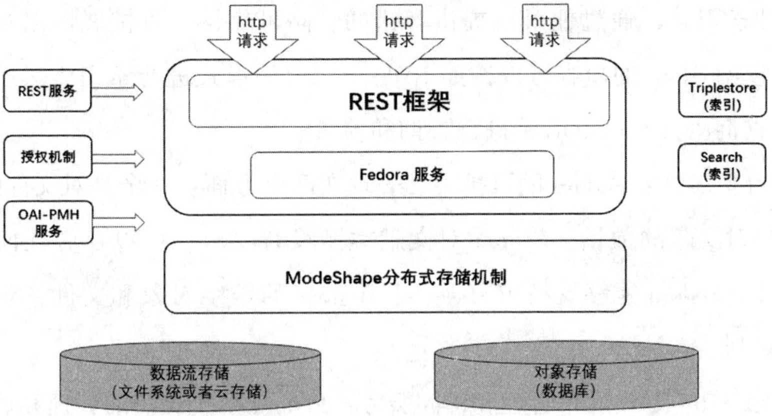

图 3.9　Fedora 的系统架构

（4）Fedora 的主要功能特点[53]

- 灵活的框架：Fedora 设计为一个知识库的基础，可以与其他的应用和服务进行很好地集成。Fedora 存储的基本实体为数字对象，数据和元数据都被封装在数字对象内部，没有直接暴露给最终用户，可以屏蔽数字资源在资源类型和格式、元数据格式、网络分布位置等方面的不同，大大增加了 Fedora 系统的通用性。此外 Fedora 通过将不同数字资源的服务纳入数字对象框架下，通过统一的数据接口对外发布与交互。

- 支持语义网：Fedora 是一个支持语义的网络应用系统。在 Fedora 中，文件和元数据可以用本体来表示和描述。Fedora 作为一个链接数据平台，实现了 W3C 对 Linked Data Platform（LDP）的要求。Fedora 中以 RDF 数据模型来描述数字资源，并且可以通过 HTTP、REST、链接数据客户端（Linked data clients）请求的方式来现实链接数据的 CRUD（增加、查询、修改和删除）

操作。

https://wiki.duraspace.org/display/FEDORA473/Linked+Data+Platform

• 高级检索：Fedora 的索引和查询是通过 Apache 的 solr。Solr 是一个企业级的搜索引擎，通过他可以提供容错的、高可靠性、可扩展性以及分面检索的功能。Fedora 的内容可以按照 RDF 三元组的形式进行索引，然后可以利用 RDF 查询语言 SPARQL 来进行查询和检索。

• 可扩展性：Fedora 的可扩展性表现在两个方面：一个是对文件的类型，另一个是对文献的数量。Fedora 对文献类型没有要求，可以存储任何文献类型的文件。Fedora 能够支持上百万，甚至上亿的数字对象和文件，对文件大小没有限制。

• RESTful 方式发布管理和访问服务：Fedora 系统提供的管理和访问服务通过 RESTful 的方式对外发布，方便第三方系统集成和使用 Fedora 的资源和服务。Fedora 为数字对象分配一个 URI，利用 URL 的路径来实现 HTTP 请求的 GET、PUT、POST 和 DELETE 方法，从而实现对数字对象的操作和交互。

3.3.3 Eprints 软件介绍

（1）Eprints 简介[54,55]

Eprints 软件是由英国南安普敦大学开发的免费开源软件，允许任何组织、大学、院系、团体和项目组使用该软件创建遵循 OAI 协议的机构知识库。Eprints 是构建高质量机构库较为灵活的平台，创建机构库最容易、最快、最节省成本的方式，能够适应存储期刊文献、科学数据、学位论文、报告和多媒体等多种数字资源的机构知识库。同时，大量机构使用 Eprints 来构建机构知识库，进一步促进了 Eprints 提高其系统的高级检索整合、元数据扩展等能力。EPrints 机构仓储是指具有独立网站结构和存储数据的机构知识库。一个 Eprints 系统可以运行几个独立的机构知识库，共享源代码但各自构造不同，非常适合一个机构不同部门对机构知识库的不同需求。2000 年 11 月，EPrints 发布了 1.0 版本，目前最新版本是 3.4。此外，EPrints 还提供付费服务，面向机构知识库用户提供专业的解决方案，包括定制机构知识库、迁移机构知识库、管理维护机构知识库、机构知识库技术培训等服务，由南安普敦大学的专家团队进行研究开发。

（2） Eprints 的数据模型[56][16]

在 Eprints 系统中，一个 eprint 对应系统内的一条记录，由文档和元数据组成。元数据又分为两类，系统元数据字段和存档元数据字段。系统元数据，如 eprint 和存储用户的 ID 号，是必备的字段；存档元数据字段，如标题、作者、提交时间等，是可以自定义建立的。EPrints 系统中数据间的关系如图 3.10 所示。

该图中一些重点术语的定义如下：

Eprint：eprint 就是系统中由一个或几个文件及相关元数据组成的一条记录。

文件（document）：文件是 eprint 中一个单一的格式，如：HTML，PDF，WORD 等。它可以包含多个文件，如 HTML 可能包含多个 HTML 页面和图像文件。实际的文件都存储在文件系统中。

数据对象或条目（dataobj or item）：是主题、用户、eprint 及文件的“超级类”。在系统里它们被同等对待，多数具有相同的配置和方法。用“条目”来表示这些普通事物。

数据集（dataset）：数据集是同一类条目的集合。某些数据集有相同的“配置 id”。“配置 id”用来从具有相同的元数据字段和类型的存档配置收件箱、缓冲器、存档文件以及删除信息中，获取有关数据集的信息。

字段或元数据字段（fields or metadata fields）：数据集中的一个单独字段。每个数据集都有几个“系统”字段，EPrints 用它们来管理系统，以及需要配

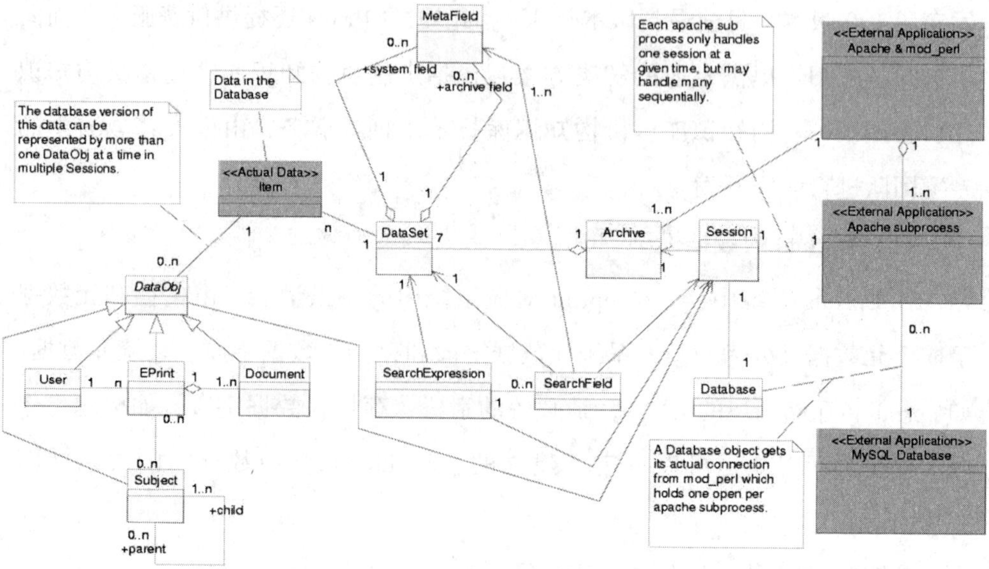

图 3.10　Eprints 的数据模型

置的许多存档文件的细节字段。

（3）Eprints 的体系架构[56,57]

Eprints 的系统架构如图 3.11 所示。整个系统架构可以分为三层，最外面一层是应用服务层，包括数据访问服务，网络出版服务，语义服务以及报表和后台管理服务。中间层为数字对象管理层，主要是存储的数字资源对象进行管理，负责应用服务层和数据存储层进行通信。最下面一层为数据存储层，包括数据存储和元数据存储，其中数据存储主要是将数据文件存储在本地磁盘或者云存储上面，元数据存储是将元数据信息存储到数据库中。

（4）Eprints 的主要功能特点[58,59]

Eprints 的信息空间包括 Eprints 的逻辑结构和工作流程、数字资源的存取机制、元数据几个部分。其中，逻辑结构和工作流程是 Eprints 正常运转的物

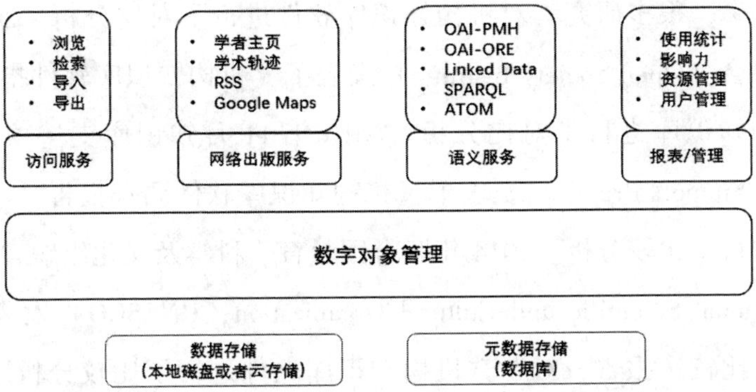

图 3.11 Eprints 系统架构

理支撑，数字资源的存取机制保证了 Eprints 内容的添加和完善，可定制的元数据能够很好地满足用户对数字资源详细描述的要求。

Eprints 的主要特点是：允许通过配置文件定制系统功能；个性化、可扩展性强，允许增加新的工具和程序段；可存储任何格式的文件，允许同一文件有不同的格式；可以采用任何元数据标准，可以由管理员选择元数据字段；提供可定制、可扩展的主题词表、主题树；提交的数字资源可以是压缩文件，也可以是在其他位置存在的文件 URL；可自动完成完整性检验，备有缓存区，可以使数字资源在正式进入系统前得到编辑的检验和修改，该过程也可以在用户界面上完成。

3.3.4 三大开源机构知识库软件的比较分析[60-62]

最初这三款机构知识库是由不同的机构主导开发的，因此这些软件的设计原则和应用目标各不相同，各具特色。如 DSpace 侧重于以社区为基础的内容管理与提交；Eprints 因其简单灵活而拥有较多用户群体；Fedora 的功能相对齐全，灵活性和拓展性极强等。

为了让用户更加了解这些机构知识库的特点，给用户选择机构知识库软件时提供参考，很多研究者对机构知识库软件进行了对比分析。2004 年 8 月开放社会协会（Open Society Institute）发表了《机构知识库软件指南》报告，对九大机构知识库进行了对比分析。2010 年 11 月知识库支持项目组（The Repositories Support Project）发表了《机构知识库软件调查报告》，对 11 个机构知识库进行了比较分析。2014 年联合国教育、科学及文化组织（United Nations Educational Scientific and Cultural Organization，UNESCO）发表了《机构知识库软件比较》报告，对 5 款机构知识库软件进行了比较分析。本文根据这些报告中的比较指标，与机构知识库中最新的功能进行对比，从系统概况、元数据标准、内容组织和控制、浏览与检索、统计、互操作协议、用户认证七个方面比较分析了这三款开源软件的功能，如表 3.4 所示。从对比分析的结果上来看，这三款软件具备机构知识库的收集、保存、管理、传播等基本功能。随着技术的发展，三款软件互相借鉴彼此的功能，因此三款软件的功能逐渐趋同，但是由于每个软件的体系架构不相同，所以功能的支持力度和方式不同。这三款软件可以满足馆藏数字资源的提交、保存、管理和发布中的一般需求。在部署本地应用系统时，应该根据实际需要，选择合适的系统作为基础平台。三个软件都支持快速部署和二次开发功能，都具有强大的文档资料和社区支持。三款软件均有托管服务，免去了维护机构知识库软件服务器、版本升级、日常维护等工作，机构可以集中力量在机构知识库的资源维护上面。因此，在选择机构知识库软件平台时，应该根据机构的资源情况、技术力量、机构特点等方面综合衡量，选择适合本机构的软件平台。

表 3.4 三大开源机构知识库软件的功能对比

	功能	DSpace	Eprints	Fedora
系统概况	开放源代码协议	BSD	GNU GPL	Apache Public License
	软件最新版本	6.0	3.3	4.7.3
	编程语言	Java	Perl	Java
	支持的数据库	PostgreSQL、Oracle	MySQL、PostgreSQL、Oracle	MySQL、PostgreSQL、Oracle
	本地安装	支持	支持	支持
	托管安装	支持	支持	支持
	社区支持	支持	支持	支持
元数据标准	Dublin Core	支持	支持	支持
	METS	支持	支持	支持
	MARC	否	否	否
	元数据自定义	支持	支持	支持
内容组织和控制	用户提交	支持	支持	支持
	批量提交	支持	支持	支持
	批量导出	支持	支持	支持
	访问控制	支持	支持	支持
	自动 Embargo	支持	支持	否
	订阅管理	支持	支持	支持
	开放获取出版	支持	支持	支持
	社区出版	支持	否	支持
	支持文献类型	任何	任何	任何
	灵活的文档组织	支持	支持	支持
	创作共用授权	支持	支持	支持

续表

	功能	DSpace	Eprints	Fedora
浏览与检索	集成搜索引擎	支持	支持	支持
	高级检索	支持	支持	支持
	全文检索	支持	支持	支持
	中文分词	支持	支持	支持
	分面浏览	支持	支持	支持
	检索优化	支持	支持	否
	链接解析器集成	支持	支持	支持
	被搜索引擎索引	支持	支持	支持
统计	资源统计	支持	支持	支持
	作者统计	支持	支持	否
	使用统计	支持	支持	支持
互操作协议	OAI-PMH	支持	支持	支持
	OAI-ORE	支持	支持	支持
	RDF	支持	支持	支持
	OpenURL	支持	支持	支持
	RoMEO 集成	支持	支持	支持
用户认证	用户注册	支持	支持	支持
	LDAP	支持	支持	支持
	CAS	支持	支持	支持
	Shibboleth	支持	支持	支持

参考文献

[1] ROAR 机构知识库注册平台[EB/OL].[2017-07-20].http://roar.eprints.org/.

[2] 卢利农.机构知识库(CAS-IR)的设计与开发[D].兰州:兰州大学,2013.

[3] Crow R.The Case for Institutional Repositories:A SPARC Position Paper[EB/OL].[2017-07-20].https://ils.unc.edu/courses/2015_fall/inls700_001/Readings/Crow2002-CaseforInstitutionalRepositoriesSPARCPaper.pdf.

[4] Open Archives Initiative[EB/OL].[2017-07-20].http://www.openarchives.org/.

[5] 齐华伟,王军.元数据收割协议 OAI-PMH[J].情报科学,2005,23(3):414-419.

[6] Open Archives Initiative Object Reuse and Exchange[EB/OL].[2017-07-20].http://www.openarchives.org/ore/1.0/datamodel#ore:isAggregatedBy.

[7] 陈晓风,张志平,白海燕.OAI-ORE 在机构知识库中的应用研究与实现[J].现代图书情报技术,2010,26(11):69-74.

[8] 沈艺.OpenURL 及其应用[J].现代图书情报技术,2004,20(1):30-32.

[9] 沈艺.OpenURL 框架结构分析[J].情报科学,2004,22(8):998-1000.

[10] OpenURL syntax description[EB/OL].[2017-07-20].http://alcme.oclc.org/openurl/docs/pdf/openurl-01.pdf.

[11] 潘有能,张悦.关联数据研究与应用进展[J].情报科学,2011(1):124-130.

[12] 刘炜.关联数据:概念、技术及应用展望[J].大学图书馆学报,2011,29(2):5-12.

[13] 白海燕.关联数据及 DBpedia 实例分析[J].现代图书情报技术,2010(3):33-39.

[14] 夏翠娟,刘炜,赵亮,等.关联数据发布技术及其实现——以 Drupal 为例[J].中国图书馆学报,2012,38(1):49-57.

[15] Linked (Open) Data Support within DSpace[EB/OL].[2017-07-20].https://wiki.duraspace.org/display/DSDOC6x/Linked+(Open)+Data.

[16] 郑磊,祝忠明.主流机构仓储软件系统对 RDF 支持情况调查研究[J].情报杂志,2011,30(12):157-164.

[17] Handle.NET Information Services[EB/OL].[2017-07-20].http://www.handle.net/.

[18] 毛伟,孙洵,王峰.一种互联网资源标志与寻址技术:Handle System[J].计算机应用研究,2004,21(5):252-254.

[19] 李广建,黄岚.数字对象唯一标识 Handle System[J].图书馆建设,2004(3):20-23.

[20] DOI[EB/OL].[2017-07-21].http://www.doi.org/index.html.

[21] 龙健,赖茂生.DOI 的兴起与我国的对策[J].情报杂志,2009,28(12):159-161.

[22] 周庆辉,陈红云,张晶,等.DOI 与 CrossRef 在科技期刊出版中的作用[J].编辑学报,2009,21(1):67-69.

[23] ORCID[EB/OL].[2017-07-21].https://orcid.org/.

[24] Scopus Author Identifier[EB/OL].[2017-07-21].https://service.elsevier.com/app/answers/detail/a_id/11212/supporthub/scopus/#tips.

[25] 白海燕.ORCID 在机构知识库中的整合介绍[J].现代图书情报技术,2015(3):8-17.

[26] 张建勇,黄永文,于倩倩,等.中国 ORCID 注册平台 iAuthor 的设计与实现[J].现代图书情报技术,2015,31(3):84-91.

[27] 刘润达,王运红.开放研究人员及贡献者唯一标识(ORCID)概述[J].情报科学,2013(11):86-90.

[28] 王海花,黄金霞,刘雪梅.ORCID 在机构知识库建设中的应用研究[J].图书情报工作,2015,59(17):134-140.

[29] 窦天芳,张成昱,张蓓,等.ResearcherID 现状分析及应用启发[J].图书情报工作,2014,58(4):40-45.

[30] Lee C A.Open Archival Information System (OAIS) Reference Model[M/OL]//.Marcia J.Bates,Mary Niles Maack.Encyclopedia of Library and Information Sciences:Third Edition.美国:CRC Press,2010:4020-4030.https://ils.unc.edu/callee/p4020-lee.pdf.

[31] Brian Lavoie.Meeting the challenges of digital preservation:The OAIS reference model[EB/OL].[2017-07-21].http://www.oclc.org/research/publications/library/2000/lavoie-oais.html.

[32] 吴江华.开放性档案信息系统:背景、职责及功能[J].图书情报知识,2006(5):85-87.

[33] 屠跃明,黄永文.对 OAIS 参考模型的研究[J].档案学研究,2007(2):45-47.

[34] 徐周亚,镇锡惠,许绥文.OAIS 参考模型与中文元数据方案[J].现代图书情报技术,2003,19(4):8-11.

[35] Recommended File Formats for eCommons.[EB/OL].[2017-07-21].https://ecommons.cornell.edu/page/support#format.

[36] Sustainability of Digital Formats:Planning for Library of Congress Collections.[EB/OL].[2017-07-21].https://www.loc.gov/preservation/digital/formats/intro/intro.shtml.

[37] Dspace history.[EB/OL].[2017-07-21].http://duraspace.org/history.

[38] Dspace technical specifications. [EB/OL]. [2017-07-21]. http://dspace.org/sites/dspace.org/files/media/specsh_dspace.pdf.

[39] DuraSpace.[EB/OL].[2017-07-21].http://duraspace.org/.

[40] Dspace functional overview. [EB/OL]. [2017-07-21]. https://wiki.duraspace.org/display/DSDOC5x/Functional+Overview.

[41] Dspace architecture. [EB/OL]. [2017-07-21]. https://wiki.duraspace.org/display/DSDOC5x/Architecture.

[42] Dspace diagram. [EB/OL]. [2017-07-21]. http://dspace.org/sites/dspace.org/files/media/DSpace%20Diagram_0.pdf.

[43] 唐兆琦.基于 DSpace 的机构仓储应用研究[D].上海:上海交通大学,2008.

[44] 石仙鹤.基于 DSpace 的机构仓储资源整合研究及应用[D].上海:上海交通大学,2010.

[45] 陈和.DSpace 系统与厦门大学机构存储的构建[J].数字图书馆论坛,2006,(9):61-67,75.

[46] About Fedora[EB/OL].[2017-07-21].http://fedorarepository.org/about.

[47] Fedora Digital Object Model [EB/OL]. [2017-07-21]. https://wiki.duraspace.org/display/FEDORA38/Fedora+Digital+Object+Model.

[48] 邵国维.基于 Fedora 的高校文库数字化平台构建[D].上海:复旦大学,2009.

[49] 王雯,黄丽,王军.Fedora 数据仓储的介绍与应用[J].数字图书馆论坛,2007(9):12-17.

[50] Fedora Integration Architecture[EB/OL].[2017-07-21].https://wiki.duraspace.org/display/FEDORA473/Fedora+4.7.3+Documentation.

[51] 什么是 REST 架构[EB/OL].[2017-07-21].http://www.cnblogs.com/EasyLive2006/archive/2009/11/03/1595152.html.

[52] ModeShape[EB/OL].[2017-07-21].http://modeshape.jboss.org/.

[53] Fedora Technical Specifications[EB/OL].[2017-07-21].http://www.fedora-commons.org/resources/technical-specifications.

[54] Eprints[EB/OL].[2017-07-21].http://www.eprints.org/uk/.

[55] 纪元霞.国内机构库软件平台调研[J].知识管理论坛,2012(1):34-42.

[56] EPrints 2.3 Documentation [EB/OL].[2017-07-21].http://www.eprints.org/files/eprints2/eprints-2.3.0/docs/eprints-docs.pdf.

[57] Eprints 系统架构[EB/OL].[2017-07-21].http://docplayer.net/docs-images/44/12284635/images/page_17.jpg.

[58] 马宁宁,周晨,冯红娟.数字资源长期保存开源软件比较研究[J].新世纪图书馆,2014(8):37-42.

[59] 王军.数字仓储[J].数字图书馆论坛,2007,(9):1-6,25.

[60] Repository software survey[EB/OL].[2017-07-21].http://www.rsp.ac.uk/start/software-survey/results-2010/.

[61] A Guide to Institutional Repository Software[EB/OL].[2017-07-21].http://www.budapestopenaccessinitiative.org/pdf/OSI_Guide_to_IR_Software_v3.pdf.

[62] Institutional Repository Software Comparison [EB/OL].[2017-07-21].http://www.unesco.org/fileadmin/MULTIMEDIA/HQ/CI/CI/pdf/news/institutional_repository_software.pdf

第四章　机构知识库开源软件应用

在介绍与比较了几种常见机构知识库系统软件后，本章具体说明开源软件 DSpace 的安装、使用与定制开发方法。

4.1　DSpace 安装

本节以最新发布的 DSpace 6.0 为例，介绍如何在 CentOS 7 上配置环境、安装部署 DSpace，主要内容包括软硬件环境、安装准备、基本安装、高级安装四部分。

4.1.1　软硬件环境

DSpace 对硬件环境的要求不高，可以安装运行在个人电脑、笔记本、服务器等计算机上。但是，不同的硬件环境适用的场景不同，在个人电脑和笔记本上安装的 DSpace 多数用于软件的开发与测试，在服务器上安装运行的 DSpace 主要用于生产环境中为用户提供服务。面对的用户不同，DSpace 对硬件的要求也不同。表 4.1 给出了不同生产环境的硬件配置要求，在实际使用中，内存应比表中给定的内存多 1~2G，这部分内存主要用于运行操作系统。

DSpace 使用 Java 开发，由于 Java 的跨平台特性，因此 DSpace 也可以在多种平台安装运行，包括：类 UNIX 系统（Linux、HP/UX、Mac OSX 等）、Windows 系统。本安装示例中，将以 CentOS 7 为例，进行 DSpace 的安装介绍。

表 4.1　产生环境硬件配置要求

	最小	中等	高端
内存	2GB（Tomcat 1GB、数据库 1GB）	4GB（Tomcat 2GB、数据库 2GB）	8GB（Tomcat 4～6GB、数据库 2－4GB）
存储	20GB（可存储约 20 000 及以下个条目）	200GB（可存储约 50 000 及以上个条目）	1TB（可存储约 500 000 及以上个条目）
说明	合适于小规模 DSpace 站点，条目数量较少（少于 2 万），用户访问量也较少。	合适于中等规模站点，条目数量较多（约 5 万）或者用户访问量较大。	合适于条目数量极大（多于 50 万）或者访问量极大的站点。

4.1.2　安装准备

（1）JAVA 安装

DSpace 的安装运行需要使用 Java 7 或者 Java 8，OpenJDK 和 Oracle JDK 均可正常运行。在本安装示例中，采用 Oracle JDK 8。从 Oracle 官方网站下载 Oracle JDK 8（网址为 http：//www. oracle. com/technetwork/java/javase/downloads/index. html），由于是在 64 位的 CentOS 7 中安装，因此下载最新 64 位的 RPM 安装文件 jdk-8u131-linux-x64. rpm。安装命令如下：

［root@ localhost ～］# rpm-ivh jdk-8u131-linux-x64. rpm

由于系统中可能已经存在其他版本的 Java，可以通过如下命令选择当前使用的 Java 版本：

［root@ localhost ～］# alternatives --config java

设置完成后，可以通过如下命令查看确认当前的 Java 版本：

[root@ localhost ~] # java -version

（2） Maven 安装

Apache Maven 是一个 Java 项目管理与构建工具，在 DSpace 安装过程中的第一个阶段中使用，主要用于汇集各种安装包，并形成安装文件。DSpace 要求使用 Apache Maven 3. 0. 5 或者 3. 3. 9 以上的版本，在 CentOS 7. 3. 1611 中默认安装了 Maven 3. 0. 5，可以直接使用。由于一些 DSpace 可选模块要求使用 Maven 3. 3. 9 及以上版本，因此下面介绍如何手动安装更高版本的 Maven。Maven 的官方下载地址为 http：//maven. apache. org/download. html，本安装示例使用 apache-maven-3. 5. 0-bin. zip。下载完 maven 后，使用如下命令将其解压到/usr/local/目录下：

[root@ localhost local] # unzip apache-maven-3. 5. 0-bin. zip-d /usr/local/

解压完成后，需要对 JAVA_ HOME 和 PATH 环境变量进行设置，使用如下命令编辑/etc/profile 文件：

[root@ localhost local] # vim /etc/profile

在文件的末尾加入如下内容：

*export JAVA_ HOME=/usr/java/jdk*1. 8. 0_ 131

export PATH=/usr/local/apache-maven-3. 5. 0/*bin*： *$ PATH*

修改并保存后，使用如下命令使得环境变量修改立即生效：

[root@ localhost local] # source /etc/profile

最后，可以通过如下命令查看确认当前的 Maven 版本：

[root@ localhost local] # mvn -version

（3） Ant 安装

Apache Ant 也是一个 Java 项目构建工具，在 DSpace 安装过程中的第二个阶段使用，主要用于将系统部署到安装目录中。DSpace 要求使用 Apache Ant

1.8 及以上版本，官方下载地址为 http：//ant. apache. org/bindownload. cgi，本安装示例使用 apache-ant-1. 10. 1-bin. zip。下载完 Ant 后，使用如下命令将其解压到/usr/local/目录下：

[root@ localhost local] # unzip apache-ant-1. 10. 1-bin. zip-d /usr/local/

解压完成后，需要对 ANT_HOME 和 PATH 环境变量进行设置，使用如下命令编辑/etc/profile 文件：

[root@ localhost local] # vim /etc/profile

在文件的末尾加入如下内容：

export ANT_HOME=/usr/local/apache-ant-1. 10. 1

export PATH=/usr/local/apache-ant-1. 10. 1*/bin*：*$ PATH*

修改并保存后，使用如下命令使得环境变量修改立即生效：

[root@ localhost local] # source /etc/profile

最后，可以通过如下命令查看确认当前的 Ant 版本：

[root@ localhost local] # ant -version

（4） PostgreSQL 安装

DSpace 可以使用 PostgreSQL 或者 Oracle 作为后台数据库系统，本安装示例使用 PostgreSQL。DSpace 要求 PostgreSQL 的版本为 9. 4 及以上，可从官方网址下载（下载网址为 https：//www. postgresql. org/download/）。在 CentOS 7 中，如果使用 yum 命令安装，将默认安装 PostgreSQL 9. 2，如果之前使用 yum 安装了 PostgreSQL，则需要先卸载。使用如下命令可以查看已经安装和可以安装的 PostgresSQL 模块：

[root@ localhost apache-ant-1. 10. 1] # yum list postgresql \ *

使用如下命令可以卸载已经安装的 PostgreSQL：

[root@ localhost apache-ant-1. 10. 1] # yum remove postgresql \ *

由于 CentOS 使用 yum 默认安装的 PostgreSQL 不能满足要求，因此需要使用满足要求的 Yum 仓储，可从 https：//yum. postgresql. org/repopackages. php 中寻找相应的 Yum 仓储。本安装示例使用在 64 位 CentOS 7 上安装的 PostgreSQL 9. 6. 3 Yum 仓储，Yum 仓储的安装命令如下：

[root@ localhost apache-ant-1. 10. 1] # yum install https：//download. postgresql. org/ pub/repos/yum/9. 6/redhat/rhel-7-x86_ 64/pgdg-redhat96-9. 6-3. noarch. rpm

安装好 Yum 仓储后即可方便地使用 yum 命令安装 PostgreSQL，命令如下：

[root@ localhost apache-ant-1. 10. 1] # yum install postgresql96-server postgresql96-contrib

由于 DSpace 需要使用 PostgreSQL 扩展模块 pgcrypto，因此必须安装 postgresql96-contrib。安装完成后，还需要初始化数据库，命令如下：

[root@ localhost apache-ant-1. 10. 1] # /usr/pgsql-9. 6/bin/postgresql96-setup initdb

DSpace 使用 JDBC 通过 TCP/IP 连接到数据库，因此还需要对 PostgreSQL 的 TCP/IP 连接进行配置。首先需要确认 PostgreSQL 允许访问的 IP 地址，该配置位于 postgresql. conf 文件中的 listen_ addresses，如果 DSpace 与 PostgreSQL 在同一台机器上，则其取值可以为 localhost。如下为修改 postgresql. conf 文件命令：

[root@ localhost data] # vim /var/lib/pgsql/9. 6/data/postgresql. conf

需要确保文件中 listen_ addresses = ′localhost′前面没有注释符号（#），默认有#，需要将其删除，最终效果如图 4. 1 所示。

此外，还需要在 pg_ hba. conf 文件中添加如下内容：

host dspace dspace 127. 0. 0. 1 255. 255. 255. 255 *md5*

并且该行需要在所有其他匹配 all 数据库的前面。修改 pg_ hba. conf 文件的命令如下：

```
# - Connection Settings -

listen_addresses = 'localhost'          # what IP address(es) to listen on;
                                        # comma-separated list of addresses;
                                        # defaults to 'localhost'; use '*' for all
                                        # (change requires restart)
```

图 4.1　PostgreSQL postgresql. conf 文件修改

[root@ localhost data] # vim /var/lib/pgsql/9. 6/data/pg_ hba. conf

添加完成后，最终效果如图 4.2 所示。

```
# TYPE  DATABASE        USER            ADDRESS                 METHOD

host    dspace          dspace          127.0.0.1 255.255.255.255 md5
# "local" is for Unix domain socket connections only
local   all             all                                     peer
# IPv4 local connections:
host    all             all             127.0.0.1/32            ident
# IPv6 local connections:
host    all             all             ::1/128                 ident
```

图 4.2　PostgreSQL pg_ hba. conf 文件修改

现在，可以使用如下命令启动 PostgreSQL：

[root@ localhost apache-ant-1. 10. 1] # systemctl start postgresql-9. 6

如需关闭 PostgreSQL，可使用如下命令：

[root@ localhost apache-ant-1. 10. 1] # systemctl stop postgresql-9. 6

(5) Tomcat 安装

DSpace 需要运行于 Servlet 引擎之上，Servlet 引擎有 Tomcat、Jetty、Caucho Resin 等，本安装示例使用 Tomcat。DSpace 要求使用 Tomcat7 及以上版本，可从 Tomcat 官网下载（访问网址为 http：//tomcat. apache. org），本安装示例下载并使用 tomcat 8. 5. 15。使用如下命令将 tomcat 解压到/usr/local/目录下：

[root@ localhost local] # unzip apache-tomcat-8. 5. 15. zip-d /usr/local/

使用如下命令对 Tomcat 环境变量进行编辑：

[root@ localhost bin] # vim /usr/local/apache-tomcat-8. 5. 15/bin/setenv. sh

运行 DSpace 的用户与 Tomcat 相同，为了使得 Tomcat 能在 DSpace 安装目录下拥有写文件的权限，需要在环境变量文件中添加 TOMCAT_USER 环境变量，这里假设该用户名为 dspace。同时，还需要确保 Tomcat 有足够的内存空间运行 DSpace，并且支持国际化字符 UTF-8，可以通过 *JAVA_OPTS* 环境变量进行设置。setenv. sh 设置内容如下（内存空间可以根据需要进行调整）：

TOMCAT_USER=dspace

JAVA_OPTS=" -Xmx512M-Xms64M-Dfile. encoding=UTF-8"

此外，还需要对 server. xml 进行设置，以便对 UTF-8 字符编码的正确支持，文件编辑命令如下：

[root@ localhost bin] # vim /usr/local/apache-tomcat-8. 5. 15/conf/server. xml

需要在<Connector>元素中添加 URIEncoding="UTF-8"，如图 4. 3 所示。

```
<Connector port="8080" protocol="HTTP/1.1"
           connectionTimeout="20000"
           redirectPort="8443"
           URIEncoding="UTF-8"/>
```

图 4. 3　Tomcat server. xml 文件修改

最后，使用如下启动命令添加可执行权限：

[root@ localhost bin] # cd /usr/local/apache-tomcat-8. 5. 15/bin/

[root@ localhost bin] # chmod a+x startup. sh catalina. sh shutdown. sh

4. 1. 3　基本安装

本小节主要对 DSpace 的基本安装进行介绍，即通过配置数据库、下载编译源文件、安装部署程序，使得 DSpace 能够初步运行起来。

(1) 创建 DSpace 用户

使用 root 账号创建一个 dspace 用户，该用户也即前面设置 TOMCAT_USER 环境变量所对应的用户。用户创建命令如下：

```
[root@ localhost ~] # useradd -m dspace
```

(2) 创建安装目录

DSpace 安装时，会将相关的 DSpace 文件安装到指定的目录中，在本安装示例中，将在 dspace 用户目录下创建一个 dspace 目录（即/home/dspace/dspace），并把它作为 DSpace 安装目录。首先，以 root 用户身份切换到 dspace 用户，命令如下：

```
[root@ localhost ~] # su dspace
```

然后，进入到用户的主目录，命令如下：

```
[dspace@ localhost root] $ cd ~
```

最后，创建安装目录，命令如下：

```
[dspace@ localhost ~] $ mkdir dspace
```

(3) 数据库设置

在前面的步骤中已经安装好了 PostgreSQL 数据库，现在需要在数据库中创建 DSpace 使用的数据库用户、数据库、以及启动 pgcrypto 扩展模块。首先以 root 用户身份切换到 postgres 用户，命令如下：

```
[root@ localhost home] # su postgres
```

然后，创建 DSpace 使用的数据库用户，这里仍将数据库用户取名为 dspace（当然也可以为其他名称），命令如下：

```
bash-4.2 $ createuser--username=postgres--no-superuser--pwprompt dspace
```

输入以上命令后，会提示用户输入新数据库用户的密码，这里为了简单仍将密码设置为 dspace。完成数据库用户创建后，需要继续创建 DSpace 使用的数据库，这里将数据库名称取为 dspace，同时将数据库的拥有者设置为前一步创建的 dspace 数据库用户，命令如下：

bash-4.2 $ createdb--username=postgres--owner=dspace--encoding=UNICODE dspace

最后，使用如下命令在 dspace 数据库中启动 pgcrypto 扩展功能。

bash-4.2 $ psql--username=postgres dspace-c " CREATE EXTENSION pgcrypto;"

（4）下载 DSpace 源码

DSpace 源代码在 Github 上开放，任何人都可以下载使用。本安装示例使用当前最新的 DSpace 6.0（下载地址为 https://github.com/DSpace/DSpace/releases），以 dspace 身份在用户主目录使用如下命令下载 dspace 源代码：

[dspace@localhost ~] $ wget https://github.com/DSpace/DSpace/releases/download/dspace-6.0/dspace-6.0-src-release.zip

下载完成后，使用以下命令将其解压：

[dspace@localhost ~] $ unzip dspace-6.0-src-release.zip

（5）初始化配置文件

在解压后的 DSpace 源码目录中，dspace/config 子目录包含了 dspace 相关的配置文件，需要为该目录添加一个 local.cfg 文件，该文件用于本地化相关的配置，local.cfg 中的配置会覆盖掉 dspace/config 目录及子目录下所有 *.cfg 文件中的配置。表 4.2 给出了 DSpace 安装中需要重点配置的一些参数，其中加“*”的配置参数如果配置错误将会影响到系统的运行，其他参数为可选参数。

表 4.2 DSpace 配置

配置参数	解释说明	参数取值（适合本安装示例）
dspace.dir *	Dspace 安装目录	/home/dspace/dspace
dspace.hostname	Web 服务器域名	localhost

续表

配置参数	解释说明	参数取值（适合本安装示例）
dspace. baseUrl *	DSpace 主页地址	http://localhost:8080
dspace. ui	DSpace 界面	jspui
dspace. name	DSpace 服务系统的名称	根据实际情况填写，如：Peking University Institutional Repository
solr. server *	Solr 服务器对应的 URL 地址	http://localhost:8080/solr
default. language	元数据取值的默认语言	en_ US
db. url *	JDBC 使用的 URL	jdbc:postgresql://localhost:5432/dspace
db. driver *	数据库 JDBC 驱动	org. postgresql. Driver
db. dialect *	数据库方言	org. dspace. storage. rdbms. hibernate. postgres. DSpacePostgreSQL82Dialect
db. username *	数据库用户名	dspace
db. password *	数据库用户密码	dspace
db. schema *	数据库模式	public
mail. server	邮件服务器的完整域名	根据实际情况填写
mail. server. username	邮箱服务器用户名	根据实际情况填写
mail. server. password	邮箱服务器密码	根据实际情况填写
mail. from. address	DSpace 发件人邮箱	根据实际情况填写
feedback. recipient	DSpace 反馈邮箱	根据实际情况填写
mail. admin	DSpace 站点管理员邮箱	根据实际情况填写
alert. recipient	接受服务器错误和提醒消息的邮箱	根据实际情况填写
registration. notify	接受新用户注册提醒的邮箱	根据实际情况填写

以 dspace 用户身份进入到 dspace/config 目录，先从 local. cfg. EXAMPLE 拷贝得到 local. cfg 文件，命令如下：

[dspace@ localhost config] $ cp local. cfg. EXAMPLE local. cfg

然后使用如下命令按照表 4. 2 的参数取值修改文件 local. cfg：

[dspace@ localhost config] $ vim local. cfg

（6）系统构建与安装

以 dspace 身份进入到 DSpace 源码目录，使用如下命令构建系统（请确保 Git 已经安装在 CentOS 中，否则 DSpace 会构建失败，git 安装命令为 yum install git）：

[dspace@ localhost dspace-6.0-src-release] $ mvn package

系统构建完成后，使用如下命令进入到 DSpace 安装程序所在目录：

[dspace@ localhost dspace-6.0-src-release] $ cd dspace/target/dspace-installer

使用如下命令将系统安装到 DSpace 安装目录：

[dspace@ localhost dspace-installer] $ ant fresh_install

现在需要选择所运行的 DSpace Web 应用程序。DSpace 有如表 4.3 所示的 8 个应用程序，本安装示例选择 jspui 和 solr。

表 4.3　DSpace 应用程序

xmlui	基于 Apache Cocoon 的 Web 用户界面，具有多种简便易用的主题，包括 Mirage1 和 Mirage 2（基于 bootstrap）。
jspui	基于 Java JSP 的 Web 用户界面（使用 bootstrap），xmlui 与 jspui 二选一即可，其功能基本相同。
solr	Apache Solr 的 Web 应用，xmlui 和 jspui 需要使用 solr 进行搜索和浏览，此外 OAI-PMH 也需要使用 solr。因此在使用 Web 用户界面时，该模块必须添加。
oai	DSpace 的 OAI 接口，允许元数据和内容文件的收割，支持 OAI-PMH 和 OAI-ORE 协议。
rdf	DSpace 的 RDF 接口，用于支持关联数据。
rest	DSpace REST 应用程序接口，可支持对社区（Community）、合集（Collection）、条目（Item）等的访问、添加、修改、删除功能。
sword	实现了 SWORDv1 协议，用于其他应用程序将内容存放到 DSpace 中
swordv2	实现了 SWORDv2 协议，用于其他应用程序将内容存放到 DSpace 中

为了使得 Tomcat 能够正确地运行相应的应用程序，需要做如下配置。首先在 tomcat 的 conf 目录下创建 Catalina/localhost 目录，命令如下：

```
[root@ localhost apache-tomcat-8. 5. 15] # mkdir -p /usr/local/apache-tomcat-8. 5. 15 /conf/Catalina/localhost
```

然后，进入到该目录，并添加 solr. xml 和 ROOT. xml 两个文件。添加 solr. xml 的命令和文件内容如下：

```
[root @ localhost localhost] # cd /usr/local/apache-tomcat-8. 5. 15/conf/Catalina/localhost
[root@ localhost localhost] # vim solr. xml
<? xml version='1. 0'? >
<Context
    docBase=" /home/dspace/dspace/webapps/solr"
    reloadable=" true"
    cachingAllowed=" false" />
```

添加 ROOT. xml 的命令和文件内容如下：

```
[root@ localhost localhost] # vim ROOT. xml
<? xml version='1. 0'? >
<Context
    docBase=" /home/dspace/dspace/webapps/jspui"
    reloadable=" true"
cachingAllowed=" false" />
```

以 dspace 用户身份，使用如下命令为 DSpace 系统创建管理员（管理员创建过程中会提示输入管理员邮箱地址、姓、名、密码等）：

```
[dspace @ localhost localhost] $/home/dspace/dspace/bin/dspace create-administrator
```

最后，以 root 身份使用如下命令启动 tomcat：

[root@ localhost bin] # /usr/local/apache-tomcat-8. 5. 15/bin/startup. sh

通过浏览器访问 http：//localhost：8080，即可看到如图 4. 4 所示的初始 DSpace 界面。

图 4. 4　DSpace 主界面

使用管理员登录系统后，可以看到如图 4. 5 所示的管理员用户界面。

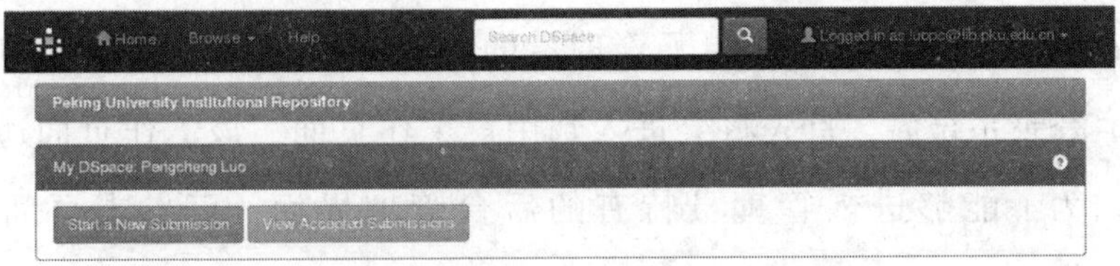

图 4. 5　DSpace 用户登录后界面

4. 1. 4　高级安装

前面一小节内容介绍了 DSpace 的基本安装，为了使 DSpace 能够在生产环境运行，还需要增加其他方面的安装与配置。包括对多语言的支持、通过 HTTPS 访问、持久标识符 Handle 服务器、Google 与 HTML 站点地图、使用统计等。由于篇幅限制，本书不做具体介绍，详细内容请参考 DSpace 官方文档[1]。

4.2 DSpace 使用

DSpace 功能强大、模块众多，各功能模块存在一定的依赖关系。为了能够高效的利用 DSpace 构建机构知识库，需要熟练掌握它的使用方法。本节从两个视角出发介绍 DSpace 的使用：一个视角是后台管理员，通过使用 DSpace 后台管理功能，可以对机构知识库内容、权限等功能进行设置；另一个视角是普通用户（例如研究者、教师等），通过使用 DSpace 前台功能，可以检索、浏览机构知识库内容、注册账户并提交成果数据。

4.2.1 后台管理功能

DSpace 后台管理功能的使用，需要以管理员身份登录系统。前面“DSpace 安装”一节已经介绍了管理员的创建方法，使用该账号即可登录 DSpace。登录系统后，首先将会进入到用户工作页面，该工作页面适用于所有用户。为了能够进入管理员特有的后台管理界面，可点击页面右上角“Logged in as <管理员邮箱>”，然后从弹出的菜单中选择“Administer”（图 4.6）进入后台管理页面。

后台管理功能主要包括：内容管理（Content）、权限控制（Access Control）、使用统计（Statistic）、一般设置（General Settings）、管理员文档（Help）等，可以在后台管理页面顶端导航菜单查看这些功能模块，如图 4.7 所示。下面主要从内容管理、权限控制、一般设置三个方面进行介绍，使用

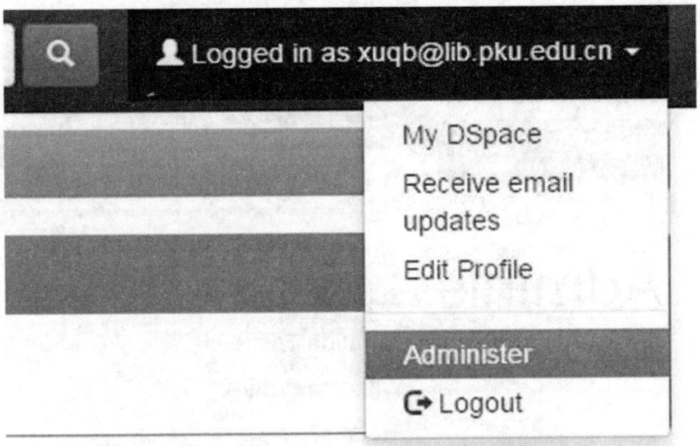

图 4.6　登录后的用户菜单：管理命令

统计和管理文档相对简单，读者可以自己探索。

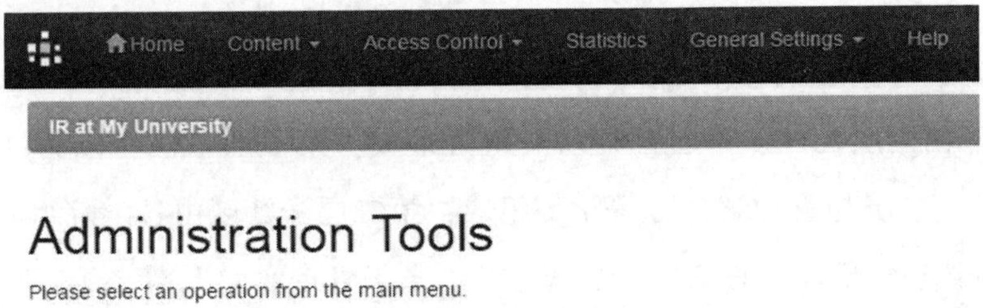

图 4.7　管理工具导航栏

（1）内容管理

DSpace 内容管理功能主要包括：社区（Community）和合集（Collection）管理、条目（Item）管理、工作流管理、批量导入等，如图 4.8 所示。下面主要对社区和合集管理、批量导入功能进行介绍。

在 DSpace 安装完成后，需要立刻进行社区和合集管理，社区和合集用于 DSpace 内容的组织，是成果数据提交上传的前提。DSpace 内容组织结构可分为三个层次：社区（Community）、合集（Collection）、条目（Item）。其中，一个社区可以包含多个子社区或者合集，一个合集可以包含多个条目，社区、

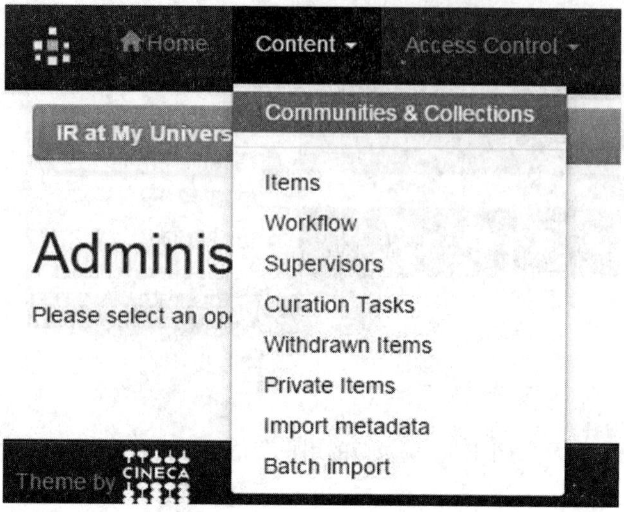

图 4.8　管理工具：内容菜单

合集、条目可以形成一个层次的资源组织结构。举例来说，假设北京大学机构知识库由两层社区、一层合集以及条目组成：第一层社区可以为“社会科学学部”“经济与管理学部”等学部组成；第二层子社区由各学院组成，例如“经济与管理学部”下面有“经济学院”“光华管理学院”等；第三层合集为系所，例如“光华管理学院”下面有“金融学系”“管理科学与信息系统系”等；第四层则为条目，即各个系所对应的学术成果。下面对社区和合集的创建方法进行详细介绍。

在图 4.8 所示后台管理界面中，点击导航栏中的“Content”菜单，然后从弹出的子菜单中点击“Communities & Collections”进入社区和合集管理页面。新安装的 DSpace 没有社区或合集，此时需点击社区和合集管理页面“Admin Tools”中的“Create Top-Level Community...”按钮创建顶层社区。在页面中填写“Name”（机构名称）、“Short Description”（简短描述）、“Introductory text（HTML）”（详细介绍）、“Copyright text”（版权说明）等字段信息，然后点击“Create”按钮便完成了顶层社区的创建。这里假设创建了一个“OA Guide Writing Committee”顶层社区，如图 4.9 所示。

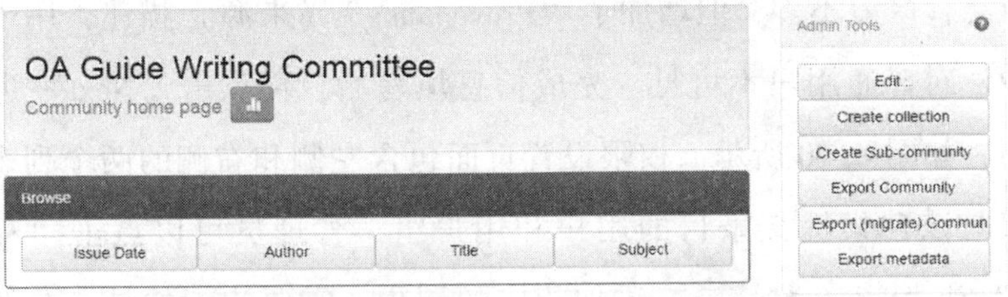

图 4.9 机构（Community）页面

为了能够提交数据，还需要创建合集，这里假设在“OA Guide Writing Committee”顶层社区下创建一个“Reference Materials”合集。从图 4.9 所示社区界面中，点击右侧“Admin Tools”中的“Create collection”按钮，此时将出现如下对合集进行设置的选项：

- New items should be publicly readable（合集内新增条目开放可读；默认勾选）
- Some users will be able to submit to this collection（有的用户可向该合集提交资源；默认勾选）
- The submission workflow will include an accept/reject step（提交流程包括“接受/拒绝”环节）
- The submission workflow will include an accept/reject/edit metadata step（提交流程包括“接受/拒绝元数据”环节）
- The submission workflow will include an edit metadata step（提交流程包括元数据编辑环节）
- This collection will have delegated collection administrators（该合集将拥有代理合集管理员）
- New submissions will have some metadata already filled out with defaults（使用缺省值填充新提交项目的元数据）

选择适合的设置，并点击“Next”按钮进入到合集信息填写页面，这些字段信息与社区差不多，但增加了“Provenance”（来源）描述，用于标记资源的来源，对普通用户不可见。完成信息填写后，再点击“Next”进入权限设置页面，如图 4.10 所示。权限设置页面包含左侧和右侧的两个列表，分别显示有权向该合集提交条目的用户和用户组，管理员可以点击“Select E-people…”或“Select Groups”添加相应的用户。需要注意的是，在新建合集的同时，DSpace 会自动创建一个以“COLLECTION”开头命名的用户组，该用户组具有向合集添加条目的权限，管理员也可以去修改这个用户组，重新命名并向其中添加用户或用户组。最后进入合集编辑页面，表明合集已创建好。在合集编辑页面，可以继续修改、调整描述信息和权限、流程设置等。

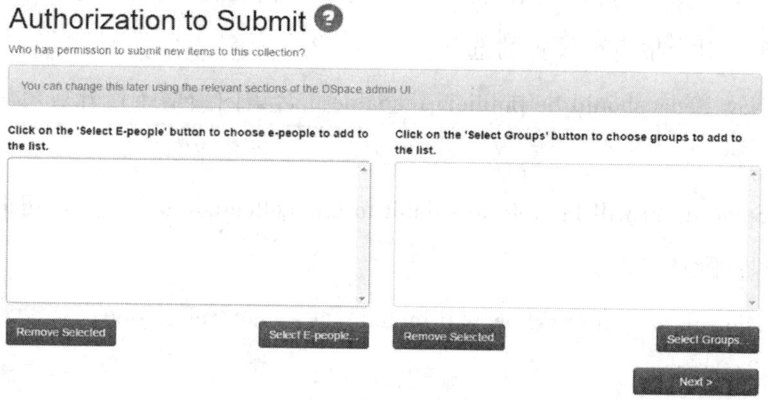

图 4.10　权限设置页面

在内容管理中，除了上述社区和合集的管理，管理员还有一项的重要职责便是条目的管理，也即成果数据的管理。在国内，研究者和教师参与机构知识库内容建设的程度较低，机构知识库中的成果数据主要由图书馆员从后台批量导入，此时，DSpace 的批量导入功能便具有很高的实用性。在图 4.8 所示管理工具导航菜单中，点击“Content”下的“Batch import”打开批量导入页面，然后选择导入的数据类型（表 4.4），并指定上传的文件或者 URL 路径，最后再指定上传条目所属的合集（owning collection of the items），点击“Upload”便可以执行批量导入。

表 4.4 数据批量导入功能支持的文件格式

<table>
<tr><th>格式名称</th><th>含义</th></tr>
<tr><td>Simple Archive Format（zip file via upload）</td><td>简单归档格式，可含附件文件，ZIP 打包上传</td></tr>
<tr><td>Simple Archive Format（zip file via remote URL）</td><td>简单归档格式（同上），但通过 URL 获取</td></tr>
<tr><td>pubmedXML</td><td rowspan="4">在线数据库 PubMed，CrossRef，Arxiv，CiNii 等生成的 XML 格式参考文献导出文件</td></tr>
<tr><td>crossrefXML</td></tr>
<tr><td>arxivXML</td></tr>
<tr><td>ciniiXML</td></tr>
<tr><td>bibtex</td><td rowspan="3">几种常用的参考文献管理软件生成的参考文献导出文件</td></tr>
<tr><td>ris</td></tr>
<tr><td>endnote</td></tr>
<tr><td>csv</td><td>逗号分隔值文件</td></tr>
<tr><td>tsv</td><td>制表符分隔值文件</td></tr>
</table>

（2）权限控制

权限控制指为用户或者用户组赋予在某个资源对象（如社区、合集）上的操作权限，在 DSpace 中权限控制包括：用户管理、用户组管理、权限分配。图 4.11 展示了 DSpace 后台管理工具导航中权限控制菜单（Access Control），其子菜单包含了用户管理（E-people）、用户组管理（Groups）和权限分配功能（Authorization）。

点击管理工具导航栏“Access Control”菜单中的“E-people”，进入到用户管理页面（图 4.12），可逐个添加新用户、编辑或者删除已有用户。点击“Add Eperson”按钮，可以添加一个普通用户，该用户的 Email 地址为必填项，其他描述信息均为选填内容，将来可以由用户自行修改，然后点击“Save”按钮进行保存。注意：不要手动勾选“Can Log In”（能登录），因为

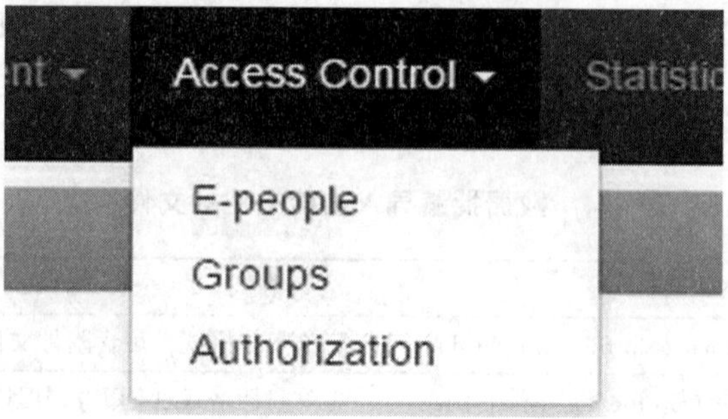

图 4.11　管理工具：权限控制菜单

用户尚未创建自己的密码；也不要勾选“Require Certificate”，除非配置了麻省理工学院的 X509 验证工具 MITAuthenticator 一起使用。管理员可以使用创建或编辑 Eperson 页面上的“Reset password”按钮为用户重置登录密码，随后用户的电子邮箱将收到密码重置通知邮件。注意：管理员无法在后台创建或修改用户的登录密码，此外为使用户能正常接收邮件，在安装阶段请务必配置好 SMTP 邮件服务器（参见 4.1 节）。在创建或编辑 Eperson 的页面上还有“Delete”按钮，点击并确认后可将该用户删除，用户被删除后并不会导致他所提交的资源条目或所创建的资源集合、用户、用户组等同时被删。

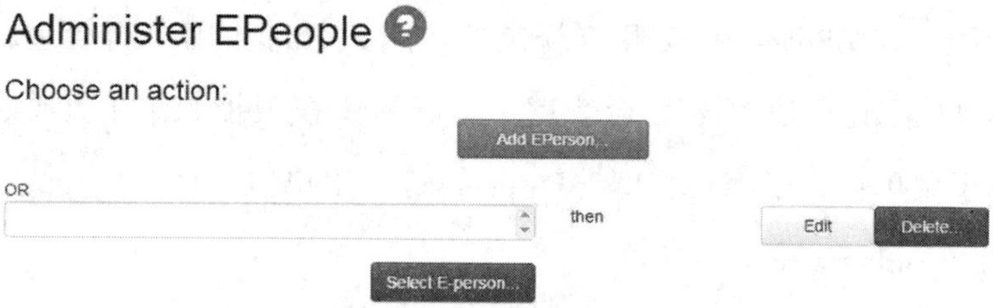

图 4.12　用户管理页面

为了方便权限控制的设置，可使用用户组对用户进行管理。点击管理工具导航栏“Access Control”菜单中的“Groups”，进入到用户组管理页面，如

图 4. 13 所示。新安装的 DSpace 预设了两个用户组：管理员用户组（Administrators）和匿名用户组（Anonymous）。管理员用户组拥有在全站范围内不受限制的操作权限，应当谨慎添加和使用；匿名用户组包含了所有用户（未登录的匿名用户、普通用户、管理员），其权限是只读的，不可添加或移除其成员。每当创建一个合集，系统会自动创建一个具有向该合集提交条目权限的用户组，以“COLLECTION”开头、以“SUBMIT”结尾命名（图 4. 13），管理员可以重新命名该用户组，并向其中添加用户。点击“Create New Group”，可以创建新的用户组。除了可以为用户组添加单个用户（通过“Select E-people”按钮）作为其成员外，还可以添加已有的其他用户组（通过“Select Groups”按钮），即形成各用户组之间的嵌套关系。点击“Update Group”保存设置。

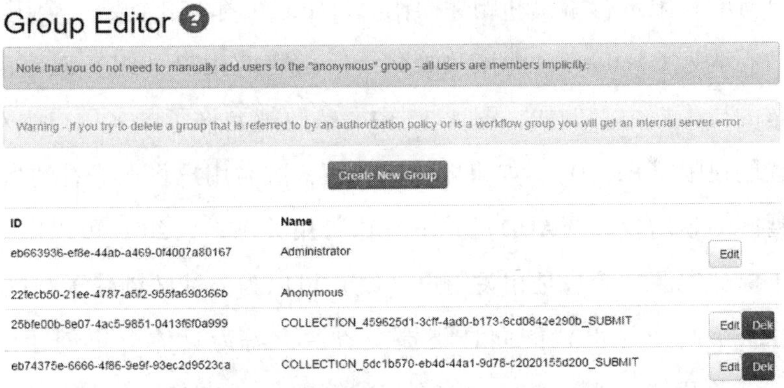

图 4. 13　用户组管理页面

有了用户、用户组和资源对象（社区、合集、条目），就可以将用户（组）与资源对象相关联，并赋予相应权限，DSpace 将这种三种对象的关联关系称为“政策”（Policy）。点击管理工具导航栏“Access Control”菜单中的“Authorization”，可以进入到权限分配页面（Administer Authorization Policies），该页面包含：社区权限管理、合集权限管理、条目权限管理以及任意资源权限的高级工具，如图 4. 14 所示。

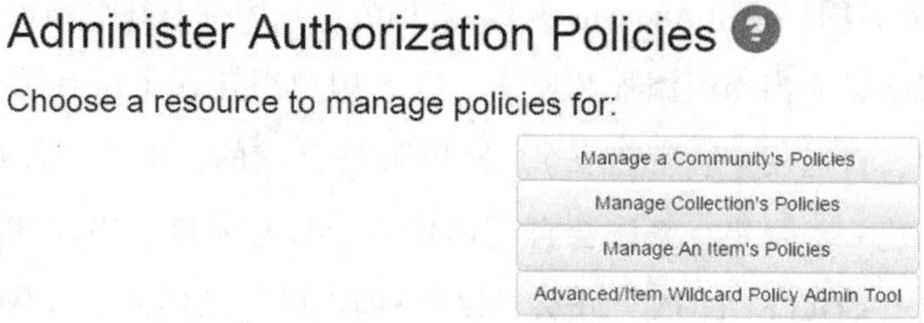

图 4. 14　权限管理页面

点击“Manage a Community's Policies”进入社区权限管理，选中一个社区，点击“Edit Policies”则进入该社区的权限管理页面，如图 4. 15 所示。在此可点击“Add New Policy”按钮增加权限，也可点击“Edit”或“Delete”按钮对已有的权限进行编辑和删除操作。每条政策都需要指定一个用户（组）和一种“行为”（Action），即该政策赋予所指定的用户（组）对当前社区具备所选定的行为权力。例如，图 4. 15 中一条政策允许了匿名用户组对当前社区拥有读取权限（READ），如果删除该政策，匿名用户将无法看到当前社区。注意：社区的新增权限（ADD）并不意味着相关用户（组）可以向该社区之下的合集提交资源，而只是相关用户（组）可以为该社区创建子社区和合集。如果要让一个用户（组）能向合集提交资源，需为具体合集创建添加权限（ADD），或将用户（组）关联为该合集的管理员（ADMIN）。

图 4. 15　社区权限管理页面

点击“Manage Collection's Policies”进入合集权限管理页面，选中一个合集，点击“Edit Policies”进入该合集的权限管理页面。一个新创建的合集至少已分配了4条授权，分别为匿名用户组的读取权限（READ）、缺省资源项目读取权限（DEFAULT_ ITEM_ READ）、缺省比特流读取权限（DEFAULT_ BITSTREAM_ READ）以及DSpace为自动创建的空用户组赋予新增权限（ADD，即提交资源权限）。表4.5给出了合集可选的所有权限，其中需要注意：如果将ADMIN权限赋予给普通用户，该用户将拥有对这一合辑的完全管理权限，就像管理员用户一样，因此请慎用。

表4.5　合集所对应的用户权限

权限英文名	权限中文名	说明
READ	读取	读取资源项目。不具备READ权限的用户组甚至无法见到资源集合的存在。
WRITE	写入	原地修改资源项目。
ADD	添加	提交资源项目。
REMOVE	删除	删除资源项目。
DEFAULT_ITEM_READ	缺省项目读取	提交到该合集并被批准的项目获得READ权限，且即便该合集后来不再提供此权限，也不影响已经提交并批准的项目。
DEFAULT_ BITSTREAM_ READ	缺省文件读取	类似DEFAULT_ITEM_ READ权限但仅影响资源项目内的附件文件（Bit stream）。
ADMIN	管理	可执行全部资源项目操作。

（3）一般设置

管理菜单“General Settings”下提供的“Metadata Registry”（元数据注册）功能允许管理员为DSpace新增、删除或定制修改元数据方案（Metadata Schema）。在该管理页面中，输入“Namespace”（命名空间，通常是一个网址）和“Name”（名称），点击“Save”即可新增元数据方案。有关元数据标准的设置，参见本书第五章。

另外一个功能“Bitstream Format Registry”可管理当前DSpace系统支持的附件文件格式。点击“Add New”按钮后，页面末尾会新增一行，这时还需填写其设置，包括“MIME Type”（多用途互联网邮件扩展类型）、“Name”（名称）、“Extensions”（扩展名）等，最后点击“Update”保存设置，完成文件格式的新增。扩展名可填写多个，用逗号分隔。

此外，“General Settings”中的“Edit News”可编辑修改“Top News”和“Sidebar News”两处首页提示文本。文本支持HTML标签而不做校验，需要谨慎填写，以免显示效果错乱。

4.2.2 普通用户功能

机构知识库建立的目的在于：一方面展示机构自身的科研成果，另一方面让更多的用户可以免费获取文献全文。本小节从用户注册、成果提交与管理、成果检索与利用三个角度出发，介绍普通用户如何利用机构知识库。

(1) 用户注册

为了能够提交成果数据，机构科研人员和教师首先需要在DSpace中注册账户。用户访问安装好的DSpace网站首页，在页面右上方点击“Sign on to”菜单，然后从弹出的子菜单中点击“My DSpace”，此时会跳转到登录页面。已注册账号的用户可在此输入注册邮箱和密码登录系统；如果用户忘记密码可点击“Have you forgotten your passwor?”，并通过邮箱重置密码；未注册的用户则需要点击“New user? Click here to register”注册账号，此时跳转到如图4.16所示的用户注册页面。在注册页面中输入注册邮箱地址，然后点击“Register”按钮，随后DSpace会提示注册邮件已发送。这时，用户需要登录自己的电子邮箱，打开DSpace发送的通知邮件，从中找到注册链接并在浏览器中打开，页面打开后会要求填写用户个人信息，包括：姓名、密码等，最后点击“Complete Registration”按钮完成注册。

图 4.16 用户注册页面

使用刚刚注册的邮箱和密码，用户便可以登录到 DSpace 系统中了，登录后会跳转到用户工作页面，如图 4.5 所示。此时，“Sign on to”菜单变为“Logged in as（用户注册邮箱）”，点击该菜单可看到如下子菜单：

- My DSpace（我的 DSpace）：开始提交成果，查看已审核成果。
- Receive email updates（接收邮件更新）：管理合集内容更新订阅。用户可以订阅一个或多个合集的更新情况，一旦所订阅的合集有所更新，用户将收到电子邮件通知。
- Edit Profile（编辑用户信息）：修改姓名、联系方式、语言、登录密码等，与用户注册时填写的信息项目一致。
- Logout（注销登录）：安全退出当前用户。

（2）成果提交与管理

注册并登录系统后，用户便可以提交成果数据。在如图 4.5 所示的页面中，点击“Start a New Submission”按钮可以进入到成果提交向导。如果用户不具有向合集提交（“ADD”）成果的权限，则系统会报错，提示授权缺失问题。否则，用户将会看到合集选择页面，如图 4.17 所示。点击“Select”下拉菜单选择需要提交的合集，再点击“Next”按钮后，会依次进入元数据填写、访问设置、文件上传、数据验证、许可条款和完成页面，用户可以根据实际情况和页面提示完成提交。其中默认的元数据字段如表 4.6 所示（标有“＊”的为必填项）。用户可在提交结束页面点击“Submit another item to the same collection”继续向当前合集提交成果，此外用户的注册邮箱会收到刚才提交完成的通知邮件。在提交过程中，由于种种原因可能导致成果未能完成提交。通过点击菜单中的“My DSpace”进入用户工作页面，可以看到未完成提交的成果列表，点击成果旁边的“Open”按钮，再从跳转的页面中点击“Edit”，便可以重新进入提交流程。

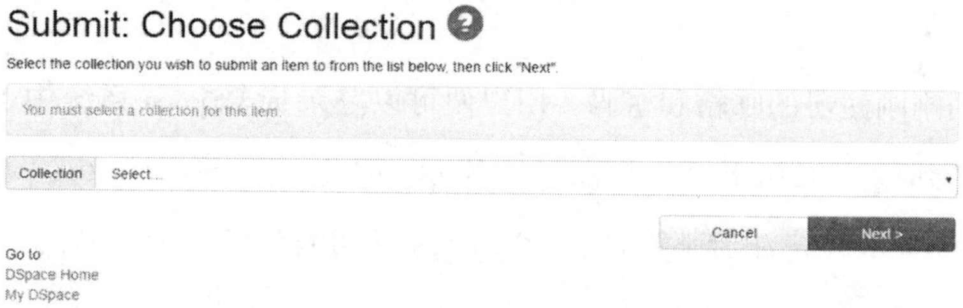

图 4.17　提交向导：合集选择页面

表 4.6　成果提交表单字段

英文名称	含义	说明
Author	作者	可追加多个
Title ＊	题名	正题名
Other Titles	其他题名	副题名或并列题名、变异题名等；可追加多个
Data of Issue ＊	发布日期	发布、发表、出版的日期；月、日不必备
Publisher	出版者	出版商、出版社
Citation	引文写法	提示引用该资源项目的标准写法
Series/Report No.	丛编信息	机构（Community）赋予该项目的丛编名称、编号；可追加多个

续表

英文名称	含义	说明
Identifiers	标识符	该资源相关文献的唯一标识符，从包括 ISSN、ISBN、ISMN、URI、Gov't Doc #（政府文件编号）等类型中选择并输入标识符文本值；可追加多个
Type	文献类型	多选清单控件，可借助键盘 Ctrl 及 Shift 键多选
Language	语言	默认值“N/A”（未提供），提供多种出厂值
Subject Keywords	主题关键词	单词或词组；可追加更多
Abstract	摘要	资源内容的摘要
Sponsors	资助者	资助者名称或基金代码
Description	描述	任何其他描述说明信息

要管理自己的已完成提交（并被接受）的成果，可通过点击“My DSpace”进入用户工作页面（图 4.5），然后再点击“View Accepted Submissions”按钮查看已接受的提交成果。成果列表中会显示发表日期、题名、作者，点击成果的题名链接，则可以查看该成果的详细信息（元数据、文件列表）。如果用户拥有相应的操作权限，还可在此找到编辑、导出等操作按钮。其中，编辑页面里的“Withdraw”（撤回）与“Delete（Expunge）”（删除）操作的作用不同，前者的含义是取消发布及已提交状态，后者指的是彻底抹除数据（能否成功执行则要由用户权限决定），“Move Item”（移动条目）可以将成果在合集之间移动。

（3）成果检索与利用

DSpace 用于机构知识库内容的开放获取，支持未登录用户访问站内资源，包括浏览、搜索、下载、引用等功能，下面对这些功能进行详细介绍。

打开 DSpace 首页并向下翻页，可以看到两个板块：“Communities in DSpace”呈现系统中现有的“社区”（不显示子社区），而“Discover”揭示全部成果按照发表日期、有无附件等聚合属性汇总的情况。点击一个社区，则可进入社区浏览页面。在社区浏览页面中，并不直接列出成果，需要从“Issue Data”、“Author”、“Title”、“Subject”中选择其一，即按该字段排序浏览，从头开始列表显示成果。在具体的列表浏览页面中，用户可以选择修改“In order”（排序方向）、“Results/Page”（每页结果数）、“Authors/Record”（每条记录的作者数），然后点击“Update”按照新的排序要求呈现列表。前述方法是从DSpace首页呈现的机构列表开始的，用户也可以使用页面上方导航栏中“Browse”菜单下的各个子菜单进行浏览，包括：“Communities & Collections”——全站社区、合集列表；Browse Items by（按不同方式浏览）即选择分别按照前述的“Issue Data”、“Author”、“Title”、“Subject”四种方式排序浏览，但不局限于个别机构集合，而是全站浏览。

搜索功能的入口即页面顶部的搜索框。输入关键词，点击放大镜按钮或按回车键即执行简单搜索。不输入关键词也可以搜索，即“空搜索”，命中全部社区、合集和条目。“Item hits”（命中项目）列出搜索命中的结果。点击题名查看详细页面。结果列表上方，除调整排序相关的操作界面（类似浏览）之外，还有更多搜索选项：可以从下拉框选择资源所属的机构范围（默认范围为“All of DSpace”全站搜索），或Add filters（添加过滤条件），从而执行精炼搜索。每个过滤条件包含三部分：搜索字段、匹配方式（“Equals”全等、“Contains”包含、“ID”系统标识符及相应的“逻辑非”匹配）、搜索词。注意：“Start a new search”（开始新的搜索）会无视搜索词，实际上相当于空搜索。每次点击“Add”都会立刻执行精炼搜索，并将新增的过滤条件列在简单搜索的搜索词之下，“Current filters”（当前过滤条件）的后面。如果要删除一个过滤条件，点击该条件后面的“X”按钮，DSpace也会立刻执行新的搜索。搜索界面中也给出了类似首页下方的“Discover”版块，方便筛选。

要下载成果的文件（通常相当于机构知识库存档成果的全文或附件资

料），在成果详细页面中的“Files in This Item”（该项目中的文件）位置可找到文件列表，点击每个文件右侧的“View/Open”（查看、打开）按钮即可下载，在用户的本地电脑或移动设备上打开、阅读。

如果成果的元数据存储了“Citation”，即引文信息，在详细信息页面中也可以找到。复制、粘贴该信息文本，即可用于学术写作的引用。用户根据自己的需要变更引文的规范格式。

4.3 DSpace 开发

DSpace 功能强大，能够满足机构库建设中的绝大多数要求，但是不同国家的不同机构有着不同的需求，如个性化的用户界面。为此，常常需要在 DSpace 的基础上做一些定制化开发。

4.3.1 概述

图 4.18 为 Github 截图的 DSpace 6.0 源代码文件目录，从图中可以看出 DSpace 主要的模块包括：dspace-services、dspace-api、dspace-solr、dspace-jspui、dspace-xmlui、dspace-xmlui-mirage2、dspace-oai、dspace-rdf、dspace-rest、dspace-sword、dspace-sword2。

DSpace 中最核心的模块为 dspace-services 和 dspace-api。dspace-services 模块是 DSpace 的服务框架，包含了 DSpace 最核心的服务，如缓存服务、配置服务、事件服务、请求服务、会话服务；同时，该服务框架灵活易用，通过注册自己的服务，可以覆盖原有的服务实现或者新增服务。dspace-api 模块包含了 DSpace 业务逻辑层和应用层的核心部分，如内容管理、工作流管理、用户管理、认证管理、标识符管理等，该模块使用了 dspace-services 模块提供的功能。

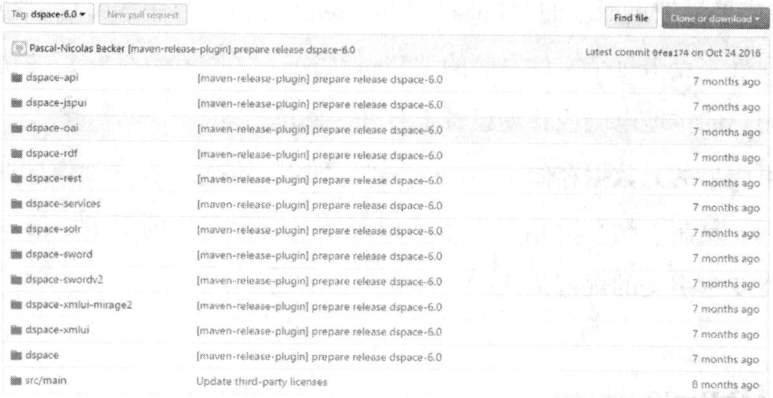

图 4.18　DSpace 源代码文件目录

DSpace 中的检索模块为 dspace-solr。在 DSpace 中，需要对成果、日志等信息进行浏览和检索，这些功能的实现主要基于 Apache Solr，dspace-xmlui、dspace-jspui、dspace-oai 模块的正常运行均需要安装 dspace-solr。

DSpace 中的 Web 界面模块为 dspace-jspui、dspace-xmlui、dspace-xmlui-mirage2。dspace-services 和 dspace-api 封装了 DSpace 的核心功能和服务，为了方便用户使用，DSpace 提供了 3 套基于 Web 的用户界面模块。dspace-jspui 模块是一个基于 JSP 和 Servlet 技术实现的 Web 应用，dspace-xmlui 和 dspace-xmlui-mirage2 模块均为基于 Apache Cocoon 框架的 Web 应用。

DSpace 中的应用程序接口包括 dspace-oai、dspace-rdf、dspace-rest、dspace-sword、dspace-sword2。dspace-oai 实现了 OAI-PMH 和 OAI-ORE，允许元数据和数据文件的收割；dspace-rdf 实现了资源描述框架，用以支持关联数据；dspace-rest 是 DSpace 本地化的基于 REST 风格应用程序接口，功能比较强大，包含用户认证登录功能，支持社区、合集、条目、比特流等资源的查看、增加、删除、修改操作；dspace-sword 和 dspace-sword2 实现了标准的内容存放协议，其他系统可通过该接口将成果数据提交到 DSpace 中。

在 DSpace 定制开发时，可以直接对各模块进行修改。例如，当 dspace-jspui 不能满足需求时，可以在 dspace-jspui 中修改程序。除此以外，DSpace 推荐在 DSpace 本地化模块（位于 dspace/modules 目录，如图 4.19 所示）中进行修改，以便于将本地化的修改集中在一个地方，修改后的文件在部署时会覆盖原模块中同名文件。例如，当 dspace-jspui 不能满足需求时，可以在 dspace/modules/dspace-jspui 中进行修改。

DSpace Web 应用是图书馆等机构定制开发需求最多的部分，由于中文的特殊性，常常也需要对 Solr 进行优化配置，有时候为了实现一些功能也需要对 DSpace 的核心模块进行修改。在本小节中，将以本地化 L10n、首页定制、中文检索、REST API 为例，介绍基于 DSpace 的二次开发。

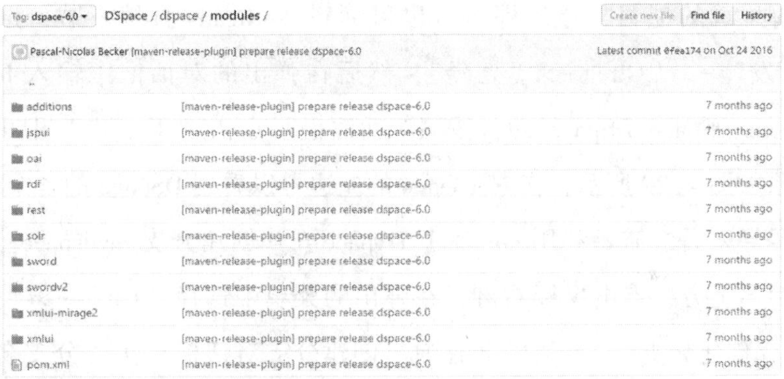

图 4.19　DSpace 本地化模块

4.3.2　开发环境搭建

操作系统。Windows 拥有友好的图形用户界面，是日常工作中最常用的桌面操作系统。因此，本小节介绍的 DSpace 开发是在 Windows 环境下进行的。第一小节介绍了在 CentOS 中安装 DSpace，Windows 中安装 DSpace 的过程也类似（甚至更简单）。当然也可以选择其他类型的操作系统，如 CentOS、Mac OS 等。

集成开发环境。Java 的集成开发环境非常多，如 Eclipse、IntelliJ IDEA、NetBeans，在本书的演示中使用 NetBeans 8.1，与 Eclipse 一样，NetBeans 也是一款开源免费的 Java 集成开发环境。

版本管理软件。DSpace 使用 Git 进行版本管理，因此本书也选用 Git。NetBeans 中已经包含了 Git，可以在集成开发环境中直接使用。也可以从官网下载安装，通过命令行或者自带的 GUI 工具使用 Git。

在 DSpace 安装时，可以通过如下命令下载带有版本信息的源代码：

git clone https://github.com/DSpace/DSpace.git

然后使用 NetBeans，选择菜单“文件” -> “打开项目”，在弹出的对话框中选择下载的项目，导入即可。也可通过 NetBeans 直接下载，选择菜单“团队开发” -> “Git” -> “克隆”，然后在弹出的对话框中输入 https://github.com/DSpace/DSpace.git，按照对话框提示点击“下一步”即可。导入后，效果如图 4.20 所示，在 NetBeans 的左边可以看到 DSpace 的各个模块。

代码导入后，需要利用 Git 基于 DSpace 6.0 创建分支 mydspace。将鼠标移至项目名上方，点击鼠标右键，在弹出的菜单中选择“Git” -> “分支/标记” -> “创建分支…”，然后会有弹出创建分支对话框，在“分支名称”输入框中填入“mydspace”，在“修订（V）”输入框中选择 dspace-6.0，并选中“检出创建的分支”，最后单击“创建”按钮即可（图 4.21）。到此为止，可以在 DSpace 6.0 的基础上做开发，后面提交的代码也会保存在 mydspace 分支，不会影响到代码库中的其他分支。

4.3.3 示例一：本地化 L10n

L10n 表示 Localization（L 和 n 之间有 10 个字母），即本地化。DSpace 默认支持的语言为英语，为了满足中文用户对机构库的使用，需要为 DSpace 增加中文支持。

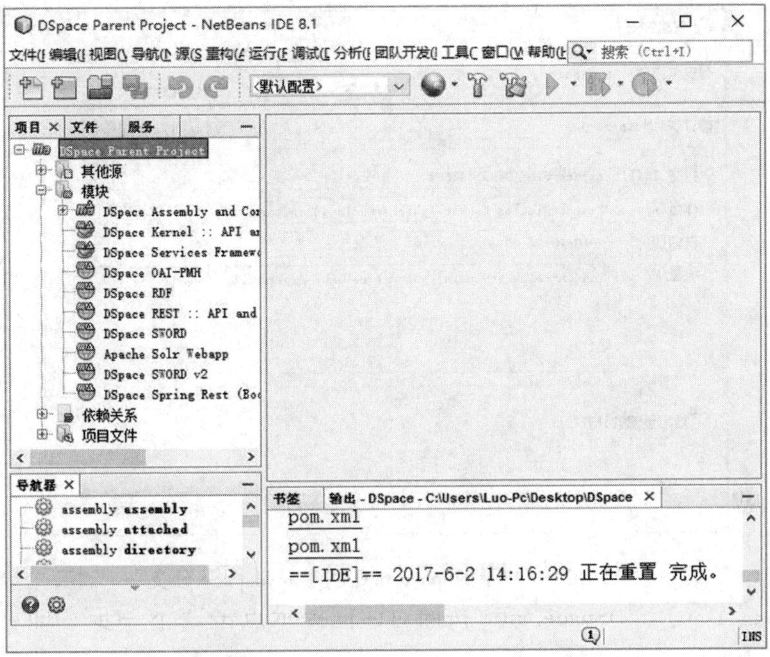

图 4.20　导入 DSpace 后的 NetBeans

DSpace 系统本身支持国际化，即根据用户所使用的浏览器语言设置，为用户呈现不同语言的 Web 界面。这种国际化不仅包括 Web 界面元素，还包括邮件消息、成果的元数据（DSpace 使用 DC 元数据标准，可支持多种语言的描述信息）。Java Web 中的 JSTL 标签库可以根据不同的语言设置显示不同的界面元素，dspace-jspui 便使用了 JSTL。本示例将以 jspui 为例，介绍如何使得 Web 界面元素支持中文。

首先，需要在 local. cfg 文件中增加如下两行配置内容，使得 Web UI 支持英文和中文，并且默认语言为英文：

webui. supported. locales = en，zh

default. locale = en

然后，需要在 dspace/modules/jspui/src/main 目录下创建 resources 目录，

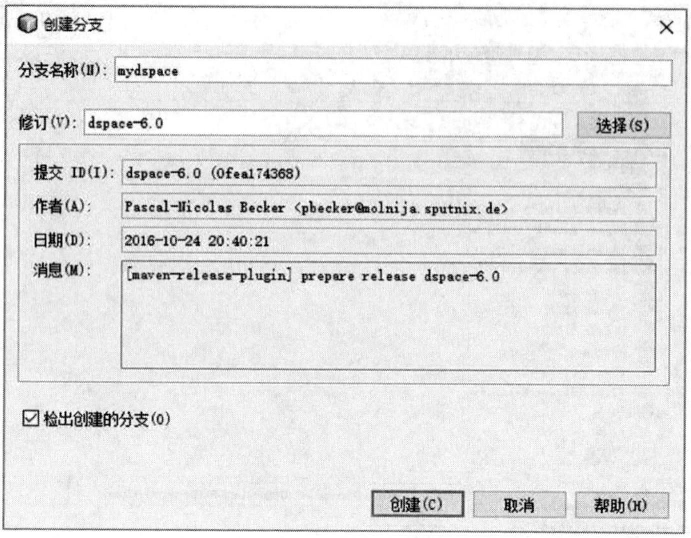

图 4.21 基于 DSpace 6.0 创建 mydspace 分支

并将 dspace-api/src/main/resources 中的 Messages. properties 拷贝到刚创建的目录中，将其复制为两个新的文件，分别命名为 Messages_ en. properties、Messages_ zh. properties，效果如图 4.22 所示。本地化 jspui 模块位于 dspace/modules 目录下，在项目构建部署时，新增的 Messages. properties、Messages_ en. properties、Messages_ zh. properties 会覆盖掉原有文件。如果浏览器使用的语言为中文，则界面元素会使用 Messages_ zh. properties 中的数据；如果浏览器使用的语言为英文，则界面元素会使用 Messages_ en. properties 中的数据；如果浏览器使用的为其他语言，则界面元素会使用 Messages. properties 中的数据，本示例将 Messages. properties 中的数据也设置为英文。

下面以首页中部分元素的配置为例，介绍如何让首页显示中文。修改 Messages. properties、Messages_ en. properties、Messages_ zh. properties 中部分键的取值，如表 4.7 所示，其中 jsp. layout. header-default. brand. description 对应的取值较长，对其进行了省略。

图 4.22　增加 Messages. propertie 的本地化 jspui 模块

表 4.7　部分界面元素语言配置

键	默认语言	英语	中文
jsp. layout. navbar-default. home	Home	Home	首页
jsp. layout. navbar-default. browse	Browse	Browse	浏览
jsp. layout. navbar-default. help	Help	Help	帮助
jsp. layout. navbar-default. sign	Sign on to:	Sign on to:	登录
jsp. layout. navbar-default. language	Language	Language	语言
jsp. layout. navbar-default. logout	Logout	Logout	退出登录
jsp. layout. header-default. brand. heading	Peking University	Peking University	北京大学
jsp. layout. header-default. brand. description	Peking University institutional ……	Peking University institutional ……	北京大学机构知识库……

完成上述修改后，使用“mvn package”命令重新构建项目；也可以在 NetBeans 中右键点击项目名称，从弹出的菜单中选择“构建”操作。构建完

成后，可以使用“ant fresh_install”命令重新部署系统，该命令会覆盖以前部署的内容；也可以使用“ant -Dconfig = [dspace] /config/dspace.cfg update”命令部署系统（[dspace] 指 DSpace 安装路径），该命令会把以前部署的内容备份。部署完成后，重启 Tomat 即可看到如图 4.23 所示的中文首页界面，点击首页顶部右侧的“语言” -> “English”，即可切换到英文界面，如图 4.24 所示。

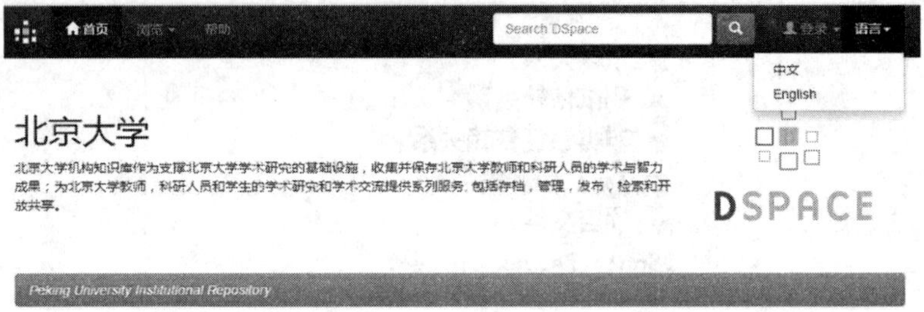

图 4.23　DSpace 中文首页

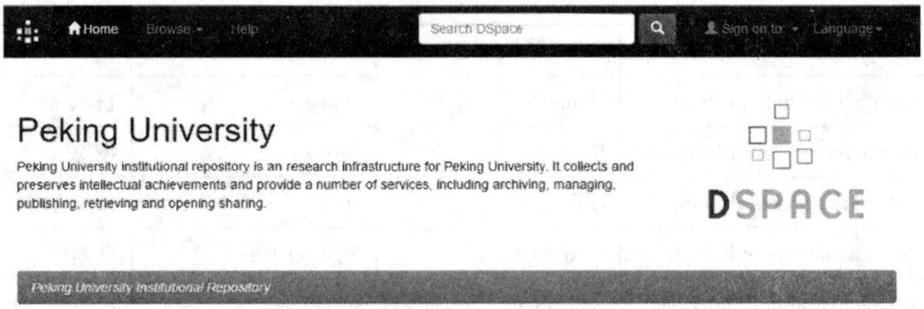

图 4.24　DSpace 英文首页

完成前述设置之后，即实现了 DSpace 的本地化，现在可以使用 Git 将修改的代码进行保存。鼠标右键点击项目，在弹出的菜单中选择“Git” -> “提交”，然后会弹出如图 4.25 所示的对话框，在“提交消息”输入框中添加“增加默认、英文、中文 Messages.properties”，最后单击“提交”按钮即可。

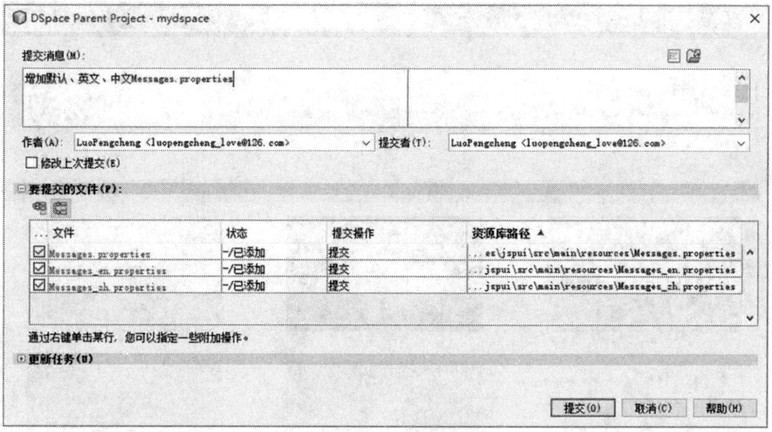

图 4.25 NetBeans Git 提交界面

4.3.4 示例二：首页定制

在 DSpace 应用中，常常希望定制机构特有的 Web 界面。DSpace 本身已经具有完整且丰富的功能模块，只需要在其基础上稍做修改，便可以实现目标。本示例以首页定制为例，介绍如何对 DSpace Web 界面的修改。

这里假设为机构库添加了六个学部（6 个顶层社区）：经济与管理学部、理学部、人文学部、社会科学学部、信息与工程学部、医学部，并且各自均具有 logo。DSpace 原有首页对社区（Community）凸显不够，并且 logo 显示也不够美观。为此，本示例对首页进行修改，最终效果如图 4.26 所示。

与示例一类似，对首页的定制化也是在本地化 jspui 模块上进行修改。首先需要在 dspace/modules/jspui/src/main/webapp 目录下添加 home.jsp 文件，文件内容如下：

图 4.26　定制化 DSpace 首页

home. jsp 文件

```
<%@ page contentType=" text/html; charset=UTF-8" %>
<%@ taglib uri=" http://www.dspace.org/dspace-tags.tld" prefix=" dspace" %>
<%@ page import=" java.util.Locale"%>
<%@ page import=" java.util.List"%>
<%@ page import=" javax.servlet.jsp.jstl.core.*" %>
<%@ page import=" org.dspace.app.webui.util.UIUtil" %>
<%@ page import=" org.dspace.content.Community" %>
<%@ page import=" org.dspace.content.Bitstream"%>
<%
  List<Community> communities = (List<Community>) request.getAttribute (" communities" );
  Locale sessionLocale = UIUtil.getSessionLocale (request);
  Config.set (request.getSession (), Config.FMT_LOCALE, sessionLocale);
%>
<dspace:layout locbar=" nolink" titlekey=" jsp.home.title" >
  <div class=" row" >
    <%if (communities != null && communities.size ()!= 0) { %>
```

```
<% for (Community com : communities) { %>
    <div class=" col-md-4" style=" text-align: center; margin-bottom:  20px;" >
    <%Bitstream logo = com.getLogo ();%>
    <div class=" row" >
      <div class=" col-md-10 col-md-offset-1" >
        <a href=" <% = request.getContextPath ()% >/handle/<% = com.getHandle
()%>" >
          <img style=" width: 100%; max-height: 180px; border: 1px solid"
              alt=" Logo" class=" img-responsive"
               src=" <% = request.getContextPath ()% >/retrieve/<% = logo.getID
()%>" />
        </a>
      </div>
    </div>
    <h4 class=" list-group-item-heading" ><% = com.getName ()%></h4>
    </div>
<%  }
  }%>
 </div>
</dspace: layout>
```

home.jsp 一个典型的 JSP 文件，第 1-8 行定义了页面内容的编码、dspace 自定义标签库的导入、相关 Java 类的导入。第 9-13 行从 request 中取出顶层社区（即各个学部）和用户使用语言（即浏览器请求页面语言），并设置当前页面使用的语言。第 14 行中的 dspace：layout 是 dspace 自定义的布局标签，该标签内部的内容将显示在首页中间位置。本示例 dspace：layout 中通过循环社区，将六个社区的 logo 和名称进行了显示。

除了显示六个学部，还需要将首页中 DSpace 的 logo 进行替换。首先需要在 dspace/modules/jspui/src/main/webapp 下新建一个 image 目录，并将如图 4.26 右上方所示的北大 logo 放置在 image 目录下，并取名为 pku.png。然后需要在 dspace/modules/jspui/src/main/webapp 下新建一个 layout 目录，并将 dspace-jspui/src/main/webapp/layout/header-default.jsp 拷贝到新建的 layout 目

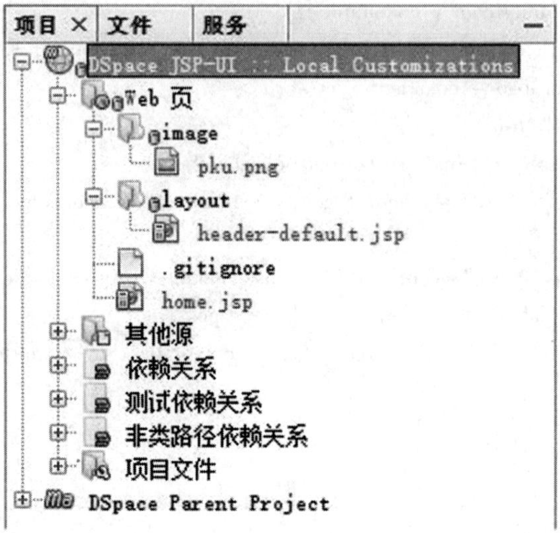

图 4.27 增加首页定制的本地化 jspui 模块

录下。最后修改新拷贝文件 header-default.jsp 中的 logo.gif 为 pku.png。最终修改的效果如图 4.27 所示。

完成上述步骤后，对 DSpace 项目重新构建并部署，最终可以呈现出如图 4.26 所示的首页效果。确认首页定制化能正常运行后，需要对刚修改的代码进行版本保存，可按照前面介绍的 git 提交方法进行代码的保存，在“提交消息”输入框中添加“定制化首页”。

4.3.5 示例三：中文检索

DSpace 中的信息检索模块 dspace-solr 默认对英文进行支持，其文本分析中的分词器使用的是空白分词器（solr.WhitespaceTokenizerFactory）。当输入文本为中文，由于中文字符间没有空格，因此会把一整段话当做一个词。例如：“国家自然科学基金委基础研究知识库在今天上线了”这句话会被当做一个词。最终导致用户输入的词无法匹配到相关的文档，例如：用户输入的“机构库”便无法与“国家自然科学基金委基础研究知识库在今天上线了”相匹配。

为了实现对中文成果的正确检索，需要对 solr 进行正确的配置，其中最重要的便是在文本分析中添加中文分词器，这也是本示例的主要工作。首先需要为 dspace-solr 模块增加相应的中文分词器，本示例选择了 mmseg4j。首先，编辑 dspace/modules/solr 下的 pom. xml 文件，为其增加 mmseg4j 依赖，如下所示：

pom. xml 增加内容

```
<dependency>
    <groupId>com. chenlb. mmseg4j</groupId>
        <artifactId>mmseg4j-solr</artifactId>
        <version>2. 2. 0</version>
        <exclusions>
        <exclusion>
            <groupId>org. apache. solr</groupId>
            <artifactId>solr-core</artifactId>
        </exclusion>
    </exclusions>
</dependency>
```

然后，需要修改 dspace/solr/search/conf 目录下的 schema. xml 文件，在<types>元素下增加一个新的<fieldType>元素，内容如下：

schema. xml 增加内容

```
<fieldType name=" text_ mmseg4j_ complex" class=" solr. TextField" positionIncrementGap="
100" >
    <analyzer type=" index" >
        < tokenizer class = " com. chenlb. mmseg4j. solr. MMSegTokenizerFactory" mode = "
complex" />
    </analyzer>
    <analyzer type=" query" >
```

```
        <tokenizer class=" com.chenlb.mmseg4j.solr.MMSegTokenizerFactory" mode="
complex" />
    </analyzer>
</fieldType>
```

以上 schema. xml 中新增的 text_ mmseg4j_ complex 字段类型使用 mmseg4j 作为分词器，为了能让 solr 在索引字段时使用 text_ mmseg4j_ complex，需要将 schema. xml 中出现的 type =" text" 替换成 type =" text_ mmseg4j_ complex"，原先的 text 字段类型使用空白分词器。

完成以上操作后，需要对 DSpace 项目重新构建并部署。为了检验分词器的效果，可以访问 http：//localhost：8080/solr/#/search/analysis。在 Field Value 输入框中输入“东亚经济增长模式相关争论的再探讨”，选择“Analyse Fieldname/ FieldType”为 text_ mmseg4j_ complex，然后点击“Analyse Values”按钮，即可看到如图 4. 28 所示的分词效果（仅截取了部分），这句话被分成“东亚”、“经济”、“增长”、“模式”、“相关”、“争论”、“的”、“再”、“探讨”9 个词。如果选择“Analyse Fieldname/ FieldType”为“text”，则分词效果如图 4. 29 所示，整句话被当作一个词。需要注意的是，如果之前部署了系统，并索引过数据，为了应用新的分词器，还需重建索引。启动 Tomcat 后，使用命令行控制台进入到 DSpace 安装目录下的 bin 目录，然后使用“dspace index-discovery-b”命令即可重建索引。重建索引后，机构库便可以正确的检索中文。最后，需要对修改的代码进行保存，可按照前面介绍的 git 提交方法保存代码，在“提交消息”输入框中添加“中文分词”，并提交即可。

4. 3. 6 示例四：REST API

互操作是当前应用系统发展的重要方向，机构知识库需要与其他系统进行数据的交换，为此 DSpace 提供了大量 API 接口。REST API 是 DSpace 中功能非常强大的一类 API，它支持用户的认证，能够对社区（Community）、合

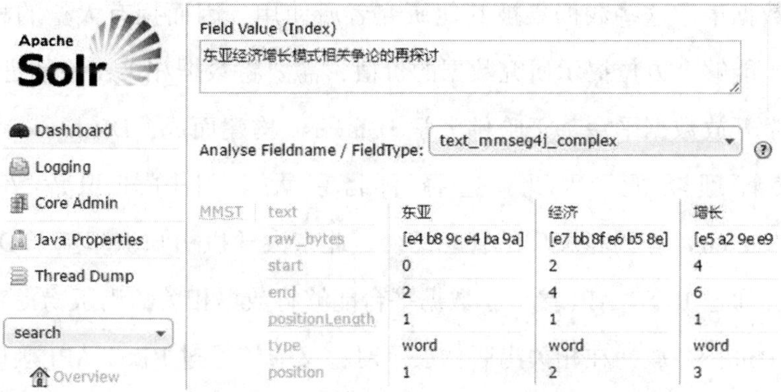

图 4. 28　text_ mmseg4j_ complex 分词效果

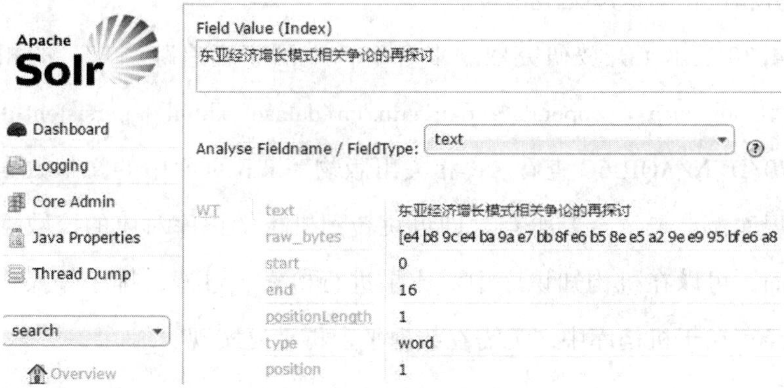

图 4. 29　text 分词效果

集（Collection）、条目（Item）、比特流（Bitstream）进行查看、删除、修改、增加等操作。本示例不对 REST API 编程做具体介绍，而是以北京大学开放研究数据平台为例，介绍 REST API 的应用场景。REST API 接口详情可以查阅 DSpace 官方文档了解。

北京大学开放数据平台（http：//opendata. pku. edu. cn）存放了北京大学产出的研究数据集，包括“中国家庭追踪调查”“中国健康与养老追踪调查”

等优质数据集。这些数据集被其他研究者所使用，因而拥有大量的相关出版物。为了能够全方位揭示研究数据的价值，需要将数据相关出版物进行展示。北京大学开放数据平台基于哈佛大学 Dataverse 构建而成，Dataverse 本身不具有文献管理功能。因此，选择了北京大学机构知识库（http://ir.pku.edu.cn）作为相关文献管理平台。北京大学机构知识库基于 DSpace 构建而成，通过 REST API 接口，数据平台能够将数据相关的出版物提交到机构知识库中进行存放，在相关出版物展示时，又能够通过 REST API 接口从机构知识库中获取数据相关成果的元数据。这样便实现了数据平台专注于数据管理、知识库平台专注于文献管理的目标，通过系统间互操作和数据关联，将数据平台和机构知识库无缝衔接。

图 4.30 展示了开放研究数据平台中“中国家庭追踪调查”的相关出版物，可访问 http://opendata.pku.edu.cn/dataset.xhtml?persistentId=doi:10.18170/DVN/AQIU6C 查看。“相关出版物”Tab 页面中的文献数据均来自机构知识库，点击“查看所有”即可跳转到机构知识库对应的该数据集相关成果页面，可以在机构知识库中对成果进行检索、过滤、排序等操作，这些操作已经存在于机构库中，无需在数据平台再重复实现。

4.4 PKU IR 的开发与使用

北京大学机构知识库（PKU IR）基于 DSpace 5.3 版本系统二次开发而成。在原生 DSpace 基础上，PKU IR 改进、增强了提交流程，对接学校统一身份认证系统并为每个北京大学作者设立学者页面，实现响应式界面并重新设计了机构知识库的首页。

未来计划在进一步清洗数据的基础上，增强学者页面功能和相应的互操作接口，为嵌入北京大学科研信息管理系统做好系统平台和基础数据的双重准备。

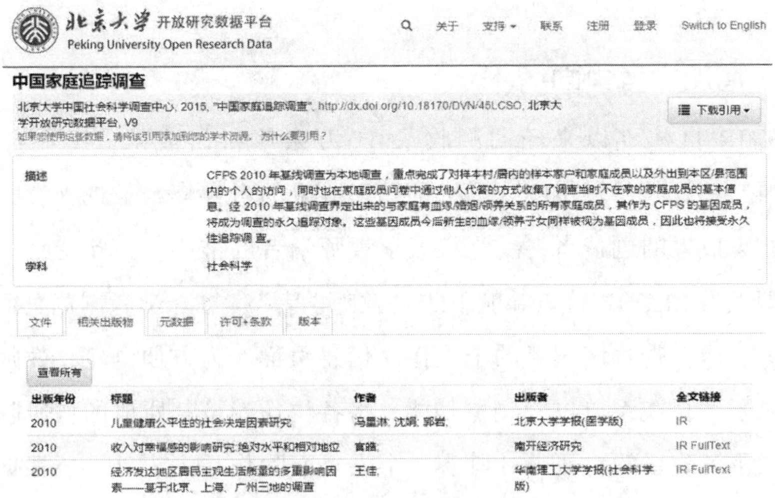

图 4.30 北京大学开放数据平台“相关出版物”

4.4.1 增强提交流程

原生 DSpace 提交流程仅支持人工填表提交单个资源项目，PKU IR 为提高操作效率，鼓励作者提交，在保留并改进默认提交模式之外，引入 Biblio-Transformation-Engine（BTE）[2] 接口，增补了两类易于使用的自动代填方式。

（1）搜索标识符

提交者可根据成果作品的 PubMed ID、DOI（数字对象标识符）、arXiv ID、CiNii NAID 等文献统一标识符，从相应的文献数据库搜索并获取文献著录信息，简化元数据填写步骤。

（2）上传文件

采用类似管理员工具中的批量导入方式，上传参考文献元数据集合文件（但不支持 Simple Archive Format 简易归档格式，因而无法批量导入全文），或从中预览并选择个别作品导入。

4.4.2 增加学者页面

PKU IR 自建立以来已回溯收录 41 万余篇科研成果，逐一自动分配 Handle 唯一标识符，初步实现了机构知识成果的自存档与长期保存，同时也注重对知识成果的创造者——北京大学教师学者的推广，为此特别增加学者页面，即点击 PKU IR 首页导航中的“教师学者”，打开学者浏览页面，然后点击学者头像，查看该学者的个人作品信息页面。为方便浏览，教师学者页面还提供了“按院系单位”浏览功能，将各位作者按其所属的科研院系分门别类，展示各院系的科研人才阵容。个人页面除作品列表外，还根据合著作者的分布显示合作者的“标签云”，揭示了教师学者在科研社群中的微观人际关系。

由于成果数据并不天然包含作者学校、院系的确切对应信息，PKU IR 采取认领机制维护并完善成果的作者数据。教师学者通过学校统一身份认证系统登录 PKU IR 后（第一次登录还需绑定院系单位，相当于加入用户组），从“我的空间”（My DSpace）点击新增的“查看我的学术成果”按钮，即访问自己的学者页面。在此即可根据系统自动筛查的初步结果进行认领，人工确认成果的归属。暂时没有确定归属的作品，在学者页面上也会有所标记。除认领作品成果外，学者还可以为个人页面更新职称、研究领域、联系方式等个人职业信息，并上传个人照片，完善形象展示，吸引同行及全社会的关注。教师学者页面对于增加学者曝光度、扩大学术影响力无疑具有重要意义。

4.4.3 重新设计界面

未经定制的原生 DSpace 系统界面有较多方面不适合中文排版与国内用户习惯，为此 PKU IR 重新设计了全站从浏览、检索到条目详细信息页的全部版式，使其显示中文、外文的效果更易于阅读。流行的响应式布局也成为 PKU

IR 重新设计的重点方面之一，在原有 CSS 样式的基础上，为桌面电脑、平板电脑和智能手机浏览器的显示与操作体验做出普适性优化，最大限度放宽了对访问设备的限制条件。

全面重新设计的首页，更是充分体现了建站理念：以非对称布局的照片墙形式随机展示作者头像，意在显耀教师学者，推崇他们在知识创造中的核心地位。利用图标和统计数字反映全站的数据量、作者量、访问量，显示全校的整体科研实力。为各个学部创建热门成果排行榜，突显综合性研究型大学的学科布局优势。

4.5 CHAIR Local 的开发与使用

中国高等教育文献保障系统（CALIS）机构知识库作为 CALIS 三期机构知识库建设项目的关键成果，以满足建立“分散部署、集中揭示”的全国高校机构知识库为建设目标，确立了一个中心系统与多个本地系统相结合的整体技术架构。除中心系统 CHAIR Central 外，还为参建高校定制开发了 CHAIR Local 和 CHAIR Rise 两套本地部署系统并协助建站。

CHAIR Rise 系统由 CALIS 机构知识库“示范馆”之一的重庆大学图书馆自主研发，CHAIR Local 系统则由另外 4 个示范馆——北京大学、清华大学、北京理工大学和厦门大学图书馆——基于 DSpace 分工协作完成了定制开发工作。北京大学图书馆负责组建，整合，系统调试，确保各本地系统与 CHAIR Central 系统正确对接。最后，由示范馆分工带动更多参建馆，指导和协助各高校部署本地系统，完成内容建设，形成 CALIS 全国高校机构知识库的大平台[3]。

下文对多馆协作开发的本地系统 CHAIR Local 的开发情况稍作详述。

4.5.1 系统选型

CALIS 机构知识库的根本宗旨在于为全国高校（图书馆）服务，为此 CHAIR Local 系统采取多馆协作开发模式，以满足和实现通用需求为主，同时为各高校图书馆做适当的本地个性化定制留有余地。

考虑到开源软件在定制开发和软件授权方面的优势，CHAIR Local 的系统选型首先确定采用开源软件。与 Fedora 和 Eprint 等框架相比，DSpace 不仅功能强大，技术领先，更因其可扩展性和国际开发社区的高活跃性，成为符合 CHAIR Local 系统需求的唯一选择。

为保持系统的相互兼容和可升级性，技术实施组将对基本功能、总体架构有影响的 DSpace 核心代码尽量排除在二次开发的修改范围之外，充分借重原生 DSpace 软件的先进功能与优良架构[4]。CALIS 机构知识库项目在本地系统选型与开发上的思路，对于构建和维护一种多机构共享共用、与中心系统协调管理的分布式本地软件平台具有借鉴意义。

4.5.2 统一认证登录

CHAIR Local 系统包含一个根据 CALIS 技术标准定制的通用模块，无需成员馆另行开发，只要在本地安装部署阶段为该模块配置参数，即可对接 CALIS 统一认证系统，实现 CALIS 成员馆高校用户的统一身份认证登录。

4.5.3 全文检索与在线阅览

通过调用开源软件包 OpenOffice[5] 的 soffice 程序，CHAIR Local 可将各类常用办公软件文档（如 Microsoft Word，Excel，PowerPoint 等）转换为 PDF 文件。进而利用开源软件包 Xpdf[6] 中的 pdftotext 工具，提取 PDF 全文文件中的纯文本数据，使得 CHAIR Local 可索引机构成果全文，实现全文检索。为方便用户快速查看成果全文内容，CHAIR Local 借助开源软件包 SWFTools[7] 中的 PDF2SWF 工具，根据 PDF 文件生成 Flash 文件（.swf 文件），网站前台即可提供网页浏览器中的在线阅览，免除用户下载文件后打开的麻烦。

此外，CHAIR Local 采用的 IKAnalyzer[8] 接口对索引数据实现了准确而高效的中文分词，增强了系统所用 Solr 搜索引擎的本地化功能。用户无论检索元数据还是全文，均可获得较为完善的中文检索体验。

4.5.4 版本升级与发布

CHAIR Local 的第一个实用版本 1.0 发布于 2012 年，采用 DSpace 1.8 版框架。不久修订至 1.0.1 版并提供升级补丁。2014 年发布 2.0.0 版。2016 年陆续开发出更加完善的 3.0 大版本候选发布（Release Candidate 即 RC 版），所用 DSpace 框架也升级到 5.x 版。

完整安装包除定制版 DSpace 外，还捆绑提供修改过配置文件的 Tomcat 服务器软件、用于 PostgreSQL 数据库初始化的还原脚本，以及 OpenOffice 调用脚本（包括 Windows 命令行批处理文件和 Linux 控制台 Bash 脚本文件）。

项目技术管理组还编写并配发了安装部署说明手册、升级说明手册、环境准备要求等，供成员馆安装和升级 CHAIR Local 系统时参考使用。尽管推荐使用 Linux 服务器，为照顾不同成员馆的信息技术装备环境，安装手册也有 Windows 版，均详细标明系统所需各软件包（Java 开发工具包、Tomcat 服务器、PostgreSQL 数据库、OpenOffice 办公套件、Xpdf 阅读器、SWFTools 转换工具）的版本，按次序简要描述配置与安装方法，提示注意事项，并适当配有截图说明。

手册和 CHAIR Local 系统本身均免费向 CALIS 成员馆提供。示范馆还通过远程协助方式指导参建馆完成建站软件的安装和部署。

4.6 NSFC-OR 的开发与使用

2015 年 5 月开通上线的国家自然科学基金基础研究知识库（NSFC-OR）基于 DSpace 5.1 版系统、针对科研资助机构不同于高校的特殊需求二次开发而成。除改进和修饰原生 DSpace 界面并提供类似 PKU IR 所用的 BTE 接口实现自动代填外，NSFC-OR 还增强数据库基本服务功能，重新设计知识库的首页、检索页面、详细信息页等[9]，完善国际化架构，较好地满足了公共科研资助机构对项目成果长期保存和开放获取的需求。

后续还将探索各类扩展性应用，为 NSFC-OR 用户的提交流程开发更多中文文献来源数据库的自动代填功能，嵌入 CSSCI、CSCD、SCI、Scopus 等引文数据库的引用频次数据，以及时下流行的替代计量学数据，尝试导入谷歌学术、百度学术等公共搜索引擎的数据，关联 ORCID 学者标识符，对接机构内外的科研管理系统、学者系统，辅助查收、查引服务。NSFC-OR 将不仅是一个科研成果的长期保存仓储，更深度介入科研活动的生命周期管理。

4.6.1 增强排序、检索、揭示、统计功能

为实现基于汉语分词结果的本地化元数据搜索，开发团队比较了 IK、Jc-seg、mmseg4j 等适用于 Lucene 4.10 检索系统的中文分词接口，最终选定在速度和准确率上更加平衡的 mmseg4j[10] 接口。成果作者的名字也被加入到分词词典中，从而提升检索效果。另外还结合 pinyin4j[11] 接口实现了成果题名的汉语拼音排序。

通过扩展 DC 元数据标准方案并配置 Solr 搜索引擎的相应参数，NSFC-OR 不仅支持按作者、文章题名、期刊刊名等常规字段搜索，而且能在研究领域、期刊、关键词、资助类型、研究机构等扩展字段中做快速分面检索，并

按研究领域、发表日期、标题、研究机构、作者等浏览（分类导航）。

根据 DSpace 日志并借助 Solr Statistic 功能，NSFC-OR 可以统计系统元数据和全文的数量分布以及下载、浏览情况，供用户浏览查询。经对缓存机制改进，实现了前后台访问统计数据、进行分面搜索的高速并发。

NSFC-OR 在软件功能上的定制开发，不仅是对原生 DSpace 作为电子资产仓储软件的技术性增强，更体现了资助机构作为科研活动的管理者对成果组织方式的设计理念，有利于发挥信息网络基础设施在促进知识交流上的积极作用，为社会公众监督和共享公共资助科研成果创造更加便利的条件。

4.6.2 重新设计主要界面

网页的美工设计采用深蓝色方案，严肃而沉稳，符合知识库所属机构的身份、形象。为改善用户体验，NSFC-OR 几处关键网页界面重新设计了页面布局。网站首页作为一切功能与资源的入口，采用“一页式设计”和 Ajax 技术，将搜索框、政策文件链接、热门成果推广、数据统计信息等界面合理地排布在首页上，减少了用户使用导航菜单等界面的操作步骤，浏览器加载页面的等待时间也能有效缩短。其中热门成果推广版块还以轮播图形式呈现，生动地展示了不同研究领域的前沿热点。

除首页外，检索页面采用可折叠式设计，将多种分面检索选项容纳进有限的网页版面空间中；成果详细信息页面不仅列表显示项目的名称、编号、资助类型等本地定制字段信息，还特别增加了“所属项目的其他成果”栏目，使得用户无需手动查询，即可便捷地浏览到与当前成果同属一个项目的其他成果。

为便于国内外读者用户使用 NSFC-OR 检索和浏览知识库，开发团队不仅保留了 DSpace 原有的国际化多语言界面架构，还实现了中英双语的网站通知专栏（News 与 Sidebar 页面），并专门撰写中英两个语言版本的用户指南，代替 DSpace 内建的英文用户手册。

4.7 结语

本章对 DSpace 的安装、使用、二次开发进行了详细的介绍，同时以北京大学机构知识库、中国高等教育文献保障系统机构知识库、国家自然科学基金基础研究知识库为例，介绍了基于 DSpace 的机构知识库建设实践。当前 DSpace 在国内外的用户群体最大、开发社区活跃，DSpace 本身也功能全面、扩展性好、成熟稳定，因此，基于 DSpace 进行机构知识的建设具有较好的发展前景。

今后包括已经采用 DSpace 的机构知识库和有意向参与定制开发的机构，都会有越来越多与之相关的用户需求和发展机会。为此，国内 DSpace 开发社区和技术团队有必要增加交流，拓展沟通，无论是采取类似 CALIS 多馆协作共建的方式，还是效仿 NSFC-OR 委托北京大学图书馆代理建设的方式，充分利用 DSpace 开放源代码的重要优势，探索更多有助于提高机构内和机构间科研管理的效率和水平、促进成果的开放共享与知识交流、扩大研究人员和机构社会影响力的技术方案。

参考文献

[1] Duraspace.DSpace 6.x Documentation [EB/OL].[2017-07-21].https://wiki.duraspace.org/display/DSDOC6x/DSpace+6.x+Documentation

[2] Biblio-Transformation-Engine: A java framework for filtering and modifying records from various sources[DB/OL].[2017-07-25].https://github.com/EKT/Biblio-Transformation-Engine.

[3] 聂华，韦成府，崔海媛.CALIS 机构知识库：建设与推广、反思与展望[J].中国图书馆学报，2013，39(2):46-52.

[4] 韦成府，聂华，崔海媛.多馆协作开发的机构知识库建设：以 CALIS 机构知识库项目为例[J].大学图书馆学报，2014，32(3):69-73.

[5] Apache OpenOffice[EB/OL].[2017-07-26].https://www.openoffice.org.

[6] Xpdf[EB/OL].[2017-07-26].http://www.foolabs.com/xpdf.

[7] SWFTools[EB/OL].[2017-07-26].http://www.swftools.org.

[8] IKAnalyzer.[DB/OL].[2017-07-26].https://github.com/wks/ik-analyzer.

[9] 韦成府.开放获取环境下 NSFC 基础研究知识库平台建设[DB/OL].[2017-07-24].https://core.ac.uk/download/pdf/41379081.pdf.

[10] mmseg4j for lucene or solr analyzer[DB/OL].[2017-07-24].https://github.com/chenlb/mmseg4j-solr.

[11] Chinese to Pinyin[EB/OL].[2017-07-24].https://sourceforge.net/projects/pinyin4j.

第五章 机构知识库元数据标准规范

元数据标准是对机构知识库中各层数字对象进行描述的系统规定，是机构知识库中最重要和基础的技术规范。本章从实践角度探讨机构知识库的元数据规范如何制定，基于对数字图书馆资源描述常用元数据标准以及国内外机构知识库元数据标准的分析，根据机构知识库元数据规范制定的原则和方法，给出了北京大学机构知识库的元数据规范以及国家自然科学基金基础研究知识库的元数据规范。

5.1 数字图书馆资源描述常用元数据标准

元数据，就是“描述数据的数据”或“关于数据的数据”。在哈佛大学数字图书馆项目里，把元数据定义为：元数据是帮助查找、存取、使用和管理信息资源的信息[1]。

数字图书馆领域的元数据可以分为三类[2]：描述性元数据，用于描述对象知识内容的信息；管理性元数据，允许仓储管理对象的必需的信息，包括扫描信息、储存格式等（其他文献中也被称为技术元数据），版权和许可信息，数字对象长期保存所需要的各种信息（其他文献中也被称为保存元数据)；结构性元数据，将对象互相连接以形成逻辑单元的信息。根据元数据的适用范围，还可以分为通用元数据，如 Dublin Core 元数据、ROADS 元数据，以及专门元数据，即描述特定类型对象的元数据，如学位论文、古籍、数字图像、博物馆藏品、教育资源等，或是特定用途的元数据，如长期保存元数据、管理元数据。

在网络环境下，元数据的主要作用[3]包括：通过数字对象的描述、管理、保存环节发挥作用以满足数字资源建设的需要，提供准确和快速的检索、知识导航、资源索引等功能满足数字资源服务的需要，满足数字图书馆互操作性和可持续发展的需要。

数字图书馆环境下，数字资源的形态各异，既有论文、会议录、网页等普通电子文本，也有图像、声音、视频等多媒体信息，还有数据集、软件等内容形式。应用场景也各异，包括：图书馆、档案馆、博物馆、因特网[4]。不同形态不同应用场景的数字资源对数据格式的要求也不一样。

国际上一些主要的文献信息机构、数字图书馆建设项目和标准化组织都对数字图书馆领域的标准规范进行了广泛地研究和实践，取得了一些成果。

国际上这些主要数字图书馆建设项目中都建立了一系列的标准规范或指南性文件以指导和规范数字资源建设与服务。如美国国会图书馆、数字图书馆联盟（DLF)、博物馆及图书馆服务协会（IMLS)、联机计算机图书馆中心(OCLC)、加州数字图书馆等机构，或项目在数字资源建设方面均发布了相关的标准或指南。以美国国会图书馆为例，其发布采用或负责维护的标准规范涉及资源描述、元数据封装、资源保存、信息资源检索协议等多个方面。一些国际性标准化组织例如 ISO、NISO、W3C 等均已发布了一批与数字图书馆建设密切相关的标准，并广泛应用于数字图书馆建设中。

这些项目和机构建立的数字图书馆资源描述元数据标准包括：ISO 2146、ISAD（G）、EAD、GILS、Z collection、RSLP、Dublin Core、MODS、VRA

Core、ALTO、Audio MD、Video MD、METS、MIX、PREMIS 和 TextMD 等。表 5.1 给出了这些标准所适用的资料类型，以及制订/维护单位。其中：

• ISO 2146[5]是图书馆、档案馆、信息中心以及其他文献机构描述目录的国际标准，初版于 1972 年，近年来为适应数字时代书目数据的描述要求又进行了修订。

• ISAD（G）（General International Standard Archival Description）[6]是国际档案委员会（International Council on Archives）[7]提出的档案描述标准，初版于 1994 年，主要对印刷形态的档案和档案集如何描述进行了详细的规定。

• EAD（Encoding Archive Description）[8]在档案界和博物馆界有广泛影响，由于档案资源和博物馆藏品管理不同于一般信息资源的特殊性，EAD 已有不短的发展历史。

• GILS（Government Information Locator Service）[9]用于描述政府公用信息资源。

• RSLP CD（The Research Support Libraries Program Collection Descriptions）[10]是英国 UKOLN 提出的，其成果已被 DC 资源集合描述工作组采用，除了资源集合描述元素考虑得比较周全之外，同时考虑了描述对象之间的关系，以及在 ROADS 和 RDF 中具体实现的推荐意见。

• Dublin Core 的特点主要表现在[11]：（1）简易性，只有 15 个元素；（2）通用性，可用于任何学科或领域的资源描述；（3）可修饰性，可通过使用限定词对资料进行详细著录；（4）可扩展性；（5）可重复性。

• MODS（Metadata Object Description Standard）[12]是美国国会图书馆元数据描述体系。

• VRA Core[13]是描述艺术类可视化资源的元数据标准。

• ALTO（Analyzed Layout and Text Object）[14]是描述光学文字识别的技术元数据；

• Audio MD 和 Video MD[15]是描述音频和视频数字对象具体信息的技术元数据。

• METS（Metadata Encoding & Transmission Standard）[16]是美国国会图书馆的元数据交换标准，包括描述性、管理性以及结构性元数据。

• MIX（NISO Metadata for Images in XML，NISO 图像元数据）[17]是描述数字图像集合的技术元数据。

• PREMIS（保存元数据）[18]是支持数字资源长期保存的保存元数据。

• TextMD（Technical Metadata for Text）[19]是描述文本数字对象的技术元数据。

• CDWA（Categories for the Description of Works of Art）[20]是描述艺术品、建筑和其他文化作品的元数据。

• FGDC（Federal Geographic Data Committee）[21]是描述地理空间信息的元数据。

表 5.1　国外常见数字图书馆资源描述元数据标准

元数据标准	说明	制订/维护单位
ISO 2146	描述目录信息	ISO
ISAD（G）	描述档案信息	国际档案委员会
EAD	描述档案和手稿资源，包括文本和电子文档、可视材料和声音记录	由美国国会图书馆和美国档案学会[22]共同维护
GILS	描述政府的公用信息资源，方便公众查找定位公用的信息资源	美国档案学会
RSLP CD	描述资源集合	英国 UKOLN
Dublin Core	描述网络资源，利于资源发现	DCMI（The Dublin Core Metadata Initiative）
MODS	描述书目的元素集，一般用于图书馆	美国国会图书馆

续表

元数据标准	说明	制订/维护单位
VRA Core	描述艺术、建筑、史前古器物、民间文化等艺术类可视化资源	由美国国会图书馆和可视化资源协会[23]共同维护
ALTO	用于光学文字识别，描述物理文本资源的布局和内容，例如图书或报纸。通常作为 METS 元数据标准中管理员数据部分的扩展	美国国会图书馆
Audio MD 和 Video MD	描述音频和视频数字对象，通常作为 METS 元数据标准中管理员数据部分的扩展，也可以在 PREMIS 元数据标准中作为扩展来使用	2011 年，由美国国会图书馆开始维护
METS	元数据交换	美国国会图书馆
MIX	数字图像集合	由美国国会图书馆联合美国信息标准协会数字静态图像技术元数据标准委员会及其他相关专家联合制订
PREMIS	数字资源长期保存	美国国会图书馆
TextMD	描述文本数字对象，通常作为 METS 元数据标准中管理员数据部分的扩展，也可以在 PREMIS 元数据标准中作为扩展来使用	由纽约大学数字图书馆小组创建，并维护至目前的 2.2 版本。2007 年 10 月，改由美国国会图书馆维护至今
CDWA	艺术品、建筑和其他文化作品	J. Paul Getty Trust、College Art Association
FGDC	描述地理空间信息，为美国国家空间数据基础设施（National Spatial Data Infrastructure，NSDI）制作、共享地理信息	FGDC 委员会

我国图书馆界在数字图书馆建设过程中一直比较重视标准规范的建设与发展。在数字图书馆建设初期，国内图书馆相继制订了数字资源建设方面的一系列标准规范，例如国家图书馆的《中文元数据方案》；北京大学图书馆的《中文元数据标准框架》及在此框架下设计的拓片元数据标准、古籍元数据标

准；清华大学图书馆在建筑数字图书馆、数学数字图书馆建设中制订的元数据框架及方案；上海图书馆对DC元数据的跟踪研究及制订的上海图书馆元数据方案、名人手稿馆元数据方案等[24]。

近年来，一些国家层面的数字图书馆项目相继启动，在标准规范建设方面均予以了高度的重视。

2002—2006年的科技部科技基础性工作专项资金重大项目《我国数字图书馆标准规范建设》[25]是国家层面推动的非常有影响的标准规范研究项目，由国内多家文献情报机构参与，对数字图书馆标准规范进行了深入研究，发布了百余份技术报告，涉及的内容不仅包括数字资源加工、元数据、唯一标识符等数字图书馆有关标准规范的研究与制定，而且对我国数字图书馆标准规范的发展战略、建设机制进行了研究分析，该项目为之后中国的数字图书馆元数据标准研究奠定了坚实的基础。

中国高等教育文献保障系统（CALIS）于2004年10月发布了《中国高等教育数字图书馆技术标准与规范》，后又不断进行修订完善，形成了一系列资源、服务与技术等方面的标准规范，该系列规范已经广泛应用于CALIS项目建设中。

“中英文图书数字化国际合作计划（CADAL）”项目也形成了一套数字资源建设方面的技术规范，对元数据、资源加工、资源发布、资源传递等进行了规范。

2008年，国家“十五”重点文化建设项目国家数字图书馆工程的标准规范部分《国家数字图书馆工程标准规范》项目基于国内外已有数字图书馆标准规范建设成果，旨在建立国家数字图书馆标准规范体系，研制国家数字图书馆建设需要的标准规范，并制订相应的实施细则，以实际指导国家数字图书馆的资源建设、资源服务及应用软件开发，保证国家数字图书馆建设的标准化、规范化。项目共建设30余项数字资源建设相关的标准规范，包括汉字处理、唯一标识符、元数据、对象数据、知识组织、资源统计、长期保存等多个方面（具体建设项目见表5.2所示），以满足国家数字图书馆建设的需要，支持国家数字图书馆的规范建设、开放服务。

表5.2　国家数字图书馆工程标准规范建设项目一览表[26]

项目名称	规范名称
汉字处理规范	汉字属性字典
	中文文献全文版式还原与全文输入XML规范
	古籍用字规范（计算机用字标准）
	计算机中文信息处理规范
	生僻字、避讳字处理规范
唯一标识符规范	国家图书馆数字资源唯一标识符规范
对象数据	国家图书馆数字资源对象管理规范
	文本数据加工标准与工作规范
	图像数据加工标准与工作规范
	音频数据加工标准与工作规范
	视频数据加工标准与工作规范
元数据总则	国家图书馆元数据应用规范
	国家图书馆核心元数据标准
	国家图书馆专门元数据设计规范
	CNMARC XML
	CNMARC-DC-国家图书馆核心元数据集的对照转换
	MARC21-DC-国家图书馆核心元数据集的对照转换
专门元数据规范——古文献	专门元数据标准与著录规范——拓片
	专门元数据标准与著录规范——舆图
	专门元数据标准与著录规范——甲骨
	专门元数据标准与著录规范——古籍
	专门元数据标准与著录规范——家谱

续表

项目名称	规范名称
专门元数据规范——电子书刊	专门元数据标准与著录规范——电子图书
	专门元数据标准与著录规范——电子连续性资源
	专门元数据标准与著录规范——学位论文
	专门元数据标准与著录规范——期刊论文
专门元数据规范——网络及多媒体资源	专门元数据标准与著录规范——网络资源
	专门元数据标准与著录规范——音频
	专门元数据标准与著录规范——视频
	专门元数据标准与著录规范——图像
管理元数据	国家图书馆管理元数据规范
知识组织	知识组织规范
资源统计	数字资源统计标准
长期保存	国家图书馆数字资源长期保存规范

5.2 国内外机构知识库元数据标准规范

机构知识库元数据标准是对机构知识库中各层数字对象进行描述的系统规定，是机构知识库中最重要和最基础的技术规范。机构知识库的元数据标准需要使用户能够检索或浏览项目以及能够对机构知识库的内容进行网络管理。从实践角度讲，大部分的机构知识库需要能够支持基本的元数据标准，尤其是 DC 标准，特定领域特定类型资源的机构库则需要能够支持专门领域的元数标准。

常用的机构知识库软件一般有其原生支持的元数据标准规范，如表 5.3 所示，在使用或是基于这些软件开发本机构的机构知识库时，直接复用这些元数据标准规范并根据需要进行扩展即可。

表 5.3 常用机构知识库软件及其元数据标准规范

软件包	国家	元数据标准
DSpace	美国	基于图书馆应用协议（Library Application Profile，LAP）的 DC 元素和限定词，可在机构知识库建立时根据需求进行适当修改或增加
ePrints	英国	采用联合信息系统委员会（JISC）资助的开放文献项目（OAI）制订的通用元数据标记标准，可兼容各种元数据模式
eDoc	德国	eDoc 基于 vCard、DC、OpenURL、AMF、LOM、Ariadne、ODRL、OAI、CLD 开发自有元数据模型，能向上兼容 DC
Fedora	美国	Dublin Core
CSpace	中国	CSpace 系统提供了针对不同内容类型的元数据描述和输入模板。在选择不同的内容类型时，输入模板会随之发生变化
CALIS-IR	中国	CALIS 三期机构知识库建设项目元数据著录规范
CHAIR Local	中国	机构知识库资源描述元数据方案（草案）

（1）DSpace

由于都柏林核心元数据（Dublin Core，简称 DC）具备通用、简单的优势，被 DSpace 系统所采用。DSpace 的默认元数据方案是麻省理工学院图书馆的配置，即一组基于图书馆应用协议（Library Application Profile，LAP）的 DC 元素和限定词。应用时，机构可以根据自身需求在 DSpace 管理窗口的“Dublin Core 注册”中根据实际需要适当修改或增加相应的元素或限定词。

（2）ePrints

ePrints 采用联合信息系统委员会（JISC）资助的开放文献项目（OAI）制订的通用元数据标记标准，可兼容各种元数据模式。

ePrints 系统中的一条内容的元数据包含两部分[27]：系统元数据和存档元数据，系统元数据包括 ePrints 的 ID 号和存储用户编号，是软件所必需的字段；存档元数据包括题名、作者和年份等用户在浏览和检索机构知识库时所需的有用信息，在机构知识库建立时有一些默认的元数据字段，也可以自定义建立。

（3）eDoc[28]

eDoc 项目建设目标在于对马普学会（Max Planck Society）内研究者所有类型科研成果进行收集管理，该项目将收集的资源类型分为 20 类，分别是文章、图书、会议论文、会议报告、教席资格、图书中析出资料、互动资源、专刊、期刊、讲座/课程资料、专题论文、博士论文、海报、会议录、报告、连续出版物、软件、活动讲话、毕业论文、其他，主要划分依据是知识概念与依托的出版物载体[29]。

由于马普学会各个研究所在高度自治的情况下运作，因此集中提供一个机构知识库的基础设施时，资源集合、用户管理和质量控制只能在各研究所本地实现。举例来说，专家意见书对法律研究机构是重要而有意义的资源类型，但科学研究中却没有该类型。因此，研究所需要能够决定本地为用户在线提交数据时提供哪些资源类型。

各个学科可使用本学科领域最常见的资源格式，例如物理学家可能最常用 LaTeX 格式或 dvi 格式，历史学家最常用 DOC，RTF 或 PDF 格式。eDoc 建议采用网络环境常用格式来提交资料，比如 PDF 格式，以及非所有权格式，例如 RTF，TIFF，JPG 等。

eDoc 基于 vCard，DC，OpenURL，AMF，LOM，Ariadne，ODRL，OAI，CLD 开发自有元数据模型，能向上兼容 DC。遵循命名惯例并采纳现有元数据框架。整合数据遵循 OAI 协议，并用 XML 格式交换数据。

（4）Fedora[30]

数字对象是 Fedora 知识库中所存储的数字内容。数字对象通过数据流将文本、图像、视频、元数据及其他形式的多媒体数据和对这些数据的操作封装起来。每个 Fedora 数字对象有一个原始的 DC 记录，符合 OAI-PMH 2.0 协议标准所定义的 Schema 规范，这种元数据可以使用 OAI-PMH 2.0 标准访问。

（5）CSpace

中国国家科学院于 2007 年下半年提出构建“中国科学院知识库网格”（CAS IR Grid）的基本框架，以 CSpace 为支持研究所机构知识库建设的软件平台，由国家科学图书馆组织开发，向全院研究所逐步推广使用，该平台以数字知识库开源软件 DSpace 为原型系统扩展开发形成。

CSpace 系统提供了针对不同内容类型的元数据描述和输入模板。在选择不同的内容类型时，输入模板会随之发生变化。系统在初始化时会默认创建期刊论文、学位论文、会议论文、专著、专著章节/文集论文、文集、研究报告、演示报告、成果、专利、其他等 10 余种内容类型及其元数据模版。系统管理员可以根据具体需要，对这些模板进行修改，也可以添加新的模板。

（6）CALIS-IR

CALIS 于 2012 年 3 月起草了 CALIS 三期机构知识库建设项目元数据著录规范，该著录规范为机构知识库平台开发提供元数据标准规范，主要包括：图书、期刊论文、学位论文、古籍、民国文献、音频、视频、图像、舆图、网页、手稿、收藏品（字画）等 12 大类资源类型。采用了科技部基础性专项基金重大项目研究成果《我国数字图书馆标准规范建设》的系列子课题成果。

（7）CHAIR Local

CHAIR（中国高校机构知识库联盟）于 2017 年起草了 CHAIR 机构知识库资源描述元数据方案（草案），由上海交通大学图书馆牵头完成，已完成期刊论文、会议论文、图书资源、学者元数据、机构元数据、期刊元数据六类元素集。该元数据方案以国家标准《GB/T 25100-2010 信息与文献-都柏林核心元数据元素集》为基础，综合了北京大学机构知识库元数据规范、中国科学院 CAS IR Grid 元数据规范和上海交通大学机构库元数据规范，参考采用了科技部科技基础性工作专项资金重大项目《我国数字图书馆标准规范建设》子项目《专门数字对象描述元数据规范》的研究成果，以及国家图书馆《国家数字图书馆工程标准规范》项目中《专门元数据标准与规范》子项目的研研成果，同时参考了 The European Commission 资助的 OpenAIRE 项目发布的开放获取知识库文献元数据指南（OpenAIRE Guidelines for Literature Repositories）、ANSI/NISO Z39. 85-2007《都柏林核心元数据元素集》（ISSN：1041-5635）、都柏林核心元数据计划（The Dublin Core Metadata Initiative，DCMI）发布的《都柏林核心元数据元素集》1. 1 版（2008-01-14）、RFC 5013《都柏林核心元数据元素集》、上海图书馆翻译的 DC 中文版《DC 中文规范（DCMS Translation）》和元数据对象描述模式（MODS）等规范标准。是目前国内最为全面、先进，最值得参考的机构知识库元数据规范。

5. 3 机构知识库元数据规范制订

5. 3. 1 机构知识库元数据标规范订原则

机构知识库元数据规范的制定应遵循以下原则：

（1）具有前瞻性

需要充分考虑机构知识库系统未来的发展需求。在设计上充分考虑服务的扩展和深入发展的需要。

（2）具有通用性，能适用多种资源类型[31]

需要能描述机构知识库多样化的内容类型。

（3）具有互操作性[32]

无缝检索、互通协作是实现机构知识库价值的重要方面，为了确保各个机构知识库之间的互操作能顺畅进行，应复用常见的元数据元素及其修饰词，使其机构知识库元数据规范具有通用性，现有元数据规范无法覆盖的资源属性再自建专门元素来进行描述。

（4）兼容国际标准原则

应与国际上主流的相关国际标准兼容，以便融入国际数据大环境。

5.3.2 机构知识库元数据规范制订流程

机构知识库元数据规范制订的基本流程是：

（1）选择机构知识库系统平台，同时也就是选择了该平台的基础元数据规范；

（2）分析机构知识库的功能；

（3）根据（2）中的功能需求对（1）中的基础元数据进行扩展或本地化。

5.4 北京大学机构库元数据规范

根据5.3.2节的流程，北京大学机构知识库选用DSpace系统平台，并基于DSpace进行了二次开发。北京大学机构知识库的功能包括：

（1）机构知识库的基本功能，也即存储和展现北京大学的所有成果；

（2）扩展的机构知识库功能：每条内容展示其替代计量学数据；

（3）每年年初进行上一年度优秀论文评奖；

（4）每年年底进行本年度社会科学学部年终成果统计；

根据北京大学机构知识库的功能，设计的北京大学机构知识库的元数据字段除了启用的DC元数据字段，还进行了一些扩展。

5.4.1 基础 DC 元数据字段

北京大学机构知识库的基础 DC 元数据字段如表 5.4 所示。粗体显示的是目前已用到的字段。

表 5.4 Dspace 系统基础 DC 元数据字段

元素	DC 字段	显示名称	字段说明
Contributor 责任者	dc. contributor. author	作者	
	dc. contributor. advisor		一般指学位论文的导师
	dc. contributor. editor		
	dc. contributor. illustrator		
	dc. contributor. other		
	dc. contributor		资源的责任人、机构或服务。不属于上述 contributor 字段的内容可以放在这个字段里面
Date 日期	dc. date. issued	出版日期	内容的出版日期/发行日期
	dc. date		
	dc. date. accessioned		内容上载至 DSpace 的时间
	dc. date. available		内容开放给公众获取的日期
	dc. date. copyright		版权日期
	dc. date. created		如果与 date. issued 不同，则指内容的创建日期/生产日期
	dc. date. submitted		建议学位论文使用该字段
	dc. date. updated		内容通过 SWORD 接口最新更新的日期

续表

元素	DC 字段	显示名称	字段说明
Description 描述	dc. description. abstract	中英文摘要	
	dc. description. sponsorship	资助情况	资助机构、个人或是合同约定相关的信息
	dc. description. provenance		内容条目自创建以来的监护历史信息，包括更改记录
	dc. description. statementofresponsibility		用于保存 MARC 记录中的责任声明
	dc. description. tableofcontents		目录信息
	dc. description. uri		URI
	dc. description. version		同行评议的状态
	dc. description		不属于上述 description 字段的内容可以放在这个字段里面
Identifier 标识符	dc. identifier. citation	引文格式	该内容在 DSpace 外的可读的、标准的书目格式的引文
	dc. identifier. govdoc		编号
	dc. identifier. isbn	ISBN	ISBN
	dc. identifier. issn	ISSN	ISSN
	dc. identifier. ismn	ISMN	ISMN
	dc. identifier. uri		URI
	dc. identifier. other		其他标识符
	dc. identifier. sici		序列号和贡献标识符（Serial Item and Contribution Identifier）
	dc. identifier. slug		SWORD 提供的 URI
	dc. identifier		不属于上述 identifier 字段的内容可以放在这个字段里面
Language 语种	dc. language. iso	语种	ISO 标准的语种代码
	dc. language. rfc3066		rfc3066 格式的语种信息
	dc. language		不属于上述 language 字段的内容可以放在这个字段里面

续表

元素	DC 字段	显示名称	字段说明
Publisher 出版者	dc. publisher	期刊名/会议名称	负责出版、发行或印刷的实体
Source 来源	dc. source. uri		仅用于元数据收割
	dc. source		仅用于元数据收割
Subject 主题	dc. subject	关键词	非受控索引词
	dc. subject. ddc		杜威分类号
	dc. subject. lcc		美国国会图书馆分类法
	dc. subject. lcsh		美国国会图书馆主题词表
	dc. subject. mesh		医学主题词表
	dc. subject. other		本地系统受控词表
	dc. subject. classification		本地系统分类号
Title 题名	dc. title. alternative	其他题名	副标题、缩写标题或是其他语种的标题
	dc. title	题名	
Type 类型	dc. type	成果类型	
Coverage 时空范围	dc. coverage. spatial		内容的空间特征
	dc. coverage. temporal		内容的时间特征
Creator 创建者	dc. creator		仅用于元数据收割
Format 格式	dc. format. extent		尺寸大小或长度
	dc. format. medium		载体形态
	dc. format. mimetype		MIME 文件格式
	dc. format		不属于上述 format 字段的内容可以放在这个字段里面
Provenance 出处	dc. provenance		出处

续表

元素	DC 字段	显示名称	字段说明
Relation 关联	dc. relation. haspart		物理或逻辑上包含
	dc. relation. hasversion		更新的版本
	dc. relation. isbasedon		关联的来源
	dc. relation. isformatof		其他物理格式
	dc. relation. ispartof		物理或逻辑上被包含
	dc. relation. ispartofseries		属于一个系列
	dc. relation. isreferencedby		被参照
	dc. relation. isreplacedby		被替代
	dc. relation. isversionof		更早的版本
	dc. relation. replaces		替代
	dc. relation. requires		需求
	dc. relation. uri		相关条目的 URI
	dc. relation		不属于上述 relation 字段的内容可以放在这个字段里面
Rights 权限	dc. rights. holder		版权所有人
	dc. rights. license		
	dc. rights. uri		使用和复制的限定条款的 URI
	dc. rights		使用和复制的限定条款

5. 4. 2 扩展的 DC 元数据字段

北京大学机构知识库根据功能分析，扩展的 DC 元数据字段分为四种：针对资源属性的扩展，针对标识信息的扩展，被引及索引信息的扩展，以及针对应用服务的扩展。

（1）针对资源属性的扩展

表 5.5 北京大学机构知识库扩展 DC 元数据字段之资源属性扩展

元素	DC 字段	显示名称	字段说明
Contributor 责任者	dc. contributor. affiliation	作者单位	
	dc. contributor. reprint	通讯作者	
Description 描述	dc. description. subject	学科领域	
	dc. description. country	专利所在国家	
	dc. description. dutyperson	专利责任人	
	dc. description. volume	卷	
	dc. description. issue	期	
	dc. description. page	页码	
	dc. description. supplement	是否增刊	

（2）标识信息的扩展

表 5.6 北京大学机构知识库扩展 DC 元数据字段之标识信息扩展

元素	DC 字段	显示名称	字段说明
Identifier 标识符	dc. identifier. orcidoutid	ORCID	ORCID 系统的输出 ID
	dc. identifier. pmid	PMID	PubmedID
	dc. identifier. wosid	WOSID	Web of Science 的入藏编号
	dc. identifier. handle	handleID	在其他系统中的 handle 号
	dc. identifier. doi	DOI	DOI
	dc. identifier. ark	ARK	ARK
	dc. identifier. eissn	EISSN	电子版国际标准连续出版物编号

（3）被引及索引信息的扩展

表 5.7　北京大学机构知识库扩展 DC 元数据字段之被引及索引信息扩展

元素	DC 字段	显示名称	字段说明
Description 描述	dc. description. citedbysci	sci 被引频次	
	dc. description. citedbyscopus	scopus 被引频次	
	dc. description. indexed	被收录情况	SCIE、SSCI、A&HCI、CPCI-S、CPCI-SSH、EI、Medline、CSSCI、CSCD、北大核心、中国科技引证报告

（4）应用服务的扩展

北京大学机构知识库目前的应用服务包括两类：

- 每年年初进行上一年度优秀论文评奖，目前的原则是奖励 SCI、SSCI、A&HCI 索引的论文，因此需要记录 Web of Science 的文章类型（DT）字段，为了进一步识别作者，记录了通讯作者邮箱，此外，还统计了开放获取论文的版面费缴纳情况。针对优秀论文评奖的扩展字段如表 5. 8 所示
- 每年年底进行本年度社会科学学部年终成果统计。该项工作是教育部下达的工作任务，有固定的字段要求，因此，直接根据这些要求的字段进行比对和扩展即可。针对社会科学学部年终统计的扩展字段如表 5. 9 所示。

表 5. 8　北京大学机构知识库扩展 DC 元数据字段之优秀论文评奖扩展

元素	DC 字段	显示名称	字段说明
Description 描述	dc. description. dtofwos	wos 文章类型	Web of Science 的文章类型（DT）字段
	dc. description. emailofreprint	通讯作者邮箱	
	dc. description. apc	APC	开放获取论文的版面费

表 5.9 北京大学机构知识库扩展 DC 元数据字段之社会科学学部年终成果统计扩展

元素	DC 字段	显示名称	字段说明
Description 描述	dc. description. sponsorshiptype	成果来源	
	dc. description. researchtype	研究类别	
	dc. description. subcategory	二级学科	
	dc. description. pubscope	发表范围	针对论文
	dc. description. istranslated	是否译成外文	针对专著
	dc. description. ispresented	是否提交有关部门	针对研究与咨询报告
	dc. description. isaccepted	是否被采纳	针对研究与咨询报告
	dc. description. acceptedbydept	采纳单位	针对研究与咨询报告
	dc. description. peerreview	是否经过同行评审	
	dc. description. comment	备注	
	dc. description. isopen	是否公开发表	

5.5 国家自然科学基金基础研究知识库元数据规范

5.4 节介绍的是比较典型的高校环境下的机构知识库，本节介绍另一种典型的应用环境，即基金资助机构的机构知识库。基金资助机构的机构知识库不同于高校机构知识库，其主要目的是展示其所资助过的项目的成果，因此，项目和成果的关联关系的展示十分重要。

根据 5.3.2 节的流程，国家自然科学基金基础研究知识库由北京大学负责建设，选用的是 DSpace 系统平台，该知识库功能包括：

（1）机构知识库的基本功能，也即存储和展现所有国家自然科学基金资助过的项目所产生的科研成果；

（2）扩展的机构知识库功能：每条内容展示其更丰富的标识信息，利于与其他系统做关联；

（3）为每条科研成果展示其受资助的项目的信息；

根据国家自然科学基金基础研究知识库的功能，设计的国家自然科学基金基础研究知识库的元数据字段除了启用的 DC 元数据字段，还进行了一些扩展。

5.5.1 基础 DC 元数据字段

国家自然科学基金基础研究知识库和北京大学机构知识库采用的是同样的平台，因此，其基础的 DC 元数据字段和 5.4 节中北京大学机构知识库的基础 DC 元数据字段一样，如表 5.4 所示。

5.5.2 扩展的 DC 元数据字段

（1）针对资源属性的扩展

表 5.10 国家自然科学基金基础研究知识库扩展 DC 元数据字段之资源属性扩展

元素	DC 字段	显示名称	字段说明
Contributor 责任者	dc. contributor. affiliation	作者单位	
Description 描述	dc. description. volume	卷	
	dc. description. issue	期	
	dc. description. page	页码	

（2）标识信息的扩展

表 5.11 国家自然科学基金基础研究知识库扩展 DC 元数据字段之标识信息扩展

元素	DC 字段	显示名称	字段说明
Identifier 标识符	dc. identifier. pmid	PMID	PubmedID
	dc. identifier. doi	DOI	DOI

（3）项目关联的扩展

表 5.12 国家自然科学基金基础研究知识库扩展 DC 元数据字段之项目关联信息扩展

元素	DC 字段	显示名称	字段说明
Description 描述	dc. description. projectid	项目 ID	
	dc. description. grantname	资助类别	
	dc. description. subgrantname	亚类	
	dc. desciption. helpgrantname	辅助类	
	dc. description. organization	依托单位	
	dc. description. subject	学科领域	

参考文献

[1] 孙岚玲,郑荣,吴杨.元数据在数字图书馆中的应用[J].情报科学,2004,22(10):1230-1233.

[2] 杨超.数字图书馆描述性元数据仓储模型研究[D].上海交通大学,2009.

[3] 萨蕾.数字图书馆元数据基础[M].中央编译出版社,2015:11-12.

[4] RSLP Collection Description [EB/OL].[2018-11-18]. http://www. ukoln. ac. uk/metadata/rslp/types/

[5] ISO 2146:2010[EB/OL].[2018-11-18].https://www.iso.org/standard/44936.html

[6] ISAD(G):General International Standard Archival Description - Second edition [EB/OL].[2018-11-18].http://www.ica.org/en/isadg-general-international-standard-archival-description-second-edition

[7] International Council on Archives [EB/OL].[2018-11-18].http://www.ica.org/

[8] Encoded Archival Description [EB/OL].[2018-11-18].http://www.loc.gov/ead

[9] The Government Information Locator Service [EB/OL].[2018-11-18].https://www.archives.gov/records-mgmt/policy/gils.html

[10] RSLP Collection Description [EB/OL].[2018-11-18]. http://www. ukoln. ac. uk/

metadata/rslp/schema/

[11] 孙岚玲,郑荣,吴杨.元数据在数字图书馆中的应用[J].情报科学,2004,22(10):1230-1233.

[12] MODS:Metadata Object Description Schema [EB/OL].[2018-11-18].http://www.loc.gov/standards/mods/

[13] VRA Core:a data standard for the description of works of visual culture [EB/OL].[2018-11-18].http://www.loc.gov/standards/vracore/

[14] ALTO:Technical Metadata for Layout and Text Obejects [EB/OL].[2018-11-18].http://www.loc.gov/standards/alto/

[15] audioMD and videoMD [EB/OL].[2018-11-18].http://www.loc.gov/standards/amdvmd/index.html

[16] METS[EB/OL].[2018-11-18].http://www.loc.gov/standards/mets/

[17] MIX[EB/OL].[2018-11-18].http://www.loc.gov/standards/mix/

[18] PREMIS[EB/OL].[2018-11-18].http://www.loc.gov/standards/premis

[19] textMD[EB/OL].[2018-11-18].http://www.loc.gov/standards/textMD/

[20] Categories for the Description of Works of Art [EB/OL].[2018-11-18].http://www.getty.edu/research/publications/electronic_publications/cdwa/

[21] FGDC Geospatial Standards [EB/OL].[2018-11-18].https://www.fgdc.gov/standards

[22] Society of American Archivists [EB/OL].[2018-11-18].http://www.archivists.org/

[23] VRA[EB/OL].[2018-11-18].http://www.vraweb.org/

[24] 赵悦,申晓娟.国家数字图书馆标准规范建设[J] 数字图书馆论坛.2008.8:37-42.

[25] 项目编号 2003DEA4T035

[26] 赵悦,申晓娟.国家数字图书馆标准规范建设[J] 数字图书馆论坛.2008.8:37-42.

[27] GNU EPrints 2 Overview [EB/OL].[2018-11-18].http://eprints.soton.ac.uk/256840/1/eprintsoverview.html

[28] 张洁.国内外机构知识库资源描述规范调研分析[C]// 2013 中国机构知识库学术研讨会.2013.

[29] eDOC[EB/OL].[2018-11-18].http://edoc.mpg.de/

[30] 吴玲芳.用于机构知识库的元数据研究[J].现代情报,2009,29(8):128-130.

[31] 孙岚玲,郑荣,吴杨.元数据在数字图书馆中的应用[J].情报科学,2004,22(10):1230-1233.

[32] 张洁.国内外机构知识库资源描述规范调研分析[C]// 2013 中国机构知识库学术研讨会.2013.

第六章　机构知识库内容建设

机构知识库系统运行与发展，丰富的内容（有的文献也称为“资源”，本文统称为“内容”）是其根本。本章主要从实践的角度探讨机构知识库的内容建设方法以及对所建设的元数据进行质量控制的方法，主要内容参考自《机构知识库内容建设方法研究》[1]。

6.1　内容建设模式

6.1.1　内容建设目标

机构知识库是科研教育机构对本机构员工所创造的各类有价值的知识产出进行统一收集、集中管理、长期保存并提供检索利用等增值服务的知识资产管理系统。相应地，机构知识库的内容建设目标是：尽量完整、高质量地收集本机构成员的知识产出。完整是指从机构创始以来的成果尽量完整地收集；高质量是指成果本身的质量要高，包括高质量的描述元数据（字段丰富、赋值正确）以及相关文件的完整性；本机构成员包括在本机构学习、工作过的所有人；知识产出包含各种类型，除了公开发表和出版的期刊论文、会议论文、报纸文章、图书、专利等，还包含学位论文、研究报告、技术报告、调查报告、演示报告、乐谱、研究数据集、软件等学术产出成果。

以北京大学机构知识库为例，其内容建设的目标是收集北京大学的所有成果，包括在这里工作过或是学习过所有人所产生的所有成果，达到保存和传播北大师生的优秀知识和成果的目的，为北大师生乃至全世界读者提供开放获取内容。

6.1.2 内容建设方法

根据内容的来源，可以将机构知识库的内容建设方法分为三种：主动存缴、自建导入以及联盟合作。其中，主动存缴是指由机构成员主动向机构知识库系统提交自己的内容；自建导入是指由机构知识库管理者向机构知识库提交该机构成员的内容；联盟合作是指通过机构之间的联盟合作建设内容。

这三种方法各有适应范围。自建导入的方法适合于建设期刊论文、会议论文、报纸文章、学位论文、图书、专利等公开发表的学术成果。而多媒体资源、研究数据集、研究报告、技术报告、调查报告、演示报告、软件、教学课件、实验教材等原生的数字资源更多是分散保存在单个作者手中，这些资源更多地需要依赖于机构成员的自存储。

（1）主动存缴

主动存缴是指机构人员自行提交成果数据。但受限于各种原因，例如：机构人员开放获取意识淡薄、工作压力大、对机构知识库的认识不够、机构知识库操作不便利、机构知识库版权政策模糊等，机构成员并不会积极地把数据提交到机构知识库中。多个学者研究了科研人员的自存储行为并提出促进机构成员主动存缴的方法和具体应对措施[2-6]。

制定与实施促进机构知识库主动存缴的协调激励方法要求管理者了解机构知识库发展的制约因素。基于机构知识库发展瓶颈确立促进机构知识库主动存缴的协调激励方法，应该遵循以下原则[7]：① 利益原则：分析机构成员参与机构知识库内容建设的利益需求；②差异化和多样化原则：针对不同学科领域、不同个体机构成员采用不同的激励方式，不拘泥于一种方式，视情况差异，灵活运用多种方法；③问题原则：从机构成员顾虑问题入手，重点解决机构成员所担心的问题并提高其信任度；④便捷原则：机构知识库在管理过程中，必须以最简化的程序为机构成员提供最优化的服务。而不应让机构成员感觉机构知识库存缴是一种负担。

依据这些原则设计的促进主动存缴的方法可以分为三大类，强制型、激励型以及改进型。

①强制型方法

■ 强制型政策

为了丰富机构知识库内容资源，许多机构、政府以及研究学会与项目资助基金委员会都制定了相关的自存储强制政策。制定强制性政策是目前英美等国家机构知识库普遍采用的方法，也是众多机构知识库支持者倡导的主要的促进主动存缴的协调激励方法。中科院的曾苏、马建霞等[8]通过调查分析指出：强制存储是机构知识库实施初始阶段内容收集最行之有效方法。长期以来，各高校学位论文的强制缴存政策就是典型的成功案例。

强制性自存储政策可以分为不同层次，包括国家层次的强制性自存储政策、研究资助机构强制性自存储政策以及机构强制性自存储政策。截至2017年7月3日，根据ROARMAP（Registry of Open Access Repository Material Archiving Policies）统计结果显示[9]：有共871家单位，包括高校、学院、研究所以及资助方（其中包含中国国家自然科学基金委）等，制定了自存储强制性政策，这些自存储政策在很大程度上推动了机构知识库的发展。

以2014年5月15日中国科学院和国家自然科学基金委分别发布的《中国科学院关于公共资助科研项目发表的论文实行开放获取的政策声明》[10]和

《国家自然科学基金委员会关于受资助项目科研论文实行开放获取的政策声明》[11]为例，要求得到公共资助的科研论文在发表后把论文最终审定稿存储到相应的知识库中，在发表后12个月内实行开放获取。

中科院政策要求，“我院研究人员和研究生以我院所属机构名义承担的各类公共资助科研项目，自本政策发布之日起投稿并在学术期刊上所发表的研究论文，作者应在论文发表时把同行评议后录用的最终审定稿存储到所属机构的知识库，并于发表后12个月内开放获取。”其中，“公共资助科研项目”指受各级公共财政经费以及以公共财政经费支持为主的单位或机构经费资助的科研项目，例如国家科研经费（例如自然科学基金，科技部973、863、科技支撑等计划，国家各个部委科技计划等）、各级地方政府及其部门科研经费、公共事业单位和公共经费为主支持的其他机构（例如公立大学等）科研经费资助的科研项目。这些项目产生的论文均应遵循中科院开放获取政策要求。中科院政策要求进行开放存储的是已发表在学术期刊或论文集上的研究论文（包括综述、评论等）。同时，鼓励科研人员把公共资助科研项目所产生的其他形式科技成果（例如科技报告、科研数据、科技专著、演示文档、音视频资料等）存储到机构知识库供共享，同时建议作者采取合适方式保护这些成果贡献者的合法权益。中科院在职研究人员、管理人员、技术人员、项目聘任人员、学生以及主要利用中科院设施与条件进行合作研究的非中科院人员，都有责任按照中科院开放获取政策的要求，对自己发表的，得到公共资助的论文实行开放存储。[12]

而国家自然科学基金委的政策与中科院的政策有两处不同，其一，国家自然科学基金委的政策主要针对受国家自然科学基金资助项目所发表的论文；其二，中科院要求把论文存储到作者所在研究所的机构知识库，基金委要求把论文存储到基金委的开放获取知识库。

■ 与科研考核评价体系挂钩

除了强制型自存储政策，还可以考虑将机构知识库纳入到机构成员的科研考核评价体系之中。机构成员出于业绩考核和职务晋升的需要，会主动存缴自己的科研成果。可根据机构科研管理的实际情况来操作，一般来说需要和学校科研管理部门以及人事部门合作实施。

②激励型方法

根据利益原则以及差异化和多样化原则可以设计很多激励型政策。

■ 奖励

对自存储的机构成员给予一定的奖励，例如，中国科学院力学研究所通过现金奖励的方法来激励研究所科研人员存缴自己的成果；香港科技大学定期统计个人的资源上传量，并对上传资源较多的个人给予物质和精神奖励[13]。

■ 利用“名人效应”的表率作用[14]

以具有丰富科研成果的学科带头人、优秀学者或已具有自存储经验的学者为入手点，将他们作为主要的宣传和发展对象，起到表率作用，激励其他人员加入。

■ 宣传推广机构知识库利益[15]

从服务维度看，机构知识库实质上是提供机构内成员数字化智力成果开放获取的服务。因此，机构知识库与其他任何一种新的服务一样，在初创伊始，必须积极采取各种方法宣传推广机构知识库的利益。对于机构知识库管理来说，机构成员当前最需要的是提高个人研究成果可视化，扩大研究成果影响力，提升自己的学术地位与学术声望；机构管理者当前最需要的是提高机构整体学术实力，推进机构在高校发展中的排名，成就自己的机构品牌，以品牌效应吸引优秀的师资力量、重要研究项目以及生源。因此，只有让相关参与利益主体了解到机构知识库利益，才能吸引他们参与到机构知识库建设中，并积极为机构知识库建设发展做出贡献。

■ 激励成员积极应用知识共享协议[16]

知识共享协议（Creative Commons）是网络数字作品的一种许可授权机制，规定作者在保留某些权利的情况下，作品在特定条件下可以被自由复制或者修改。知识共享协议（Creative Commons）虽然使作者放弃了部分权利，但却扩大了作者研究成果的交流范围。机构知识库管理者应该大力推广知识共享协议（Creative Commons），使机构成员更多地了解知识共享协议（Creative Commons）为其带来的利益，既在保障作者原创性以及实现研究成果更广泛传播的基础上，又可以为作者提供丰富创作原料与营养的机会，使机构成员对科研成果网络传播不再畏忌，调动机构成员向机构知识库提交教学与科研成果的积极性。

■ 提供利用率、被索引、被引等增值信息的推送服务

将成果的浏览量与下载量信息、成果被各大索引数据库的最新索引信息，以及成果被其他学术成果的被引信息等，及时通过 e-mail 或其他途径以个性化信息推送服务方式传递给机构成员。当机构成员看到这些信息时，可以明确地看到并切身感受到机构知识库为其带来的直接利益。

③改进型方法

根据问题原则和便捷原则，可以设计很多改进型的政策，从解决机构成员自存储时遇到的问题出发，可以：

■ 简化提交程序、提高网站尤其是提交界面的友好性

为了激励机构成员向机构知识库中自存储研究成果，可以遵循便捷性原则，在技术方面简化提交程序，让机构成员以最短的时间与最小的付出，获得最大的收益。例如：提供丰富的、稳定健壮的在线导入功能，允许提交者直接导入其他地方的元数据；可以增加辅助填写功能，在提交者输入一些字段之后，自动为其联想甚至是补充相关信息。

■ 加强机构知识库宣传和专门培训

加强机构知识库相关知识的宣传可以提高机构成员对机构知识库的认知度和认可度。

香港科技大学采取编印发放机构知识库宣传册并定期举办宣传讲座和宣传主题活动的方式，提高了校内教师和学生对机构知识库的认识和认可程度，激发了机构知识库内容资源的提交。

■ 协调并解决与出版商之间的矛盾

机构成员在将研究成果存储到机构知识库之中时存在诸多顾虑。机构成员与出版商之间最大的矛盾焦点在于版权转让协议。机构知识库管理者应主动与出版商进行协调，使出版商改变版权协议部分条款，让作者保留非商业性传播利用以及自存储权利，为了保证出版商的利益，机构知识库可以在存储内容中提供对原出版商网站的链接，体现原出版商公开发表出版权利。

■ 提供反剽窃技术方法，保护知识产权[17]

害怕研究成果被剽窃与滥用是机构成员对机构知识库的顾虑之一，为了促进机构成员向机构知识库中提交教学与研究成果，机构知识库可以与出版商协作，提供反剽窃技术方法，及时发现剽窃行为，为原创作者提供剽窃依据及解决方案，保障原创作者的权益；同时对于学术成果被滥用现象也可以提供救济手段与措施，即及时公开剽窃者信息，交予相关学术道德与学术规范审查委员会，申明原作者的原创性。

在实际应用时，可以根据具体情况综合运用这三类方法。

(2) 自建导入

机构知识库建设初期，可以采用自建导入的办法将历史数据回溯到本机构的知识库中。依赖于机构成员来做这项工作不太现实，机构的图书馆作为机构的知识产出物收集、管理部门，应该当仁不让的承担这份工作。但如果也按自行提交模式一条一条提交数据既费时也费力，要想短时间把机构以前的知识产出物逐条提交到机构知识库几乎是不可能完成的工作。

实际上，很多机构都已经建了较为全面的产出物保存系统，如年终成果统计系统、优秀论文统计与奖励系统、研究生学位论文数据库、成果奖励专利等数据库，存储了大量的历史数据资源。同时，许多科研院所和大学都购买了各种商业数据库，这些第三方数据库大多都提供检索结果批量输出的功能。

根据资源来源的不同，自建导入的方法也不同。下面分别阐述历史数据资源和第三方数据库如何进行自建导入。

①历史数据资源

机构在发展的过程中，存储了不少历史数据资源，例如，图书馆中存储了研究生学位论文数据；科研管理部门成果统计办公室存储了机构的历史成果数据或是优秀论文数据，以及成果奖励数据；各子单位科研秘书处存储了本单位优秀论文数据。可以与这些部门合作，从而处获得机构的历史数据资源。

这些来自合作方的数据资源往往是根据特定需求收集的，重量不重质，元数据不够完整，质量较差，在导入机构知识库之前，可以利用专业数据库的检索进行元数据字段补充，从而保证了数据的相对完整性和准确性。

基于合作方历史数据的机构知识库内容的建设方法如图 6.1 所示，先对这些历史数据进行检查和整理，然后逐条去数据库商站点获取该条数据的元数据，如果能找到该条数据，则获取并进行元数据补全，并导入机构知识库；如果找不到，则检查来源数据中该条数据的标题是否是正确的，如果标题不正确，则修改该标题并重新查找，如果标题正确，则将该条数据标记为导入失败，导入失败的原因有很多，可能是该条数据是非公开发表的数据，也可能是数据库商并未收录的数据，此类数据原则上是机构知识库应该收录的数据，但基本上只能靠作者本人才能补全该条元数据并提供全文，因此放入后

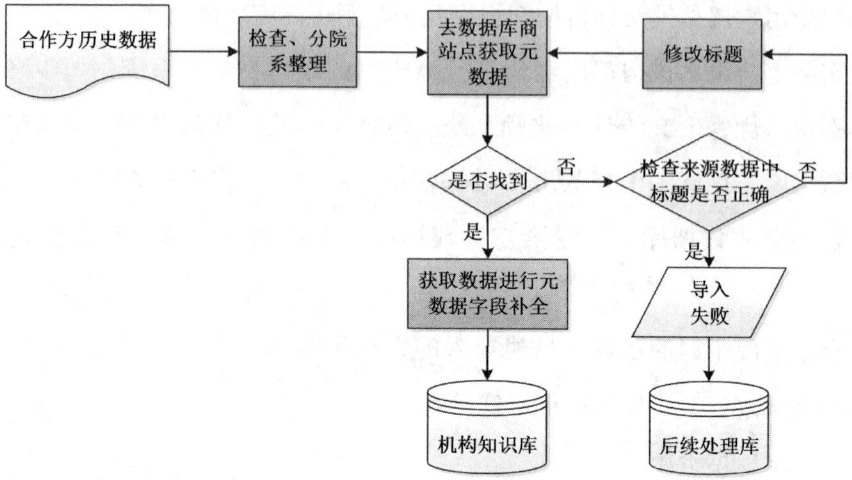

图 6.1　已有元数据补全入库

续处理库中在内容建设后期再做处理。

②第三方数据库

许多科研院所和大学都购买了各种商业数据库，例如国内的知网、万方、维普，国外的 Scopus、Web of Science、Springer 等，这些第三方数据库大多都提供检索结果批量输出的功能。不少学者研究了如何从这些现有的数据库抽取本机构的论文数据，再批量提交到机构知识库的方法。马建霞等[18]利用自行开发程序嵌入到机构知识库系统，实现了批量提交数据到机构知识库。徐以鸿等[19]以中科院力学所为例，详细介绍了他们从 Web of Science 和 CNKI 上批量获取数据、进行转换并导入中科院力学所机构知识库的方法。邓红等[20]利用 NoteExpress 设计与开发 DSpace 机构知识库资源批量提交的方法。张旺强等[21]利用开放获取论文推送转发服务系统 iSwitch 成功将 Web of Science 的成果数据自动同步存缴到机构知识库中。

从第三方数据库获取数据资源的机构知识库内容建设方法根据切入角度的不同有不同的建设方法，从机构切入的建设方法如图 6.2 所示，从人切入的建设方法如图 6.3 所示。

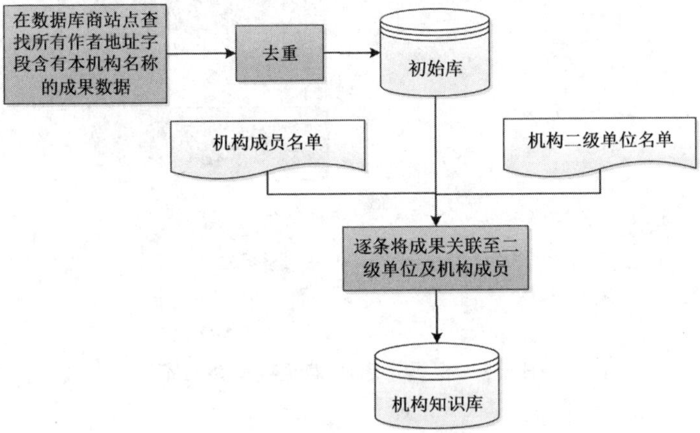

图 6.2　根据机构收集元数据并入库

从机构切入是目前为图书馆提供内容建设服务的公司所普遍采用的方法，该方法的优势是能保证“全面”收集一个机构的成果，但是，目前机构知识库基本是以成果所属单位来组织数据的，如何将这些成果分配到各个院系是工作的重点和难点，以北京大学机构知识库为例，成果入库时必须选择所属院系，入库之后，还需要进一步将成果关联到个人，在作者认领自己的成果之前，机构知识库需要为作者提供一个作者候选成果列表，可以简单地就通过“姓名”相同来提供候选成果列表，也可以更为周到地考虑通过姓名为主，单位、研究方向、联系方式等为辅的方法来提供范围更精准的候选成果列表，为作者提供更好的体验。

从人切入的方法指的是根据学者名单，逐个去数据库商站点查找所有该学者的成果数据，然后根据学者的单位、研究方向等挑选出属于该学者的成果。相比于从机构切入的方法，从人切入则能确保收集“全”该学者的成果，而且，无须“认领”步骤。该方法适用于收集知名学者的成果。

从第三方数据库获取数据资源的机构知识库内容建设方法比较适合在机

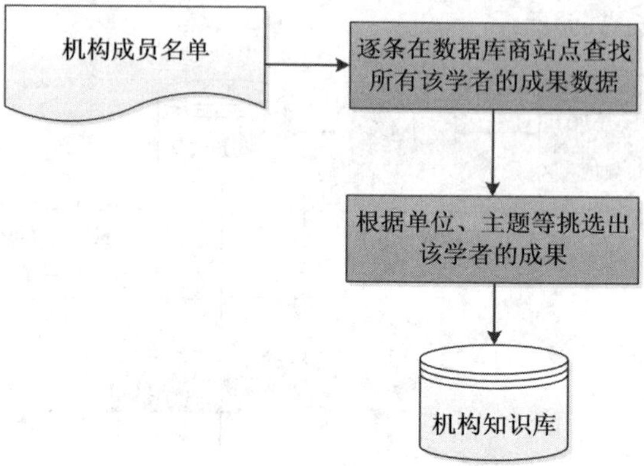

图 6.3　根据学者收集元数据并入库

构知识库建设初期大批量增加数据而用，从机构切入和从人切入可以配合使用：先收集完所有机构的成果，再针对知名学者，使用从人切入的方法来补充他们的成果。

（3）联盟合作

受到人力、财力、物力等多方面因素的制约，并非所有机构都愿意或有条件持续投入机构知识库的内容建设，此时，构建机构知识库资源共享联盟，实现信息资源的共建共享，促进资源的循环和有效利用，是实现机构知识库内容建设持续发展的重要手段。

目前，已经有很多国家认识到建立机构知识库联盟是当前改变机构知识库内容匮乏现状的最为行之有效的手段之一。比较有代表性的如由荷兰特文特大学、阿姆斯特丹大学、提尔堡大学共同参与的 ARNO 知识库、英国于 2004 年 2 月启动的 SHERPA-LEAP 项目、还有中国科学院国家科学图书馆构建的全院联合机构仓储体系。[22]

通过组建机构知识库联盟，可以将各机构知识库的资源有效地整合起来，各个成员机构之间可以共享机构的信息资源乃至指导性文件，而不需要各自单独制定，每个成员机构都可以分享其他成员的建设经验，共同承担和解决机构知识库建设中的责任和问题，不仅可以充分节约成本，而且可以最大化地发挥机构知识库的作用，实现机构之间的资源共享，促进信息资源循环和有效利用，是一项缓解目前全球机构知识库内容建设危机乃至整个机构知识库建设危机的非常行之有效的手段和措施。

①CAS-IR GRID 案例

中国国家科学院是中国大陆地区第一家建设机构知识库的单位，于 2007 年度启动机构知识库项目，由国家科学图书馆负责基于 DSpace 开发研究机构知识库建设平台 CAS-IR（Institutional Repository，Chinese Academy Science，简称 CAS-IR），并且同年度完成了力学研究所 IMECHIR 和国科图 LASIR 的试点建设工作，后续逐步在中科院研究所进行建设推广。最终在研究所 CAS-IR 建设的基础上，通过元数据开放聚合建立起中科院联合的机构知识库网格服务系统（以下简称 CAS-IR GRID）[23]，如图 6.4 所示，形成中科院知识成果和知识能力集中展示、传播利用和服务的窗口，借此促进中科院知识成果的共享和交换。

CAS-IR GRID 以发展机构知识能力和知识管理能力为目标，快速实现对本机构知识资产的收集、长期保存、合理传播利用，积极建设对知识内容进行捕获、转化、传播、利用和审计的能力，逐步建设包括知识内容分析、关系分析和能力审计在内的知识服务能力，开展综合知识管理。

建设初期，国家科学图书馆鼓励研究所加入到 CAS-IR GRID 建设项目中。由于研究所各自的信息建设规划的差异及其他因素的影响，各研究所对机构知识库建设的意愿和规划也不尽相同。针对这种情况，国家科学图书馆提供两种建设方案供研究所选择，即子项目建设方案和试用建设方案。

条件成熟的研究所可以申请机构知识库子项目建设，国家科学图书馆为承担子项目建设的研究所优先提供技术支持和学科馆员支持，协助研究所进行机构知识库建设推广，此外还提供建设推广基金，鼓励研究所在真正意义

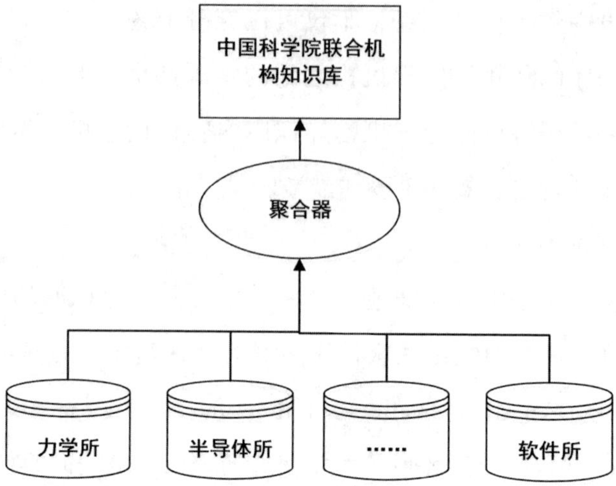

图 6.4　中科院联合机构知识库建设框架[24]

上扩充机构知识库的终端用户群体，为研究所机构知识库长期良性运作做好前期工作。

对于还未将机构知识库正式列入规划或存在疑虑的研究所，国家科学图书馆建议其申请机构知识库试用建设，并尽量为其提供相关的技术支持。在机构知识库试用建设过程中，研究所可转为子项目建设，正式列入 CAS-IR GRID 总项目中。在研究所机构知识库建设推广推进过程中，有些试用研究所在有了初期建设成效后申请列入正式项目建设，还有一部分研究所在看到机构知识库推广建设的成果后也积极加入到机构知识库建设的大军中。

实践证明，CAS-IR GRID 在建设过程中分阶段、分层次采取的一系列策略、办法、政策是有效的。学科馆员、技术人员及研究所图书馆员的协同合作机制保障了中科院联合机构知识库的建设力量。在研究所内实行的自下而上推广策略和自上而下建设策略使 CAS-IR GRID 迅速地在研究所中建设推广起来。子项目建设方案在很大程度上调动了研究所建设的积极性和竞争性。

从 2007 年开始，短短 3 年间，CAS-IR 项目已经在中科院 63 所科研院所成功实施。截至 2017 年 7 月 5 日，CAS-IR 的成员机构知识库已多达 112 个。内容数量也非常可观，多达 80 万条，详细统计数据如图 6.5 所示。

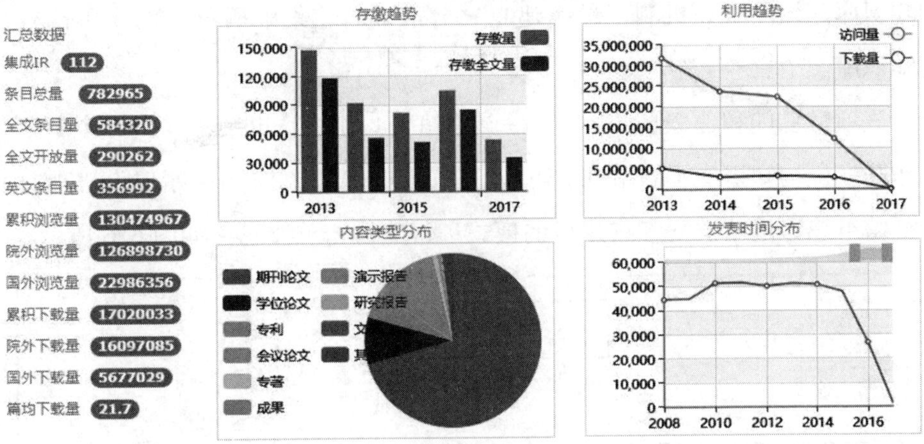

图 6.5　CAS-IR GRID 2017 年 7 月 5 日统计结果

CAS-IR GRID 项目之所以发展迅速，其很大一部分原因在于大量的经费支持，其经费来源于中国科学院国家科学图书馆项目“全院联合机构仓储体系建设”及国家社会科学基金项目“机构知识库建设研究与应用”[25]。在 CAS-IR GRID 的实施过程中，采用了先试点再普及的研究方案，每个机构都有专门成立的 IR 项目小组负责 IR 的宣传教育和实施。这些都是非常值得借鉴的地方。

②CHAIR Central 案例

中国高校机构知识库联盟（Confederation of China Academic Institutional Repository，简称为 CHAIR）[26] 由中国高等教育文献保障系统（CALIS）组织部分高校图书馆共同发起成立。

2011 年 8 月，CALIS 三期机构知识库建设及推广项目由项目承建馆北京大学图书馆牵头启动，期望以此促进机构知识库在中国高校范围内的建设、发展和应用，利用项目建成的机构知识库系统管理、保存和展示中国高校的学术资源和学术成果。项目就中国高校机构知识库的建设进行全方位的尝试和实践，通过项目建设初步探索形成一套符合中国高校现状和发展趋势的机构知识库建设及服务机制，最终建立“分散部署、集中揭示”的中国高校机构知识库。

该项目首创和建立了“示范馆+参建馆（1+4）”机制，并由五个示范馆协作开发机构知识库平台和推广中国高校范围内的机构知识库建设。项目以示范馆组织参建馆共同参与建设的模式进行建设，总体思路如图 6.6 所示。

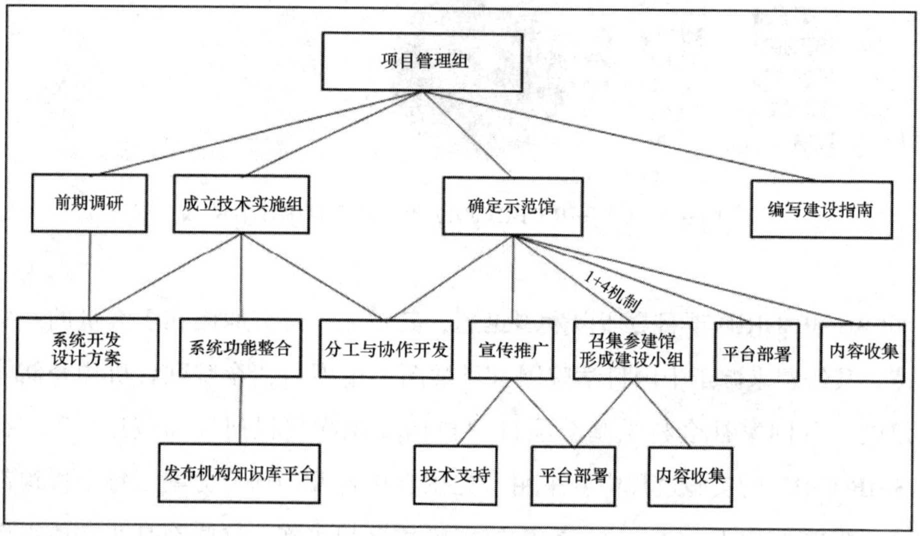

图 6.6　CHAIR 项目总体思路[27]

项目承建馆和项目管理组挑选了 5 家有基础、有能力、有意愿承担组织建设责任，并在机构知识库平台开发方面卓有成效和成果的图书馆作为示范馆，由它们共同承担通用机构知识库平台系统的开发任务。这 5 家示范馆再以区域或者学校类型为参照召集 4~5 个参建馆形成一个建设小组，如表 6.1 所示。

表 6.1 CHAIR 项目示范馆与参建馆名单[28]

示范馆	参建馆				
重庆大学	云南大学	四川美术学院	贵州民族学院	西南政法大学	
北京大学	北京工业大学	北京师范大学	北京邮电大学	中国人民大学	浙江大学
北京理工大学	西北工业大学	哈尔滨工业大学	南京理工大学	南京航空航天大学	
清华大学	中国农业大学	西安交通大学	上海交通大学	北京航空航天大学	
厦门大学	集美大学	广东工业大学	暨南大学	深圳大学	深圳大学城

根据项目“示范馆+参建馆（1+4）”的建设机制，每一个示范馆在建设完成本校机构知识库系统之后，还要负责为本建设小组的各参建馆提供技术支持和咨询，帮助参建馆完成本机构的机构知识库构建。同时，各示范馆后期也要大力帮助和支持有建设意愿的非参建馆构建机构知识库。

经过不到一年的时间，有 28 家图书馆完成了机构知识库的安装部署，并开始提供服务。截至 2017 年 7 月 5 日，已有超过 45 家中国高校图书馆加入了 CAHIR 项目，内容数量也非常可观，多达 280 万条元数据以及 102 万条全文记录。

CHAIR 的成功应归功于其“示范馆+参建馆（1+4）”机制，主张让一部分图书馆先“富”起来，再带动其他图书馆“富”起来，最后实现“共同富裕”的目标。其发展成果表明引入多馆合作开发机制对机构知识库建设质量的提升意义重大，不仅能实现人力、物力、财力的最大化利用，还可加快国内机构知识库的建设步伐[29]。

6.2 元数据质量控制

在扩大机构知识库容量、丰富机构知识库资源类型的同时，还应该加大对其收录内容的质量把控力度。元数据质量是决定机构知识库共享性以及效用性的重要指标[30]。机构知识库提供检索、挖掘、统计等服务有赖于元数据标引的质量。因此，机构知识库在收录内容时，应该制定相应的元数据质量控制标准，保证机构知识库收录内容的质量。

元数据直接描述了提交内容的基本属性并有效揭示了提交内容的特性。机构知识库共享必须遵循元数据互操作标准 OAI-PMH，具有互操作性，而互操作性需要标准化元数据，如果元数据输入不标准，例如日期格式不规范、拼写错误等，不能体现提交内容的属性与特性，那么户在搜索时就无法检索到该内容，进而影响提交内容的利用率。

美国国家信息标准组织在《建立优质的数字馆藏指南框架》中提出了创建优质元数据的 6 条原则[31]：符合标准、支持互操作、使用权限控制和内容标准来描述对象、包含使用条款、支持长期保存，以及有良好的质量，真实、可靠、持久，含有唯一标识。Bruceand Hillman[32]也提出了元数据质量保证的七原则：可达性、完全性、期望一致性、时效性、逻辑一致性、相关性和精确性。以上组织和学者给出的元数据质量准则为建立元数据的控制标准提供有力的理论支撑。

在机构知识库内容建设过程中，不论是提交者以自存储方式提交科学研究与教学内容，还是由机构知识库管理方统一批量进行元数据建设，都会在元数据输入过程中不可避免地出现各种失误与错误，导致元数据质量参差不齐，主要表现在[33]：①数值内容与属性冲突；②出现越界数值；③数据唯一性冲突；④出现空缺值；⑤数据填写过程出现拼写错误；⑥姓名、单位名称、研究项目名称等填写了缩写形式，使用户在离开语义环境后无法识别和理解；⑦非专业化的标引词汇；⑧标引不一致；⑨用户需求变化后，需要增加新元素，或需要使数据合并与聚类的方式随之变化。

正是由于机构知识库存在着元数据质量的隐患，所以必须在机构知识库运行中进行元数据质量控制。根据元数据进入机构知识库的时间段，可将元数据的质量控制方法分为三种，前控制方法、过程/中控制方法，以及后控制方法。

6.2.1 前控制方法

所谓前控制方法是指在机构成员向机构知识库中提交教学与研究成果之前对元数据质量进行控制，事实上这是一种预控制策略。

可以在调研优秀机构知识库的成功经验以及征求机构内相关学科专家意见的基础上，制定设置元数据字段的标准，然后由专业人员对机构知识库拟提交内容的成员进行培训，使他们对提交内容的元数据有较为全面深入的了解与认识，并能认真理解把握元数据的质量标准，例如正确的输写格式、正确的关键词拟定方法等。

6.2.2 过程/中控制方法

所谓过程/中控制方法是指在提交者提交内容过程中进行元数据质量控制。由于前控制只是一种预控制策略，因此前控制并不能保证在元数据输入过程中是完全正确的，因为每个机构成员对标准的理解存在着差异性，同时在实践中也会存在着许多不确定的因素，所以，过程/中控制是元数据质量控制中最常用的方法。

这一方法根据内容建设方法的不同而有所不同。

(1) 针对在线提交数据的质量控制方法

针对在线提交的数据可以通过对内容提交表单的控制和验证来实现元数据质量控制。

首先，需要对本机构知识库各元数据字段进行分析，包括单个字段基本的逻辑校验要求，以及字段之间的逻辑关系校验要求。机构成员在提交过程中，一旦输入不符合逻辑校验要求的元数据项或是输入的字段之间不满足逻辑关系校验要求时，就不能进入下一步骤，系统自动进行提醒某一元数据字段或某几个元数据字段存在错误，这样提交者就可以自行进行修改纠正。如此，可保证提交者录入机构知识库的元数据是逻辑无误的。

可以进一步结合机构知识库的功能需求，根据字段的重要性给出更高的质量要求。例如，如果机构知识库需要按期刊名称进行分面，那么就要求所有数据的期刊名称采用统一的写法。

各机构可按此方法，分析本机构知识库的元数据字段，制定本机构知识库的质量控制要求。表 6.2 给出了北京大学机构知识库在线提交时的元数据字段及质量控制要求，表 6.3 给出了北京大学机构知识库在线提交时的元数据各字段之间的逻辑关系，供参考。

表 6.2　北京大学机构知识库在线提交时的元数据字段及质量控制要求

元数据项	系统统一管理，下拉输入	手工输入	多值字段	逻辑校验	更高的质量要求
成果所属院系单位	√		√	非空	
成果来源	√				
成果类型	√			非空	
语种	√			非空	
收录数据库	√		√		
标题		√		非空	需要与库中其他成果进行查重
其他标题		√			
作者		√	√	非空	能正确的进行分隔
作者单位		√	√	非空	能正确的进行分隔
出版者		√		非空	如果是期刊，需要统一名称
出版日期		√		非空，符合日期格式	

续表

元数据项	系统统一管理，下拉输入	手工输入	多值字段	逻辑校验	更高的质量要求
关键词		√	√		能正确的进行分隔
摘要		√			
DOI		√			能正常解析
PubmedID		√		8 位数字	能正常解析
WOSID		√		15 位数字	能正常解析
ISBN		√			
ISSN		√		去掉“-”，长度为 8	
URI		√			能正常访问
卷		√			
期		√			
页码		√			
基金项目		√			
是否经过同行评审	√				
版面费		√		币种是下拉选择	
研究类别	√				
学科门类	√				
是否公开发表	√				
发表范围	√				
是否译成外文	√				
是否提交有关部门	√				
是否被采纳	√				
采纳单位		√			
全文		√			

表 6.3　北京大学机构知识库在线提交时的元数据各字段之间逻辑关系分析表

关系项	说明
成果类型与出版者	不同的成果类型，对应的出版者不同：公开发表的文献，包括期刊论文、会议论文、图书等，出版者要求非空；非公开发表的，如技术报告、演讲报告、软件等，出版者不是必填。
成果类型与是否译成外文	当且仅当成果类型是专著时，是否译成外文要求非空。
成果类型与是否提交有关部门、是否被采纳、采纳单位	当且仅当成果类型为研究报告时，是否提交有关部门、是否被采纳、采纳单位要求非空。
ISSN 与出版者	相同的 ISSN，对应的出版者名称一样。
收录数据库、发表日期与出版者	如果机构知识库有维护的各收录数据库的来源期刊列表，那么出版者应在收录数据库于出版日期年的来源期刊列表中。

制定好本机构知识库的质量控制要求之后，结合各字段之间存在的关系，采取相应的措施，一方面减少用户的输入数据，提高系统的易用性；另一方面对元数据的质量进行控制，提高元数据的质量[34]。

①完善相关数据字典的建设

将二级单位列表、语种、成果类型、学科领域、收录数据库等取值有固定范围的字段设置为数据字典，用户输入时，以下拉选择框的形式提供。

除了这些常见的数据字典之外，为了提供更好的服务，机构知识库还需要维护几个数据字典，包括：

■ 期刊字典

存储期刊的基本信息，通过期刊 ID 号可从该表获取标准、规范、统一的期刊名称以及 ISSN 号等信息。

在字段上应包含：期刊名、ISSN、期刊英文名、曾用名、出版周期、影响因子（JCR，中科院）、分区信息（JCR，中科院）、来源刊信息（例如是否 SCI 源刊）等。

■ 学者字典

存储学者的基本信息，最终目标是通过学者 ID 号就能从该表定位到唯一学者。从中可以导出学者的基本履历表。

在字段上应该至少包含：姓名、所属机构、英文名、曾用名、研究方向、ORCID 号等信息。

■ 机构字典

存储机构信息，最终目标是通过机构 ID 号就能从该表唯一定位到一个机构。机构应该是包含了层级关系的。

在字段上应该至少包含：机构名、曾用名、上级机构名、英文名等。

②增强平台控制功能

只有对平台的功能进行有效的完善，使其越来越强大，才能更有效地对数据进行元数据标引，才能提高对元数据的智能化控制。增强平台控制功能可采用的方法包括：

■ 提高系统的智能性，实现自动抽取和填充

√ 提高系统的智能性，有效利用字段之间的关系完成信息的自动抽取和自动赋值功能；

√ 根据本机构商业数据库的购买情况，提供在线搜索并导入的功能，简化用户的提交；

■ 提供贴心的提示和帮助

√ 在字段输入时，在相应的输入位置加上文字说明，减少用户对数据项理解上的错误；

√ 为用户提供帮助页面，帮助他们了解系统，更好地去使用系统。

■ 对多值字段进行控制

√ 多值字段通过多个方框输入，避免出现分隔符乱象。

■ 对填写值进行校验和检测

√ 对各元数据字段进行逻辑校验，如有漏填现象，则拒绝提交；

√ 对元数据各字段之间进行逻辑关系校验，如不满足，则拒绝提交；

√ 对于 DOI、PubmedID、WOSID 等能按规则拼出访问 URL 的字段，根据拼出的 URL 是否能正常访问到内容；

√ 如果有维护的期刊字典，对输入的期刊名称和 ISSN 号进行检测，确认是否正确，并将结果反馈给提交者；

√ 如果有可参考的标准的文献库，可对提交者提交的元数据字段进行检测，并将检测结果及时反馈给提交者。

③对重要的字段进行重点把关

对于题名、作者、作者单位、主题或关键词、描述、学科领域等关键数据字段，进行重点检查和判断。对于这类数据元素的质量控制可采用的方法有：

■ 标题重复性检验

如果与机构库中已有成果的标题相同，系统给予提醒，如果提交者确认不是重复，则允许其继续提交；对于同一用户出现重复的情况，再判断其他关键字段是否也相同，如果也相同则拒绝存储。

■ 作者和作者单位的对应关系

可在提交时进行作者和作者单位在输入上的一一对应关系，如此可自动获取对应关系。

■ 采用词表控制功能

在主题标引、分类标引项目的旁边为用户提供分类表和主题词表的链接，便于用户选择合适的类目和主题词，从而提高数据的质量。

（2）针对批量导入数据的质量控制方法

针对批量导入的数据，需要在导入之前对数据进行清洗来实现元数据质量控制。根据本书 6.1.2.2 节所述，批量导入的数据一般来源于机构的历史数据资源或是第三方数据库，最大的问题是不同来源的元数据字段参差不齐以及元数据的重复现象严重。

针对批量导入数据的质量控制的总体流程如图 6.7 所示。首先，需要分析对比要导入的数据资源的元数据字段和本机构知识库元数据标准，并进行元数据填充，形成一个初始库。其中，元数据字段对比时，可以从字段含义上进行对比，含义相同的字段则可以建立对应关系；元数据填充时需要注意不同来源的元数据值会有格式差异，例如语种的表示方法不一样，发表日期格式不一样，多值字段的分割方式不同等，这些格式上的问题需要进行统一修正。

然后，在初始库的基础上，先对元数据字段进行检测，对存在问题的地方进行清洗，之后进行去重。最终，将干净的数据导入机构知识库。

下文详细介绍元数据的清洗方法，以及去重的方法。

①元数据清洗

■ 元数据清洗的目标

元数据清洗之前，首先需要对本机构知识库的元数据字段进行重要性排序，因为清洗并不能保证百分百发现并修正所有的错误。因此，如果不能保证所有字段的准确性，那么，按字段的重要性有不同的清洗目标：

√ 重要字段要求数据完整且准确

以北京大学机构知识库为例，标题、出版者、作者、语种这几个关键字段用于分面，能直接定位到一条内容，是最重要的几个字段。因此，要求这几个字段的数据完整且准确，特别是出版者字段，不同的数据库有不同的缩写形式，同一出版者需要统一写法。

√ 标识字段，保证数据逻辑正确且尽量完整

以北京大学机构知识库为例，卷、期、页码、DOI、PubMedID、WOSID、URI 等属于辅助标识性字段，可以单独或是和重要字段一起定位一条内容，

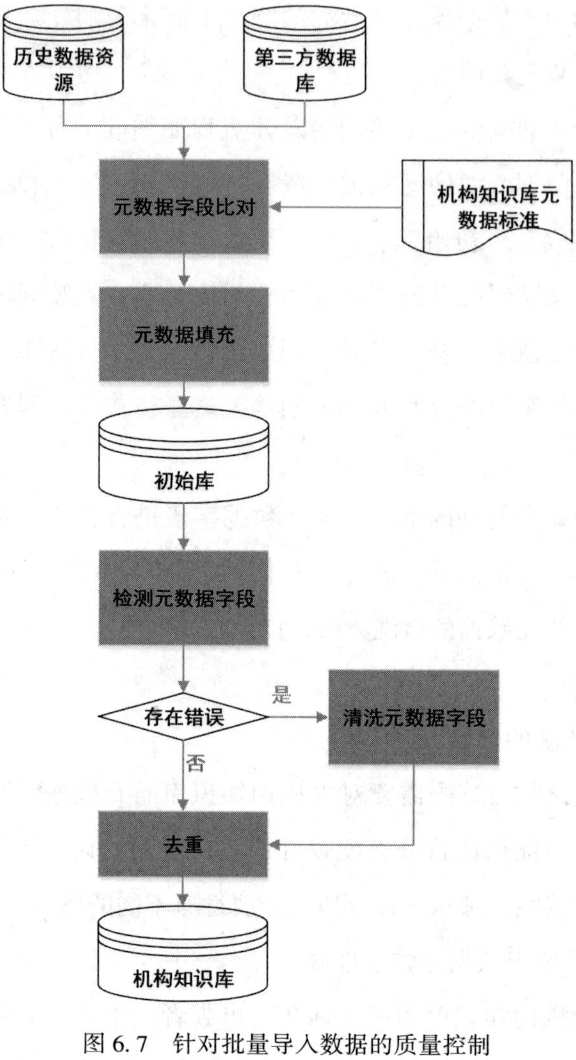

图 6.7　针对批量导入数据的质量控制

清洗目标是保证数据逻辑正确且尽量完整即可。

√ 增强信息字段，保证格式正确

以北京大学机构知识库为例，关键词、摘要、作者单位等是可显著增强一条记录的字段，由于其是文本内容，组织形式多样，因此首先要保证数据格式一定要是正确的，其次是保证数据尽量完整。

■ 元数据清洗的原则

美国国家信息标准组织在《建立优质的数字馆藏指南框架》中提出了创建优质元数据的 6 条原则[35]：符合标准、支持互操作、使用权限控制和内容标准来描述对象、包含使用条款、支持长期保存，以及有良好的质量，真实、可靠、持久，含有唯一标识。Bruceand Hillman[36]也提出了元数据质量保证的七原则：可达性、完全性、期望一致性、时效性、逻辑一致性、相关性和精确性。

结合机构知识库内容建设的实践经验，元数据的清洗需要遵循以下几项原则：

√ 数据格式的规范性

• 针对每个字段：无意义字符、乱码、HTML 标签等需要去掉；

• 针对多值字段，分割符要明确且统一，包括：作者、作者单位、关键词等；

• 针对数值字段，内容应该是数值，包括：年、卷、页数等；

• 针对日期字段，应该是日期格式，如：出版日期/发表日期、会议时间等；

• ……

√ 数据的逻辑性

• 截止页码大于起始页码；

• 发表年份小于等于当前年；

• 英文刊不会有语种为中文的文章；

• ……

√ 数据的一致性

• 同一本期刊，名称和 ISSN 号要统一；

- 同一个字段的单位、格式应该是一致的;
- ……

√ 数据的有效性

- 基础字段不能缺失。如标题、期刊名/会议名称、作者,这几个基础字段,如果缺失了这几项,就无法判断一条元数据的正确性,且这几项一般在机构库中用于分面,要求这几个字段的数据完整且准确;
- 有含义的字段需要核查数据是否有效,包括:DOI 字段、PubMedID 等。
- ……

■ 常见元数据问题及处理方法

√ 错误字符和特殊符号问题,建议直接修改或替换:

- 如果有全角字符,统一转为半角;
- 如果特殊符号被替换为实体的表示形式,例如:—、'、"、ä、ë、ö、ē、α、β、γ、δ、π 等都被表达成实体或是类似的形式,需要替换回来,常见于标题、作者、关键词、摘要等字段;
- 如果存在乱码、HTML 标签等,直接去掉;

√ 错误格式、格式不统一

- 如果数值字段填入非数值,能转换的进行转换,不能转换的可以删掉;
- 日期字段格式不统一,应统一采用 YYYY-MM-DD 的格式;
- 语种表示不统一,应统一采用如 ISO 639-1 语种名称代码表的表达形式;

√ 字段赋值错误

- DOI 字段赋值错误,通过"http://dx.doi.org/"加 DOI 号可以拼接 DOI 访问链接,如果该链接返回错误结果,那说明 DOI 字段赋值错误,应该删掉;
- PubMedID 字段赋值错误,通过"https://www.ncbi.nlm.nih.gov/

pubmed/”加 PubMedID 号可以拼接访问链接，如果该链接返回错误结果，那说明 PubMedID 字段赋值错误，应该删掉；

√ 多值字段的分隔处理

作者、关键词、作者单位属于多值字段，如果原始数据有分隔符但不统一，那么替换为统一的分隔符；如果原始数据没有做好分隔，则需要重新分隔，以便机构知识库提供高质量的检索和浏览功能。重新分隔的方法是：

• 作者字段如果全是中文人名，可根据人名规则进行半自动的处理，如果有英文名混杂，则先分析数据的来源数据库，如果来源数据库有统一的分隔规则，则替换为统一的分隔符，如果来源数据库没有统一的分隔规则，就需要人工处理。

• 关键词字段一般来说基本是中英文混杂，如果来源数据库采用的是空格来做分隔，就需要人工处理，如果来源数据库是采用非空格做分隔，可以替换为统一的分隔符。

• 作者单位与数据的来源数据库有关系，部分数据库是“作者名（作者单位）”的写法，部分数据库是按作者顺序罗列作者单位，且单位名称有多种写法，有的加上了地址邮编，有的加上了街道地址，有的英文名称拼写顺序不一样；无法寻找规则，一般来说，建议按展现要求做适当整理即可。

√ 期刊名称清洗

期刊名称的清洗是批量导入数据质量控制的难点。

如果机构知识库系统维护了一个良好的期刊字典（详见 6.2.2.1 节），那么清洗会变得很简单，用期刊名称、ISSN 号去期刊字典中查找并获取该期刊的标准名称即可。

如果机构知识库没有这样的字典，那么，可以利用 ISSN 号和期刊名做核对校验。首先，补齐 ISSN 号，根据“期刊名相同的 ISSN 也应该相同”补齐一部分 ISSN，通过从期刊网站查询（中文期刊可以从 MagSci 网站[37]查询，英文期刊可以从 Ulrichsweb 网站[38]查询）补齐一部分 ISSN。然后，根据 ISSN 相同的期刊名也应该相同对期刊名称做统一[39]。

√ 重要字段、基础字段缺失

一般来说，标题、期刊名/会议名称、作者，这几个是一条元数据的基础字段，对机构知识库来说也是非常重要的字段，如果缺失了这几项，就无法判断一条元数据的正确性，且这几项一般在机构库中用于分面，因此，这几个字段的数据应该完整且准确，如果有缺失，需要补齐这几项，否则，可以标记为一条不完整的数据。补齐的方法是从标准规范的文献库查询是否存在相同的记录，如果存在直接用文献库中的规范字段替换。

②去重

重复数据是批量导入数据质量控制的重点和难点问题，去重的质量直接决定了机构知识库内容的质量。针对批量导入的数据，其重复现象包括：历史数据资源与第三方数据库的重复，以及第三方数据库互相之间的重复。

■ 历史数据资源与第三方数据库的重复

历史数据资源的元数据字段一般是为特定目的而设计的，站在机构知识库的角度来说，是不齐全的。而第三方数据库由于其商业服务性质，一般元数据字段齐全，质量也好。因此，出现重复时，直接使用第三方数据库的字段即可。判断重复的方法也比较简单，结合机构知识库内容建设的实践经验，可以直接使用历史数据资源的标题、作者、出版物字段的组合进行判断。

■ 第三方数据库互相之间的重复

第三方数据库为了服务尽可能多的目标用户，其元数据建设也是想尽可能多地搜集所有学术产出，因此存在大量的重复现象，包括：国内数据库互相重复，如 CNKI 和万方的数据重复率 99%以上；国外数据库互相重复，如 Web of Science 和 EI 的数据存在重复；以及国内数据库和国外数据库的重复，如知网、万方和 EI。其中，国内数据库和国外数据库的重复问题最难解决，因为元数据的语种不一样。

重复数据也就是“相似重复记录”，重复的判断也就是相似性的判断。

结合北京大学机构知识库内容建设的实践经验，通过基本元数据字段的逐层匹配即可高效的去重。以期刊为例，去重规则是：首先根据DOI号相同去重；其次依据期刊名称、年、卷（或者期）、首页相同进行重复性判断；最后根据标题、期刊名称、年进行重复性判断。经过检测，元数据得到良好的清洗之后，基于这样的规则进行的去重比例高达98%（即，还有不到2%的数据存在重复现象）。

此外，也可以利用其他重复判断算法[40]，如编辑距离、Cosine相似度函数等，作为基于字段去重方法的补充。

6.2.3 后控制方法

所谓后控制方法是指元数据提交完成之后仍然存在遗漏或是错误时的补救办法。

一方面，可以由系统元数据管理员对这些错误之处进行编辑修改，这依赖于元数据管理员对机构知识库内容的审查能力，考验了其对机构知识库内容字段的敏感度。实践上，可以在元数据提交完成之后增加一个审查工作流，为机构知识库的每条数据内容标记上是否经过了元数据管理员的审查。例如EPrints与DSpace软件都在其标准的工作流程中嵌入了元数据审核与批准程序，允许提交者在提交内容时，详细说明基于DC的基础元数据，允许文件被审核以及在可以公开获得利用之前进行纠正修改[41]。

另一方面，在作者认领了自己的成果之后，可以将部分字段开放给作者，允许作者对这些字段进行编辑，毕竟作者最了解自己的成果。系统可以基于统计经验，针对某些不符合过去统计经验的地方，适当增加一些提醒功能，提醒作者注意这些地方是否需要完善或是修改。

元数据质量的前控制、过程/中控制、后控制这三种控制策略并不是孤立操作运行的，而是一个连续相互保障的机制。前控制是预控制机制，是一种预防策略，防患于未然；过程控制是基础与核心，是机构知识库元数据质量控制程序中主要策略与保障；而后控制则是对前控制与过程控制的补救，是一种救济策略。

参考文献

[1] 刘丹.机构知识库内容建设方法研究[J].高校图书馆工作,2018(3).

[2] 乔欢,姜颖,宋姝.机构知识库内容建设现状及思考[J].图书馆工作与研究,2011(12):67-70.

[3] 万文娟,吴高.我国机构知识库内容建设问题与策略分析[J].图书馆,2013(1):110-113.

[4] 李永芳,邓红,丁君涛.加强机构知识库内容建设的探索与实践[J].大学图书情报学刊,2014,32(4):21-24.

[5] 乔欢,姜颖.国内外机构知识库内容建设研究进展[J].图书馆理论与实践,2011(8):18-22.

[6] 马建霞.机构知识库内容建设与服务设计的趋势[J].情报理论与实践,2010,33(9):23-27.

[7] 邓君.机构知识库建设模式与运行机制研究[D].吉林大学,2008.

[8] 曾苏,马建霞,汤天波,等.国内科研机构和高校机构知识库规划建设现状与问题研究[J].现代图书情报技术,2009,3(1):50-57.

[9] http://roarmap.eprints.org/

[10] http://www.cas.cn/xw/yxdt/201405/P020140516559414259606.pdf

[11] http://www.nsfc.gov.cn/publish/portal0/tab38/info44471.htm

[12] http://www.irgrid.ac.cn/note.jsp

[13] 周意红.发展机构知识库的若干问题探讨——基于机构知识库调研的思考[D].云南大学,2010.

[14] 李大玲.学术机构知识库构建模式研究[M].上海:上海交通大学出版社,2009:18-22.

[15] 邓君.机构知识库建设模式与运行机制研究[D].吉林大学,2008.

[16] 邓君.机构知识库建设模式与运行机制研究[D].吉林大学,2008.

[17] 邓君.机构知识库建设模式与运行机制研究[D].吉林大学,2008.

[18] 马建霞,祝忠明,唐润寰,等.机构知识库与科研管理信息化环境集成的尝试[J].现代图书情报技术,2008,24(2):14-18.

[19] 徐以鸿,朱涛.机构知识库内容快速建设方法[J].现代情报,2011(4):148-151.

[20] 邓红,丁君涛,涂飞平.利用 NoteExpress 设计与开发 DSpace 机构知识库资源提交工具[J].现代图书情报技术,2012,28(1):80-84.

[21] 张旺强,祝忠明,姚晓娜,等.基于开放获取论文推送转发服务系统 iSwitch 的机构知识库内容建设[J].现代图书情报技术,2016,32(4):91-96.

[22] 姜颖.基于信息生态论的机构知识库内容建设发展策略研究[J].图书馆工作与研究,2014,1(1):109-112.

[23] http://www.irgrid.ac.cn/

[24] 王丽,孙坦,张冬荣,等.中国科学院联合机构知识库的建设与推广[J].图书馆建设,2010(4):10-13.

[25] 王丽,孙坦,张冬荣,等.中国科学院联合机构知识库的建设与推广[J].图书馆建设,2010(4):10-13.

[26] http://chair.calis.edu.cn

[27] 韦成府,聂华,崔海媛,等.多馆协作开发的机构知识库建设--以 CALIS 机构知识库项目为例[J].大学图书馆学报,2014,32(3):69-73.

[28] 聂华,韦成府,崔海媛.CALIS 机构知识库:建设与推广、反思与展望[J].中国图书馆学报,2013,39(2):46-52.

[29] 赵增和,ZhaoZeng-he.多馆合作开发机构知识库的内容建设与策略研究[J].图书馆理论与实践,2016(10):52-54.

[30] 邓君.机构知识库建设模式与运行机制研究[D].吉林大学,2008.

[31] NISO. The framework of guidance for building good digital collections. http://www.niso.

org/publications/rp/framework3.pdf

[32] 马玲玲,卞艺杰,梅俊,等.高校机构知识库元数据质量控制问题研究[J].计算机技术与发展,2014(1):31-34.

[33] 乔冬梅.e印本文库建设与应用[D].武汉大学,2005.

[34] 蔡迎春.分布式机构库的质量控制[J].图书情报工作,2008,52(7):44-47.

[35] NISO. The framework of guidance for building good digital collections. http://www.niso.org/publications/rp/framework3.pdf

[36] 马玲玲,卞艺杰,梅俊,等.高校机构知识库元数据质量控制问题研究[J].计算机技术与发展,2014(1):31-34.

[37] http://118.145.16.217/magsci/

[38] http://www.ulrichsweb.serialssolutions.com/

[39] ISSN号和期刊原则上是一一对应的.但是由于历史遗留问题,也存在ISSN号相同的不同刊.

[40] 牛永洁,张成.多种字符串相似度算法的比较研究[J].计算机与数字工程,2012,40(3):14-17.

[41] Raym Crow. Institutional Repository Checklist & Resource Guide. http://sparc.arl.org/sites/default/files/IR_Guide_%26_Checklist_v1.pdf

第七章　机构知识库服务推广

机构知识库在全球范围内成为高校和科研机构提供的一项普遍服务，尽管机构知识库的价值巨大，但持续收集内容一直都是机构知识库发展的瓶颈。如何发展与推广机构知识库服务，是全球机构知识库共同面对的挑战与困难。在技术日趋成熟、开放获取政策被广泛接受的情况下，提升与推广服务成为机构知识库发展的重要方向。

7.1　发展现状与挑战

机构知识库给研究者及其机构带来了许多好处。IR 中存储的内容通过提供免费、不受限制的获取提高了出版物的可见性。IR 管理和长期保存机构成员的出版成果。IR 能够提升机构学术成果的可见度等。尽管知识库有这么多好处，但是 IR 服务推广一直想要收集期刊论文仍然存在一些需要注意的障碍。实践经验表明，事实上尽管大多数研究人员在原则上支持开放获取，但只有少数研究人员会自愿存储自己的研究成果。推广知识库的过程中有许多公认的障碍。不同于一些学科知识库，例如 PubMed Central 和 arXiv，由于种种原因，研究人员还未广泛接纳机构知识库。机构知识库也没有完全融入研究领域中。机构知识库在本机构的可见性还比较低。其他障碍还包括作者对侵犯出版协议的担心；对不存储的作者缺乏正式的激励和惩罚措施；或没有时间存储论文。

2017 年 3 月，美国大学与研究型图书馆协会（Association of College and Research Libraries，ACRL）发布《2017 环境扫描》报告[1]，其中关于 IR 发展，报告特别提出，美国大学机构知识库一直存在较低存储率的情况。2016 年，IR 最早建设者与引领者麻省理工学院，庆祝自该校 OA 政策发布以来，IR 教师发表论文存储率达到 44%。同年，俄勒冈州立大学（Oregon State University）和内布拉斯加州立大学（Nebraska State University）的 IR 存储率超过 40%。美国大学 IR 存储率一直低于 50%。加州大学（The University of California）IR 储存率为 25%，而没有存缴政策支持的美国大学 IR 存储率更低。与此相反，欧洲开放获取发展非常成功，比利时列日大学（University of Liege）存储率超过 90%。

政策影响还是其他因素导致美国 IR 发展迟缓？俄勒冈州立大学图书馆，通过提供从 Web of Science 获取元数据信息增值服务，该校 IR 存储率从 11% 发展到 2012 年的 45%。而 2013 年发布 OA 政策后，存储率降低到 42.87%[2]。该校实践与研究说明，通过提供中介等增值服务，比通过 OA 政策推动，更能够提高 IR 存储率。

机构知识库还是学科知识库更受到学者欢迎？报告指出，越来越多的学者希望将成果存储在学科知识库，而不是本校机构知识库，原因在于大部分学者在其职业生涯中至少换一次工作，因此也更倾向于能够持久保存其学术成果的学科知识库。2016 年，学科知识库发展迅速。社会科学知识库 SocArXiv，engrXiv，ChemRxiv，PsyArXiv 发布，比肩 bioRxiv 与 arXiv，发展学科知识库。2016，arXiv 庆祝建立 25 周年。学科知识库发展繁荣同时也存在商业化风险。2016 年 5 月，在 SocArXiv 发布之前，Elsevier 收购社会科学学科知识库 SSRN。Elsevier 也开始建立 ScienceDirect 与大学机构知识库的合作伙伴关系。有研究者担心这样的发展趋势有悖于开放获取的初衷与目标。

清楚发展方向和目标，建立行之有效的服务推广模式，是建设机构知识库的重要任务。

7.2 机构知识库服务研究综述

张雅琪和盛小平（2015）在机构库评价研究进展综述中总结了机构知识库建设的影响因素：对机构知识库益处的认识和信任，个人存储经历，机构知识库技术、容量、政策，先导性项目的支持作用、组织支持、服务、宣传和沟通、自存储资源的学术质量、版权问题、自存储界面及操作性能等。在众多影响服务推广因素中，关键成功因素主要有：①内容，包括缴存内容的质量和数量、不同学科领域存缴情况、资源类型、全文数量；②资源管理，如科研人员的主动存缴和定期参与；③管理和政策，包括管理、服务、人员支持、经费支持、机构支持、知识产权问题、宣传与推广、存储政策、版权政策、质量控制政策、保存策略；④技术，即系统和软件配置；⑤其他，如促进学术交流、易于使用等。影响机构知识库评价的因素主要有：①机构库系统软件，包括系统软件的功能、系统软件技术以及系统软件服务（如技术文档）；②学术机构成员，包括学术机构成员对机构库的了解度、接受度、支持度、满意度以及利用情况；③机构库资源，包括资源的数量、资源的全文可获取性、自我典藏情况、资源的类型、资源的新颖性以及资源提交人员信息；④机构库管理与政策，包括资源质量的控制能力（如资源质量控制）、管理人员配备的配备情况、机构库相关政策（如强制存储政策、激励政策的制定和执行情况）、宣传与推广以及版权管理；⑤机构库建设经费，包括经费预算、系统软件费用、设备费用以及管理费用[3]。

F. Oguz 和 S. Assefa（2014）通过对问卷调查研究发现，美国北卡林纳大学（University of North Carolina at Greensboro）教师对 IR 的需求主要是增强其学术影响力和生产力，而不是获取成果资源[3]。D. Kyriaki-Maness 等（2013）对雅典 TEI（Technological Educational Institute of Athens）教师调查发现，通过邮件等多种方式广泛宣传，教师们对 IR 有了了解与理解后，提交与使用 IR 的积极性都很高[4]。F. Singeh 等（2013）通过调查马来西亚五所大学教师对 IR 提交的接受情况。该研究显示，虽然认可 IR 的价值和意义，但大部分调查者并不愿意接受 IR 自存档方式。M. Boufarss（2011）研究表明，阿拉伯联合酋长国 petroleum institute 的大多数学者对 IR 不熟悉，但支持开放获取，并愿意提交成果[5]。多个调查研究表明，研究者对机构知识库了解不多，提交动力不足，因害怕论文抄袭、担心版权问题和不清楚提交流程而导致参与度较低。研究者关注开放出版的益处，关注 IR 对其学术影响力的帮助[6]。

2013 年 2 月 12 日，开放获取知识库联盟（Confederation of Open Access Repositories，COAR）成立知识库观测站项目组（Repository Observatory，RO），旨在通过研究 IR 发展趋势与未来前景，帮助开放获取知识库预测和应对知识库的快速发展，并获取、分享全世界 COAR 成员的想法、经验教训和最佳实践。2012—2013 年该项目向 COAR 成员机构和其他公开的邮件讨论组发送了案例征集通知，并展开了两轮文献搜索工作：第一次是在 2012 年，第二次是在 2013 年 1 月初。文献搜索范围有：EBSCO、LISTA（Library，Information Science & Technology Abstracts）、e-LIS、Google 及 Google 学术搜索。2013 年 6 月，COAR 发布了《激励、整合与中介：知识库推广的可持续实践》报告。报告总结了 8 个推广知识库的可持续发展的做法，包括：①宣传推广；②机构强制政策；③提供统计指标；④提供内容补充和存储服务；⑤提供研究人员简历；⑥提供机构档案；⑦提供出版商协议；⑧直接存储服务[7]。

中国科学院机构知识库建设，在科学院政策和项目经费支持、文献情报中心全力投入和学科馆员服务等支持下，是中国IR服务推广最成功的联盟机构。其服务模式和推广成果值得中国学术机构联盟与资助机构参考借鉴（图7.1），推广经验主要是：①协同工作机制。文献情报中心负责系统开发、建设推广及项目全局掌控。兰州中心技术团队承担机构知识库系统开发和技术支持工作，学科馆员承担责任研究所（即，学科馆员所服务的研究所）的宣传推广工作，研究所图书馆员成为研究所机构知识库的主要建设人员。②“试点→示范→推广”的模式稳步进行。试点单位为其他研究所树立建设榜样和范例。经过两年多的试点建设，首个试点单位力学所机构知识库已初具规模。经过试点和示范项目，全面建设推广于2009年4月30日正式启动。④学科服务工作模式。将IR推广工作与学科服务工作绑定，纳入学科服务核心任务体系中，学科馆员承担建设推广工作[8]。

项目资助支持发展，国内外都有多个成功案例，在第一章介绍的典型案例中，美国OAI、英国FAIR、荷兰DARE、德国OA-Network、澳大利亚ARROW与Trove、欧盟地平线2020、资助机构cOALition S项目、台湾TAIR项目、中国高校CHAIR项目和香港八所大学HKIR项目等，都通过项目成功推动机构知识库发展。项目资金支持、机构合作、研究和应用不断深入等持续性发展带动服务推广，为单一机构提供从技术平台、标准规范、内容建设和服务建议等全方位支持，是机构知识库推广的有效方式。

7.3 机构知识库服务评价指标

西班牙国家研究委员会（The Spanish National Research Council）所属网络计量学实验室，以网络计量学的技术评比国际5 200所大学的网络学术研究资料表现，每年公布对世界学术和研究机构IR评比排名（Ranking Web of Repository），促进开放学术网站传播，支持开放获取，提升学术交流。如何增强

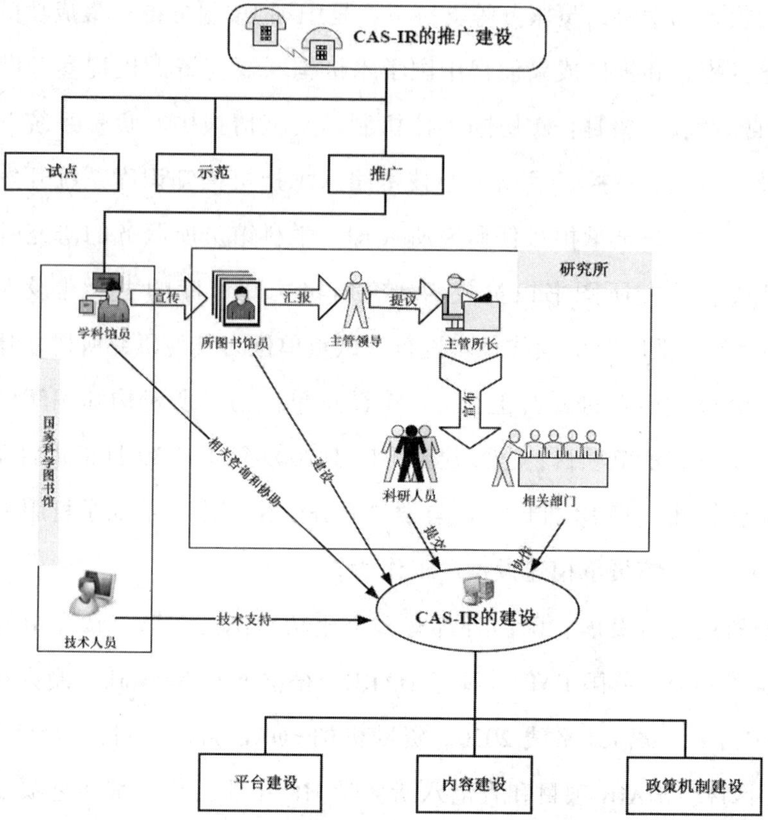

图 7.1　科学院机构知识库服务推广模式

IR 影响力，提升排名，该机构给予的建议是[9]：①提供清晰、稳定不变、容易记忆的 URL 域名；②加强内容建设，以自存档与代理提交等多种方式建设内容，增加数据量；③将各种内容转换发布，如纸质历史文献、考察报告等各类资源；④建立更多网站关联，与机构、社区、个人主页等所有有关联的网站互相链接，增强网站可见度；⑤支持多语言，尤其是英语；⑥发布 PDF 文档多媒体文件，如视频，访谈，演示文稿，动画图表甚至数字图片都非常有用；⑦界面设计简洁、友好的检索入口，便于搜索引擎抓取数据；⑧提供页面访问统计功能，包括数据来源，检索词和最受欢迎的页面等；⑨资源信息能够长期保存；⑩网页和元数据标准规范。提供网页标题和描述性标签，应用元数据标准，有助于提升网站的搜索排名。

推广 IR 服务，需要让多方了解到 IR 的价值。对图书馆和大学管理机构，需要证明 IR 值得投入人力和资金支持。对学术机构和提交者，IR 需要证明花费时间提交成果会有回报。通过清晰定位 IR 服务不同受众的需求和目标，才能准确把握服务方向，有效推广 IR 应用。①对大学管理者，关注 IR 是否能：有效展示学术成果；提高学术成果可见度和影响力；满足开放获取政策需求；IR 可信度；与对标机构的比较；有助于招聘教师和招生。② 院系单位，关注 IR 是否能：有效展示学术成果；提高学术成果可见度和影响力；满足开放获取政策需求；IR 可信度；与其他院校同领域机构的比较。③教师学者，关注 IR 是否能：展示个人学术影响力；提高学术可见度和影响力；有助于职称晋升、聘任和绩效评估。④学生，关注 IR 是否能：有助于未来就业或深造；提升能力。因此，机构知识库建设，需要重视表 7.1 给出的不同受众关注的指标和目的，增强功能，提供相关指标数据，为 IR 建设和服务推广提供服务和数据基础[10]。

表 7.1　不同受众关注机构知识库的指标和目的

受众	评价指标	指标数据来源	目的
授予机构	下载量	平台生成	衡量学术影响力
	全文百分比	平台生成	证明具有开放获取权限
认证机构	下载量	平台生成	衡量学术影响力
	条目数量	平台生成	衡量学术成果
	提交量	网站分析	展示学术可见度
	访客位置	平台生成	展示学术影响力
	平均下载量	机构库网络	对标机构比较分析
	同行评议机构平均下载量		

续表

受众	评价指标	指标数据来源	目的
理事会	统计数据	平台生成	展示学术影响和高使用率
	热门下载		
	条目数量	平台生成	衡量学术成果
	提交量		
	平均下载量	平台生成	展示学术影响力
	同行评议机构平均下载量	机构库网络	对标机构比较分析
大学管理	参与单位	内部数据	衡量机构库的参与度
	参与教师		
	参与的教师比例		
	条目数量	平台生成	衡量学术成果
	提交量	网站分析	展示学术可见度
	访客位置	平台生成	展示学术影响力
	平均下载量		
	同行评议机构平均下载量	机构库网络	对标机构比较分析
院系机构	参与教师	在内部	衡量机构库的参与度
	参加教师比例		
	本机构教师参与其他单位比例	在内部	对标院系比较分析部门
	机构下载量	平台生成	展示机构学术影响力
	每个教师的下载量	平台生成	评估教师学术影响力
	机构条目数量	平台生成	衡量机构学术影响力
	机构上载量		
教师学者	教师条目数量	平台生成	衡量教师学术成果； 展示开放获取成果
	每个教师上传量		
	平均下载量	平台生成	展示学术影响力
	同行评议机构平均下载量	机构库网络	对标机构比较分析
作者	条目下载量	平台生成	展示学术影响力、推广和保存
	上传量	平台生成	展示学术成果和开放获取成果
	替代计量	Altmetrics 来源	展示可见度和研究热点
	引用次数	引用措施	展示学术影响力

续表

受众	评价指标	指标数据来源	目的
机构库	上述所有	上述所有	展示机构库成就；吸引更多参与者；展示工作业绩；提升服务；同行机构评价
	访客统计和行为	网站分析	搜索引擎优化；提高可见度；提升服务

如何克服发展瓶颈，提高IR活跃度，增强研究者提交积极性，消除版权顾虑，推广机构知识库服务？通过英国Strathclyde大学机构知识库（Strathprints）等多个机构知识库的建设经验，欧洲研究者认为影响机构知识库服务推广的主要因素可以从用户、作者、评估评价方三个角度分析，通过三种不同身份角色人的角度分析，可以总结分析出发展与推广IR服务的关键因素[11]。表7.2列出影响机构库服务推广的关键因素。

表7.2 影响机构库服务推广的关键因素

角色	关注因素	关注内容
用户	可见度（visibility）	IR在国际开放获取目录揭示（如ROAR，OpenDOAR，Google Scholar等）
		标准化IR名称（如PKUIR，TAIR，CHAIR等）
		友好易记URL，如http://ir.pku.edu.cn
		广泛培训与宣传IR，增强可见度
		IR首页提供统计数据，如记录数量、类型、使用量等
	可获取性（Accessibility）	提供帮助文档、多语言界面等
	可用性（Usability）	提供丰富的检索功能，如简单与高级检索等、精炼检索等
	及时更新（Update）	IR资源及时与经常更新
	导航（Navigability）	首页提供方便的导航功能

续表

角色	关注因素	关注内容
	质量与用户满意度（Quality and user satisfaction）	提供 IR 政策、用户反馈与沟通渠道，如联系我们的电话、邮箱等
作者	OA 与 IR 政策	政策应涵盖内容见第二章政策框架建议
	知识产权相关法律问题	对存缴内容、作者授权、元数据与全文等与知识产权相关内容有明确说明
	数据安全	数据安全（备份机制）、长期保存、唯一标识符等
评估评价方	元数据标准	
	全文或文摘	
	文件格式	
	文件大小	
	统计数据	引用量、访问量、下载量等

7.4 机构知识库服务推广策略

国内外研究与实践表明，有效的推广策略能够快速促进机构知识库发展，加快建设进程，并取得多方面的成效，达到推动开放获取，促进学术交流的目的。参考国际上 IR 建设推广经验，并考虑中国高校特点和 IR 建设实际情况，建议 IR 服务推广考虑以下策略和发展方向：①营销推广；②机构强制政策；③内容建设；④增强平台功能；⑤丰富的统计与替代计量数据，提升作者曝光度；⑥优化 SEO，提升搜索排名；⑦为学者提供增值服务；⑧ 融入科研管理流程；⑨支持开放教育资源；⑩支持研究数据服务。

7.4.1 营销推广

营销推广（Marketing）是 IR 服务推广的重要部分。杰罗姆·麦卡锡在《基础营销学》中定义“营销是指某一组织为满足顾客而从事的一系列活动”，指出“营销”的特点：以产生可持续效益为目的，以维持用户关系为基础，以用户需求为导向，以满足用户需求为方法[12]。营销策略，也称为4P：产品，价格，营销和场合。社交媒体新营销中，增加了4P：公共关系，合作伙伴，政策，资助。前4P提供了人们可以采取行动的环境，后4P为计划以高效和有效的方式运作提供了力量和支持[13]。表7.3简要概述了IR营销中的8P策略。

表7.3 IR营销8P策略

8 p	含义	IR营销建议
产品	实际产品，提供产品价值，功能和品质	IR所有功能（见表7.4）
价格	价格越低，人们就越有可能购买，或者越了解其益处/价值，就越可能使用	提交成果所花费的时间或精力越少，兴趣越高
促销	促销、宣传推广，让人们使用产品	促进学者提交和使用IR的交流活动（提升兴趣/解释概念/促进提交/应用）
地点	访问产品的途径：易获取，用户友好，方便联系	发布的联系方式和提交说明
公共关系	所有利益相关者（内部和外部），每个利益相关方都能了解IR并找到兴趣和利益点	教师，学生，博士后，合作伙伴，图书馆员，管理人员，赞助商，政策制定者，领导层
合作伙伴	合作的各方	图书馆与多方共同合作
政策	政策制定者	大学、政府和资助机构的政策支持
资助	为产品持续性发展提供资助	推动各方利益提供资助

IR成功的关键因素是研究者是否会提交成果。营销重点是通过创造一个有吸引力的IR平台（方便易用，提交简单，服务有价值，激励措施有吸引力）来实现，用户可以轻松完成并获得收益。需要用户发布使用，并需要制定积极的政策措施。用户需要了解与理解IR的价值，提高其使用积极性和贡献意愿。

在IR服务中，营销推广不仅是宣传推广活动，还包括探寻满足用户需求的支点、构建与用户群体的稳定关系、持续性的用户交互等要素。这些要素是实现 IR 服务、开放获取贴合用户需求的内外部良性循环及社会效益最大化的重要业务过程。IR 营销推广包含对用户定位和需求分析，营销战略规划、IR 平台的设计和推广。

（1）用户定位和需求分析

IR 面向的服务对象主要是：大学、院系、学者、学生。大学管理层关注学科发展、学者评价。IR 汇集完整、准确的成果数据，可以基于数据做内容挖掘和分析，对学科评估、学者评价、学科国际竞争力分析和学术成果全球传播提供支持服务。院系关注本学科发展、教师学术能力、学生发展和招生，IR 可以为院系提供精准数据增值服务。学者关注学术影响力和教学科研支持，IR 可以为学者提供数据自动汇集、引用数据更新、个人主页等服务。学生关注学术资源搜索和学科发展动态，IR 可以提供更优的搜索和内容关联。了解服务用户对象，把握服务需求，有助于营销精准到位。

需求分析，可以在国内外文献综述和案例调研基础上，总结用户通用需求特点和成功案例经验，确定需求。还可以进一步通过设计需求问卷，在校内进行用户（教师、管理人员、领导层和学生）调查和访谈，了解用户对开放获取政策、IR 功能、成果提交和发布、学术评价的需求。本书附录 2 是 2013 年 5 月中国机构知识库推进工作组所做调查问卷样例，供读者设计问卷时参考。高校组织架构中，通过图书馆总分馆学科服务体系和科研管理部门的院系科研秘书体系，能够全面开展用户调查。

中国高校“双一流”高校建设过程中，校管理层、院系、教师都更为关注学术影响力、学科发展和科研评价。IR 发展与营销，关注本机构“双一流”建设需求，提供更有针对性的功能和营销策略，将是中国高校 IR 发展的新机遇。

（2）IR 平台的设计和推广

IR 是收集并保存研究者学术成果和支撑学术研究的基础设施，是为研究者提供学术研究和学术交流系列服务的平台，包括存档、管理、发布、检索和开放共享等。因此，Lynch 将 IR 定义为大学为其成员提供的一系列服务，用于管理和传播由该机构成员创作的学术数字成果。在营销领域，服务作为无形产品，其成功在于要么带来产值，要么用户喜欢使用并受益。在营销理论中，科特勒等人将产品区分为三个层次：核心层面，实际层面和增值层面。在核心层面，核心产品代表产权核心价值或解决核心问题的服务；在实际层面，是将核心产品转变为用户可以感知的特性和服务；在增值层面，是提供更多产品价值和服务。实际层面比较容易理解，产品具有特性，如设计、品牌、商标等。核心曾代表产品提供的主要优势和产品的核心功能。它代表了产品的本质。增值层面，包括改进产品品质、提升服务措施和良好的客户服务等。对于 IR，核心产品将取决于其管理的愿景，IR 的功能，以及研究者需求。表 7.4 列出产品三个层次与 IR 设计建议，供读者参考。

多所学校的实践案例证明，了解用户需求，以营销理论指导 IR 产品设计和服务推广，能够取得更好的效果。麻省理工学院将 IR 的核心定义为根据用户需求为院系提供学术成果保存和管理服务。罗切斯特大学将 IR 的核心目标从机构服务（收集和组织整个大学的学术产出）转化为教师服务，提供个人主页和提交工具等辅助功能。荷兰“科学精华”（Cream of Science）项目是一项成功的品牌营销活动，通过 DARE 项目联盟成员合作，吸引更多科学家加入 IR。通过 Sherpa /Romeo 数据库，可以为用户提供版权增值服务，解决用户的版权顾虑[13]。

表 7.4　产品三个层次与 IR 设计建议

产品三个层次		含义	IR 设计建议
核心产品		产品的核心价值和服务	长期保存，教学科研服务，成果传播，学者影响力
实际产品 5 个特征	产品质量	IR 功能和服务品质，需要具有准确性，可靠性，易用性和全面性等特点	元数据正确，URL 有效，具有 DOI 或 handle ID（数字对象标识符）
	特征	IR 平台辅助功能	搜索引擎，个人主页，学术交流社区，管理数据等
	产品设计	产品的功能和外观	WEB 界面设计，导航，数据提交和管理，元数据等
	品牌（名称，徽标等）	IR 的品牌特点（可靠、有用、创新等）	特色服务（如，学科服务门户，IR 联盟中心门户等）
	包装和标签	产品介绍信息，增加产品对潜在用户吸引力的信息	准确的 IR 介绍和联系方式，美观易用的网站设计，主题词表等
增值产品		提供更符合用户需求的功能服务	完善的用户服务，版权服务等

（3）营销战略规划

在需求分析基础上，了解用户需求，预测未来发展，准确定位核心目标，设计产品功能，提供用户所需服务，制订战略规划，实施 IR 发展框架及优先或重点发展事项，有助于更好地营销 IR 服务。更好地应对挑战、把握未来。

营销战略规划，仍需要在用户调查和需求分析的基础上制订，确定本机构 IR 建设和发展的核心需求和目标，明确产品核心功能，发展应用和增值功能，并落实工作计划，开展 IR 营销推广。推广中，需要充分发挥现有服务体系作用，实现最大效益。以高校为例，图书馆学科服务体系已经完善、成熟，服务延伸到各个院系，通过学科馆员推广 IR 服务，能够快速与院系师生建立联系。高校科研管理体系中，科研管理部门与院系科研秘书掌握全校教师科研情况，通过科研管理体系，开展需求调查、成果收集和个性化服务，都能够取得最优效果。如果能够将IR系统纳入到科研管理系统和学术评价系统中，将使IR具有可持续发展。北京大学IR建设，通过全面汇集全校学术成果，得到校管理部门认可，并以IR作为科研管理系统成果子系统。该案例说明，做好规划，发挥IR核心价值，多方合作，能够突破障碍，取得成功。

营销推广中，需要讲好"IR故事"，让教师对IR发生兴趣，了解其价值。需要在网站、校内海报、校级会议、学科馆员培训、院系讲座等多种场合，通过海报、PPT、宣传材料等，展示数据统计、功能介绍、核心价值和服务内容，让受众了解IR。

英国开放获取实施小组报告中指出，自从开始营销推广活动，可以使机构内部大约60%的同行评议期刊成果存储于知识库中，而且全文记录量也增长了很多[7]。

日本数字知识库联盟（Digital Repository Federation）发起的"hita-hita"项目，目的是在全日本范围内支持树立机构知识库的意识，在全国的知识库管理者之间分享知识。特别是该项目要建立"（知识库）管理员层面的团结，分享经验、交流各种创造性想法、改善并宣传我们的观点，从而高度发展各自的IRs。""hita-hita"一词的意思是能够"轻轻地平稳地穿透"。在仅靠这一宣传战略而在没有任何机构或国家的强制命令的情况下，到2011年，日本机构知识库内可获取的研究论文数量超过760 000篇。

2015年底，北京大学学术交流生态系统上线服务，以机构知识库、研究数据管理服务、期刊网、学者主页为基础，为师生提供开放学术交流服务。2017年，为了促进学术信息（scholarly information）收集、管理、保存与服务的可持续发展，提高学术交流的开放程度和影响力，北京大学图书馆以"学者、成果、研究数据、期刊"四大学术信息对象为核心，制定"beyond library"营销系列方案，推广学术交流生态系统，推动开放学术交流，取得效果：①通过在学校主页发布系统链接，改进 SEO，提高搜索引擎排名；②通过 37 个院系分馆发放宣传册，校图书馆管理委员会年度会议、科研秘书年度会议宣传；③国内外学术会议宣传；④开放获取政策获得校图书馆管理委员会通过；⑤提升服务功能，融入科研管理、教学科研过程，服务与所有师生密切相关，IR 扩展成为科研管理系统成果子系统；⑥积极参与国际交流，全面推广学术交流生态系统服务：组织中国机构知识库联盟建设，引领中国开放学术交流。通过‘beyond library’营销，2017 年，学术交流生态系统访问量达到百万级，其中新访客占比 70%以上，搜索引擎排名跃升至第一位，注册用户数量增加 250%。IR 服务已经成为校级科研管理系统的一部分，具有可持续发展。

7.4.2 强制性政策

产品性能与营销推广固然重要，但强制性政策更能保证机构知识库可持续发展。国际上，许多高校都发布了强制性开放获取政策，要求教职工将其同行评议的学术论文预印本（manuscript or pre-print）提交到机构知识库中。强制性政策的实施方法有许多种，但通常主要有两种实现方式：一种是“自上向下”的机构强制政策，这种情况下一般都是机构行政部门或高层管理人员发起强制政策；另一种是“自下向上”的机构强制政策，这种情况下一般是大学教师理事会提出、投票并通过政策。在欧洲，自上向下的机构强制命令最为常见。北美的政策实施多是自下向上的方式。有些美国知名机构已经采用了强制要求，包括麻省理工学院、斯坦福大学教育学院和杜克大学等。强制性政策是增加知识库存储内容的成功方法。根据美国的一项研究结果显示，有强制要求的机构不仅其 IR 的研究成果比例更大，而且受访的研究人员和作者对开放获取和开放出版有更深入的理解和参与。有证据表明，实施强制政策的知识库的内容数目都有所增长。但数据显示强制政策并没有对特定比例的知识库产生确定性的影响。的确，政策的有效实施必须伴随着宣传推广和研究人员乐于支持。但是，实践证明，强制性政策在推广知识库的过程中确实能发挥重要作用。

本书第二章为读者介绍了国内外开放获取政策和制订开放获取政策内容建议，供读者制订强制性政策参考，内容不再赘述。

7.4.3 内容建设

机构知识库重要价值是对学术成果的收集、管理、长期保存并提供检索利用。完整、准确收集本机构成员所有学术成果是增值服务和营销推广的基础。完整是指从机构创始以来的成果尽量完整地收集；准确是指成果本身的数据准确，包括元数据（字段丰富、赋值正确）以及相关文件的完整性；学术成果包含各种类型，除了公开发表和出版的期刊论文、会议论文、报纸文章、图书、专利等，还包含学位论文、研究报告、技术报告、调查报告、演示报告等“传统”学术产出，以及“非传统”格式如乐谱、研究数据集、软件等学术产出。

IR 建设初期，强调作者本人提交学术成果的重要性，然后收效甚微，研究者缺乏提交的意愿和兴趣，但是近几年提交学术成果出现多种形式，IR 内容建设取得了数量和质量的突破。除了自存档外，出现 IR 管理人员代提交，开发辅助工具通过接口自动收割数据库元数据，与数据库商合作共建数据等方式。而当 IR 数据丰富后，管理部门和研究者的增值服务需求开始出现，IR 成为学校学术交流生态系统中的重要基础设施。因此在内容建设上，建议：① IR 平台提交功能，应支持多种方式，包括自存档、自动收割数据、代理提交、跨系统合作等。实践案例证明，尽可能通过工具软件提供数据，减少用户提交工作，是 IR 内容建设成功的基础；②学术成果类型上，重视历史文献、档案等历史资源的电子化发布，发挥 IR 完整长期保存学术成果的作用；

重视新媒体资源，如视频，访谈，演示文稿，动画图表、数字图片和数据集等新型学术成果，发挥 IR 构建新型学术交流系统的作用；③多方合作，基于内容和数据，为校内管理部门、院系、教师提供增值服务，如成果统计、学术评价、教师成果汇集与输出等服务，发挥 IR 成果价值。

美国堪萨斯大学（University of Kansas）通过跨院系团队合作，简化工作流程，提供成果提交工具等方式，使得知识库数据数量大幅增长。哈佛大学威廉与玛丽法学院（William & Mary Law School）通过雇佣学生做中介提交，录入知识库元数据条目，提高内容建设数量和质量[7]。

以北京大学机构知识库（PKUIR）为例，其内容建设的目标是收集北京大学的所有成果，包括在这里工作过或是学习过的学者所产生的所有成果。截至 2018 年 10 月，PKUIR 收集了 54 万条元数据和 30 多万全文数据，并在元数据标准规范、数据质量、数据词典、数据更新、学者关联、统计分析等方面都进行了功能与服务的进一步提升。成果类型包括：期刊论文、会议论文、学位论文、专利、报纸、图书等。数据字段基本涵盖了校社会科学学部和科学研究部进行成果统计时的字段，成果统计的字段部分被 PKUIR 涵盖，部分是可由 PKUIR 现有字段自动推导得出。基于完整、准确、丰富的数据，PKUIR 提供了多种增值服务，包括与科研管理部门合作，提供成果统计。高质量的数据得到科研管理部门和院系的关注。2015 年，在北京大学科研信息综合管理系统（SCIMS）项目立项讨论中，确定以已经有丰富数据内容基础的 PKUIR 为基础，由 IR 团队负责成果管理子系统的开发。2018 年 11 月，科研信息综合管理系统成果管理子系统发布测试版，提供论文检索、提交、认领、审核和成果评奖等功能模块。PKUIR 融入科研管理系统，是 IR 发展的成功案例，而完整、准确的数据内容是促成合作的根本原因。

7.4.4 增强平台功能

推广服务、提升用户参与度需要改变思维方式，从用户角度出发设计与增强平台功能，建设机构知识库的目标从收集与保存学术成果，改变为支持与帮助师生教学科研，成为学术交流生态系统中的重要基础设施。在平台功能上，可以在以下方面提升改进：

（1）改进工作流程，简化提交，提供教学与科研支持服务。

信息技术的不断进步，异构数据互操作技术日渐成熟，搜索引擎和越来越多的数据库平台提供支持数据互操作的接口服务，使IR能够实现自动提交和代理提交功能，改进工作流程，提供自动提交元数据和代理提交已是IR平台的发展方向。与教学、科研过程密切相关，是IR可持续发展的基础，教学过程中，需要完整、及时、丰富的学术成果信息，IR可以发挥兼容多种资源类型的优势，提供教学资源存档和服务，为教学提供支持。科研过程中，需要了解研究热点、资助课题和研究者信息，IR丰富的元数据信息，能够基于成果为研究者提供热点、项目、课题组和研究者数据分析，为研究提供数据支持。IR还可以根据用户需求，提供学科服务门户等特色服务。

（2）增强数据分析与统计功能，支持学术交流。

IR完整、准确的成果数据，是核心价值之一。基于数据，IR可以为科研管理提供学校科研成果统计分析功能。IR可以提供作者、院系、学部等发文量、高发文量期刊、基于收录信息的高质量论文分析等功能，为学科发展提供数据分析基础。IR还可以提供学者科研产出分析、学者影响力（学者成果被浏览、下载、引用）分析等功能，为学者学术研究与交流提供服务。

（3）提供社交媒体功能，增强用户粘合度，成为学术交流社区。

通过提供标签（tag）、订阅、推荐、收藏、评论、留言等社交媒体功能，成为用户学术交流社区，能够增加用户参与积极性，增强机构知识库活力。

哥伦比亚大学师范学院IR实践证明，增加社交媒体功能，注册用户数量，尤其是学生注册数量显著增加，学生将机构知识库作为分享学术成果社区，知识库活跃度增加，也使教师参与度增强，知识库成为教学交流社区。

其中，学生用户比例，从没有社交媒体功能到 web2.0 功能的 11%增加到 79%。但贡献成果比例，教师为总用户的 23%，学生为 8%[14]。哥伦比亚大学的经验说明，从图书馆角度转为教师与学生成角度建设 IR，让教师与学生为知识库社区的主导者，是增强 IR 活力的有效途径。

（4）支持学生研究成果保存与传播

受高等教育改革、研究范式变革、数据驱动研究等影响，学生科研，尤其是本科生科研日益受到重视，越来越多的国内外一流高校鼓励与支持本科生科研。改变 IR 以教职工服务为主，支持研究成果的保存和服务，有助于 IR 成为更具活力的开放学术交流平台

研究与实践表明，机构知识库收集学生研究成果，为学生提供永久保存学术成果、建设个人主页、展示个人研究成果与能力的平台，受到学生欢迎，参与度很高，有助于推动学生科研，甚至有助于学校招生和校友交流。2013 年，一项调查显示，关于 283 个美国大学机构知识库，其中 71%收集学生学位论文，但仅有 38%的机构知识库收集学生的海报、演讲或研究论文[15]。美国 Utah State University（USU）自 1975 年起收集师生多种类型研究成果，2008 年发布的机构知识库，截至 2017 年 7 月 25 日，共收集 59 780 篇研究成果，其中学生成果 8 694 篇。USU 机构知识库建设经验证明，收集多种类型学生研究成果，为学生提供研究成果保存、传播、个人研究能力展示窗口，对促进本科生科研、学校招生有积极作用。

7.4.5 丰富的统计与替代计量数据，提升作者曝光度

如前所述，IR 评价指标中，统计和替代计量数据是多项重要指标。研究者提交动力在于提高其研究论文的可见性。丰富的统计数据，能够成为推动研究人员存储成果的有力措施。通过收集和展示各种知识库使用数据，IR 可以给研究者、机构和搜索引擎提供多种服务。IR 统计功能通常包括数据量、

访问量、下载量、最热推荐、引用数据等，还可以提供替代计量数据、条目访问量、研究者成果访问统计等。

英国圣安德鲁斯大学（University of St. Andrews）IR 提供条目统计信息。中国科学院 CAS IR Grid 提供了机构层面、研究单元层面和每位研究人员层面的知识资产统计信息，这些统计结果能以 excel 格式的文档输出。内布拉斯加林肯大学（University of Nebraska-Lincoln）教师们关注 IR 的下载次数。昆士兰科技大学收集并评估了知识库的下载次数、页面浏览次数和访问者来源等统计信息，反映用户如何使用研究人员的研究论文的情况。而集成替代计量统计指标（Altmetric），提供更详细的论文使用信息，是 IR 可以提供的亮点服务，例如，PLOS 的文章级别评价指标（Article-Level Metrics）API 可集成至 IR 中，通过多种渠道和社会网络追踪文章使用情况和曝光度。集成替代计量指标工具，不仅可以跟踪论文的下载次数，还可以跟踪在论文以外的其他媒介和渠道上链接论文的使用情形，比如在 twitter 中提到或有媒体报道[7]。

7.4.6 优化 SEO，提升搜索排名

搜索引擎已是用户寻找信息的第一入口，优化 IR 的 SEO，方便搜索引擎爬取数据，提升 IR 站点搜索引擎排名，有助于提高 IR 成果数据可见度。在 IR 平台设计与发布时，遵守 SEO 指南规划好平台：① 网站发布，支持移动端，自适应是可以考虑的选择。移动访问比例逐年升高，已经影响到 SEO 排名；②页面设计要优化和处理 SEO 元素，页面都能通过网页标题和描述性标签；③发布前，测试评估与改进 SEO；④搜索引擎提交，应提交网站的所有链接，而不是只提交首页；⑤做好内容更新和 bug 修改；⑥确保元数据正确，做好关键词优化；⑦及时检查数据和更新统计；⑧定期评估，根据搜索引擎算法调整。

7.4.7 学者增值服务

移动互联网与自媒体发展环境下，个人主页、社交媒体与自媒体成为学术交流生态系统成果推广与传播交流的重要方式，并能够有效支持学术成果推广与学者评价，提升学者学术影响力。调查发现，学者最关注学术评价，最需要扩大学术交流渠道，最希望得到个人主页服务[16]。为学者提供所需增值服务，如个人主页、个人成果引用频次更新、数据使用报告等，已被证明是一个可以有效增加成功推进知识库的策略。美国罗切斯特大学（University of Rochester）IR+是提供个人主页的 IR，自 IR+实施以来，研究人员对知识库的参与度明显有所提升。HKU 学者中心（HKU Scholars Hub，香港大学机构知识库）通过研究人员页面介绍其所有的研究人员。这些页面提供的信息包括研究人员的研究兴趣、在专业协会和团体服务中的成员资格、联系信息、合作网络（可视化的图表）、出版物（文章、会议论文和演示报告、撰写或编辑的专著与章节）、工作业绩、指导的研究生、获得资助以及扩展的外部文献计量数据。研究人员页面（Researcher Pages）促进了香港大学与香港和中国大陆乃至全球的其他机构间的知识库交流与合作，有助于媒体和政策制定者发现某领域的专家。

7.4.8 融入科研管理流程

机构知识库发展过程中，一直存在持续性发展瓶颈，除了强制性政策支持外，研究者很少主动提交自己的成果，系统缺乏活力。欧洲科研机构、香港大学与北京大学的研究与实践证明，将机构知识库与科研管理系统成果管理功能模块融合，是解决机构知识库持续发展的关键。机构知识库中存储的内容常常是科研项目产出的一部分，两个系统的功能有着天然的联系和重叠，系统间的相互融合也逐渐成为机构知识库发展的重要方向。本书将第八章对此相关研究、实践与建议做详细介绍。

2010 年，英国圣安德鲁斯大学（St. Andrews）将其 CRIS 系统 PUR 与 IR 集成到一个平台。集成使知识库的内容数量得到显著提高，并带来观念上的改变，开放获取理念被更多人员接受，IR 成为维持研究人员间交流和改善研究支持服务的有效方式。米兰大学（University of Milan）自 2004 年起就开始收集大学所有的科学产出信息。在成功将研究信息系统与机构知识库系统集成形成机构典藏搜索（Archivio Istituzionale della ricerca，AIR）之后，学校计划收集整个大学的出版物。2009 年以来，机构强制要求教师上传自己出版物的元数据，建议他们尽可能上传全文[7]。

7.4.9 支持开放教育资源服务

开放获取理念带动开放教育发展，为了促进教育的共享与公平，开放教育资源（Open Education Resource，OER）发展迅速。1999 年，麻省理工学院教师考虑如何利用互联网追求麻省理工学院的使命“推进知识和教育学生”并在 2000 年提出了开放课程（Open Course Ware，OCW）。MIT 开放课程的推动以及大众教育的需求的提升，世界范围内的开放教育资源越来越多。开放教育资源是指以教学目的而专门设计的或者能服务于教育的各种以数字形态存在和被使用的资源，如媒体素材、题库、试卷素材、课件与网络课件、案例、文献资料等。开放教育资源的类型包括：完整课程，课程材料，模块，学习对象，开放式教科书，公开许可（通常是流式）视频，测试，软件以及用于支持知识获取的其他工具，材料或技术[17]。在美国，多个州通过法案，支持开放教育项目，支持零成本教科书项目。OER 是高等教育开放获取领域的趋势，也是 IR 应该重视的服务领域。融入 OER 资源，开放课程资源，提供服务，支持教学，将是 IR 服务推广的重要发展方向。

7.4.10 支持研究数据服务

大数据与人工智能快速发展，数据日益重要，研究数据作为科学研究的重要成果受到国际学术界和出版领域越来越多的重视。大量研究数据仓储被建成，并呈快速增长态势。重视与发展研究数据的管理与服务，已成为国家层面与科研机构未来提升学术竞争力和影响力的重要发展战略之一。支持研究数据服务，已被 COAR 列为下一代 IR 系统的重要功能之一。研究数据服务构建有多种方式，有建设数据服务平台，收集研究数据并提供服务，北京大学、复旦大学、哈佛大学等多个机构都是采用此种方式，北京大学还将 IR 成果与成果所用数据通过链接建立关联。也有在 IR 平台上直接扩展收集研究数据并发布服务。D. J. Lee 通过对美国 13 所大型研究型大学的 15 名 IR 管理人员关于研究数据管理服务的访谈，来研究 IR 建设中能够提供哪些研究数据服务[18]。布里斯托大学在 IR 平台上，延伸研究数据服务[19]。2018 年 4 月国务院办公厅发布科学数据管理办法[20]后，中国资助机构与科研机构的数据政策陆续出台，研究数据管理服务也将成为高校需要的重要研究支持服务，数据也将是重要的学术成果。支持研究数据服务的 IR，将更具活力。

7.5 北京大学机构知识库服务推广案例

（1）开放获取政策制定推动

2014 年 5 月 15 日，中国科学院和国家自然科学基金委发布开放获取政策。全球已有近百家教育科研机构提出了学术成果开放出版或开放存储政策。哈佛大学、斯坦福大学、普林斯顿大学、杜克大学、加州理工学院等都相继提出教职工研究论文的开放共享政策，要求教职员工在出版论文时保留版权，并将论文存储到学校的机构知识库中供开放获取。

北大是科学研究的前沿和知识创新的重要基地，响应开放获取运动，推行开放获取政策，有利于履行创造知识、传播知识、服务社会的教育使命，有利于广泛、公开、快速地传播学术成果，有利于宣示北大整体的学术影响力和社会影响力，有利于提升教职员工个人的学术影响力和学术成果的曝光率。

2012 年，北京大学机构知识库投入试运行的同时，图书馆发布了《北京大学机构知识库开放获取政策（试行）》初稿。

2013—2015 年间，图书馆持续跟进和学习各国、各高等教育机构的开放获取政策制定进展，并起草《北京大学开放获取政策（草案）》及《北京大学开放获取政策问答》文件。

2016 年图书馆正式向校办公会提交开放获取政策并获得修改反馈。

在汲取校方建议与进一步向校内研究学者征求意见的基础上，于 2017 年顺利完成《北京大学开放获取政策声明》及《北京大学机构知识库开放获取政策实施细则》的修订，提交学校“北京大学文献信息资源战略发展委员会暨北京大学图书馆工作委员会 2017 年工作会议”讨论并获得通过。

（2）机构知识库建设历程

北京大学机构知识库（以下简称 PKUIR）建设于 2011 年 CALIS 三期机构知识库建设与推广项目启动。2012 发布 KUIR1. 0。2013 年 7 月发布了 PKUIR2. 0。2015 年 12 月发布了 PKUIR3. 0。2017 年，已基本完成北京大学科研信息综合管理系统（SCIMS）成果管理子系统和 PKUIR-CRIS（PKUIR3. 0->PKUIR-CRIS）的开发。截至目前，科研信息综合管理系统成果管理子系统正在筹备发布，SCIMS 中论文模块的查询、认领、审核功能模块即将上线，随后发布成果评奖功能；PKUIR-CRIS 已经完成迁移、部署和发布。

PKUIR 收集了将近 50 万条元数据和 30 多万全文数据。PKUIR-CRIS 在元数据标准规范、数据质量、数据词典、数据更新、学者关联、统计分析等方面进行了功能与服务的进一步提升。

（3）内容建设数据成果

2015 年 7 月，完成北京大学历史成果的回溯，共 412 795 篇；

2017 年 11 月，完成 2015 年 7 月后成果的更新，共 83 392 篇，

共进行了六类学术成果的收集，包括：期刊论文、会议论文、学位论文、专利、报纸、图书（注：其中，图书只收集了英文的图书）。

数据范围：涵盖中文库 4 个，包括：知网、万方、CSSCI、CSCD；英文库 7 个，包括：SCIE、SSCI、A&HCI、CPCI-S、CPCI-SSH、EI、PubMed。

数据质量：PKUIR 的字段基本涵盖了校社会科学学部和科学研究部进行成果统计时的字段，成果统计的字段部分被 PKUIR 的涵盖，部分是可由 PKUIR 现有字段自动推导得出。高覆盖率的全文约 70%的成果收集到了全文，比例还在不断增高。

（4）增值服务

基于完整、准确、丰富标引的内容，PKUIR 提供多种增值服务。为校科研管理层提供：学校科研概览；二级单位之间跨学科合作情况。为院系机构提供：机构科研概览，如发文量、高发文量期刊、基于收录信息的高质量论文分析等；与其他二级单位的合作情况。为师生提供：学者科研产出报告；学者影响力（学者成果被浏览、下载、引用）分析报告等。

（5）社会影响力

2015 年，以北京大学机构库建设成果为基础，图书馆承担国家自然科学基金委“开放科学驱动下的开放获取政策研究与平台构建”项目，完成基础研究知识库平台建设，13. 5 万条自然科学基金项目成果数据建设（含项目成果数据的清洗与规范等），以及开发获取实施细则内容。

在国际上，作为中国高校图书馆代表和声音，积极参与国际开放知识库领域的学术活动和事务，包括加入国际机构知识库联盟（COAR）并参与标准

规范等具体工作组工作，在 OpenDOAR、ROAR 等国际机构知识库注册平台进行登记，开通 CNRI handle 前缀，提升 PKUIR 国际影响力和北京大学学术影响力。

在国内，积极领导与组织推动中国高校机构知识库联盟建设，推动中国高校机构知识库建设，包括牵头成立中国高校机构知识库联盟，建设中国高校机构库门户，组织举办中国机构知识库学术年会等相关学术会议和活动。

（6）服务推广策略

面向科研管理部门，推广机构知识库和开放获取政策，采用的方法主要是：①校图书馆管理委员会宣讲开放获取政策，2017 年校图书馆委员会通过开放获取政策（草案），支持继续推进；②将机构知识库融入科研管理工作流程，保障可持续发展；③以完整、准确的学术成果数据，提供统计与学科评价服务，服务价值获得认可。

面向学校教师、学生、研究团体、编辑部，推广机构知识库服务，采用的方法主要是：①研讨会介绍推广，如校图书馆年度会议、科研管理部门年度会议、分馆工作会议、学科馆员工作会议广泛宣传介绍；②面对面访谈，2017 年，与院系教师访谈交流百余次，推广服务；③调查问卷，收集开放获取政策问卷反馈 198 份；④讲座中的推广，如在图书馆举办的一小时讲座（数据素养、数字人文等）中推广服务平台，影响学生用户上千人；⑤通过院系由点到面的营销，如 37 个院系分馆馆员与学科馆员对院系师生宣传介绍，影响全校师生；⑥微信、微博社交媒体、校主页、校新闻网年度宣传介绍 10 余次，影响全校师生；⑦与科研管理部门、编辑部、教师建立合作伙伴关系，主动向师生、校领导推广学术交流服务。

面向全球学术交流社区，推广北京大学机构知识库，扩大国内外知名度和可见度，采用的方法主要是：①国际学术会议中宣传，例如，在北京大学计算语言学研究所举办的“语言资源构建——理论、方法与应用”国际研讨会中发放宣传资料；COAR 年会宣传；②搜索引擎优化，例如，加入站点地图，方便搜索引擎爬取数据。通过高校联盟向全国图书馆宣传数据驱动研究活动，活动介绍广泛出现在国内近 40 所高校或图书馆网站；③加入北大主页，在校级主页增加链接；④加入国际学术信息汇集平台，在 OpenDOAR 和 ROAR 平台注册。

（6）服务效果

机构知识库已经成为北京大学学术成果重要基础设施，不仅融入科研管理工作流程，提供包括科研学者的成果展示、认领、统计等，方便了全校院系单位、科研学者的学术成果管理工作。2017 年度，补充了近两年的学术论文/成果，重新对 50 多万条数据进行整理与关联，完整、准确展现北京大学学者学术成果，浏览量突破千万，下载量突破百万。与北京大学社科部、科研部、教务部、医学部形成合作关系，为各院、系、所、实验室的年度学术成果统计分析提供高质量的数据支持，提升了科研管理效率。

7.6 结语

全球机构知识库快速发展过程中，重要性与可见性日渐提高。开发获取得到越来越多的国家、机构和研究者的理解和支持，IR 建设者们不断努力，采取多种方法推广服务，解决 IR 发展的各种障碍，包括意识、动力、功能和版权等问题。尽管服务推广面临多重挑战，但是机构知识库正日益成为研究基础设施的重要组成部分，其作用和价值不断延伸，支持更多内容类型，如研究数据、多媒体资源等，开发更多增值服务，充分利用各知识库间的互操作性，提供更全面、准确的数据。通过合作和创新，服务推广能够取得成效，推动建设一个真正完善的、全球化的、有价值的机构知识库。

参考文献

[1] COMMITTEE A R P A R.Environmental scan 2017[EB/OL].[2017-07-01].http://www.ala. org/acrl/sites/ala. org. acrl/files/content/publications/whitepapers/Environmental-Scan2017.pdf.

[2] ZHANG H,BOOCK M,WIRTH A A.It takes more than a mandate:Factors that contribute to increased rates of article deposit to an institutional repository[J].Journal of Librarianship & Scholarly Communication,2015,3(1):1-16.

[3] OGUZ F,ASSEFA S.Faculty members' perceptions towards institutional repository at a medium-sized university:Application of a binary logistic regression model[J].Library Review,2014,63(3):189-202.

[4] KYRIAKI-MANESSI D,KOULOURIS A,GIANNAKOPOULOS G,et al.Exploratory research regarding faculty attitudes towards the institutional repository and self archiving[J].Procedia-Social and Behavioral Sciences,2013,73777-784.

[5] BOUFARSS M.If we build it,will they come?:A survey of attitudes toward institutional repositories among faculty at the petroleum institute[J].International Journal of Library Science,2011,3(J11):1-14.

[6] SHUKLA P, AHMAD N. Impact of institutional repositories´ on scholarly practices of scientists[J].Library Philosophy and Practice,2018,1-17.

[7] Incentives,integration,and mediation:Sustainable practices for populating repositories[EB/OL].[2018-01-01].https://www.coar-repositories.org/files/Sustainable-best-practices_final2.pdf.

[8] 王丽,孙坦,张冬荣,等.中国科学院联合机构知识库的建设与推广[J].图书馆建设,2010,(04):10-13.

[9] World ranking web of repositories [EB/OL]. [2017 - 11 - 10]. http://repositories.webometrics.info/en/institutional.

[10] BRUNS T,INEFUKU H W.13 purposeful metrics:Matching institutional repository metrics

to purpose and audience[EB/OL].[2018-11-01].http://www.oapen.org/download?type=document&docid=626981#page=240.

[11] BONILLA-CALERO A.Good practice in an institutional repository service:Case study of strathprints[J].Library Review,2013,62(6/7):429-436.

[12] 张汝昊,傅文奇.效能视角下的图书馆营销——以 ifla 国际营销奖项目为例[J].图书馆论坛,2018,38(2):126-134.

[13] GIERVELD H.Considering a marketing and communications approach for an institutional repository[EB/OL].[2018-10-01].http://www.ariadne.ac.uk/issue49/gierveld.

[14] HULTMAN OZEK Y.Implementing web 2.0 design patterns in an institutional repository may increase community participation[J].Evid Based Lib Inf P,2011,6(3):74-76.

[15] BARANDIARAN D,ROZUM B,THOMS B.Focusing on student research in the institutional repository[J].College & Research Libraries News,2014,75(10):546-549.

[16] 崔海媛,罗鹏程,聂华,等.新一代学术交流生态系统的研究与构建——以北京大学为例[J].图书情报工作,62(22):22-31.

[17] 张世明.数字教育资源共享生态系统研究[M].復旦大學出版社,2011.

[18] LEE D J,STVILIA B.Practices of research data curation in institutional repositories:A qualitative view from repository staff[J].PloS one,2017,12(3):e0173987.

[19] 唐凤.面向科研数据管理的科研信息系统与机构知识库的链接研究[J].情报理论与实践,2018,2013.

[20] 国务院办公厅关于印发科学数据管理办法的通知[EB/OL].[2018-05-01].http://www.gov.cn/zhengce/content/2018-04/02/content_5279272.htm.

第八章 机构知识库与科研管理系统融合

当今世界，各国对科学研究的投入比以往任何时候都要多，科研投入会产生大量科技成果和科研信息资源，随着互联网和计算机技术的发展，这些信息会以数字化的形式出现，因此如何有效地保存、管理、特别是高效利用这些信息资源显得尤为重要，这也是机构知识库原本的价值所在。除此之外，机构知识库中存储的科研信息有利于科研评价和投入产出分析，在欧美等发达国家，机构知识库已经超越基本的知识储存和共享功能，发展成为能够为整个机构科研管理和创新提供支撑服务的综合性平台，提高了其在科研管理中的效用。现阶段，构建网络环境下支撑科研管理、多元化创新的机构知识库，促进科技创新，提升科研管理的规范化、系统化、数字化水平是大势所趋[1]，与科研管理系统融合是机构知识库发展到一定阶段的必然趋势。

在本章中，首先将对科研管理系统进行介绍，包括科研管理系统的欧洲标准 CERIF（Common European Research Information Format）及相关系统实现；其次，以一些典型机构为案例，介绍机构知识库与科研管理系统的融合；最后，以北京大学为例，介绍北大机构知识库与科研管理系统融合的相关实践。

8.1 科研管理系统

科研管理系统，在国外也称为在研科研信息系统（Current Research Information System，CRIS），指用于存储和管理机构科研项目相关信息的软件系统，涵盖了项目申请、研究过程、成果发表等各个阶段的信息，涉及项目、人员、机构、出版物、专利、产品、设施、设备、评价指标等实体对象。

国内各高校和研究机构均有自己科研管理相关的系统，但是绝大多数机构的科研管理信息化水平还不够高，系统也比较分散且缺乏互操作。目前，欧洲国家的科研管理信息化水平较高，并早在 20 世纪 80 年代便开始了标准规范的制定。在本节中，首先将以欧洲各国为主，介绍科研管理系统的发展概况，然后进一步介绍科研管理系统的欧洲标准 CERIF，最后再介绍一下现有的科研管理信息系统。

8.1.1 发展概况

欧洲研究信息管理的标准化工作发展的最早，其中突出的贡献便是制定了科研管理信息的标准规范 CERIF。目前，绝大多数商业公司的科研管理系统实现（如 Prue、Converis、Symplectic Elements）均遵从这一标准，许多机构自己建设的科研管理系统也基于 CERIF。同时，欧洲地区还在 2002 年成立了研究管理系统方面的非营利性国际协会——euroCRIS，负责汇聚研究信息和科研管理系统领域专家，维护制定 CERIF 标准。当前，euroCRIS 有来自 40 多个国家的 160 个机构会员（如英国 33 个、以色列 2 个、美国 2 个）、120 多位个人会员（如荷兰 22 个、美国 3 个、中国 2 个）以及近 30 个附属会员。其中，我国的香港大学和中国科学技术信息研究所作为个人会员加入了 euroCRIS。

在英国，许多高校和研究机构都建立起了基于 CERIF 的科研管理系统。

Symplectic Elements 科研管理系统最早由伦敦帝国学院开发使用，并于 2005 年上线，在 2009 年兼容 CERIF 模型。2009 年圣安德鲁斯大学和阿伯丁大学成为 Pure 科研管理系统在英国的第一家用户，2010 年克兰菲尔德大学成为 Converis 科研管理系统在英国的第一家用户。到 2013 年，有 57 家机构采用了 CERIF 兼容的科研管理系统，占英国高等教育机构的 33.7%[2]。

在意大利，2014 年以前各大学和研究机构主要使用了两种不同的科研管理系统，即：UGOV-Research（近 40 所机构使用，由 Cineca 开发）、SURplus（近 10 所机构使用，由 Cilea 开发）[3]。2013 年 Cineca 与 Cilea、Caspur 合并形成了新的 Cineca 2.0（由 70 所大学、8 所研究机构以及意大利教育部组成）[4]。新的 Cineca 基于 DSpace-CRIS 开发了适合于意大利研究环境的机构研究信息系统（Institutional Research Information System，IRIS），该系统与 CERIF 标准兼容，并于 2014 年 9 月至 2015 年 7 月期间，在 66 所大学和研究机构进行了部署和数据迁移。截止 2016 年 5 月，IRIS 中共存储了 380 万出版物，如此大量的数据能够从国家层面进行科研产出的分析[5]。

在挪威，挪威国家研究信息管理系统（Current Research Information SysTem in Norway，CRIStin）于 2010 年上线，服务于全国 160 多所大学、研究和医疗卫生机构。CRIStin 构建于科学研究成果信息文档系统（Research Results，Information and Documentation of Scientific Activities，FRIDA）和挪威开放研究存档系统（Norwegian Open Research Archives，NORA）之上，为不同机构的科研管理系统提供统一的逻辑数据库，便于在国家层面对科研数据进行分析。除了科研信息的管理，CRIStin 还提供了报告生成工具，简化行政流程，同时还承担了高校和研究机构电子资源联盟协议谈判的责任，以及挪威开放获取工作的协调者。[6-7]

在欧洲，基金资助机构也积极建设科研管理系统。欧洲研究理事会（European Research Council，ERC）成立于 2006 年，负责资助欧洲地区的前沿研究，在2006—2012年期间已经资助了2500多个科研项目。这些项目的资助经费来自于纳税人，而在经历了经济危机后，欧洲对研究项目的经济价值非常关注，资助机构常常被要求解释经费的使用情况及其所产生的价值。为了监管和评价所资助的项目，欧洲研究理事会构建了一个基于CERIF的研究信息系统，并于2012年4月推出了第一个版本[8]。ERC研究信息系统由两个数据库组成：中间数据库（Staging Database）、生产数据库（Production Database）。中间数据库用于数据的清洗和验证，生产数据库基于汤森路透Converis，用于存储最终数据并提供报表和分析功能。当前，ERC研究信息系统主要收集四类信息：项目、项目产出、产出质量与影响力、面向普通公众的信息。

目前，在欧洲地区，许多国家已经建成或正在建设CERIF兼容的科研管理系统，部分国家也在考虑基于CERIF构建国家层面的科研管理系统。仅少部分国家还没有考虑构建科研管理系统或者构建了CERIF不兼容的科研管理系统。图8.1给出了欧洲各国国家科研管理系统的建设情况，其中英国、挪威已经构建了CERIF兼容的国家科研管理系统，法国、意大利等正处于建设状态，西班牙、芬兰正在考虑建设，捷克构建了不兼容CERIF的国家科研管理系统，而德国、奥地利等还没有考虑建设国家科研管理系统。[7]

8.1.2 CERIF标准

欧洲研究信息通用格式（Common European Research Information Format, CERIF）是关于研究信息存储和互操作的国际标准，由欧盟向其成员国推荐使用。CERIF定义了科研管理相关的各个实体和关系，通过理解CERIF数据模型，能够帮助建立科研管理的全景图。本小节将对CERIF进行详细介绍，主要包括CERIF简介、数据模型、数据交换标准、CERIF API标准。

（1）CERIF简介

CERIF早期的发展主要分两个阶段：1987—1990年、1997—1999年，这

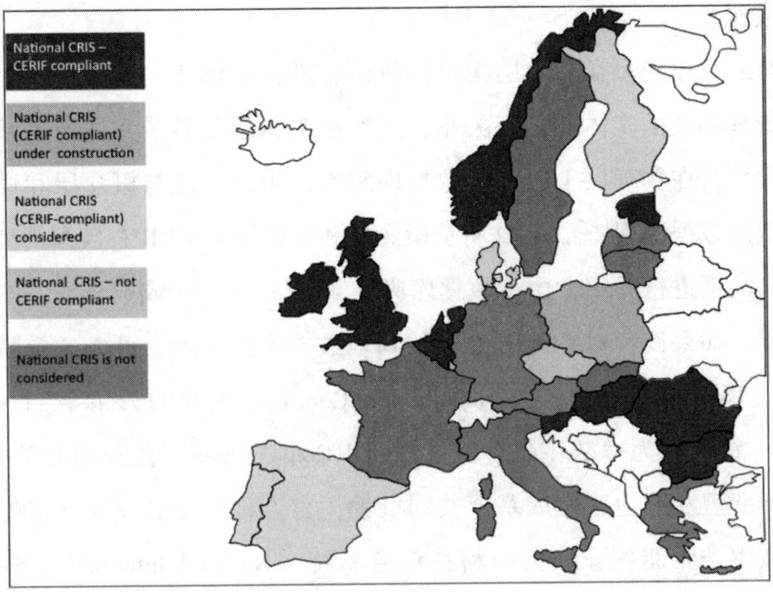

图 8.1 欧洲各国国家科研管理系统的建设情况

两个阶段主要由欧盟委员会支持开发。CERIF 源自 20 世纪 80 年代后期欧洲的校长会议联络委员会（Liaison Committee of Rectors’ Conferences）、IDEAS 和 EXIRPTS 项目中各国研究理事会的相关工作，在 1987—1990 年期间，欧盟委员会成立研究组制定并发布了 CERIF 91 标准[9]。在实际使用中 CERIF 91 暴露出许多问题，在 1997—1999 年期间欧盟委员会再次成立工作组，制定并发布了 CERIF 2000 标准，同时向成员国推荐使用。之后，euroCRIS 接管了 CERIF 的维护和管理工作，通过对 CERIF 标准不断完善，euroCRIS 相继发布了 CERIF 2006、CERIF 2008、CERIF 1.3、CERIF 1.4、CERIF 1.5、CERIF 1.6，并引入了 CERIF 数据交换标准以及 CERIF API 规范。CERIF 1.6 为最新发布的标准，后文将以 CERIF 1.6 为准介绍该标准规范。

CERIF 标准包含两个重要的部分：一个是基于关系数据库的 CERIF 数据模型，另一个个是基于 XML 的数据交换标准，此外，CERIF 在 2015 年发布了 API 规范。

CERIF 数据模型在三个层次对科研信息进行了描述。首先在概念层界定了科研管理相关的实体和相互关系；其次在逻辑层对各个实体及关系进行了描述；最后，在物理层上提供了数据库脚本，用以生成与概念层和逻辑层描述相一致的数据库表[10]。后文将从概念层和逻辑层对 CERIF 数据模型中定义的实体和关系进行介绍，由于数据库脚本只对 euroCRIS 成员开放，本文不做过多介绍。如果读者对 CERIF 兼容的物理数据库感兴趣，可参考希腊国家档案中心（Hellenic National Documentation Centre）开发的开源软件 CERIF-Tools[11]。该软件为“数字融合”（Digital Convergence）业务项目的一部分，受希腊和欧盟欧洲地区发展基金共同资助，官方称与 CERIF 1.6 100%兼容，并已经应用于希腊国家研究与科技信息系统（National Information System for Research & Technology，NISRT）的各种应用服务之中。

CERIF 数据交换标准用于 CRIS 之间以及 CRIS 与非 CRIS 之间进行数据交换，包括单个实体对象的数据交换以及对整个数据库的转储和导入。由于 CERIF 数据模型使用了关系数据库的 ER 模型来表示数据，并且主要由三种基本的实体构成：研究实体、多语言实体、关联实体，因此容易使用标准的 XML 来表示 CERIF 中的实体和关系[12]。由于 XML 具有通用性，可以方便地实现不同系统之间的数据交换。

在系统间进行数据交换时，主要通过 API 来获取数据。为了便于 CRIS 之间、CRIS 与其他系统的互操作和集成，euroCRIS 制定了 CERIF API 规范，它基于 RESTFul 和 CERIF XML，明确定义了数据获取的接口地址、请求参数和数据格式，开发者可以利用统一的接口获取不同 CRIS 系统的数据。当前 CERIF API 规范的最新版本为 1.0，仅提供数据获取的功能，目前该 API 规范还不支持对 CRIS 系统进行修改操作。[13]

（2）CERIF 数据模型

从概念结构上讲，CERIF 模型上可以分为两个部分，即：实体类型和特征。实体类型抽象归纳了 CERIF 所关心的研究信息对象，如项目、人员、组织机构、出版物等，可将其划分为：基本实体、成果实体、基础设施实体、关联实体、二级实体。CERIF 特征抽象归纳了描述实体对象时涉及一些特性，包括：多语言、语义、地理、附加、度量。[14]

① CERIF 实体

CERIF 的实体数量非常多，图 8.2 给出了一些最主要的实体对象。在科研管理中，某个机构的研究人员所承担的研究项目及其产生的成果是科研管理系统关注的核心，CERIF 将这些核心对象划分为两类，即基本实体和成果实体。其中基本实体包括：项目、人员、组织机构，如图中 cfProject、cfPerson、cfOrgUnit，成果实体包括：出版物、专利、产品，如图中 cfResultPublication、cfResultPatent、cfResultProduct，这两类实体构成了 CERIF 的核心对象。围绕着这两类核心实体，还有很多其他的实体对象，如科研设施设备、研究人员的简历等，CERIF 将这些实体对象统称为二级实体，图 8.2 所示围绕在基本实体和成果实体之外的实体均为二级实体，如 cfEquipment 、cfFunding、cfLanguage 等。在二级实体中，包含基础设施实体，即：设施（Facility）、设备（Equipment）、服务（Service），如图中 cfFacility、cfEquipment、cfService。此外还有指标（Indicator）和度量（Measure）实体，如图中 cfIndicator、cfMeasurement。下面以人员实体为例，介绍 CERIF 中实体对象的结构。

图 8.3 给出了人员实体表（cfPers）及相关属性表。在人员实体表中包含了 id 号（cfPersId）、生日（cfBirthdate）、性别（cfGender）、个人主页地址（cfURI）四个属性，这些属性对于人员实体来说是唯一的，因此存放在人员实体表中。由于一个人可能有多个名称或者名称的变体，CERIF 使用单独的

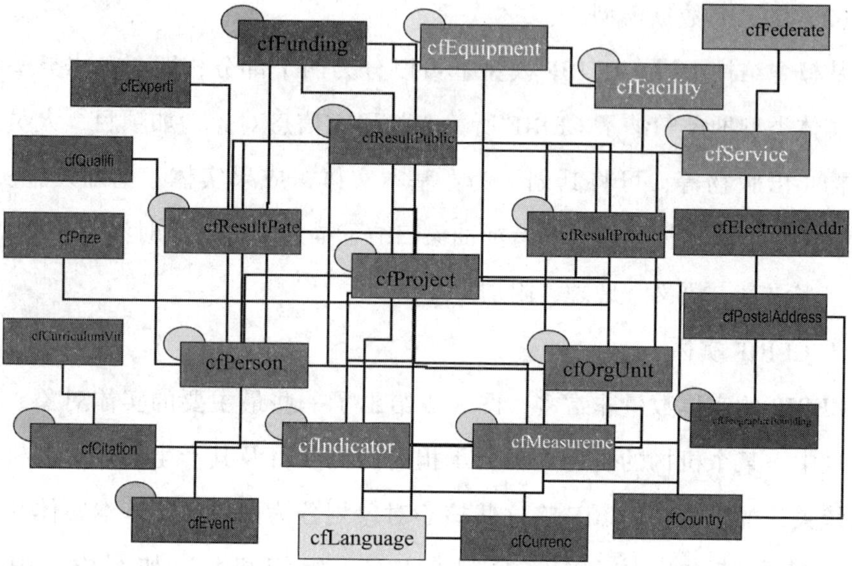

图 8.2　CERIF 数据模型

表 cfPersName 来存储人员名称，并通过 cfPersName_Pers 与人员实体表建立联系。此外，cfPersKeyw 表用来记录对人员进行描述的关键词，cfPersResInt 表用来记录人员的研究兴趣，由于关键词和研究兴趣可能有多个，并且使用不同语言进行描述，因此都单独存放在一张表中，并且表中都有语言属性字段（cfLangCode），用于标识存储字段的语言类型。观察人员实体数据表结构可以发现，在实体表中仅存储与实体唯一对应的属性，其他的属性则存放在单独的表中，然后通过关联表或者外键与实体表建立联系，其他类型实体的表结构及相互关系可参考 CERIF 1.6 数据模型官方文档[15]。

在前面介绍人员实体表时，出现了 cfPersName_Pers 表，该表用于将人员实体与其名称进行关联，在 CERIF 中，这种类型的实体有一个特殊的名称，叫做关联实体（Linking Entities）。关联实体与数据库的关联表（linking tables）相对应，主要用于以下四个方面：实体的属性，如研究人员的姓名；对象间关系的含义和类型，如研究者在一个项目中的角色；将实体分配到一

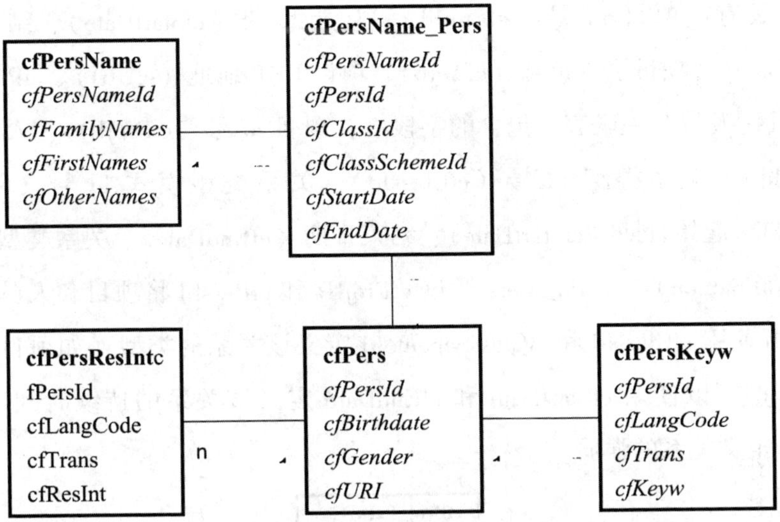

图 8.3　人员实体表

个给定的分类系统中，如为出版物赋予某个学科领域的受控关键词；将各种分类系统相互进行映射，如医学和生物学家使用的生物化学关键词间的映射。通常，关联实体均含有一个 startdate 和 enddate，用于表达关系的有效时间范围。[16]

CERIF 中，实体中的绝大多数属性均不与实体一起存储，而是通过“关联实体”存储，这样做的一个好处是允许同类型的属性可以存储多个值。在实体表中，只存储绝对唯一的属性。例如，在人员表中，只存储人员的标识符、生日、性别和 URI（如个人主页地址），人员的名称、研究兴趣、关键词（对该人员进行描述的关键词）则存储在单独的表中，这样便允许人员有多个名称、研究兴趣和关键词。

下面以“对象间关系的含义和类型”为例，介绍关联实体的用途。例如，人员实体和项目实体通过“项目–人员”实体进行关联，对应的 ER 逻辑结构如图 8.4 所示。cfPers 表前面已经介绍，此处不再赘述。cfProj 表为项目，包含的字段有：项目 id 号（cfProjId）、起始日期（cfStartDate）、结束日期（cfEndDate）、项目字首组合（cfAcro）、项目 URL 地址（cfURI）。cfProj_Pers 为“项目-人员”关联表，包含的字段有：项目 id 号（cfProjID）、人员 id 号（cfPersId）、关系类型 id 号（cfClassId）、关系类型模式 Id 号（cfClassSchemeId）、起始日期（cfStartDate）、结束日期（cfEndDate）、关系类型的强弱得分（cfFraction）。cfProj_Pers 通过 cfProjID 和 cfPersId 将项目和人员建立起关系，并使用 cfClassId 和 cfClassSchemeId 定义该关系的类型（如项目的管理员），同时可以使用 cfStartDate 和 cfEndDate 定义该关系的持续时间以及 cfFraction 定义关系的强弱。

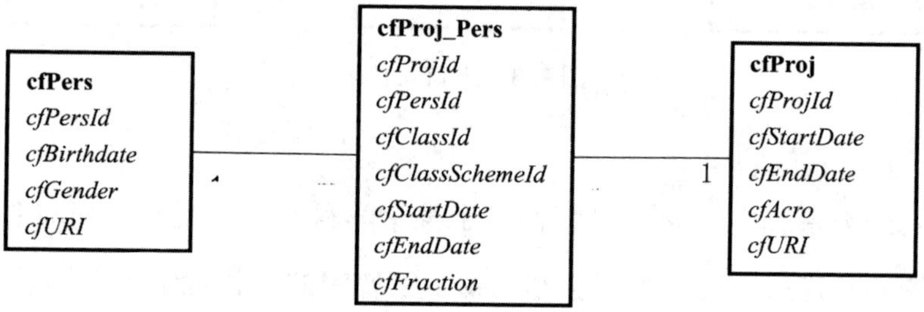

图 8.4　人员项目关联表

② CERIF 特征

在科研管理系统中，常常需要使用多种语言描述实体对象（特别是某些国家有多种官方语言），因此 CERIF 支持多语言。CERIF 多语言特征用于实体属性描述，这些属性存储在单独的表中，并使用 cfLangCode（取值如 en、de、en-uk）和 cfTrans（取值为 o、h、m，分别表示原始值、人类翻译、机器翻译）表示语种和翻译类型。图 8.3 已经展示了人员实体的研究兴趣和描述关键词两个属性可以支持多语言存储，其他实体的相关属性也能支持多语言特征。如项目的名称、摘要、关键词，组织机构的名称、研究活动、关键词，出版物的标题、副标题、摘要、关键词等。

在科研管理系统中，实体间的关系可能有多种类型（例如一个人员可能是机构的研究人员，也可能是机构的管理人员），在 CERIF 中使用语义特征来表示各种关系类型、应用视图、学科分类、其他分类体系以及分类体系间的映射等。通过 cfClassSchemeId 和 cfClassId，可以为各种关系类型赋予不同的语义。例如图 8.4 中可以将人员与项目的关系定义首席研究员（Principal Investigator，PI），也即是说人员为该项目的 PI，此时 cfClassId 取值为“b0e11470-1cfd-11e1-8bc2-0800200c9a66”，cfClassSchemeId 取值为“94fefd50-1d00-11e1-8bc2-0800200c9a66”，这些类型（Class）和模式（Class Scheme）均在 CERIF 语义层做了定义[17]。

图 8.5 是 CERIF 中存储语义信息的数据表结构，主要包括了 cfClass 和 cfClassScheme 两个表，这两个表分别用于存储类型和模式信息。对于类型表（cfClass），cfClassTerm（类型名称词汇）、cfClassDescr（类型描述）、cfClassEx（类型举例）、cfClassDef（类型定义）提供对其多语言属性信息的描述。对于模式表（cfClassScheme），cfClassSchemeName（模式名称）、cfClassSchemeDescr（模式描述）提供对其多语言属性信息的描述。此外，cfClass_Class 和 cfClassScheme_ClassScheme 可以用于分类体系间语义的映射。

（3）CERIF 数据交换标准

CERIF 数据交换标准称为 CERIF XML，用于将 CERIF 数据模型表示为 XML 格式。XML 格式具有通用性，因此可以在不同系统间交换数据。

CERIF XML 样例如下所示。根元素为“CERIF”，CERIF XML 1.6 的命名空间为“urn：xmlns：org：eurocris：cerif-1.6-2”，XML Scheme 的地址为“http：//www.eurocris.org/Uploads/Web%20pages/CERIF-1.6/CERIF_1.6_2.xsd”。“CERIF”元素有两个属性，分别是 date、sourceDatabase。date 属性用于指明生成 XML 的日期，sourceDatabase 属性用于指明 XML 的来源。在“CERIF”元素中可以包含任何实体，实体的数量和顺序不受限制，如下的样

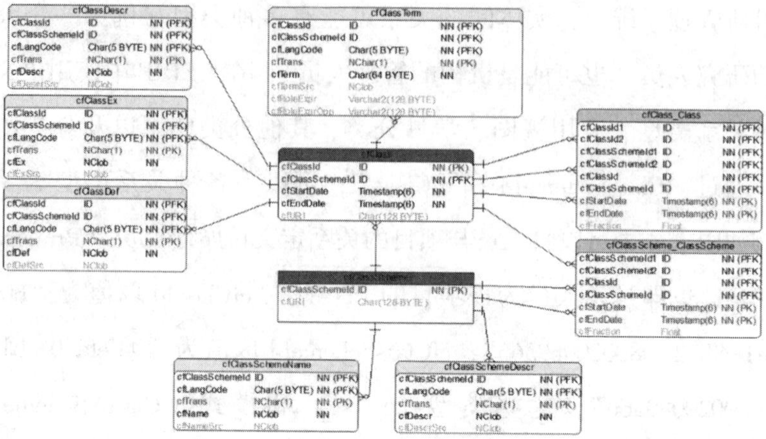

图 8.5　CERIF 语义层数据结构

例中给出组织机构、人员、项目、产品四个实体的 XML 元素。将 CERIF 中的对象映射到 XML 时，主要需要解决三种类型的映射关系：简单实体的映射、多语言实体的映射、关联实体的映射。

CERIF XML 样例

```
<? xml version=" 1.0" encoding=" UTF-8"? >
<CERIF xmlns=" urn：xmlns：org：eurocris：cerif-1.6-2"
xsi：schemaLocation=" urn：xmlns：org：eurocris：cerif-1.6-2
http：//www.eurocris.org/Uploads/Web%20pages/CERIF-1.6/CERIF_1.6_
2.xsd"
xmlns：xsi=" http：//www.w3.org/2001/XMLSchema-instance"
date=" 2017-07-13" sourceDatabase=" empty" >
<cfOrgUnit/>
<cfPers/>
```

```
<cfProj/>
<cfResProd/>
</CERIF>
```

① 简单实体映射

在 CERIF XML 中，实体对象的 XML 元素名称用对应的 CERIF 实体物理名称（可查看 CERIF 1.6 模型文档[15]）表示，例如一个项目实体对象用<cfProj>... </cfProj>表示。实体对象 XML 元素中可以包含属性元素，属性元素的名称也用 CERIF 实体属性的物理名称表示，例如<cfProjId>…</cfProjId>表示项目实体的 id 属性。XML 中实体属性元素的顺序需要按照模型文档中给出实体属性顺序排列，其中关键属性（Key Attribute）必须在 CERIF XML 中给出，其他属性可选。此外，如果属性的取值为 NULL，则在 CERIF XML 中不必给出。如下给出了一个项目实体 CERIF XML 的样例。

CERIF XML 简单实体样例

```
<cfProj>
<cfProjId>system-internal-project-identifier</cfProjId>
<cfAcro>project acronym</cfAcro>
</cfProj>
```

② 多语言实体映射

在 CERIF 中，使用一个 XML 元素来表示 CERIF 多语言实体。该 XML 元素包含两个属性，即 cfLangCode、cfTrans。如下样例所示，对于项目实体的标题，使用<cfTitle>…</cfTitle>表示，cfTitle 元素中包含语言属性 cfLangCode 和

cfTrans，cfTitle 元素内则为该语言所对应标题的取值。

CERIF XML 多语言实体样例

```
<cfProj>
<cfProjId>system-internal-project-identifier</cfProjId>
<cfAcro>project acronym</cfAcro>
<cfTitle cfLangCode=" en" cfTrans=" o" >project title </cfTitle>
<cfTitle cfLangCode=" zh" cfTrans=" m" >项目名称</cfTitle>
</cfProj>
```

③ 关联实体映射

在 CERIF XML 中，关联实体所对应的 XML 元素可以嵌入到所关联的 XML 实体元素中。如下样例中，<cfProj_ OrgUnit>…</cfProj_ OrgUnit>表示“项目机构”关联实体，该关联实体被嵌入到了机构实体中，即<cfOrgUnit>，它也可以嵌入到项目实体中。关联实体中含有所关联的两个实体的 ID，但是在 CERIF XML 中，关联实体不需要包含被嵌入的实体 ID。例如，如下样例中，<cfProj_ OrgUnit>…</cfProj_ OrgUnit>内包含项目的 ID，但不包含机构的 ID，这是因为机构的 ID 已经在被嵌入的机构实体中给出了。

CERIF XML 关联实体样例

```
<cfOrgUnit>
<cfOrgUnitId>system-internal-organization-identifier</cfOrgUnitId>
<cfName cfLang=" en" cfTrans=" o" >organization name</cfTerm>
```

```
<cfProj_OrgUnit>
<cfProjId>system-internal-project-identifier</cfProjId>
<cfClassId>classification-uuid</cfClassId>
<cfClassSchemeId>classification-scheme-uuid</cfClassSchemeId>
<cfStartDate>date-time when the relationship starts</cfStartDate>
<cfEndDate>date-time when the relationship ends</cfEndDate>
</cfProj_OrgUnit>
</cfOrgUnit>
```

---

(4) CERIF API 标准

CERIF API 基于 RESTFul，规范了读取 CRIS 系统数据的标准 API 接口。目前，CERIF API 主要包含六类接口[13]，分别是：

①获取某类实体的全部实例。例如 http：//api. mycris. org/projects/? offset=0&pageSize=10 可以获取前 10 个项目实例的数据。

②获取某类实体的特定实例。例如 http：//api. mycris. org/projects/2c9083b43ec281df013ec285e81a0000? links=orgunits；fundings；persons 可以获取 id 号为 2c9083b43ec281df013ec285e81a0000 的项目数据。

③获取 CRIS 系统支持的实体。CERIF API v1. 0 定义支持的全部实体类型为：projects、persons、orgunits、publications、products、patents、fundings、services、facilities、equipments、media、indicators、measurements、events、postaladdresses、electronicaddresses、geobboxes、citations、cvs、prizes、qualifications、expertiseandskills，例如通过 http：//api. mycris. org/entities 访问特定 CRIS 系统，返回的结果为该列表的子集。

④获取 CRIS 系统的语义层内容。通过 http：//api. mycris. org/semantics 可以返回 CERIF 的语义 XML 文档。

⑤通过分类获取某类实体的实例。例如 http：//api. mycris. org/orgunits/? class=eda2b2ef-34c5-11e1-b86c-0800200c9a66&classScheme=759af939-34ae-11e1-b86c-0800200c9a66&offset= 101&pageSize=100 可以返回类型为研究机构的实例列表。

⑥通过联合标识符（Federated Identifier）来获取实例。例如 http：// api. mycris. org /persons/search？ fedIdClass = 716bcc9a - c9dd - 4b8b - b4ab - 6c140e578ec3&fedId=1234-1234-1234-1234 可返回 ORCID 为“1234-1234-1234-1234”的人员实例数据。

通过以上六类接口，CRIS 系统将会返回 XML 格式的数据。该 XML 数据包含两个部分：Header 和 Payload，如下样例所示。Header 中主要包含了有关 CRIS 系统、客户请求和返回结果相关的元数据信息，Payload 中包含了满足用户请求的 CERIF XML 结构的数据。更多的样例数据，可以参考 CERIF 官方文档。

CERIF API XML 样例

<CERIF-API xmlns=" urn：xmlns：org：eurocris：cerif-api" xmlns：xsi=" http：//www. w3. org/2001/XMLSchema - instance" xsi：schemaLocation = " urn：xmlns：org：eurocris：cerif-api CERIF-API-Main. xsd" >

<Header>

……

</Header>

<Payload>

……

</Payload>

</CERIF-API>

（5）CERIF 应用

目前，绝大多数商业科研管理系统都基于 CERIF 标准，如 Prue、Converis、Symplectic Elements。在欧洲地区，大多数机构建设的科研管理系统也都基于 CERIF 模型。CERIF 标准的价值不仅仅在于指导机构实现科研管理系统，更重要的价值在于以统一的、标准的方式实现数据的交换和互操作。根据欧洲议会在 2014 年的一项研究报告指出：在欧洲地区，从欧洲政策制定者，到国家政策制定者，再到研究机构、研究社区以及研究者个人，都有需求构建一个跨国的科研管理信息系统，CERIF 标准使得这一目标具有可行性[7]。基于 CERIF 数据模型，各个研究机构可以实现 CERIF 兼容的科研管理系统；通过数据交换标准 CERIF XML，各研究机构的科研信息可以被国家级的科研管理系统获取；同时欧洲地区的国际级科研管理系统又可以从国家级科研管理系统获取数据，整个系统的架构如图 8.6 所示。

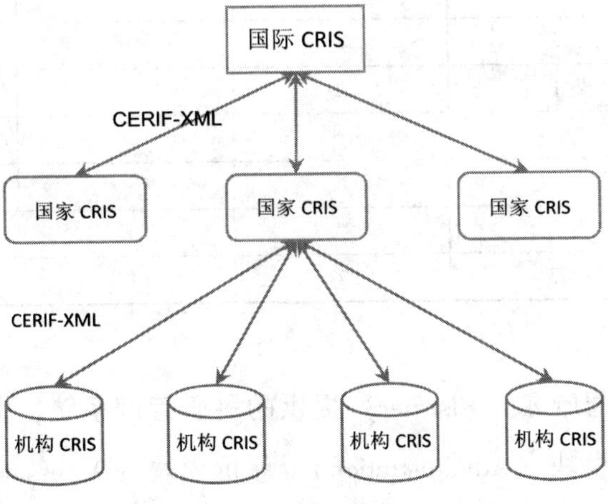

图 8.6　跨国科研管理系统

8.1.3 CRIS 系统

在 CRIS 系统应用中，商业软件占据了主导地位。在英国所有采用 CRIS 系统的机构中，几乎都使用了商业软件，主要包括 Symplectic Elements（42%）、Pure（37%）、Converis（19%）、内部系统（2%）[2]。表 8.1 为一项调查中不同科研管理系统在不同国家的应用情况[18]，从表中也可看出，商业软件 Pure、Converis 以及 Symplectic Elements 占据了主导地位。下面将对这三个软件进行简单介绍。

表 8.1 CRIS 系统使用情况

	Pure	Converis	Symplectic Elements	其它
英国	19	5	17	1（Bespoke）
丹麦	45			
澳大利亚	1			
比利时	3			
芬兰	2			
瑞典	2			
德国	1	2		1（HIS-LSF）
意大利				1（SURPlus）
荷兰				1（METIS Research）
挪威				1（CRIStin+NORA）
合计	73	7	17	5

Pure 是由爱思唯尔（Elsevier）提供的科研管理系统，由多个模块组成，主要包括：管理模块（Administration）、评价模块（Assessments）、评奖模块（Award Management）、简历模块（CV）、基金发现模块（Funding Discovery）、导入模块（Import）、报告模块（Reporting）。在购买 Pure 系统时，除了管理模块是必须的，其他模块均可选[19]。目前，Pure 在世界范围内已经被 200 多

个机构购买使用，其中美国有58个机构（如约翰·霍普金斯大学）、英国和爱尔兰有40个机构（如爱丁堡大学、圣安德鲁斯大学），在中国地区共有5所大学购买了Pure服务，包括：上海交通大学、上海财经大学、香港城市大学、台湾师范大学、台北医学大学[20]。

Converis由科睿唯安（Clarivate Analytics）公司提供的科研管理系统，由多个模块组成，主要包括：奖金前后期管理（Pre - & Post - Award Management）、出版物管理（Publications Management）、研究生管理（Graduate Student Management）、研究分析（Research Analytics）、研究门户（Research Portal）、配置管理（Converis Configuration）[21]。Converis拥有来自全世界12个国家的50多所大学、基金资助机构等科研组织用户[22]。

Elements是由Symplectic公司提供的科研管理系统，有4种解决方案：核心版（Core）、开放获取版（Open Access）、教师报告版（Faculty Reporting）、企业版（Enterprise）。核心版包含Elments的核心功能，如研究者履历、资助项目、教学、出版物等科研信息的管理；开放获取版包括核心版的所有功能，同时还具有支持开放获取的功能，如简化的OA仓储数据提交流程，与主要开放获取平台的集成；教师报告也包括核心版的所有功能，同时还提供支持教师评价的功能；企业版具有其他所有版本的功能，同时还具有收集和存储研究影响力数据的能力，以及创建、编辑和分享数据仪表盘的功能。目前，Symplectic Elements在全世界有90多家用户使用，如牛津大学、伦敦大学学院、加州大学。[23]

8.2 机构知识库与科研管理系统融合

机构知识库关注于科研成果（如出版物等）的开放获取，其建设和发展主要由图书馆推动，科研管理系统主要关注于科研项目的管理，其建设和发展则主要由科研管理部门推动。起初 IR 和 CRIS 系统的建设相对独立，在开放获取运动推动下，IR 发展迅速，国内外许多大学和研究机构都建立了自己的机构知识库。随着各个机构 IR 平台的相继建立，IR 运营过程中所面临的问题也开始逐渐暴露。例如系统缺乏活力，研究者很少主动提交自己的成果。为了解决 IR 所面临的困境并寻找新的突破点，在实践中发现将 IR 与 CRIS 进行融合的价值逐渐凸显。机构知识库中存储的内容常常是科研项目产出的一部分，在国外，基于 CERIF 的 CRIS 模型便囊括了科研成果信息。因此，两个系统的功能有着天然的联系和重叠，系统间的相互融合也逐渐成为机构知识库发展的重要方向。

8.2.1 国内发展概况

当前，国内许多大学和研究机构都建立起了自己的机构知识库。根据 ROAR 统计，截止 2017 年 7 月，中国在 ROAR 中注册的机构知识库数量为 93 个[24]，包括北京大学、厦门大学、中国科学院等机构。不过与欧美等国仍有较大的差距，例如美国注册的机构知识库数量为 808，英国为 258 个。在机构知识库运营管理的过程中，研究者很少参与数据内容的提交，机构库中的成果常常由图书馆与商业公司合作批量购买，这使得机构知识库失去了其原本的价值，仅仅成为机构成果的展示库。

在机构知识库建设的同时，科研管理系统也在不断地发展。随着政府对科技投入的逐年加大，科研项目和经费总量逐年增加，各科研单位根据项目管理周期逐步开展了科研管理的信息化工作。但纵观目前的科研管理系统，仍然存在诸多问题[25]。

①系统建设规范不统一。国内科研单位的科研管理系统多偏重于项目经费和预算管理，对于项目实施过程中各阶段的文档和成果缺少管理和存储，科研管理系统版本繁多、功能和数据不标准，填报数据质量低，难以在更高

层面上进行数据的分析与处理。

②缺少项目过程监督。目前各单位建立的科研管理系统大多重视初期立项，管理部门的工作重心普遍放在对项目合同审查和申报等方面，对项目执行过程的中期检查和项目完成效果缺少跟踪，也难以对科研过程和科研质量起到行之有效的监督和规范作用。

③科研成果缺少长期有效的存储及共享渠道。各单位均十分重视科研档案的归档，对于归档范围和规范都建立了明确的规章制度，但收集上来的文档往往是不全面，科研人员缺少提交积极性，且随着科研项目的结束，这部分成果随着科研档案进入“沉睡”状态，难以继续为科研所用。

④对科研成果缺少深入分析，难以给出基于数据的科研趋势分析和预测。目前，科研管理系统均面向基本的科研管理功能设计，能够实现简单的成果统计功能，但数据由科研人员或管理人员自行提交，对于填报数据的形式和成果的真实性、权威性缺少审核，很难实现数据的标准化和准确存储，且数据采集范围有限，难以实现对科研成果的深度分析。

总体来说，国内大陆地区机构知识库还未突破“机构典藏”的功能，科研管理系统也处于各自为政、标准规范不统一的状态，机构知识库与科研管理系统进行集成也更是未有先例。

8.2.2 国外发展概况

在欧洲，很多机构都建设了 IR 和 CRIS。一项于 2012 年针对 125 家英国高等教育机构的调查显示：有 98 家机构同时具有 IR 和 CRIS，占比 78.4%；23 家机构只有 IR，占比 18.4%；仅 4 家机构只有 CRIS，占比 3.2%[26]。另外一项于 2013 年针对欧洲 11 个国家高校和研究机构的调查显示，同时拥有 IR 与 CRIS 机构最多，有 87 家，占总使用率的 78% ；使用单一的 CRIS 平台和单一的 IR 平台各 12 家，占总使用率的 11% [18]。

欧洲大学信息系统组织（European University Information System，EUNIS）和欧洲国际研究信息组织（European Organization for International Research Information，euroCRIS）于2015年联合对CRIS和IR的应用情况进行了调研[27]，该调研收集并分析了来自20个欧洲国家84所高校和研究机构的反馈结果。研究结果显示：92%的机构建设了IR，70%的机构建设CRIS，62%的机构同时拥有CRIS和IR。在同时具有CRIS和IR的机构中，有18%的机构使用同一个软件，在这些软件中，爱思唯尔Pure、Cineca IRIS、自建软件的占比分别达到43%、29%、21%。由于Pure是基于CERIF的科研管理系统，因此仅使用Pure的机构基于科研管理系统来提供IR服务；由于IRIS是基于DSpace-CRIS的科研管理系统，因此仅使用IRIS的机构基于机构知识库的扩展来提供科研管理服务。此外，在拥有CRIS的机构中，自建软件最多，占27%；商业软件爱思唯尔Pure，占20%，科睿唯安Converis则占8%；由高校、研究机构、教育部组成的联盟组织所开发的软件也被广泛使用，如意大利Cineca的IRIS（10%）和挪威CRIStin（15%）。图8.7给出了CRIS和IR建成时间分布，从图中分布可以看出，早期IR发展比CRIS快，但现在已经进入饱和平稳状态；CRIS起初发展得比较慢，但是现在却发展迅速，有超越IR之势。

以上调查结果显示欧洲等国家研究机构的知识库和科研管理系统建设率很高，其中机构知识库的建设率最高，达到90%，科研管理系统的建设率达到70%~80%。在同时拥有机构知识库和科研管理系统的机构中，少数机构或基于科研管理系统扩展具有机构知识库的功能，或基于机构知识库扩展具有科研管理系统的功能，绝大多数机构仍旧使用两套系统分别建设IR和CRIS。

8.2.3 IR与CRIS融合方案

基于前面的调研可以发现，目前，机构知识库与科研管理系统融合的方式主要有三种：

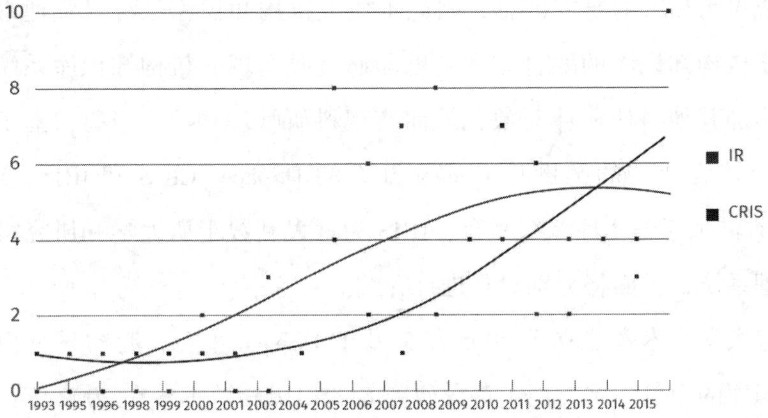

图 8.7 CRIS 和 IR 建成时间分布

①基于机构知识库的融合。即在机构知识库的基础上进行扩展，增加科研管理的功能。目前，香港大学采用了这种实现方式，通过在 DSpace 的基础上增加 CRIS 模块，实现了 CERIF 兼容的 DSpace-CRIS 系统。

②基于科研管理系统的融合。即在科研管理系统的基础上，增加具有开放获取功能的机构知识库模块。目前，伦敦国王学院（King´s College London）、加拿大皇后大学（Queen's University）采用了这种方式，通过在 Pure 的基础上增加开放功能的前端界面，用户可以下载获取科研成果数据。

③基于系统间互操作的融合。即机构知识库与科研管理系统独立运行，并通过 API 的方式实现系统间互操作。目前，圣安德鲁斯大学便采用了这种方式，通过使用 Pure 来收集整理相关成果数据，并将能够开放获取的数据推送到机构知识库中，从而源源不断地为机构知识库注入新鲜成果。

下面各小节将以具体的案例对这三种方案进行详细介绍。

8.2.4 基于机构知识库的融合

机构知识库主要关注学术成果，科研管理系统主要关注以项目、人员、机构和成果为核心的研究信息，因此本质上机构知识库是科研管理系统的子集。基于机构知识库的融合方案，也即通过改造现有机构知识库系统，在其基础上增加其他科研实体对象，从而实现科研管理功能。当前，基于机构知识库融合较为成功的案例是 Cineca 开发的 DSpace-CRIS 和 IRIS。DSpace-CRIS 为香港大学学术库系统平台，IRIS 为意大利数十所大学和研究机构使用科研管理系统，下面将分别对其进行介绍。

香港大学学术库建立于 2005 年，基于 DSpace 平台，起初只承担着传统机构知识库的角色，主要用于存放研究者的出版物数据。在 2009 年，香港大学制定了新的五年计划，从战略和实施层面对知识交流做了部署。为了实施该计划内容，图书馆在学校知识交流办公室支持下，与意大利 Cineca 合作，通过扩展 DSpace 功能以支持其他研究对象的管理，例如学者、机构、项目等，最终实现了集科研管理与开放存取于一身的香港大学学术库（图 8.8），于 2012 年发布了开源软件 DSpace-CRIS（可从 Github 获取源代码[28]），并在 2014 年兼容 CERIF 标准。学术库包含出版物、研究者、组织机构、资助项目、数据集、学位论文、专利等诸多科研信息，为了获取这些数据，学术库整合了港大内外部众多数据库，包括内部的研究成果申报系统、研究和会议经费管理系统、传媒通讯录、研究生信息系统、教学数据库等，以及外部的 Scopus、Web of Science、美国计算机协会数字图书馆（ACM Digital Library）等。这些数据再经过自动和人工的校验与修正，确保数据质量，最终存储在系统中并通过 Web 界面进行全面展示，有力地支持了港大的研究评审、声誉管理等工作[29-30]。

Cineca 是意大利的校际联盟组织，成立于 1969 年，现有雇员有 900 人[31]，由 70 多个成员单位组成，包括：70 所大学、8 个研究机构以及意大利教育部。2013 年 Cineca 与 Cilea、Caspur 合并形成了新的 Cineca，在此之前意大利各大学和研究机构使用不同的科研管理系统，合并后的 Cineca 决心统一

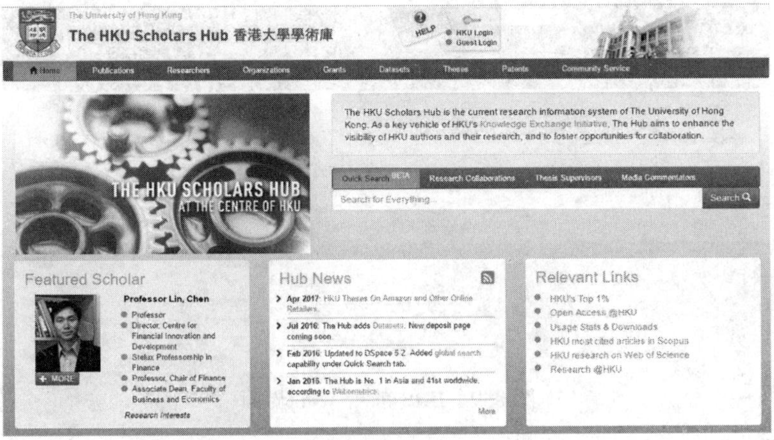

图 8.8　香港大学学术库

成员机构的科研管理系统。由于之前具有开发 DSpace-CRIS 的经验，Cineca 继续采用开源软件，并基于 DSpace-CRIS 构建了新的科研管理系统（Institutional Research Information System，IRIS），目前 IRIS 本身还不开源。IRIS 与 CERIF 兼容，提供机构仓储/开放存档模块（Institutional Repository/Open Archive Module，IR/OA）、评价和审查模块（Evaluation & Review Module，ER）、资源管理模块（Resource Management Module，RM）、专业和技能模块（Expertise & Skills Module，ES）、活动与项目模块（Activities & Projects Module，AP）[3]。与 DSpace-CRIS 相比，IRIS 具有更多的功能，更加符合意大利的科研管理实际需要。IRIS 基于 CEIRF，并且意大利众多研究机构都采用了该平台，因此可以从国家层面统一收缴各机构相关数据，为政策制定者提供分析和决策的基础。图 8.9 为罗马大学 IRIS 前台 Web 界面，与香港大学学术库不同，IRIS 仅展示了成果数据，诸如研究者、项目等重要的信息并不对外开放。

图 8.9　IRIS 前台 Web 界面

8.2.5　基于科研管理系统的融合

科研成果是科研管理系统关注的核心实体对象，通常它只关心元数据，但只需要稍加扩展，科研管理系统便能够支持开放获取。目前，三大主流的科研管理系统（Pure、Converis、Symplectic Elements）均声称支持开放获取功能。在 openDOAR 中，截止 2017 年 7 月，有 24 个开放仓储使用 Pure 开放成果数据，包括伦敦国王学院（King's College London）、加拿大皇后大学（Queen's University）、爱丁堡大学（University of Edinburgh）等。不过，在这些机构中也存在由图书馆主导开发的机构知识库，例如加拿大皇后大学 QSpace、爱丁堡大学研究存档（Edinburgh Research Archive，ERA）。伦敦国王学院则不存在单独的机构知识库，下面以前者为例，介绍基于科研管理系统的融合方案。

伦敦国王学院于 2011 年 12 月上线了 Pure 科研管理系统，并将 Pure 作为机构知识库用于成果的开放获取[32]。为了促进 Pure 的使用和开放获取实践，伦敦国王学院之后又发布了研究成果政策（King's College London Research Publications Policy），要求：研究者在机构仓储（Pure）中提交成果的书目记录，并将出版社最终接受的手稿全文提交到 Pure 中[33]。图 8.10 为伦敦国王学院的研究门户，该门户中展示了研究者、研究组织、研究基金以及研究成果。当前（2017 年 7 月），研究门户中包含的研究成果近 11 万篇，其中有 8 000 多篇成果提供开放获取的全文。此外，伦敦国王学院的学位论文也存放在该系统中，共有 3 000 多篇。

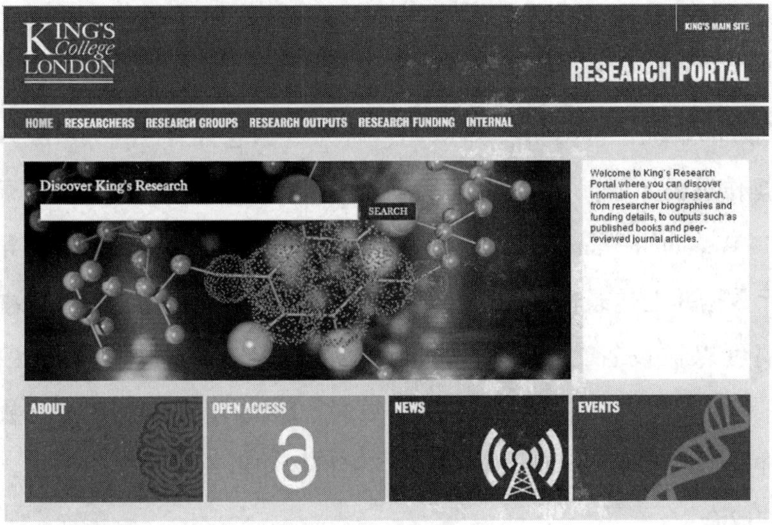

图 8.10 伦敦国王学院研究门户

8.2.6 基于系统间互操作的融合

在许多大学和研究院所，机构知识库和科研管理系统都已建立并独立运行，由于种种原因两者无法相互替代，此时，基于系统间互操作的融合成为最佳方案。一方面该方案可以保证两个系统独立运行，另一方面通过交换数据能够最大化两个系统的收益。当前，很多机构都采用该融合方案，下面将以英国圣安德鲁斯大学（Universtiy of St Andrews）和西班牙加泰罗尼亚理工大学（Polytechnical University of Catalonia）为例进行介绍。

圣安德鲁斯大学于2006年开发建设了科研管理系统，并在2008年率先与机构库（DSpace）进行了关联和互操作。2010年其自建的科研管理系统被Pure所取代，同时也将Pure与机构知识库进行了集成[34]。图8.11展示了圣安德鲁斯大学CRIS与其他系统（包括IR）之间的互操作情况：CRIS收集了来自学校人事和财务部门的学校结构数据、教职工数据、学生信息、项目和资助数据，来自Web of Science、Scopus等数据库、手工添加与批量导入的出版物数据，以及相关的科研活动和影响力数据；CRIS还支持将收集归整的数据推送到外部系统，包括机构知识库、研究数据仓储等[35]。其中，CRIS与IR的互操作过程如下：在文章被录用后，研究者需要在CRIS中提交录用手稿（Author's Accepted Manuscript，AAM），可以通过手动填写或者外部导入的方式补充元数据并上传录用手稿；数据提交完成后，CRIS默认将元数据公开，录用手稿可以被设置为开放（Open）、封闭（Closed）、禁锢期（Embargo Date）三种类型；当所有的信息均能开放时，CRIS便通过API将元数据和录用手稿推送到机构库，同时在CRIS中存储机构知识库中的全文链接，以便用户能够获取全文。

在圣安德鲁斯大学CRIS和IR的实际使用中，有些研究者产出的成果特别多，让研究者提交成果数据比较费时费力，很难得到他们的支持。为此，图书馆通过对学院科研秘书（School Research administrator）进行培训，教他们如何在Pure中提交数据，而研究者仅需将录用手稿通过电子邮件发送给科研秘书，再由科研秘书代理提交。通过在化学学院的试验显示，2016年成果的提交率达到90%[34]。圣安德鲁斯大学的实践证明，将机构知识库与科研管理系统进行有机地集成，能够确保全文数据持续不断地补充到机构库中，从而有力地支持开放获取，为机构知识库注入强大的活力。

CRIStin是挪威的国家级科研管理系统，采用集中式的数据存储方式部署一套系统，供挪威所有高等教育机构、医院和受公共资金资助的研究机构使

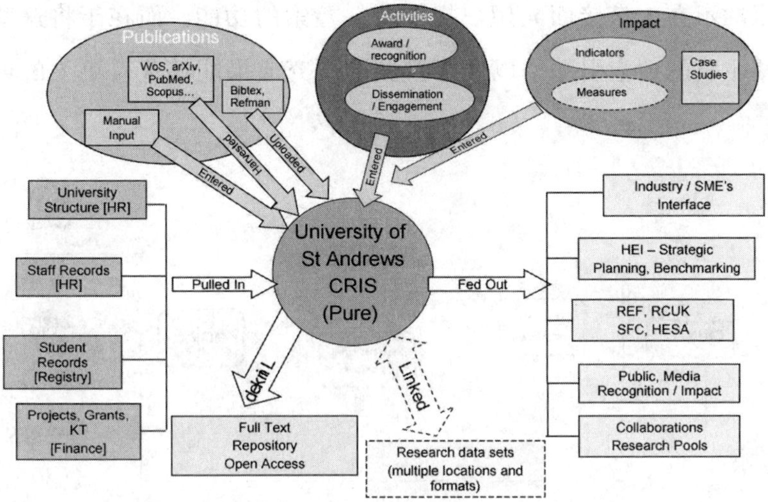

图 8.11　圣安德鲁斯大学 CRIS 与 IR 间互操作

用[36]。在 CRIStin 中存储了约 100 万的出版物数据，但是不存储全文，各机构知识库负责全文数据的存储。CRIStin 与各机构 IR 的互操作过程如图 8.12 所示[6]。由于 CRIStin 是挪威的国家科研管理系统，所有的研究者必须在其中提交研究成果数据。在提交的过程中，研究者可能提交文章全文，此时 CRIStin 会将元数据和全文打包，并通过 SWORD 协议将其存储在一个中转的存档仓储（Transit Archive）。然后，各机构 IR 管理员可按照一定的流程通过 OAI-PMH 和 OAI-ORE 从中转存档仓储中获取自己机构的数据。虽然研究者可能会提交全文，但很多时候并不会这样做。CRIStin 内部包含了 Sherpa/Romeo 和 DOAJ 的数据，对于 DOAJ 中金色开放获取期刊，CRIStin 会自动下载全文数据并存储到中转存档仓储；对于 Sherpa/Romeo 中绿色开放获取期刊，CRIStin 会将这些期刊的文章列表发送到各机构 IR 管理员，管理员可以再联系研究者请求他们上传全文。各机构 IR 存储的元数据再通过 OAI-PMH 被挪威开放研究存档系统（Norwegian Open Research Archives，NORA）收录。截止 2017 年 7 月，NORA 中已经存储了 16 万多的成果数据[37]，NORA 建设的主要目的不在于直接面向用户提供统一检索的功能，而在于将这些数据分发给一些主要的搜索引擎，以便于挪威的研究成果能够获得更大的可见度和使用度。

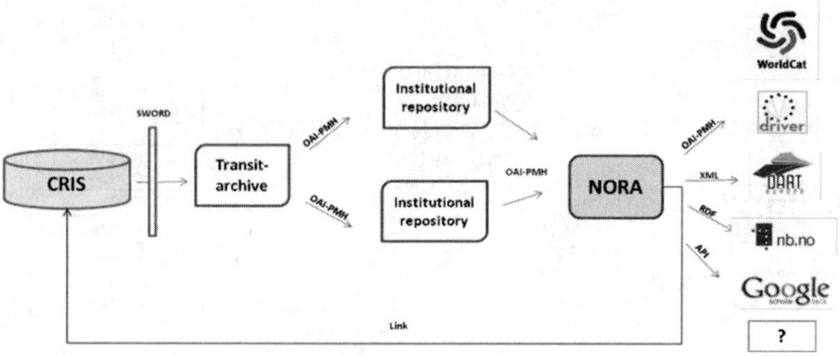

图 8.12　挪威 CRIStin 与 IR 间互操作

8.3　北京大学融合建设案例

目前，国内高校信息化建设水平还相对较低，很多高校还缺乏统一的科研管理系统，更不用说在国家范围内建立科研管理信息系统的标准规范。科研管理信息化的强烈需求开始逐步推动国内高校科研管理系统的建设。与此同时，国内高校机构知识库的建设已经取得了较大的发展，许多高校和研究机构（如北京大学、厦门大学、中国科学院等）都建立了自己的机构知识库。由于机构知识库主要由图书馆主导建设，以机构知识库去整合学校的科研项目、财务经费、人事等系统难以推行；另一方面由于科研管理系统建设的滞后，以科研管理系统整合并取代机构知识库也不切实际。因此，更加符合实际情况的方案便是通过 API 的方式实现机构知识库与科研管理系统间互操作，将两个紧密联系起来，从而实现融合。

在节章中，将以北京大学为例，介绍北京大学科研管理系统和学术成果生态系统的建设情况，并进一步介绍机构知识库与科研管理系统的融合方案。

8.3.1 北京大学科研管理系统

北京大学是一所集文科、理科、社科、医科、工科、农科的综合性大学，原有的科研管理活动分散在各个学部，与科研管理相关的信息系统也各自独立运行，全校范围内缺乏一个统一的、完整的科研管理信息共享与信息整合平台。这导致：一方面在科研项目层面难以对科研项目相关的活动协同管理，另一方面在学校层面也不利于对科研投入产出有效地进行绩效分析，为科研资源的优化配置带来阻碍。

为此，从 2014 年开始，学校科研部、社会科学部、科技开发部、先进技术研究院、财务部等单位联合申请构建北京大学科研管理综合信息系统，计划形成覆盖科研管理服务各个环节、整合相关管理部门业务信息的综合信息服务系统。这一信息系统的建设不仅能提高相关部门对教师科研活动的服务质量和管理水平，还将为学校领导及相关部门形成工作决策、制定政策和规划提供信息服务。

由于北京大学图书馆在机构知识库等信息化建设方面的突出贡献，从科研管理系统的需求调研开始，图书馆便积极参与其中。最终，确定了由图书馆来负责科研管理成果子系统的建设工作。

8.3.2 北京大学学术成果生态系统

北京大学学术成果生态系统主要围绕着支持学术科研、促进学术交流的目的建立而成。目前该生态系统由四大平台组成：北京大学机构知识库 3.0 版、北京大学期刊网 2.0 版、北京大学开放研究数据平台测试版和北京大学学者主页测试版，四大平台管理的学术成果内容涉及：北大学者的学术出版物（如期刊文章、专著等）、北大主办期刊的研究论文、北大产出的数据成果，此外还有对学者进行集中展示的个人主页。学术成果生态系统由校内多个院系及管理部门合作参与，由图书馆承担建设，并于 2015 年 12 月 25 日上线，标志着北京大学面向机构和学者的学术成果生态系统第一阶段建设任务的完成。

自学术成果生态系统上线以来，各平台的建设还在继续推进，特别是系统间的互操作与融合正在大力推进。图 8.13 给出了北京大学学术成果生态系统之间，以及与科研管理系统的或操作情况。目前开放研究数据平台与机构知识库进行了关联和互操作，研究数据平台中科研数据相关的学术成果存放在机构知识库中，数据与论文成果通过元数据进行关联，通过数据能够找到相关联的文献，通过文献能够找到所使用的数据。目前机构知识库与科研管理系统的互操作正在进行中，下一小节将详细介绍。在系统间关联中使用了具有持久标识的 DOI 和 Handle 来标识资源，并希望使用 ORCID 来标识学者（目前还未实现）。最终要达到的目的是：学术成果生态系统之间、学术成果生态系统与科研管理系统之间无缝的衔接，各系统间的数据实现完整的关联，从而便于用户更好的发现、展示学术成果。

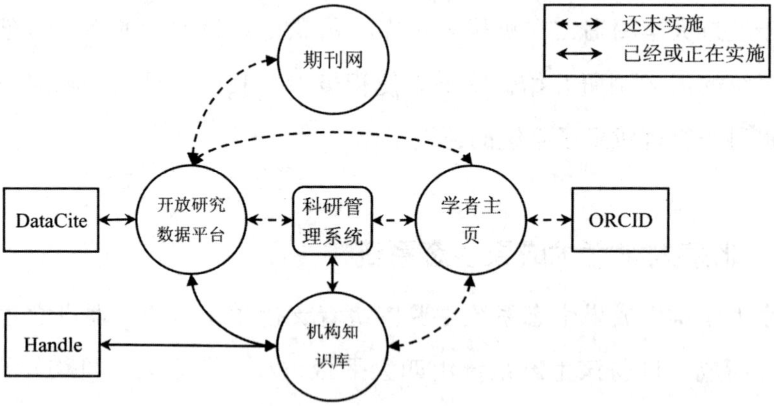

图 8.13　北京大学学术成果生态系统及科研管理系统间互操作

8.3.3 机构知识库与科研管理系统互操作

基于系统间互操作将机构知识库与科研管理系统进行融合有两种方式：一种方式是所有成果数据的提交均存储在科研管理系统中，再由科研管理系统定期向机构知识库推送数据；另一种方式是所有数据的提交都存储在机构知识库中，科研管理系统中的所有操作均通过 API 的方式直接将数据存储到机构知识库。在图书馆的主导下，经过与计算中心、社科部、科研部等单位的讨论，最终选择了第二种实现方式。这种实现方式有利于科研管理人员、院系老师参与到机构知识库的建设中来，使机构知识库能够更好地支持教师成果收集和科研评价，从而使得机构知识库更具有生命力。

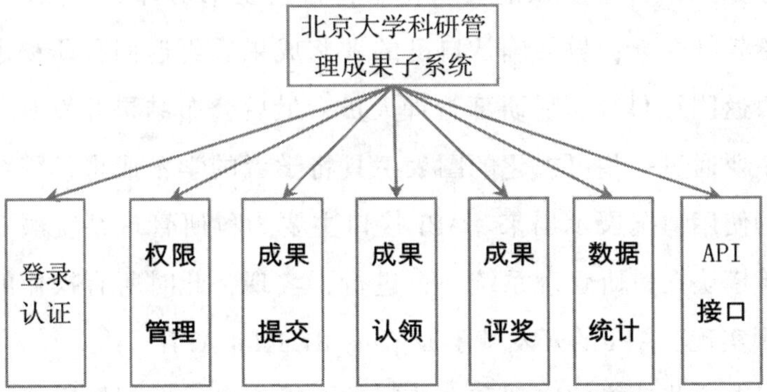

图 8.14　北京大学科研管理成果子系统模块

北京大学科研管理成果子系统包括 7 个模块（图 8.14）：登录认证、权限管理、成果提交、成果认领、成果评奖、数据统计、API 接口。原有的 DSpace 系统并不能满足现有需求，因此在 DSpace 的基础上进行了大量二次开发工作。所有这些功能模块都在机构知识库中实现，同时为了更好地满足用户使用习惯，成果认领、成果提交、数据统计等模块也在科研管理系统中实现。

北京大学科研管理成果子系统主要供校内教师和管理人员使用，为了方便用户登录使用，系统实现了北京大学IAAA统一认证登录功能。在科研管理系统运行的过程中，不同的用户有着不同的使用权限，例如科研秘书可以帮助本院系教师提交成果、社科部管理人员可以对评奖进行设置和管理。通过在原有机构知识库权限管理的基础上进行扩展，增加新的权限（如代理提交、查看评奖模块等）。在成果提交模块，可以支持三种数据提交方式：单条数据的手工提交、特定格式数据文件的批量导入、在线检索导入。在成果认领模块，教师可以认领自己的成果（需要确认作者顺序，是否为通讯作者），也可设置代理人帮助自己认领，或者直接让科研秘书认领。在成果评奖模块，由社科部、科研部管理人员对评奖年份、评奖时间、科研秘书进行设置，然后将评奖任务分配给各个院系的科研秘书；科研秘书对评奖的成果进行核对，然后发送给教师个人；教师确认自己的评奖成果后再返回科研秘书，科研秘书确认后再返回社科部、科研部管理人员，最后公布结果并发奖。在数据统计模块，主要通过一些可视化的图表工具将学者的学术成果、院系的成果构成、用户的使用情况展示出来。API接口主要为科研管理系统服务，成果提交、认领等模块在科研管理系统中也进行了实现，此时所有操作的功能均需要在API中实现，API的开发基于DSpace RESTful API。

通过以上这些功能的实现和系统间的互操作，一方面拓展了机构知识库的功能，将其纳入到科研管理过程中。另一方面，通过系统间互操作，最终实现了北京大学机构知识库与科研管理系统的融合，为机构知识库注入了更强的生命力。目前系统的主要功能已经开发完成，并已经完成了图书馆内的初步测试，正准备在校内院系等机构中进行测试使用。

8.4 结语

信息环境的变化给图书馆带来了很多危机和挑战，同时也给图书馆带来了更多的机遇。随着信息资源由传统的纸本载体转向现代数字载体，在这一过程中，图书馆需要不断地开疆拓土，将更多的信息资源纳入馆藏进行保护和共享。事实上，图书馆已经在科研管理系统的建设中扮演起重要角色，根据英国的一项调查显示，CRIS 管理者所在部门最多是图书和信息服务部门(Library/Information Services)[38]。起初，图书馆为了推动开放获取、促进学术交流而建设机构知识库；而现在，随着科研管理信息化水平的提高，以及信息共享和系统间互操作趋势的加强，图书馆的工作逐步深入到整个科研管理过程之中。随着机构知识库与科研管理系统不断地融合，机构知识库本身将注入新的活力，从而得到更好的发展；同时，也能够更好地支持机构学术和科研管理活动，提高机构科研信息化水平。

参考文献

[1] 许燕,曾建勋.面向科研管理的机构知识库建设政策与机制[J].图书情报工作,2015(6):22-27.

[2] Russell,Rosemary.CERIF CRIS UK landscape study:work in progress report.euroCRIS Membership Meeting Spring 2013 (DFG,Bonn,May 13-14,2013).http://dspacecris.eurocris.org/handle/11366/75.

[3] Cineca.IRIS,Institutional Research Information System[EB/OL].[2017-07-18].https://www.cineca.it/sites/default/files/IRIS_Cineca_EN.pdf.

[4] Cineca.About us.[EB/OL].[2017-07-18].https://www.cineca.it/en/content/about-us.

[5] Susanna G P,Mornatib S.The Italian model of distributed research information management systems:a case study[C]//13th International Conference on Current Research Information Systems.

[6] Wenaas L,Karlstrøm N,Vatnan T.From a national CRIS along the road to Green Open Access and back again:Building infrastructure from CRIStin to Institutional Repositories in Norway[C].CRIS2012:11th International Conference on Current Research Information Sys-

tems (Prague, June 6-9, 2012).http://dspacecris.eurocris.org/handle/11366/116.

[7] European Parliament.Measuring scientific performance for improved policy making[EB/OL]. 2014.https://www.snowballmetrics.com/wp-content/uploads/IPOL-JOIN_ET2014527383_EN.pdf.

[8] Mugabushaka A M, Papazoglou T.Information systems of research funding agencies in the "era of the Big Data".The case study of the Research Information System of the European Research Council [C]. CRIS2012: 11th International Conference on Current Research Information Systems (Prague, June 6-9, 2012). http://dspacecris.eurocris.org/handle/11366/107.

[9] Asserson A, Jeffery K G, Lopatenko A. CERIF: past, present and future: an overview [J].2002.

[10] euroCRIS.Main features of CERIF[EB/OL].[2017-07-10].http://www.eurocris.org/cerif/main-features-cerif.

[11] Hellenic National Documentation Centre.CERIF-Tools[EB/OL].[2017-07-07].https://github.com/EKT/CERIF-Tools.

[12] Jan Dvoák, Brigitte Jörg.CERIF 1.5 XML Data Exchange Format Specification[EB/OL]. [2017-07-10].http://www.eurocris.org/Uploads/Web%20pages/CERIF-1.5/CERIF1.5_XM L.pdf.

[13] Nikos Houssos, Dimitris Karaiskos.CERIF API specification[EB/OL].[2017-07-10].http://dspacecris.eurocris.org/bitstream/11366/398/3/CERIF_REST_API_Specification_v1.0.pdf.

[14] euroCRIS.CERIF 1.3 Full Data Model[EB/OL].[2017-07-10].http://www.eurocris.org/Uploads/Web%20pages/CERIF-1.3/Specifications/CERIF1.3_FDM.pdf.

[15] euroCRIS. CERIF 1.6 model documentation[EB/OL].[2017-07-10].http://www.eurocris.org/Uploads/Web%20pages/CERIF-1.6/documentation/default.html.

[16] euroCRIS.CERIF: Common European Research Information Format[EB/OL].[2017-07-10].http://www.eurocris.org/sites/default/files/presentations/Presentation_CERIF_1.

ppsx.

[17] euroCRIS. CERIF1.5 Semantics[EB/OL].[2017-07-10].http://www.eurocris.org/Uploads /Web%20pages/CERIF-1.5/CERIF1.5_Semantics.xml.

[18] 肖可以.基于满足科研信息管理需求的 CRIS 应用平台研究[J].图书馆学研究,2015(1).

[19] Elsevier.Modules available in Pure[EB/OL].[2017-07-18].https://www.elsevier.com/solutions/pure/features#modules.

[20] Elsevier.Customers and their portals[EB/OL].[2017-07-18]https://www.elsevier.com/solutions/pure/who-uses-pure/clients

[21] CONVERIS.Converis-Research Information System[EB/OL].[2017-07-18].http://converis.thomsonreuters.com/

[22] CONVERIS.CONVERIS Research Information System[EB/OL].[2017-07-18].http://www.campus-innovation.de/fileadmin/dokumente/Loesungen_und_Praxis/CONVERIS_Produktbeschreibung_Details.pdf.

[23] Symplectic.Symplectic-Experts in Research Information Management[EB/OL].[2017-07-19].http://symplectic.co.uk/

[24] EPrints.org.Registry of Open Access Repositories[EB/OL].[2017-07-17].http://roar.eprints.org.

[25] 胡婧,闫雪,孙英泽,等.机构知识库与科研管理系统互补发展探析[J].情报理论与实践,2016,39(10):36-39.

[26] RepNet.RepNet map for CRIS/IR implementation at UK HEIs[EB/OL].[2017-07-05].https://www.google.com/maps/d/viewer? mid=1Vb2CFFKNEnZcIYb6XK18V2GDrSI&hl=en_US

[27] Ribeiro L,de Castro P,Mennielli M.EUNIS-euroCRIS joint survey on CRIS and IR[J].Final Report-http://www.eunis.org/wp-content/uploads/2016/03/cris-report-ED.pdf,2016.

[28] Cineca.DSpace-CRIS[EB/OL].[2017-07-19].https://github.com/Cineca/DSpace.

[29] Eliot Z H,Palmer,David T.香港大学学术库——机构知识库的应用扩展[J].大学图书馆学报,2015,33(4):68-75.

[30] Palmer D T,Bollini A,Mornati S,et al.DSpace-CRIS@ HKU:Achieving visibility with a CERIF compliant open source system[J].Procedia Computer Science,2014,33:118-123.

[31] Bollini A,Mornati,S .IRIS & DSpace-CRIS:an update[EB/OL].[2017-07-19].http://dspacecris.eurocris.org/handle/11366/371.

[32] Gavin Beattie,Nick Woolley.Reshaping library support for research at King's College London[EB/OL].[2017-07-21].http://www.unica-network.eu/sites/default/files/GB%20and%20NW%20UNICA%20Brussels%202012.pdf.

[33] King's College London.King's College London Research Publications Policy[EB/OL].[2017-07-21].https://www.kcl.ac.uk/governancezone/Assets/Research/Research-Publications-Policy.pdf.

[34] Fina F,Proven J.Using a CRIS to support communication of research:mapping the publication cycle to deposit workflows for data and publications[J].2016.

[35] De Castro P,Shearer K,Summann F.The gradual merging of repository and CRIS solutions to meet institutional research information management requirements[J].Procedia Computer Science,2014,33:39-46.

[36] Karlstrøm N,Wenaas L.Showing it all-a new interface for finding all Norwegian research output[J].Procedia Computer Science,2014,33:124-129.

[37] CRIStin.Norwegian Open Research Archives[EB/OL].[2017-07-20].http://nora.openaccess.no/.

[38] Russell R.Adoption of CERIF in higher education institutions in the UK:A landscape study[J].2012.

第九章 新一代机构知识库与学术交流生态系统发展趋势

近年来，e-Science、Cyberinfrastructure 科研基础设施不断进步，数据驱动科学研究范式广泛应用，学术交流移动互联网化、虚拟现实与人工智能快速发展等学术环境变化推动学术交流系统不断变革。开放获取运动推动下，机构知识库、开放获取期刊、开放研究数据已经成为学术交流系统中的重要组成部分。在 OpenDOAR 中，2018 年 11 月，机构知识库注册数量从 2005 年 12 月的 88 个增加到 3 805 个，全球 IR 发展迅速[1]。然而与理念、数量和全球开发获取运动的推动者的努力相比，IR 在学术交流系统中发挥的作用并不理想，商业数据库和商业出版依然是学术交流的主要渠道，开放获取打破学术交流商业垄断的目标仍未实现，全球 IR 的质量和影响力仍存在巨大差距。而学术交流系统，却在大数据、云计算、泛在网络、虚拟现实、人工智能等新技术广泛应用下，已经改变。新学术交流生态环境下，IR 如何发挥作用，全球 IR 是否能通过新技术形成合力，IR 如何迎接新挑战和机遇，新一代机构知识库的研究和构建成为必然选择。

9.1 新一代机构知识库研究综述

在IR功能扩展和提供增值服务方面，国内外一直都有积极的探索。在中国，马建霞（2010年）提出了机构知识库在内容建设与服务设计方面的趋势：强制存缴政策、采取灵活的访问策略、简化存缴步骤、集成到用户信息环境、以机构知识库联盟获得规模优势、提供知识审计与能力分析功能、可信长期保存服务、技术和服务团队的持久保障等[2]。张晓林（2014年）针对机构知识库的发展，提出机构知识库支持非文本信息存储利用、支持教育科研活动、支持机构战略性知识管理三个未来发展趋势以及一系列可能的服务功能[3]。刘巍、祝忠明、吴志强等（2016—2017年）研究内容可视化知识图谱，图像检索、影音资源支持、检索三维模型等新技术在机构知识库中的应用，提供增值服务[4-7]。张旺强（2016年）等通过互操作协议，实现简化用户提交过程，自动存档[8]。崔海媛等（2017年）通过提供增强内容和数据统计，设计更符合资助机构应用的机构知识库[9]。香港科技大学机构知识库（2016年）以学者为中心，展示学者成果，并利用可视化技术，构建学者的合作者网络，将学者的Scopus ID、Researcher ID和ORCID三者进行关联，全方位展示学者的学术轨迹[10]。香港大学机构知识库（2016年）将论文与学者、基金项目与学者进行了关联[11]。香港理工大学机构知识库（2016年）在论文的页面详细展示了论文的计量指标，包括Scopus的被引频次（包括总被引频次、上周被引频次、上月被引频次）、WoS的被引频次（包括总被引频次、上周被引频次、上月被引频次）、访问次数、下载次数、Altmetric等信息[12]。

国际上，对IR的功能拓展和服务增强研究更为广泛、深入，在本书第七章服务推广策略中已经有部分论述。L. Sterman等（2017年）用丰富的可视化工具，提供增强的统计和计量数据服务，并基于访问情况，主动向作者推送信息服务[13]。A. Cocciolo（2010 年）研究比较 Web2. 0 应用对用户参与 IR 的不同，发现应用 Web2. 0 技术有助于增加用户对 IR 的兴趣与参与[14]。J. Richard（2007 年）提出互操作如何促成机构知识库的发展、可能被使用的方式以及实现的方式[15]。机构知识库与科研管理系统融合研究与实现成为趋势，香港大学的科研管理系统是在 IR 基础上扩展实现，通过在 DSpace 的基础上增加 CRIS 模块，实现了 CERIF 兼容的 DSpace-CRIS 系统。伦敦国王学院（King´s College London）、加拿大皇后大学（Queen’ s University）在科研管理系统的基础上，增加具有开放获取功能的机构知识库模块。圣安德鲁斯大学的机构知识库与科研管理系统通过 API 的方式实现系统间互操作。

2016 年 4 月，开放获取知识库联盟 COAR 成立下一代知识库工作组，调研用户新需求，提出新功能和技术方案。COAR 提出，目前由商业出版商主导的学术传播体系，远未达到令人满意的程度。从商业角度考虑，订阅价格和论文处理费都虚高，而且很可能以难以承受的速率上涨。另外，无论是从获取还是参与角度来看，国际出版系统都存在着显著的不平等。这个系统的评价标准迫使研究者在传统出版物上发表，使前述问题持续存在，并将极大地阻碍研究发展和创新的能力。COAR 认为，可以利用分布在全球的 3 000 多个知识库网络，创建更加可持续创新的系统，共享研究成果。知识库可以提供全球研究的全面视图，同时也使得每个学者和机构都能够参与全球的科学和学术研究网络。在知识库网络之上建立标准化使用统计指标、同行评议和社交网络等附加服务更能提供新的发展前景。

2017 年 11 月，COAR 发布工作组研究成果报告“下一代系统-行动和技术建议”，介绍工作组研究成果，提出对下一代机构知识库应用新技术、标准、协议的建议，以帮助知识库融入网络环境，使它们在学术交流生态系统中发挥更大作用。下一代 IR 的建设愿景是：使知识库成为分布式的全球网络化学术交流体系的基础，在此之上提供各种层级的增值服务，从而变革出版系统，使其更加以研究为中心、更加开放并支持创新，同时由学术界共同管理。这一愿景的一个重要组成部分，是知识库将提供各种各样研究成果的获取，提供条件使学术成果获得更广泛的影响力，并使其在研究评估过程中得到正式承认。报告还指出下一代知识库提供对各种资源的访问，包括发表文章、预印本、数据集、工作文件、图片、软件等。同时着重强调互操作及通用性。报告描述了 11 项新功能，以及在知识库现有功能基础上开发包括社交网络、同行评议、通知和使用统计等新服务相关的技术、标准和协议。功能包括：①公开标识符；②在资源层声明许可协议；③通过导航发现；④与资源互动（注释、评论和评述）；⑤资源转移；⑥批量发现；⑦收集和导出活动元数据；⑧用户识别；⑨用户认证；⑩公开标准化使用计量指标；⑪长期保存[16]。

在 COAR 引领下，新一代机构知识库的功能、技术和发展的研究和应用，将成为 IR 领域的热点。

9.2 新一代机构知识库技术和功能特点

新一代机构知识库的建设目标，是成为全球新型学术交流生态系统的重要基础设施，能够管理多种类型的学术资源，包括：论文、图书、报告、数据、软件、工具等，成为为全世界学者学术交流提供服务的学术资源中心。新一代机构知识库是能够实现数据互操作的网络知识库，是用户友好、机器友好的知识库，是为每个学者和机构提供设施、数据和服务的全球学术交流基础。在新一代机构知识库上，能够实现多种增值服务，包括学术评价、同行评审和学术社交等，以学术交流为中心，全面支持学术开放和研究创新。

9.2.1 新一代机构知识库的 11 种功能、技术、标准和协议

基于调研中用户提出的功能需求，COAR 在新一代系统报告中总结出 11 种新功能，以及实现这些新功能需要的技术、标准和协议。图 9.1 是新一代 IR 与现有 IR 的架构对比图[16]，在新一代机构知识库中，通过集成云计算、搜索和内容管理等全新技术，设计全新 IR 云基础设施，提供更多服务协议、标准和服务，为 IR 开发更多增值服务提供支持。

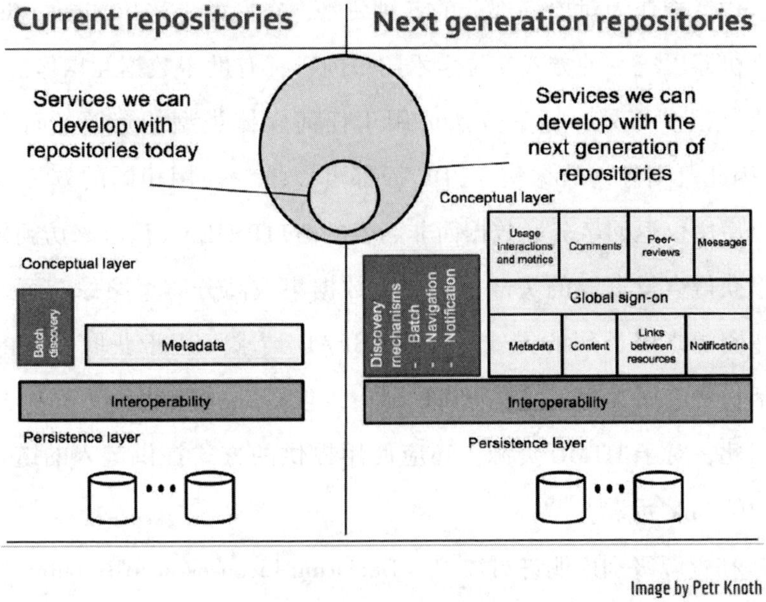

图 9.1　新一代 IR 与现有 IR 的架构对比图

（1）公开标识符（Exposing Identifiers）

访问 IR 等学术门户网站时，用户可以轻松找出目标网页，书目记录链接，作者身份等。但是，由于门户网站使用不同的方法展示内容，搜索引擎等收割数据服务则很难解决。如何能够方便用户定位与引用 IR 资源，如果能够让数据交互更为顺畅，让搜索引擎能够准确获取数据，IR 中的数据（元数

据和成果）具有唯一标识是可行的解决方案。

Signposting 是一种使学术网络对机器更友好的方法。它使用 Typed Links 方法来区分学术门户中重复出现模式。对于任何媒体类型的资源，类型链接都会在 HTTP 链接头中提供。对于 HTML 资源，它们还在 HTML 链接元素中提供。Signposting 使用类型链接（在 HTTP 链接头，HTML <link>元素或<rs：ln> ResourceSync 元素中）来判断学术门户重复内容出现模式。Signposting 可用于支持自动发现与学术对象有关的各种资源，包括书目描述，持久标识符，许可证，作者或作为对象一部分的各种资源。在网站上采用 Signposting 方法，能够允许机器以统一的方式定位学术门户内容，有助于数据互操作。HTTP 链接头方式有很多好处，标头方法可用于任何媒体类型的资源，而不仅仅是 HTML。因此，图像，数据集，PDF 等都可以统一使用相同的方法来阐明模式。可以使用仅返回事务元数据而非内容的 HTTP HEAD 请求来访问标头。因此，可以获得大量资源的头部，例如大数据集或高分辨率图像，而无需实际下载这些资源。以类似的方式，HTTP HEAD 请求可用于获取受限内容的标头，包括付费应用文章。但是 HTTP 标头，包括 Link 标头，无法从 JavaScript 访问。因此，对于 HTML 资源，还应使用提供的方式提供键入的链接 HTML 头元素中的 link 元素[17]。

（2）在资源级别声明许可协议（Declaring Licenses at a Resource Level）

如何让用户与机器都能清楚 IR 资源的知识产权许可情况？在内容组织中，增加明确的许可标识，在 HTTP 链接增加许可信息，是有效的解决方法。通过 Signposting 方法，在 HTTP 链接增加知识产权学科协议，如 Creative Commons Copyright Licenses 相关内容，是解决方案之一。

（3）通过导航发现（Discovery through Navigation）

IR 中的成果数据类型丰富，一条元数据，可能会对应 PDF 和/或 HTML 版本的论文，一个或多个支持数据集，图书或表格附件等。为了帮助机器准确识别数据对象，实现准确地搜索和导航，对数据链接关系、数据类型等通过在 HTTP 链接提供，是有效的解决方法。通过 Signposting 方法，在 HTTP 链接增加一组 Web 资源信息，是解决方案之一。

（4）与资源交互（注释，评论和评述）（Interacting with Resources（Annotation，Commentary and Review）

大量研究已经证明，提供与用户交互功能，能够增加用户参与度。通过接入第三方社交媒体服务，允许用户注释、评论和评述，IR 可以发挥学术交流中心作用，促进研究者讨论和协作工作。

Activity Streams 2.0 是一种描述与资源交互的方法，包括评论，点赞，共享等。交互表示为 JSON-LD 并使用 Activity Streams 2.0 词汇表。虽然该词汇表针对的是一般社交网络活动，但仍可以扩展学术词汇表[18]。Web Annotation Model and Web Annotation Protocol 是专门表达注释（包括评论，评述等）的方法以及用于创建和管理它们的相关协议。注释使用基于 RDF 的词汇表来表达，并且可以呈现为 JSON-LD。该协议基于 HTTP 并遵循 REST 设计原则[19]。国际图像互操作性框架（IIIF）是一个支持图像互操作 API 的协议，用于图像重用，共享和/与交互，用于注释，转录，编写，认证访问等[20]。

（5）资源转移（Resource Transfer）

分布式、网络化、云存储模式，是下一代机构知识库的核心架构，需要实现资源内容的分布式部署。云存储和云计算技术已经成熟，能够支持所需应用实现。

IPFS 是点对点超媒体协议，旨在使网络更快，更安全，更开放。对于需要在多方之间共享大数据集合的情况，IPFS 应被视为一种可能的方法[21]。ResourceSync 是一种基于站点地图的规范，存储库管理器可以使用该规范提供信息，允许第三方系统在其发展过程中与其存储库中的资源保持同步，即创建，更新和删除。站点地图允许公开知识库内容和与爬网相关的元数据。ResourceSync 可用于内容和元数据的发现和同步，并使用 Sitemaps XML 格式[22]。SWORD（简单知识库内容 Web 服务提供）是一种轻量级协议，用于将内容从一个位置存储到另一个位置[23]。

（6）批量发现（Batch Discovery）

随着 IR 的发展，用户需要的是统一、跨平台的知识库资源发现服务，需要资源文本内容的搜索，实现全球知识库学术搜索功能，是下一代机构知识库的重要目标。而批量搜索，也能帮助知识库评估资源价值。支持批量发现，需要使用 ResourceSync，Signposting，Sitemaps。Sitemaps 用于向搜索引擎通知其网站上可用于抓取的网页。在最简单的形式中，Sitemap 是一个 XML 文件，其中列出了每个可用资源的 URL 以及有关该资源的可选附加元数据，旨在优化爬虫获取数据过程（例如修改日期、更改频率等）[24]。

（7）收集和公开活动（Collecting and Exposing Activities）

机构知识库需要主动并实时收集和公开活动（任何修改、增加、评论、注释、同行评议、访问、下载等），并实时发送通知给相关用户，提供用户所需的多种增值服务，使 IR 成为学术交流社区。实现通知机制，除了需要资源对象具有唯一标识符和用户需要身份认证外，还需要应用多种标准协议和技术。

Activity Streams 2.0 方法描述资源交互。Linked Data Notifications 是一种通用通知协议，描述服务器（接收方）如何将应用程序（发件人）推送给它们的消息，以及其他应用程序（消费者）如何检索这些消息。任何资源都可以通告消息的接收端点（收件箱）。消息以 RDF 表示，可以包含任何数据。其中任何资源都可以通告收件箱，该收件箱可以发布与该资源相关的通知。例如，注释，评论或审阅应用程序可以发布通知资源的收件箱，以通知该资源与它发生了交互，交互的本质是什么，参与交互的参与者是谁等。通知表达方式为 JSON-LD 并使用 Activity Streams 2.0 词汇表[25]。ResourceSync Change

Notifications 是基于 WebSub 的发布/订阅协议，并向订阅者发送知识库资源相关修改（创建/更新/删除）的通知。ResourceSync 通知可用于内容和元数据的发现和同步，并使用 Sitemaps XML 格式[26]。Webmention 是一种点对点的 trackback/pingback 方法，旨在通知资源链接变化，支持双向链接[27]。WebSub 是一种出版/订阅协议，出版者将资源更新通知发布订阅用户。机构知识库通过 WebSub 与出版社实现资源交互，及时获取论文引用、评论、评述等数据[28]。其他消息传递协议（例如 AMQP，Kafka）为所有 Web 内容发布者和订阅者交互提供了通用通信机制。

（8）用户识别（Identification of Users）

资源交互和活动公开等所有增值功能和服务，都需要用户具有唯一身份标识，需要识别资源与用户的关联关系。身份标识可以使用 ORCID，Social Network Identities，WebID 等。ORCID（Open Researcher and Contributor Identifier，开放研究者与贡献者身份标识符）提供一个永久性的数字标识符给研究者，并通过与主要研究工作流程（例如手稿和出版成果）集成，实现研究者与学术活动的自动链接，识别研究者学术成果[29]。社交媒体身份标识（Social Network Identities）由多个社交网络平台提供。WebID 是一个代理 HTTP（S）URI，通常由代理（个人，组织，组等）在所属域中创建。WebID 基于 RDF 的配置文件机器可读，通常与 WebID/TLS 身份认证和 Web 访问控制认证方法结合使用[30]。

（9）用户认证（Authentication of Users）

提供用户交互与个性化增值服务，需要用户身份识别，需要用户身份认证功能，包括学术身份（如 ORCID）和社交网络（如 Twitter，Google，Facebook，Mastadon）身份。

HTTP 签名提供了类似于 WebID/TLS 的身份验证方法。但这种方法更通用，除了身份验证之外，它还允许验证客户端和服务器之间的通信未被篡改。

该方法目前正在IETF申请标准，值得进一步关注[31]。OpenID Connect 1.0是在OAuth 2.0协议之上的简单身份层，用于分布式身份验证。OpenID Connect允许客户端应用程序（例如机构知识库和浏览器）通过用户身份提供者进行身份验证。认证成功，可以将关于用户的基本信息返回给客户端应用程序。该协议支持可扩展，允许开发应用者使用可选功能，如是否需要身份数据加密，OpenID服务方信息和Session会话管理。主要社交媒体已经支持OpenID Connect，ORCID目前在测试阶段[32]。WebID / TLS是基于传输安全层协议（TSL），X.509证书和WebID等实现安全用户身份验证的协议。它使用户只需从浏览器给出的证书中选择所需证书即可进行身份验证，用于解决服务器获取用户私钥信息和用户WebID。通过WebID，获取包含用户私钥的个人信息并进行验证。WebID / TLS虽然是完全分布式的高效方法，但由于难以生成证书和用户界面，一直没有广泛应用[33]。

（10）公开标准化使用计量指标（Exposing Standardized Usage Metrics）

通过共享用户交互数据，机构知识库可以开发和提供更多用户需要的增值服务。收集、管理和提供标准使用计量指标数据，是能够让作者和所有用户了解机构知识库价值所在的重要服务。为保证数据准确、可靠、可信，需要采用通用标准协议和方法，可以互操作，让用户看到完整的计量数据。如果能够基于数据，建立全球机构知识库计量指标体系，提供与商业期刊无关的评价系统，意义将更为深远。通过定量数据和用户交互（注释、评论、评述）的定性数据结合应用，机构知识库有可能完成这样的目标。定量数据可以通过两种模式实现：获取模式（如使用SUSHI）或推送模式（如：google-analytics，IRUS-UK，OpenAIRE使用的Piwik，RAMP）。公开使用指标需要解决公开障碍，需要通过通用标准推动，而不仅仅是技术。

COUNTER标准使用户能够获取电子资源的使用统计数据。该标准被称为“行为准则”，确保供应商和出版商能够为用户提供一致、可靠和可比较的使用数据[34]。SUSHI 是 ANSI / NISO 标准，定义了用于收割电子资源使用数据的自动请求和响应模型。它与 COUNTER 一起使用。ETag 或 entity tag 是 HTTP 的一部分，是 HTTP 为 Web 缓存验证提供的几种机制之一，它允许客户端进行条件请求。这种允许缓存的机制更高效并节省带宽，因为如果内容未更改，则 Web 服务器不需要发送完整响应。ETag 还可用于并发控制，作为一种防止资源的同时更新时互相覆盖的方法，有助于支持系统仅获取有关指标的新数据[35]。

（11）资源长期保存（Preserving Resources）

开放获取的意义不仅在于开放访问现在的学术资源，还在于永久访问和长期保存。长期保存，不需要每个知识库独立进行，而是应该通过标准、协议和互操作，建立全球学术资源的长期保存网络。保存，需要保持资源（资源，元数据和结构信息）的复杂互连，还需要通过新技术实现实时获取和保存数据，数据格式应尝试应用可重复使用的格式（如 Latex 和 TEI，而不是 PDF）。

长期保存是一项极其复杂的活动，涉及政策，标准，实践和技术等，机构知识库长期保存功能需要借鉴长期保存研究成果、技术和实践经验实现。

9.2.2 新一代机构知识库的功能特点

（1）从机构学术仓储到机构信息基础设施

新一代机构知识库的建设目标，是成为全球新型学术交流生态系统的重要基础设施，能够管理多种类型的学术资源，包括：论文、图书、报告、数据、软件、工具等，成为为全世界学者学术交流提供服务的学术资源中心。新一代机构知识库是能够实现数据互操作的网络知识库，是用户友好、机器友好的知识库，是为每个学者和机构提供设施、数据和服务的全球学术交流基础。其设计以完整学术资源数据汇集为基础，建设学术资源管理与服务平台，实现学术资源管理与服务功能。从而可以实现：改善全球学术交流信息基础设施与环境，促进交叉学科交流与合作；为全世界的研究者提供完整、丰富、多样、创新的学术信息；为研究者提供开放学术信息环境，成为国际一流学术交流平台的一部分；参与到全球学术交流重构进程中，成为新型学术交流规则的制定者。

新一代机构知识库具有以下功能特点：①基于开放框架设计的云平台架构，提供多种开放服务接口，能够与全球学术交流信息基础设施实现数据互操作和合作服务。②支持多种类型资源的管理和服务，包括学术成果、档案资料、研究数据、软件工具等。③遵循公开标识符标准规范，所有数据都能够基于标识符与全球机构知识库实现互操作。④提供学术资源长期保存、管理与服务，遵循 OAIS 框架，支持公开标识符，提供数据格式进行识别和迁移转换服务。⑤提供统一、完整的学术搜索服务。通过开放服务框架和接口，新一代机构库要么可以提供全新的比现有学术发现更优的发现服务，要么与更优的学术发现合作，为用户提供统一、跨平台的知识库资源发现服务，实现全球知识库学术搜索功能

（2）从自存档到自动提交

新一代机构知识库，通过互操作技术、与出版商合作等方法，从自存档方式转为自动提交工作流程，提供自存档、自动收割数据、代理提交、跨系统合作等多种存缴方式。实现多种提交功能：①通过互操作，与数据库商合作，实现数据自动提交。或与出版商谈判，由出版商直接提供内容。②提供数据工具和接口，嵌入到用户工作流程中，减少自存档操作步骤。如基于数据互操作协 SWORD，实现从 Word 直接提交。数据工具可以自动抽取元数据或者自动生成元数据，改进元数据质量。③全球机构知识库之间数据交互。以 NSF 的机构知识库（NSF Public Access Repository，NSF-PAR）为例，NSF-PAR 与能源部（the Department of Energy，DOE）和科学与技术信息办公室

(Office of Science and Technical Information, OSTI) 的机构知识库建立互操作性。2018年春季开始，两个机构（NSF和DOE）资助的出版物的作者可以一次性存放其原稿的最终版本，在DOE/OSTI系统中成功存放符合条件的出版物的作者已经可以通过NSF-PAR无缝地发布他们的出版物Pubmed与NSF交换数据[36]。

（3）从独立平台到与科研管理系统融合与发展

机构知识库与科研管理系统的融合，在本书第八章已经做了详细阐述。实践证明，与科研管理系统融合，机构知识库可以得到更好的发展，更好地支持机构学术和科研管理活动，实现下一代机构知识库成为信息基础设施的目标。与科研管理系统融合，机构知识库提供学术资源数据的收集、保存、管理和服务，为研究者提供自动提交服务，为科研管理提供服务。而科研管理流程和研究者确认学术成果数据过程，支持机构知识库完成数据确认流程，得到完整、准确的成果数据，并建立成果和学者的关联关系，建设高质量学术资源仓储，为提供更多增值服务，实现学术交流社区和建立全新体系学术评价奠定了基础。

融合方式可以有多种形式，如：①基于机构知识库的融合。即在机构知识库的基础上进行扩展，增加科研管理的功能。②基于科研管理系统的融合。即在科研管理系统的基础上，增加具有开放获取功能的机构知识库模块。③基于系统间互操作的融合。即机构知识库与科研管理系统独立运行，并通过API的方式实现系统间互操作。

（4）从成果存档到新型学术交流社区

学术交流新生态环境下，在线社区交流成为重要的学术交流场景。下一代机构知识库将与用户互动（注释、评论、评述、订阅、主动推送等）服务作为增值服务的重点，力图通过增值服务，使机构知识库成为用户学术交流社区。Facebook、Twitter、微博和微信等社交媒体已经使人们习惯在社交媒体和社区中获取和交流信息。下一代机构知识库在云服务架构和完整学术资源中心基础上，提供学术交流所需的增值服务，将IR建设成人们习惯交流学术信息的新型学术交流社区。

（5）从应用计量指标到建立全新学术评价体系

大量实践和数据已经证明，提供访问统计和引用频次等计量指标，能有效提高机构知识库成果的学术影响力和可见度。众多机构知识库已经提供多种统计。下一代机构知识库，提供更丰富、实时、准确的计量指标数据。通过对数据从总体、机构、研究者、时间等多角度进行统计，生成各层次知识目录。通过对学术资源的多维度或多层面进行逻辑语义关系分析和关联，建立知识图谱，对机构的知识能力、知识关系、知识资产应用和需求等进行分析和评估。通过对用户使用情况进行分析，建立用户画像。在计量、统计数据、知识图谱、用户画像基础上，建立独立于现有商业出版学术评价数据的全新学术评价体系，重构学术评价生态系统。

9.3 新一代学术交流生态系统

美国大学与研究图书馆协会（Association of College and Research Libraries, ACRL）将学术交流定义为，进行创造性研究并创作学术著作，对其进行质量评估，在学术社区中传播，并存档供将来使用的系统。该系统既包括同行评议期刊等正规交流途径，也包括电子邮件列表等非正式交流渠道[37]。C. L. Borgman[38]对学术交流的定义是，某学科领域的研究人员通过正式和非正式渠道使用和传播信息的过程。学术交流研究包括学术信息的增长，研究领域和学科的关系，用户的信息需求和使用，正式和非正式交流的关系等。R. Fyffe[39]提出，学术交流过程是依靠一定的制度和技术手段，将研究者提出的理论、解释和发现提交给本学科的专家群体去审阅、评议和认可，然后再由学术界信任的机构（如出版社、媒体、信息机构和图书馆）去传播、综合和存档。

在科学研究的过程中，科研人员将研究成果发表出版后，通过图书馆、仓储系统保存和传播，供其他科研人员研究参考，创作新的研究成果，由此形成学术交流周期。在整个周期中，学术信息资源在不同主体之间转移，这些主体和过程，以及各种各样的学术交流渠道及其环境，构成学术交流系统[40]。

技术、教育与学术交流环境变革，使IR的角色与价值发生变化，在学术交流生命周期变革中找到新的角色定位，并发挥作用，成为新一代IR建设的目标。

9.3.1 新型学术交流生态系统架构设计

学术交流生态系统，是以开放学术交流为目标，完整支持学术交流生命周期各环节，以学术资源数据汇集为基础，覆盖完整学术交流工作流程，为师生提供研究准备、学术发现、研究与分析、写作、发布、传播与评价等学术交流全流程服务，并利用文献计量、数据挖掘、机器学习等新技术，为教学、科研、科研管理、学科评估等提供支持，促进学术交流。学术交流生态系统的目标是：①建设与提升学术交流环境（scholarly communication），促进学科建设及交叉学科交流与合作；②为教师提供优质、多样、不断发展的教学、科研学术交流服务；③为学生提供完整、丰富、多样、创新的学术交流视野；④推动学术交流服务成为大学科研管理体系有机组成部分，提升学术交流管理及相关增值服务，如：科研成果管理、机构学术声誉、绩效评估、学科评价与智库研究等；⑤参与到全球学术交流重构进程中，建设开放学术信息环境，成为全球开放学术交流系统的一部分，作为新型学术交流规则的制定者。学术交流生态系统架构见图9.2，其设计与构建涵盖科研工作全流程的服务。在系统平台与服务设计上，根据学术交流新特点，设计涵盖完整研究生命周期的系统平台与服务。在科研准备阶段，需要了解把握研究领域前沿方向，跟踪研究热点，以构建研究支持服务为核心，满足研究者需求。在搜索发现阶段，需要获取完整文献和数据资源，以建设海量学术资源搜索平台和门户为基础，提供一站式发现服务。在研究分析阶段，用户需要项目管理和学科服务支持，以数据管理平台提供研究过程需要的数据管理软件、工具与服务，以学科服务满足研究过程中需要的研究支持服务。在成果写作阶段，以学科馆员服务为主体，为研究者提供论文写作服务。在成果发表阶段，为研究者提供知识产权法律咨询、开放获取政策咨询等服务，帮助研究者高效率、高质量发表成果。在成果推广阶段，以学者主页、机构知识库、数据服务平台和长期保存平台，为研究者提供研究成果和数据的发表、存档、传播服务，帮助研究者提升学术影响力。在科研评价阶段，以完整、精准的评价服务，为研究者总结研究成果、为新研究提供支持。以支持学术交流完整生命周期为目标，设计与构建各流程的平台与服务。表 9.1 给出了学术交流生态系统平台和服务说明[41]。

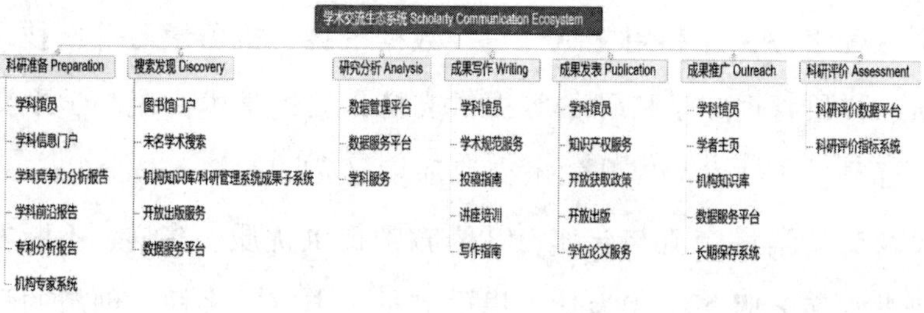

图 9.2　学术交流生态系统架构

机构知识库是构建开放学术交流生态系统的基础设施，提供存档、传播与扩展等学术交流功能，长期保存与开放展示机构学术成果与学术活动水平，提高学术成果可见度、学术地位和公共价值，达到促进学术交流的目标。新环境下，IR 的价值、功能已经改变，IR 应成为全球网络化学术交流基础设施的基础，提供新的功能，以学习和研究为中心，支持创新，需要建设符合新需求的新一代机构知识库。

表 9.1　学术交流生态系统平台和服务支持说明

研究生命周期	服务支持	服务说明
科研准备（preparation）	学科馆员	开展创新型学科服务，支持学科资源整合、信息素养能力提升、科研与学术交流等
	学科信息门户	提供各学科领域的文献资源、研究热点、动态资讯、研究机构和自有学术成果等信息，为研究准备提供一站式的学术内容服务
	学科竞争力分析报告	海量文献资源分析，为北京大学 43 个一级学科/30 个双一流学科进行了学科竞争力分析与梳理，提供学科竞争力分析报告
	学科前沿报告	海量数据分析，从不同角度分析各学科领域的研究热点，为各学科的发展规划提供参考
	专利分析报告	对机构/个人的专利成果、有效期和转化等情况进行整理和分析，提供针对性的专利竞争力分析
	机构专家系统	以科研管理系统项目、成果、研究者信息为基础，进行数据的深度挖掘与分析，提供学科前沿、课题进展、研究团队和研究者关系图谱（建设中）
搜索发现（discovery）	图书馆门户	基于用户行为数据和需求调研构建新型图书馆门户基础，提供符合用户需求的学术交流服务入口
	未名学术搜索	海量学术资源搜索与发现
	机构知识库/科研管理系统成果子系统	提供学术成果存档，管理，发布，检索、学术评价和开放共享
	开放出版服务	机构学术期刊汇集与发布服务，整合资源，提升学术影响力，推进开放出版
	数据服务平台	高质量研究数据发布与服务，为研究者提供数据入口。数据学科馆员提供数据整理、分类和归档等服务

续表

研究生命周期	服务支持	服务说明
研究分析 （analysis）	数据管理平台	研究过程中的数据管理软件、工具与服务平台，为项目团队提供数据管理支持（建设中）
	数据服务平台	同上
	学科服务	以学科馆员、学科信息门户、学科前沿追踪、课题咨询等多种服务支持科研
成果写作 （writing）	学科馆员	同上
	学术规范服务	开展相关的学术素养培训和咨询，包括文献管理软件的培训和利用咨询，论文写作规范和学术道德规范培养等
	投稿指南	提供期刊影响因子等期刊评价，按学科建立期刊投稿指南，提供投稿信息服务
	讲座培训	以品牌常规讲座“一小时讲座”为基础，持续开展学习、研究与学术交流相关资源、软件工具和方法等系列培训，提升用户信息素养
	写作指南	开展论文写作技巧与资料引用、出版合同签署、出版媒介选择等服务支持（建设中）
成果发表 （publication）：	学科馆员	同上
	知识产权服务	提供研究项目和学术成果的知识产权咨询服务（建设中）
	开放获取政策	研究制定与推动机构开放获取政策发布，推进开放学术交流
	开放出版（期刊网）	同上
	学位论文服务	博硕士、本科生学位论文和博士后出站报告的提交、管理、保存与发布服务

续表

研究生命周期	服务支持	服务说明
成果推广（outreach）	学科馆员	同上
	学者主页	为师生提供个人简历、科研成果、教学课程、近期学术活动等内容的学术主页发布服务
	机构知识库	持续建设机构完整、精准学术成果的收集、保存、管理与发布服务
	数据服务平台	为数据发布者和数据使用者提供服务，建设世界一流的研究数据服务平台
	长期保存系统	以机构知识库、数据平台、科研管理系统需求为基础，构建机构学术交流长期保存体系（建设中）
科研评价（assessment）	科研评价数据平台	以机构与对标机构数据为基础，根据评价标准，提供机构、研究者对比评估依据（建设中）
	科研评价指标系统	研究各种评价数据，建设科研评价指标标准体系，为学科评价提供参考（建设中）

9.3.2 北京大学新一代学术交流生态系统构建案例

2011 年开始，北京大学图书馆以机构知识库建设为契机，设计、构建与推动北京大学新一代学术交流生态系统建设与发展。在 2015 年发布的“北京大学图书馆 2018 行动计划”中，构建符合新型学术交流生态系统的服务体系是重要目标之一，几年来，调整组织机构，重新组织与设计服务，稳步推进研究与实践工作，已完成学术交流生态系统的初步构建。2015 年 12 月 25 日，正式发布学术成果生态系统服务，不仅为师生学术交流提供支持，还成为国内高校相关建设的引领者。

（1）关键系统设计与建设

以支持学术交流完整生命周期为目标，设计与构建各流程的平台与服务。目前已经完成生态系统的完整构建设计，打通全流程的系统平台与服务，部分平台与服务仍在建设中，已经完成机构知识库（同时也是校科研管理系统成果子系统）、开放研究数据平台、期刊网、学者主页和研究支持服务，完成开放获取政策的研究制定工作，并启动数字资产长期保存和学科服务平台建设。持续进行数据和内容建设，为教学、科研提供更优支持，建设科研评价数据平台和指标系统，不断完善与推动学术交流生态系统的构建。以平台建设支撑学术交流服务，通过关键系统平台构建，推动研究生命周期全流程的学术交流生态系统建设。

①机构知识库与科研管理系统成果子系统　机构知识库（institutional repository，简称 IR）是构建开放学术交流生态系统的基础，提供存档、传播与扩展等学术交流功能，长期保存与开放展示机构学术成果与学术活动水平，提高学术成果可见度、学术地位和公共价值，达到促进学术交流目标。

北京大学图书馆自 2011 年开始，以组织完成 CALIS 三期“机构知识库建设及推广项目”为契机，积累平台建设、内容建设、政策建设、宣传推广等多方面经验，推动 IR 建设。2012 年，基于 CALIS 三期“机构知识库建设及推广项目”成果，正式发布北京大学机构知识库（Peking University Institutional Repository1.0，PKUIR 1.0）。2013 年 7 月，平台功能经过一年完善与数据收集、清洗工作，发布以学者为中心的 PKUIR 2.0。2014 年，完成北京大学历年学术成果回溯工作。2015 年 7 月，在 DSpace 5.4 版本基础上进行二次开发，以教师学者为中心，发布汇集 41 多万篇成果数据的 PKUIR 3.0[42]。2015 年 11 月，北京大学科研管理系统项目确定以 PKUIR 为基础，建设科研管理综合系统成果子系统。2017 年，以 PKUIR 为基础，图书馆已基本完成北京大学科研信息综合管理系统成果管理子系统开发和测试工作。2018 年 5 月发布测试版。

PKUIR 在元数据标准规范、数据质量、数据词典、数据更新、学者关联、统计分析等方面持续提升功能与服务，并成为中国大陆地区第一个被纳入科研管理系统流程，能够可持续发展与服务的 IR。

在成果数据回溯方面取得突破，截至 2018 年 3 月，共收录成果元数据 494 880 条，全文 301 349 篇。收集 6 类学术成果，包括：期刊论文、会议论文、学位论文、专利、报纸、图书等。基本涵盖学者成果管理与科研统计所需所有字段。

在关键技术与功能上不断完善，提供多种增值服务。核心功能包括：提供完整、准确院系科研成果数据，为科研管理提供学校科研成果统计分析功能；提供作者、院系、学部等发文量、高发文量期刊、基于收录信息的高质量论文分析等功能，为学科发展提供数据分析基础；提供学者科研产出分析、学者影响力（学者成果被浏览、下载、引用）分析等功能，为学者学术研究与交流提供服务。

②研究数据管理与服务　大数据与人工智能快速发展，数据日益重要，研究数据作为科学研究的重要成果受到国际学术界和出版领域越来越多的重视。大量研究数据仓储被建成，并呈快速增长态势。重视与发展研究数据的管理与服务，已成为国家层面与科研机构未来提升学术竞争力和影响力的重要发展战略之一。根据 Re3data. org 统计，全世界至少有 2 000 多个研究数据仓储，哈佛大学等世界顶尖高校均建立了自己的数据仓储。

2013 年开始，笔者研究团队对研究数据管理进行了国内外调研、平台建设、研究数据建设、平台推广、用户数据素养培训等相关工作。在广泛调研的基础上，选择以哈佛大学开源系统 Dataverse 为基础，构建北京大学开放数据服务，建设功能完备、服务优质、具有国际影响力的开放数据平台，吸引国内外研究人员发布与使用数据，为基于数据的研究、决策提供国际一流的支撑平台。2015 年 12 月“北京大学开放研究数据平台”（以下简称数据平台）正式发布。

在功能上，数据平台基于 Dataverse 4. 0，根据实际需求，实现中英双语界面、校统一认证、用户审核管理、DOI 注册、数据统计等新功能，满足数据提交、管理与服务需求。界面设计与用户管理等功能，得到 Dataverse 团队认可，并在 Dataverse 后续版本功能中借鉴增加。

在数据交互与揭示方面，数据平台与机构知识库实现互操作，将基于平台数据集的研究文献通过机构知识库进行保存与服务。

在国际平台交互与揭示方面，数据平台与国际数据仓储 Re3data、国际数据索引平台 Data Citation Index（DCI）实现数据交互、收录与揭示，提高数据平台的国际可见度。

在可持续发展方面，数据平台建设形成校内多部门、院系合作机制，为课程、项目与教师提供持续服务，并与政府、企业建立数据合作关系，立足高校实际需求，与国际同步发展，建立良性、可持续发展机制。

在数据建设方面，截至 2018 年 3 月，数据平台已发布数据空间 28 个、数据集 150 多个、数据文件 500 多个，收录中国家庭追踪调查、中国健康与养老追踪调查、中国老年健康影响因素跟踪调查、综合型语言知识库、中国历代人物传记资料库等具有多个高质量、国际影响力的数据集。

③ 开放出版——期刊网　学术资源的开放出版进展迅速，有研究预计，到 2017—2021 年，开放出版论文将占全部论文的 50%，到 2020—2025 年，占比将达到 90%[43]。开放出版模式已成为学术期刊的发展趋势。也成为新型学术交流生态系统的重要组成部分。

北京大学拥有数量众多、学术质量与口碑良好的学术期刊，但多种期刊网络化数字化水平较低，缺乏合作机制，未能形成规模和品牌效应，影响学术期刊的整体发展。各期刊网络发布以期刊数据库收录方式为主，缺乏自有开放发布平台，致使全文发布普遍滞后于印刷版，不能体现学术信息的时效性，造成对学术成果传播的阻碍和限制。

2011 年，北京大学 7 种期刊获得国家社会科学基金资助，需遵从开放获取政策，将期刊论文全文电子版及时提交给全国哲学社会科学规划办公室资助的国家哲学社会科学学术期刊数据库。以此政策为契机，北京大学立足长远规划，开始期刊网的建设，搭建期刊出版、发布与服务集成平台，汇集期刊文章数据，促进学术交流，推动北京大学学术期刊开放出版。2013 年 1 月，确定图书馆负责建设北京大学人文社科期刊网。2014 年 9 月，北京大学人文社科期刊网正式发布。2014 年 11 月，正式命名为“北京大学期刊网”。2015 年 12 月，期刊网 2.0 版本发布。截至 2018 年 3 月，期刊网平台收录 113 种期刊，其中 21 种刊有单刊页面，8 种刊以此为工作平台，23 个编辑部安装使用了黑马校对软件。内容建设方面，共完成制作了 2 530 期的数据，其中元数据总量为 50 499 条，全文总量为 29 947 篇，RichHTML 格式数据 142 篇。平台访问量不断增长。

北京大学期刊网为国内高校推动开放出版提供研究与实践案例，其建设模式、运行机制与成功经验值得参考。在建设模式上，学校政策支持，多方合作，由具备研究与技术实力的图书馆团队执行，并与机构知识库等开放获取平台与政策研究同步发展，高效建设，成果显著。在方案规划上，不仅完成数据汇集平台和内容建设，还解决期刊编辑部实际困难，提供编辑出版平台、校对软件、集成展示和数据交互等服务。平台不仅是所有期刊的检索与发布服务平台，还成为期刊编辑出版工作平台，提升期刊出版的信息化水平。在运行机制上，立足开放获取，在推动平台建设的同时，研究与推动开放获取政策，从机制上，为推动开放出版奠定基础。

④ 学者主页　移动互联网与自媒体发展环境下，个人主页、社交媒体与自媒体成为学术交流生态系统成果推广与传播交流的重要方式，并能够有效支持学术成果推广与学者评价，提升学者学术影响力。笔者团队对校内教师问卷与访谈调查发现，在学术交流生态系统服务中，学者最关注学术评价，最需要扩大学术交流渠道，最希望得到个人主页服务。而调研过程中发现，

北京大学缺乏先进、易用、支持教学、科研与学术交流的学者主页发布服务平台。现有院系教师主页，部分风格老旧、信息更新滞后，很多学者没有个人主页。学术交流生态系统构建中，笔者团队确定以北京大学学者主页为成果推广与学术传播服务平台，帮助学者快速建立国际化主页，发布学者个人信息、课程信息、科研项目和成果信息等。同时提供统一的学者主页入口，全面展现北京大学学者和研究人员的学术风采，帮助提升北京大学学者曝光度。

2015 年 12 月，在开源软件 OpenScholar 基础上开发、构建与正式发布了北京大学学者主页，为师生提供个人简历、科研成果、教学课程、近期学术活动等内容的支持模块，与机构知识库平台建立数据交互机制，为学者提供成果数据自动更新服务。截至 2018 年 3 月，已经有注册用户 550 个，学者建立个人主页 427 个，成为学者主动参与度最高的服务平台。2017 年，学者主页全年浏览量达到 146 568 次。应用以来，除个人主页发布服务外，平台还成为课程教学、科研团队国际交流、院系学者主页服务平台。部分教师通过平台解决课程教学需求，进行课程线上交流。环境科学与工程学院等几个院系所有教师在学者主页发布个人主页。多个实验室以平台作为实验室信息发布与国际交流平台。通过搜索引擎访问统计分析表明，学者主页内容完整、及时更新的学者，搜索引擎关键词搜索量会提高，有助于提升学术影响力。

⑤ 研究支持服务　图书馆研究支持中心组建学科服务、科研支持、信息素养和数据服务团队，以新技术、新平台、新产品为支撑，为学术研究生命周期提供全流程的研究支持服务。组建学科馆员服务团队，构建学科信息门户，整合学科领域信息资源，提供学科态势分析报告、资源推荐、科研学术评价等服务，为科研准备提供服务。通过设置数据馆员岗位，开展数据研究讲座，推广数据平台服务，提供研究分析服务。构建学科绩效评估平台，搭建客观、科学、公正的学科绩效评估指标体系，运用海量的科研评价信息资

源、高效的分析工具，进行学科竞争力分析与梳理，为科研评价提供服务。以《北京大学学科竞争力分析报告（2017）》为例，共发布38份报告，覆盖北京大学校本部5个学部43个博士点一级学科/30个双一流学科，为学科研究与评价提供参考。

（2）应用效果

以学术交流生态系统构建、功能完善与服务推广为动力，笔者研究团队在技术研究、政策推动、功能完善、标准规范、数据完整准确与服务增强等多方面不断创新与推进，成果显著。通过与科研部、社科部等管理部门合作，借助学科馆员、37个院系分馆馆员与科研秘书力量，全面推广、营销服务。并通过国内外学术会议、搜索引擎优化、加入国际学术信息汇集平台，扩大系统与服务影响力。系统服务上线以来，得到师生认可，服务效果日渐突出，以2017年为例，学术交流生态系统访问量达到百万级，其中新访客占比70%以上，相关搜索在搜索引擎排名跃升至第一位，注册用户数量增加250%，有效改善北京大学学术交流环境，为教学科研提供支持，促进国内外学术交流。

（3）未来规划

人工智能快速发展，学术交流周期越来越短，需要提供更加开放、高效、自我迭代、与学术研究同步发展的学术交流生态系统服务。笔者团队目前完成的研究与实践工作仅是学术交流生态系统的一部分，需要进一步和校内多个机构合作，与教学、科研过程深度融合，构建完整的新一代学术交流生态系统。在学术交流平台与服务构建方面，笔者团队将通过以下规划，加快系统构建与完善进程，促进学术交流。

①推动发布北京大学开放获取政策，以政策保障开放学术交流体系建设。系统构建需要政策的支持与保障才能够持续发展，开放获取政策是新一代学术交流系统的基础，笔者团队已经完成政策制定的调研、起草与论证工作，待进一步修订后提交校方。（2）以学术交流生态体系现有内容建设成果为基

础，推动建立北京大学学术资产长期保存体系。建设长期保存标准、规范与平台，与科研管理系统、校信息化建设项目融合发展，提供北京大学学术资产长期保存完整解决方案。

②以机构知识库为基础，建设完整、精准学术成果仓储，以科研管理系统建设与发布为契机，推动学术成果仓储建设。科研管理系统上线后，将实现成果与机构、学者的精准匹配，以完整、准确的学术成果仓储为基础，提供高质量的成果管理和科研评价服务。

③推动北京大学开放出版发展，以期刊网为基础，整体规划与推动北京大学学术期刊的管理、服务与推广，提升学术期刊信息化水平，推进开放学术出版。开放学术出版是大学学术交流的发展方向，通过整合力量，快速提升学术期刊信息化水平和服务能力，促进开放学术出版。

④抓住大数据发展机遇，加快研究数据建设，以数据服务为凝聚力，建设持续汇集国内外高质量研究数据的研究数据平台，提供基于数据的教学与研究的支撑平台。笔者团队正探索通过与数据研究相关课程紧密合作、数据驱动研究大赛、政府企事业单位合作等多种方式，适应数据驱动教学和研究新需求，加快研究数据平台与服务建设。

⑤加快学者主页建设，校内推广，完成全校学者中英文主页建设。学者主页已成为国际学习交流的重要媒介，研究与实践表明学者主页能够帮助学者快速获得学术影响力，笔者团队将加快推广，让学者主页在双一流建设中发挥作用。

⑥推动学术交流生态系统体系中其他服务建设，打造完整学术交流生态系统服务体系。笔者团队研究与实践成果仅是学术交流生态系统的一小部分，将与更多部门深入合作，持续建设完整服务体系。

9.4 结语

学术交流快速变革进程中，机构知识库需要重构功能和服务，成为新一代学术交流生态系统的重要基础设施。研究下一代机构知识库的目标、功能、服务和技术，探索新应用，成为当前机构知识库建设的重要内容。中国机构知识库建设，需要抓住这一发展转型机遇，参与到全球学术交流生态系统构建中，成为重要的组成部分，引领世界科研进步。

参考文献

[1] Opendoar statisticst-an overview of the data held in opendoar[EB/OL].[2018-11-25].http://v2.sherpa.ac.uk/view/repository_visualisations/1.html.

[2] 马建霞.机构知识库内容建设与服务设计的趋势[J].情报理论与实践,2010,(9):23-27.

[3] 张晓林.机构知识库的发展趋势与挑战[J].数据分析与知识发现,2014,30(2):1-7.

[4] 刘巍,祝忠明,张旺强,等.基于机构知识库的知识分析及可视化功能实现[J].图书与情报,2016,3019.

[5] 吴志强,祝忠明,刘巍,等.基于 liresolr 的机构知识库图像检索[J].图书馆学研究,2016,14010.

[6] 吴志强,祝忠明,姚晓娜,等.Cspace 机构知识库影音资源支持能力扩展研究与实践[J].收藏,2017,9010.

[7] 吴志强,祝忠明,刘巍,等.机构知识库三维模型检索与展示技术研究与实践[J].数据分析与知识发现,2017,1013.

[8] Tair 的傳承與改變[EB/OL].[2018-01-01].http://ntur.lib.ntu.edu.tw/handle/246246/270514#.XAOd8WglI2w.

[9] 崔海媛,聂华,罗鹏程,等.资助机构开放获取知识库研究与构建-以国家自然科学基金

基础研究知识库为例[J].图书情报工作,61(11):45-54.

[10] Hkust institutional repository[EB/OL].[2018-11-01].http://repository.ust.hk/ir/.

[11] 香港大学学术库[EB/OL].[2018-11-01].http://hub.hku.hk/.

[12] The polyu institutional research archive (pira)[EB/OL].[2018-11-01].http://ira.lib.polyu.edu.hk/.

[13] STERMAN L, BORDA S. Making visualization work for institutional repositories: Information visualization as a means to browse electronic theses and dissertations[J]. Journal of Librarianship and Scholarly Communication, 2017, 5(1):

[14] COCCIOLO A. Can web 2.0 enhance community participation in an institutional repository? The case of pocketknowledge at teachers college, columbia university[J]. The Journal of Academic Librarianship, 2010, 36(4): 304-312.

[15] JONES R. Giving birth to next generation repositories [J]. International Journal of Information Management, 2007, 27(3): 154-158.

[16] Next generation repositories[EB/OL].[2018-11-15].https://www.coar-repositories.org/activities/advocacy-leadership/working-group-next-generation-repositories/.

[17] Signposting the scholarly web[EB/OL].[2018-11-29].http://signposting.org/.

[18] Activity streams 2.0[EB/OL].[2018-11-28].https://www.w3.org/TR/activitystreams-core/.

[19] Open annotation community group[EB/OL].[2018-11-28].https://www.w3.org/community/openannotation/.

[20] International image interoperability framework[EB/OL].[2018-11-08].https://iiif.io/.

[21] Ipfs is the distributed web[EB/OL].[2018-11-01].https://ipfs.io/.

[22] Resourcesync framework specification [EB/OL]. [2018-11-01]. http://www.openarchives.org/rs/toc.

[23] Http://swordapp.Org/about/[EB/OL].[2018-11-01].http://swordapp.org/about/.

[24] What are sitemaps? [EB/OL].[2018-11-01].https://www.sitemaps.org/.

[25] Linked data notifications[EB/OL].[2018-11-01].https://www.w3.org/TR/ldn/.

[26] Resourcesync framework specification-change notification[EB/OL].[2018-11-01]. http://www.openarchives.org/rs/notification/1.0.1/notification.

[27] Webmention[EB/OL].[2018-11-01].https://www.w3.org/TR/webmention/.

[28] Websub[EB/OL].[2018-11-01].https://www.w3.org/TR/websub/.

[29] Orcid[EB/OL].[2018-11-01].https://orcid.org/.

[30] Webid 1.0[EB/OL].[2018-11-01].https://www.w3.org/2005/Incubator/webid/spec/identity/.

[31] Signing http messages[EB/OL].[2018-11-01].https://datatracker.ietf.org/doc/draft-cavage-http-signatures/.

[32] Openid connect[EB/OL].[2018-11-01].https://openid.net/connect/.

[33] Webid authentication over tls[EB/OL].[2018-11-01].https://www.w3.org/2005/Incubator/webid/spec/tls/.

[34] Counter[EB/OL].[2018-11-01].https://www.projectcounter.org/.

[35] Http etag[EB/OL].[2018-11-01].https://en.wikipedia.org/wiki/HTTP_ETag.

[36] Public access plan:Today's data,tomorrow's discoveries:Increasing access to the results of research funded by the national science foundation[EB/OL].[2018-10-01].https://www.nsf.gov/news/special_reports/public_access/#.

[37] COMMITTEE A S C.Principles and strategies for the reform of scholarly communication [EB/OL].[2017-07-21].http://www.ala.org/acrl/publications/whitepapers/principlesstrategies.

[38] BORGMAN C L.Digital libraries and the continuum of scholarly communication[J].Journal of documentation,2000,56(4):412-430.

[39] FYFFE R,WARNER B F.Scholarly communication in a digital world:The role of an institutional repository[EB/OL].[2018-03-31].https://kuscholarworks.ku.edu/bitstream/handle/1808/126/Institutional+repository+White+Paper.doc? sequence=1.

[40] BOETTCHER J.Framing the scholarly communication cycle[J].Online,2006,30(3):24-26.

[41] 崔海媛,罗鹏程,聂华,等.新一代学术交流生态系统的研究与构建——以北京大学为例[J].图书情报工作,62(22):22-31.

[42] 崔海媛,聂华,罗鹏程,等.资助机构开放获取知识库研究与构建-以国家自然科学基金基础研究知识库为例[J].图书情报工作,2017,61(11):45-54.

[43] 程维红,任胜利.编辑学报,2017,29(2):192-195.

附录1 国内外部高校和资助机构开放获取政策

1 美国哈佛大学开放获取政策网站首页

原文：https：//osc. hul. harvard. edu/policies/

开放获取政策

2008年，哈佛大学文理学院经投票全体一致同意授予哈佛大学出于非商业目的发布其学术论文的权利，该权利是非独占且不可撤销的。随后几年内，哈佛大学的其余八所学院也投票通过了类似的开放获取政策；至2015年，已有三个研究中心加入了这一行列。

开放获取的创始人、哈佛图书馆学术交流办公室主任Peter Suber说："开放获取的基本理念很简单：让研究文献可以通过互联网获得，不受价格和大多数许可的限制。"

提供给哈佛大学的学术论文被存储、保存在哈佛学术数字资源获取平台（Digital Access to Scholarship at Harvard，简称DASH）这一哈佛大学图书馆的开放获取数据库中，通过它可以免费获取学术论文的电子版。这一数据库由哈佛大学维护，确保其可用性、长久性和功能性。

哈佛的作者

如果您是哈佛的作者并且对本政策在何时、以何种方式适用于您的作品存有疑问，请仔细阅读开放获取政策常见问答，浏览我们的作者相关文档，或者联系我们。

哈佛之外

如果您正在考虑贵机构对开放获取政策的接受，我们鼓励您去下载并仔细阅读我们的政策模板。该模板集中体现了已经起草并实施开放获取政策的多个机构所积累的经验。另请参见我们的倡议部分。

“大学研究的目的在于创造、传播和保存知识。

哈佛大学的许多研究对全球而言都很重要，我们必须担负起责任，尽可能广泛地传播我们的学术成果。”

Steven E. Hyman
哈佛大学教务长

2 美国哈佛大学文理学院开放获取政策

原文：https：//osc. hul. harvard. edu/policies/fas/

哈佛大学文理学院开放获取政策

2008 年 2 月 12 日采纳

哈佛大学文理学院致力于尽可能广泛传播其研究与学术成果。依此承诺，学院采用以下政策：每位教职员工都向哈佛的校长和其他学院授予许可，授权其学术论文可以被使用以及行使这些论文的著作权。用法律术语讲，每个成员授予哈佛的校长和其他学院一项非独占的、不可撤销的、世界范围内有效的许可，在不以营利为目的的前提下，通过任何媒介，来行使与其学术论文相关的著作权的任一或者全部权利，也可以授权其他人这样做。这一政策适用于本院教职员工独著或合著的全部学术论文，但不包括于本政策被采纳前已经完成的学术论文以及在此政策被采纳前教职员工已经授予独占性许可或订立分配协议的论文。根据教职员工所表达的需要，教务长或者教务长指定人员将搁置对特定论文提出的许可申请。

为协助大学发布论文，每一位教职员工要以教务长办公室指定的适当格式（如 PDF）向教务长办公室的适当代表免费提供一份论文的最终版本的电子复本。

教务长办公室有权通过开放获取知识库使论文被公众获取。院长办公室将负责解释该政策，解决政策解释及使用上的纠纷，随时向学院提供修订建议。本政策将在 3 年后重新审议并向学院提交报告。

3 美国哈佛大学开放获取政策模板（2013 年版）

原文：https：//osc. hul. harvard. edu/modelpolicy/

译文引自顾立平等编译的《国外大学开放获取政策汇编》（北京：科学技术文献出版社，2015 年）第 39-45 页，有改动。

开放获取政策模板（附注解）

如果您正在考虑为自己所在机构采用一套开放获取政策，我们鼓励您下载并细读本政策模板。模板的措辞反映了本校多所机构在起草并实施开放获取政策中积累的经验。

https：//osc. hul. harvard. edu/assets/files/model - policy - annotated _ 01 _ 2013. pdf

开放获取政策模板

Stuart M. Shieber

下面是一个哈佛大学风格的开放获取政策模板——带有一份自由搁置保留权利的许可证以及存储要求。这些语句是根据哈佛大学的几个院系，以及麻省理工大学，斯坦福教育学院，杜克大学和其他学校投票决定的政策提出的。我添加了一些注释，解释为什么选择这些词语。

可以在哈佛大学学术交流办公室网页上（http：//osc. hul. harvard. edu/）获取更多关于哈佛大学开放获取政策实施的解释信息。关于大学开放获取政策良好实践的广泛信息由哈佛大学开放获取项目（http：//bit. ly/goodoa）提供支持指南。关于政策和模板语句可以通过 osc@ harvard. edu 邮箱咨询。

我们非常感谢您对机构该如何使用开放获取政策模板以及该模板如何更加完善上所做的评估。请您通过 http：//hrvd. me/modelfb 让我们知道您是如何使用该政策模板的。

这份文件将会随着时间推移而更新，使其更加精炼。这是 2013 年 1 月 4 日 16:55:21 的 1.11 版本。

（大学名称）学院致力广为传播它的科研与学术成果。依此承诺，学院采用以下政策：每位学院成员授权（大学名称）使其学术论文共享并且得以行使这些论文的著作权权利。更精确地说，学院成员授权（大学名称）一项非专属、不可撤销的、世界范围的许可，行使他/她的学术论文在著作权下的一切权利，在任何媒介上，以非营利销售为前提，允许其他人拥有相同权利。该政策适用于所有的学术论文，无论是单独写作或合作出版，只要作者之一是学院成员，排除这项政策之前已完成的论文或者教学人员签署了与此不兼容或转让协议的论文。教务长或教务长指定人员将基于学院成员所表达的意愿，对特殊论文搁置许可证应用以及在具体时间期限内推迟获取。

每一位教学人员要在论文发表前，以教务办公室规定的适当格式（如 PDF），向教务办公室的代表，免费提供一份每篇论文的最终版本的电子复制。

教务办公室在开放获取知识库中允许论文被公众获取。教务办公室将负责解释该政策，解决解释和使用的纠纷，以及提供学院与时俱进的建议。这项政策将在三年后重新评估并且向学院提交报告。

注释

（行号为模板原文行号，保留供对读参考——译者注）

第 1 行，尽可能广泛地传播科研成果及学识：这项政策的目的是促进大学科研成果更广泛地被获取。序文强调问题是可获取而不是资金。

第 4 行，授权：这个词至关重要。政策直接引发许可证授权问题。换句话说，例如“每位教学人员要授权”，对每位教学人员提出了要求，但并没有涉及授权本身。

第 5 行，学术论文：政策的范围是学术论文。什么组成了学术论文被刻意模糊化了。很明显，这个术语（根据布达佩斯开放获取倡议）是指学术研究成果的论文，作者为了探究将论文提供给全世界而非获取报酬为目的。这些论文有代表性的发表在同行评议的学术期刊和会议论文集中。很明显，在此范围之外是各种各样的其他学术作品如书籍和委托论文，以及流行作品、小说和诗歌，以及教学材料（演讲稿、视频、案例）。

通常，教学人员表达的关注点是术语难以精确定义。这种关注决定了某个或其他特殊案例是否在这个词界定范围内。然而，对每一个案例精确描述是不可能也不是必须的。特别是，如果关注的是一篇不适用此政策的特殊论文，搁置协议是可以使用的。

一个引人注目的解释是提到学术论文更精确地是"发表在同行评议的期刊或会议论文集的论文"或者如这样规范的。这样做可能导致一个不利的后果：根据这样的定义，"学术论文"直到其发表才能被该政策收录，到那时，发表协议包括它的存储很可能已经签署了。于是，整个非独家许可政策的优势即超前于后期权利转让，将被破坏。如果跟随这种规定的澄清语句是必须的，同时，可以使用较弱的和更加精确的语句，例如，来自于哈佛大学的解释材料："使用布达佩斯开放获取倡议的用词，教学人员的学术论文是指那些描述其学术研究成果的论文，作者为了探究将论文提供给全世界而非获取报酬的目的。这些论文代表性的发表在同行评议期刊和会议论文集中。"

第6行，授权：同样，没有"应授权"。

第7行，在著作权规定下的所有权利：这项许可是非常广泛的，基于以下两个原因。第一，广泛允许灵活地使用论文。对学术论文的新的使用方式总是层出不穷——文本挖掘的使用是主要例子——保留了一组以最大化使用材料的灵活性的广泛权利。第二，一组广泛的权利允许大学回授每一位作者提供一种可获得的替代方法而不是从出版社索取论文的权利。

即使允许大学使用一组广泛的权利，但大学并不需要使用它们。各大学自由地设立其拥有什么权利和如何使用权利的政策，例如，与出版商制定的一揽子协议。比如说，一所大学可能同意以其名义的某些限制条件以作为对出版商取得优先许可，以及不要求附录或者搁置协议的回报。哈佛大学已经为此提供了一个协议模板，参见网站：

http：//osc. hul. harvard. edu/docs/model-pub-agreement-090430. pdf

第9行，不进行利益买卖：这个词更倾向于一个模糊的词“非商业化”。目的是允许使用包括补偿在内的直接成本，例如使用课程包会补偿复印费用。开放获取的可用性允许使用零边际成本的媒体进行无缝传播，即使这种水平的商业活动并不是必须的。事实上，哈佛大学已经同出版商在协议中规定了它将抑制用于补偿成本方面的销售：“当哈佛大学展示或分发论文的时候，对论文是不收费的，而且没有出版商允许它是不会在同一网页上放置广告。即使是那些没有任何利益的仅够偿还复制或其他成本的费用，也同样是被禁止的。”允许成本回收提供了另一组可以以这种方式进行谈判的权利。换句话说，这项政策可以避免认为是可取的所有销售方式，在这种方式下，短语“获取利益”可以被删除。

第9行，授权其他人：可转让的规定允许大学授权其他人使用论文。例如，研究人员被授权可以使用论文进行数据挖掘。机构知识库的使用条款能够利用可转移性的优势，使得该政策指导下的论文自动获得适当范围的权利。哈佛大学 DASH 使用条款（http：//osc. hul. harvard. edu/dash/termsofuse）提供了一个可供参考的实例。

更重要的是，可转让的规定允许大学在政策范围内向作者转让广泛的权利，所以作者能够合法地从自己的网页上分发他们的论文（目前，他们经常违法地做这些事情），可以在课堂上使用，可以发展衍生工作，以及其他类似内容。在这种意义上，这项政策使得作者保留权利，而不仅是大学获得权利。

第10行，做同样的事：这个命令的语法，包括麻省理工大学政策，清楚地解释了可转让性条款适用于保留权利和非商业限制。

第 11 行，论文需在采用前完成：许可证应用的追溯性是有问题的，在任何情况下都怀疑。这个条款清楚地解释了许可证应用仅适用于预期。

第 14 行，教务长：该模板语句被预想为是大学政策，大学的学术安排由教务长监视。在大学里，对于一项全校性政策，由院长监督，一些现任的教务长可能会被合适的院长取代，这已经在哈佛大学政策中实施。

第 15 行，将要搁置：不是“可能搁置”。搁置是由作者全权处理的。内容宽泛的搁置政策对于整个政策的受欢迎度起非常重要的作用。该政策可能是开放获取政策中最重要的方面。搁置许可的能力意味着该政策并不是一个保留权利的指令，而仅是默认保留权利从选入到自由选出的改变。

这项广泛的搁置政策缓和了教学人员对开放获取政策的大量关注。这些关注包括学术自由，对青年教师意想不到的影响，原则性的反对自由主义，适应出版商政策的自由性以及其他类似关注。有些人认为没有搁置规定的话开放获取政策会“更强”，例如，如果搁置需要一些基础或其他方面的审查。事实上，不管对于搁置做如何规定（包括全部去除），由于教学人员个体活动需要在政策规定之外，就有一个事实上的搁置条款存在的可能性。对政策设立一个安全阀和预先提供解决方法比在士气枯竭的压力下提供同样解决方法好得多，士气枯竭是由于在无例外政策下，一个或多个不满的教学人员要求例外而导致的。

无论如何，与这些政策打几年交道的经历已经清楚地说明，即使是在这种完全开放搁置条款的条件下，搁置率比预期的要低。

第 15 行，许可证：搁置适用于许可证，而不是整个政策。从务实的角度说，区别并不重要，因为许可证引起了搁置申请，而不是政策的存储方面，在任何情况下，仅通过限制获取手稿，作者已经拥有搁置的可能性。尽管如此，如果可能使用这种更加局限的构想，将强化无论是否授予搁置权利或者是否被分发，所有论文都应该被存储的思想。

第15行，推迟获取：杜克大学开创了作者指定时滞期的协作，这对于特殊论文而言，该方法用于出版者希望没有全面搁置的方式。这允许在时滞期结束后使用全部权利，而不是退回去看出版者可能允许什么权利。因为这依旧是一个退出选项，所以实质上，它并没有减弱开放获取政策。在这种方法下明确提及到的禁令可能呼吁教学人员作为他们熟悉期刊在时滞期的回报。

第16行，表达：作者必须在一种具体的方式下直接授予搁置，但“表达”这个词更倾向于将允许“写”出来，例如，使用网页表单方式直接搁置。

第16行，指定：这个词取代了更早的一个词“要求”以清楚地解释需要不能被拒绝。

第18行，作者的最终版本：作者的最终版本——论文已经经过同行审查和校正，作者参加了所有更进一步的复制编辑的论文版本——是适合要求分发的版本。作者可能不想在最终版本之前较早地提供论文，而且出版者所定义的最终版本在作者的最终版本之外，增加一些权利，使得此类版本不属于作者授权的许可范围。

第19行，不要晚于出版日期：依据本政策发布论文的目的并不是要优先于期刊发表而是期刊的补充。这也同样使得这项政策与少部分遵守 Ingelfinger 规则的期刊一致。另一种要求在接受出版时提交，同时附有说明推迟到出版日期再进行发布。

第26行，审查：指定审查解释了根据可能出现的任何问题对政策进行调整有一个明显的机会。

4 美国哈佛大学开放获取政策常见问题

原文：https：//osc. hul. harvard. edu/policies/faq/

开放获取政策常见问题

问：我们为什么要做这件事？

哈佛大学长期施行以下政策：“在订立适用著作权保护的资料的出版与使用协议时，个人应在最大程度上使其服务于公共利益。”在包括教务长学术出版委员会和大量教职员工在内的许多人看来，全体教职员工采取统一行动来使教职员工个人可以发布他们的学术作品以供免费使用是实现前述目标的最佳途径。

其他在学术方面存有既得利益的组织也独立地支持此种努力。例如，惠康基金会（Wellcome Trust）要求其资助的研究所产生的学术论文可以被公开获取。通过国会立法，美国国立卫生研究院（National Institutes of Health）也确立了类似的要求，强制（其研究成果）在开放获取的 PubMed Central 知识库中发布。

问：本政策适用于哪些类型的作品？

仅限于学术论文。借用《布达佩斯开放获取倡议》（Budapest Open Access Initiative）中的条款，教职员工的学术论文是指用来描述其研究成果的文章，供全世界求知之用，而不期望获得报酬。这些文章主要发表于同行评审的学术期刊和会议录中。

前述学术论文的概念不包括以下倾注了教职员工心血的作品：书籍、通俗文章、约稿文章、小说与诗歌、百科全书词条、短文、讲稿、演讲录像，以及其他受著作权保护的作品。排除上述作品并非贬低其价值，只因其产生于不同的出版或发布机制，运作方式也不同，现行政策不处理也无意处理这些机制（可能）存在的不足。

问：为何设立自动许可，而不是仅仅建议教职员工以个人身份保有公布开放获取论文的许可权？

第一，经验表明，仅凭规劝是无法对作者们的行为产生什么影响的。例如，在国会提出要求之前，是否加入美国国立卫生研究院的公共获取政策是可选择的；在那个时期，参加率仅有4%。

第二，许多领域的经验表明，与选择加入的系统相比，选择退出的系统参加率更高，哪怕同样是非强制性的。

第三，通过制定一揽子政策，作为个体的教职员工会因他们从属于该政策制定团体而获益。大学可以代表教职员工与出版商进行交涉，从而简化程序，拓宽获取渠道。没有一揽子政策，就无法从统一实现政策的行动中获益。

问：对作者有什么益处？

教职员工个人可以通过互联网使其作品被广泛、开放而免费地获取使用。研究一再表明，与那些不能被免费使用的论文相比，在网上可以免费获取使用的论文更常被引用，也更具影响力，且这一趋势与日俱增。因此，许多教职员工已经在他们的个人网页上提供他们的作品，但这样的做法有时需要冒着违反著作权法的风险，或者需要与出版商就著作权进行个别协商。开放获取政策允许教职员工对其作品实行开放获取，也让哈佛大学能够为此协助他们。

问：哈佛大学将如何处理他们得到许可的论文？

• 在DASH供人获取使用：哈佛建立了一个名为“DASH”的开放获取知识库，以使教职员工提供的学术论文可被获取使用。该知识库向OAIster（由密歇根大学图书馆开发维护的开放获取搜索引擎——译者注）和谷歌学术之类搜索服务开放供其收割。

• 非商业性分发：只要不用作营利性销售，哈佛可以通过可转让性授权条款进一步允许其他人去传播 DASH 知识库的内容。例如，允许其他机构的教职员工复制并免费分发给他们的学生。

• 用于教学目的：开放获取政策授权哈佛在非营利销售的前提下，给予许可将学术论文免费用于课程资料包。或者，凡需将论文收录于课程资料包者，可以进一步从出版商那里获得使用权，典型方式就是向出版商支付版税。在另一类情况中，只要不是营利性出售，其他人也可以经哈佛授权后使论文能够在网络上被获取使用（例如，在课程网站上或者其他知识库中）。

• 数据收割、编入索引以及其他服务：与开放获取政策的目标一致，为确保学术论文能在广泛的范围内被阅读和使用，这一许可能让哈佛授权商业实体及非营利性实体在不做营利销售的前提下使用这些论文，提供搜索服务或其他服务。

例如，这一许可允许哈佛能够使论文被谷歌学术之类的搜索服务收割数据并编入索引，使得论文更容易被找到，以及被用于其他增值服务（营利性销售除外）。哈佛也可以授权商业服务使用论文并提供摘录出的信息（但不能提供全文），形成书目资料或引文列表等。

• 技术革新：如果在著作权存续期间发展出了论文传播、使用的新手段，只要不做营利性销售，本许可有意授权哈佛大学在一定程度上灵活采用这些手段去促进政策目标的实现。

问：哈佛会为了利益而出售论文或者允许其他人这么做吗？

不。哈佛自己无权也无法向别人授权将论文或包含论文的课程资料包、图书等做营利性销售。

5 美国加利福尼亚大学校级开放获取政策

原文：http：//osc. universityofcalifornia. edu/open – access – policy/policy – text/presidential/

加利福尼亚大学校级开放获取政策

发布日期：2015 年 10 月 23 日

一、政策概要

加利福尼亚大学致力于尽可能广泛传播其研究和学术成果。特别是，作为公立大学体系下的一员，加利福尼亚大学还致力于向加州人民提供学术基金。此外，加利福尼亚大学认识到，通过如此广泛的学术传播，个体学者和学术事业将获得极大益处，包括更广泛的认可、更全面的评审、审议和批评，以及科学、学识和批判性知识的总体增长。加利福尼亚大学进一步认识到，通过这些政策，学术论文的作者可以共同更容易地保留那些向出版商协议让渡的权利，尤其是在这些让渡通常不必要的情况下。为了完成这些目标，作者作为加州大学雇员并完成学术论文后，要充分利用美国著作权法，授予学校非独占性的许可（仅限于公开获取作品目的）。学术评议会所有成员已于 2013 年 7 月 24 日通过批准开放获取政策而采取了这一步骤。

本文件中的政策也为加州大学全体成员中非评议会成员在创作学术论文时提供了同样的机会（在此定义为“大学作者”）。该政策允许非评议会成员的学术论文作者，在把作品自由地广泛地提供给公众的同时，保持对自己研究文章的法律控制权。为了实现这一点，该政策需要大学作者在数字存储库中存储学术论文。保存的作品将免费公开提供给大众，除非作者获准搁置。该政策还为包括所有学术评议委员会成员在内的加州大学员工，采取了额外步骤来定义一些程序性事项，这类程序能使政策的实施更为统一化。最后，如果学术评议会改变了其政策，进而影响到评议会政策与本政策的一致性，此种情况下应遵循的程序也在本文中得以概述。

二、定义

学术评议会作者：学术论文的作者，同时也是全校学术评委员会成员。有关授予学术评议会成员一系列头衔的规则，参见董事会委托书 105.1 和学术人事手册 110-4（4）。

版权：由美国《版权法》（美利坚合众国法典第 17 卷）定义的权利，和 1992 年加利福尼亚大学关于版权所有权的政策和任何对该政策的修正或后继政策所进一步细化定义的权利，详见 http：//policy. ucop. edu/doc/2100003/CopyrightOwnership。

时滞期/获取延迟：学术论文被出版商接受之后和公众能获取到学术论文之前的一段时间。在本政策下，作者可以任意指定时滞期长短，或尊重出版商请求的时滞期。

雇员：所有教职员工，被任命学术人员（包括学术行政官员，合作推广和大学延期被任命者，图书馆职员，居民，实习生和博士后学者），被加州大学雇佣的学生、职员、和接受薪资、津贴、计时工资的行政人员，但排除了那些“无薪资”的任命者、志愿者和被罢免者。

执行主任：加利福尼亚大学校长，教务长和负责学术事务的执行副校长，加州大学校区校长，劳伦斯伯克利国家实验室主任和农业与自然资源副校长。

最终版本：总体上经同行评议后，经作者修改的最终学术论文版本，但不需要是最终出版的排版版本，除非经过出版社允许。

许可或版权许可：根据版权法（美利坚合众国法典第 17 卷）所授予的权利，允许使用获得版权的特定的作品。

开放获取：在公开网络中使得学术论文可自由获取，允许使用者能够以任何合法目的阅读、下载、复制、分发、打印、搜索或者连接到论文全文，并且除了离不开使用互联网的这项要求外，没有任何财务、法律或技术壁垒。

开放获取数据库：任何数字化档案室或其他平台，其设立目的是使学术论文除了在清晰明确的使用限制或流通限制下，能够通过因特网被公众自由获取到。加利福尼亚数字图书馆 eScholarship 是这项政策的默认数据库。

学术论文：最广义上是指所有出版的研究论文。狭窄的术语定义则排除了以特定版式、准则或实践做法而出版的作品。例如，术语“学术期刊论文”排除了那些编著的学术论文。术语“经同行评议的学术论文”排除了被学生评议或编辑集体评议的学术论文。

学生：学校拥有学生记录的个体：（a）已在学校学术课程中登记或注册；（b）刚刚完成前一学期，目前尚未注册，并有资格重新注册；或（c）在已批准的因教育事项而暂离或其他经批准的暂离学校状态，或处于已缴费状态。本定义适用于本科生，转学生，学术研究生和专业研究生。

加利福尼亚大学：加利福尼亚大学指加利福尼亚大学董事会。

大学作者：创作学术论文并且论文被学校使用的加利福尼亚大学非评议会的雇员和学生。大学作者被包括在此项政策内，无论他们是否拥有某项文章的版权，这与 1992 年加利福尼亚大学版权所有权政策以及该政策的修正案或继承条约相一致。参见 http：//policy. ucop. edu/doc/2100003/CopyrightOwnership。

搁置/选择退出：搁置或选择退出，意味着拒绝授予学校如下 3. B. 1 节描述的许可。搁置申请可从加利福尼亚大学学术交流办公室网站获得。参见 http：//osc. universityofcalifornia. edu/open－access－policy/waiver－embargo－addendum/。

三、政策文本

本政策不适用于任何学术评议会的成员，这些成员已经涵盖在 2013 年 7 月 24 日经加利福尼亚大学学术评议会通过的开放获取政策范围内，参见 http://uc-oa.info/policy-text/systemwide-senate/。如果学术评议会改变了其政策，要遵循的程序将在第四节 D 中得到概述。

A. 总则

开放获取政策允许大学作者（参见第二节关于大学作者的定义）把其研究论文广泛自由地提供给大众的同时，保留法律控制权。本政策不需要大学作者在开放获取期刊上出版文章，或者因出版支付酬金或其他费用。该政策需要大学和大学作者在数字存储库中保存每一篇论文的复本。这些被保存的作品将会免费向大众公开，除非作者获准搁置。

该项政策包括两种类型的大学作者：

第 3 节 B 涵盖了对其作品拥有版权的大学作者，具体论述可见 1992 年加州大学版权政策及其后继政策。拥有作品版权的大学作者可以放弃如下 B. 1 的许可，或者请求以下 5. B 节详细论述的时滞期权利。

第三节 C 涵盖了对其作品不拥有版权的大学作者，具体论述可见 1992 年加州大学版权政策及其后继政策。不拥有作品版权的大学作者可以不放弃以下 B. 1 的许可，或者可以请求以下 5. C 节详细论述的时滞期权利。

B. 拥有学术作品版权的大学作者

（1）授予许可和限制

每一个大学作者要授予加利福尼亚大学董事会非排他的、不可撤回的、全球性的许可，使得董事会能够以任何媒介形式来行使和他的学术论文有关版权下的所有权利，并能使董事会授权他人做同样的事情，从而实现让人们在开放获取存储库论文的目的。该项政策不涉及版权所有权的转移，所有权仍根据现存的加州政策由大学作者保留。

（2）范围和搁置（选择退出）

本政策适用于所有加州大学雇员单独或合作著作的学术论文，不包括在通过本政策前，该文章已出版，或大学作者已接受了不允许许可或转让的协议约束。在大学作者的明确指令下，适用特定文章的许可会被搁置，该文章的访问将被延迟一段特定的时间。

（3）论文保存

为了协助大学传播和归档文章，大学作者应帮助大学获取文章的复本。具体来说，我们希望大学作者在其论文出版日期前，能向加利福尼亚大学提供其最终版文章的电子复本，以便存放在开放存储库中。在适当情况下，如果该文章免费提供给另一个存储库或作为开放获取出版物，大学作者不需提供电子复本，可以通知加利福尼亚大学为替代。

尽管有上述规定，本政策不以任何方式规定或限制出版地。本政策既不要求也不禁止作者支付费用或出版费用。

C. 不拥有其学术作品版权的大学作者

大学意识到，根据1992年加州大学版权所有权政策，不拥有论文版权的大学成员也可能是学术论文的作者。在此种情况下，大学将根据3. B节促进开放获取政策。具体来说，大学将保留在开放获取存储库中获取此类文章的权利。应作者的要求，大学将授予第5. C节所述一段时滞期。经过一段有说服力的时间显示后，大学可以授予如第5. B节所述搁置权。这些作者还必须将每篇文章的最终版本的复本存放在开放存储库中，正如第3. B. 3节和第5. A节所述。

四、合规/责任

A. 权力

教务长和学术事务执行副校长是本政策的负责官员，他们有权实施政策、制定程序或其他补充信息来支持政策实施。他们将与加利福尼亚数字图书馆（CDL）一同工作，该图书馆负责：1）协调，包括各地点与全系统内的存储程序；2）管理用于收割、搁置、时滞期和存储的软件。作为教务长的指定人员，分管学术人员与学术项目的副教务长有责任在与股东协商后，管理有关政策解释的问题。

每个地点的执行官都将获得授权，利用现有的委员会、理事会和机制，建立并负责当地的政策传达。

B. 政策修订

校长有权根据教务长和学术事务执行副校长的建议，批准对本政策的修订。

教务长和学术事务执行副校长有权发起对该政策的效力的审查以及政策修订。

C. 遵守政策

作为学术事务被任命者的教务长和执行副校长，学术人员和项目的副教务长负责管理这项政策。他们将与加利福尼亚数字图书馆（CDL），加州大学图书馆和学术交流办公室合作，获取数据或其他信息，以通知政策评估的相关信息。

每个地点的执行官将指定一个办公室或个人来评估政策的使用和遵守情况。执行官负责确保当地政策的传达和解释本政策。

D. 与学术评议会开放获取政策的协调

如果学术评议会更新或更改其开放获取政策（2013 年 7 月 24 日通过），

从而影响到评议会政策与 presidential 政策一致性，教务长和学术事务执行副校长有权决定应遵循的程序。

五、程序

为支持本政策和 2013 年 7 月 24 日由学术评议会通过的开放获取政策，实施以下程序，从而允许加利福尼亚大学的所有作者（评议会，非评议会或其他）公开他们的作品。

A. 在加州大学开放存储库中存放学术论文

所有学术评议会作者和所有大学作者可以通过 http：//uc－oa. info/deposit/将文章存储在加利福尼亚大学“eScholarship”数字存储库中，如此一来他们文章的最终版本可以被公开、免费获取。本政策需要所有大学作者，在可行的范围内，于出版日期前将其文章的最终版存放在加州大学 eScholarship 数字存储库或其他开放存取的存储库中，即使他们选择对授予大学的许可申请搁置。政策鼓励学术评议会作者在加州大学 eScholarship 数字存储库中存放文章。如果任何大学作者或学术评议会作者提出时滞期（5. C 节）的要求，作者可以直到出版日或时滞期到期日再存储该文章。

B. 申请搁置

根据作者自身选择或出版商的要求，所有学术评议会作者和大学作者，在拥有给定文章版权的同时，可以对第 3. B. 1 节所提到的向大学授予许可这一要求申请搁置。为此，作者只需在加利福尼亚大学的学术交流网站（http：//uco-oa. info/waiver-embargo-addendum/）上申请搁置。

C. 指定时滞期

根据作者自身选择或出版商的要求，所有学术评议会作者和大学作者可以延迟公开他们文章的日期（“延迟”文章）。为此，作者只需要在学术交流委员会上指定一段时滞期（通常为六个月或十二个月）。

D. 选择许可

在存储时间内，所有学术评议会作者和大学作者可以选择是否依照一种有效的知识共享许可证共享他们的作品，其中一些作品允许商业重复使用而有些则不允许（https：//creativecommons. org/ licenses/）。

E. 获得附录

虽然不是必要条件，但所有学术评议会作者和大学作者可以针对每篇文章要求附录，以便在签署作者协议时提供给出版者。此附录会使出版商知晓，该文章要受校级开放获取政策或学术评议会开放获取政策的约束。补充资料可在加州大学的学术交流办公室网站上申请，见 http：//osc. universityofcalifornia. edu/open-access-policy/waiver-embargo-addendum/。

6 美国加利福尼亚大学开放获取政策常见问题

原文：http：//osc. universityofcalifornia. edu/open - access - policy/policy -faq/

常见问题

加州大学开放获取政策的条文有哪些以及我需要做什么？

加州大学开放获取政策保留了加州大学教职员工和雇员的权利，使他们可在开放获取存储库中将论文免费开放给公众。他们经自动授予学校非排他性的许可来达成这一行为，并且授予学校的许可是优先于作者之后可能与出版商签订的任何协议。无论作者之后将什么权利转移给了出版商，加州大学保留这些权利。开放获取政策不要求加州大学作者出版论文，也不要求他们为了遵守开放获取政策付给出版商开放获取费用。

对于任何包含在此项政策中的论文，作者应该向 eScholarship，即加州大学开放获取存储库提供作者最终版本（参见以下有关版本的信息）。加州大学的新出版管理系统使在 eScholarship 中添加论文的过程更便利，也使得参与加州大学开放政策更加简便。评议会教职员工是第一批涵盖在加州大学开放获取政策中的人，并且已经参加了此项新管理系统。他们将会收到邮件来核实他们的论文并上传论文复本，或者提供可以获取到他们出版物的开放获取途径。其他加州大学雇员也应直接在 eScholarship 中存储文章，这些文章在之后会被添加到新的系统中。任何校区的作者可以选择把他们的文章存储在另一个开放获取存储库中，并且提供可以获取到出版物开放复本的链接。

如果发布商要求作者为了出版论文而“选择退出”加州大学开放获取政策，或者如果作者独立地希望针对特定文章“选择退出”政策，则作者可以阅读搁置或时滞期这一页，或者阅读下列有关搁置或时滞期的问题。政策全文在“阅读政策”这一页可以找到。

谁在该政策的涵盖范围内？

随着开放获取总政策的发布，加州大学现有的开放获取政策，已经涵盖所有受雇于加州大学并创作出版学术论文的人。首先获得通过的是涵盖了所有学术评议会教职员工的政策。另一项涵盖了所有其他加州大学作者的新政策在 2015 年 10 月 23 日发布。

加州大学开放获取政策包括了我已经写的每一篇文章了么？

答案是否定的。适用于您的政策被通过或发布后，已经签订出版协议的学术论文才会被涵盖在政策内。加州大学开放获取政策生效日期被列明如下。能否于政策前在网上分享文章或者如何分享文章取决于您签署的原始出版协议条款。

不分校区、非评议会的所有加州大学雇员的开放获取总政策	2015 年 10 月 23 日
全加州大学范围内学术评议委员会开放获取政策	2013 年 7 月 24 日
加州大学圣弗朗西斯科校区学术评议会开放获取政策	2012 年 5 月 21 日

如果您不能确定您该适用哪些政策，参见各政策适用名单。

当您即将签署出版协议时……

即使出版商要求您转移版权，也请尽管签字吧。如果您没有被要求出示搁置书或时滞期证明，那就不用出示。如果由于您的“机构开放获取政策”，您的出版商或编辑明确要求您提供搁置证明（选择退出）或时滞期（延迟访问您的文章），您可以在搁置和时滞期页面上生成一份声明。您也可以使用搁置和时滞期页面选择其他的退出政策原因。请注意，开放获取总政策（适用于非评议会加州大学雇员）针对加州大学里不拥有自己学术论文版权的作者提出了其他搁置要求。

什么是搁置和时滞期？

搁置可使作者针对特定文章选择完全地退出加州大学开放获取政策。（搁置请求很罕见的，并且最典型地来源于反对加州大学开放获取政策条文的出版商）之后，作者的权利会被限制在与出版商签署的出版协议允许的范围内。通常，协议仍然允许作者在其机构存储库中发布论文复本。如果手头没有出版协议，您可以在 SHERPA/RoMEO 中查阅出版商标准条款。

2015 年 10 月份发布的开放获取总政策指出，不拥有版权的加州大学作者不能独自针对特定的出版物申请政策搁置，并且声称他们必须在大学许可他们或面前显示出“有说服力的情况”。至于为了证明“有说服力的情况”该与谁联系，参见我们列出的校区版权问题联系页面。

作者是否对某一学术论文享有版权是由加州大学 1992 年版权所有权政策决定。加州大学版权所有权政策的综述可以在加州大学版权网页上找到。如果您仍然对于在加州大学写的论文的版权所有权有疑问，可以发邮件给我们，我们会将您的问题转达给总理事会办公室。

加州大学圣弗朗西斯科评议会教职员工和非评议会的加州大学作者，即使在拥有搁置的情况下，也需要存储手稿的最终版本。当针对文章的许可被搁置后，加州大学范围内的评议会政策便不要求存储。

可参见评议会政策与校级政策的搁置申请书模板。

时滞期可以使得文章推迟在 eScholarship（加州大学开放获取政策存储库）中开放给公众，直到文章出版后且之前决定的延迟期间已经过去。作者可选择保留那些经相关加州大学开放获取政策预留的权利，但必须同意直到时滞期间结束后才行使这些权利。

参见评议会政策与校级政策的时滞期申请书模板。

我的出版商知道加州大学有开放存取政策吗？

即使个别期刊编辑不知道加州大学开放获取政策，大多数出版商是知道的。加州大学联系了近 200 家出版商以便让他们了解 2013 年评议会的政策，在2012年通过加州大学圣弗朗西斯科政策后学校也联系了许多出版商。新闻渠道例如高等教育纪事报道了学校的开放获取政策，这些政策也可以通过ROARMAP追踪到。反对加州大学政策的出版商一直积极要求作者“选择退出”。您可以在“出版商通讯录”页面上找到有这种联系的出版商以及加州大学作者的搁置请求的数量信息。

出版商因开放获取政策向我收取了一定费用。我必须支付这笔费用才能符合加州大学的开放获取政策吗?

答案是否定的。出版商收取这些费用是为了资助在期刊网站上以开放获取的方式出版您的论文，但其实有两种方式可以使学术作品开放：出版商主导的开放获取（有时涉及费用），以及作者自存档。加州大学的开放获取政策使用后者，通过保留作者的权利，将作者的文章复本存放在类似eScholarship的开放获取存储库中。自存档功能不涉及费用问题。作者可能出于自身原因选择追求一种经付费的出版商主导的开放获取，但这种方式不为加州大学开放获取政策所要求或建议。您可以在作者自存档开放获取和出版商主导的开放获取页面上阅读到两种不同方法的详细信息。

我的出版商的政策中有某项具体要求与加州大学的开放获取政策不同。

我们默认，出版商的政策不代表本机构开放获取政策的条款。您应该阅读并保存您签署的任何协议。特别是，您可能希望找到罕见的合同条款，即要求确认您已获得针对任何机构开放获取政策的搁置，或者之前未向出版商之外的任何人许可与文章有关的权利。同时，您需要了解加州大学开放获取政策旨在抢占或增加出版商的格式条款，授予加州大学（即对您的延伸）在标准出版协议的范围之外分享您的文章的权利。无论出版商是否要求版权转让，都是如此。如果您的出版商不要求您通过获得搁置来选择退出政策，则您完全可以在您的权利范围内利用加州大学的政策。

我的出版商不要求我针对我的文章获得搁置或时滞期（延迟访问），

于是？

请按照您通常的方式完成文章出版过程。当文章出版时，我们会通过电子邮件（如果您是评议会教职员）联系您，使您在加州大学新的出版管理系统核实您的出版物，并在 eScholarship 中提供您文章复本或可链接到出版物开放版本的链接。该出版管理系统将最终推广给所有加州大学的雇员。同时，非评议会的加州大学员工应手动将文章直接存储到 eScholarship 中。

- 使用出版管理系统在 eScholarship 里存储您的文章（评议会教职员工）。
- 手动在 eScholarship 里存储您的文章（所有其他加州大学作者）。

为了符合加州大学开放获取政策，我必须获得我合作作者的许可么？

答案是否定的。根据美国版权法，任何联合作者对复制和分发作品享有非排他性许可。最佳做法包括，对待开放获取政策的参与像对待其他合作者一样——决定作者次序，报告贡献等——并且，因此，要把和合作者讨论问题当作是写作和出版的过程。

政策涵盖了什么类型的作品？

政策适用于“学术论文”。这个短语是指最广泛意义上的已出版的研究文章，而不是专题论文或者硕博士学位论文。作者最了解哪些作品符合本学科的“学术论文”定义。所有这些的文章都应该存放在 eScholarship 中。

想遵守政策存储需求，最简单方法是什么？

加州大学开放获取政策要求加州大学教职员工和其他雇员在 eScholarship（加州大学开放存储库和出版平台）中提供学术文章复本或者链接到开放版本文章的链接。

- 会有专人通过电子邮件联系评议会教职员工，以核实文章并将文章存储在加州大学新出版管理系统中，系统中的信息也会进入 eScholarship 中。教职员工也可以随时通过访问 http：//oapolicy. universityofcalifornia. edu 来登录系统。

- 所有其他的加州大学作者应暂时手动将文章存储到 eScholarship，其中有一个精简的提交过程，如果您提供 DOI 或 PMID 等标识符，eScholarship 将自动填充文章信息。2015 年底前，所有评议会教职员工都将可以使用上述出版管理系统，非评议会的加州大学雇员可以在 2016 年初使用该系统。

如果我的文章已经公开了怎么办?

政策需要文章可在开放获取存储库中获取到。如果您的文章已经在出版商网站上免费提供，或者您已将文章添加到 PubMed Central 或 SSRN 等存储库中，仅需向我们提供链接即可。如果您是评议会教职员工，请使用出版管理系统；或者使用 eScholarship 的存储程序。像 Academia. edu 和 ResearchGate 这样的社交网站并不是知识库，他们也不会提供同类服务，例如支持开放元数据以及长期存储服务，因此将您的文章存储在这些社交网站中是不符合政策条款的。您可以在此处详细了解社交网站和开放获取知识库之间的区别。

如何知道我是否存储了正确版本?

使用您未被出版商排版的文章最新版本。如果您使用 Microsoft Word 编辑文章，可能形成一个 Word 文档。如果您正在查看的版本其观感如同期刊，还带有出版商的版权声明，很可能就是错误的版本了。

加州大学开放获取政策让作者自由选择命名存储的最终版本，但一些出版商更适应（或甚至更喜欢）作者发布经出版商排版的 PDF。SHERPA/RoMEO 拥有这些出版商列表，您可以检查您的出版商是否是其中之一。

加州大学开放获取政策允许 eScholarship 最终用户对教职员工文章进行商业使用吗?

只有存储文章的作者可以选择在存储时允许商业重复使用，并且作者只能依赖于加州大学总政策，而不是加州大学圣弗朗西斯科政策。所有存储文章默认为是版权法下的标准版本—保留所有权利，当然也有合理使用和学校课堂教学的例外等。作者也可以选择在存储文章时选择知识共享许可协议来授予 eScholarship 用户额外的重复使用权。

一旦文章公开后，人们如何找到我的文章？

大多数人会通过一般的互联网搜索引擎或使用谷歌学术等工具找到存储库中的文章。像 eScholarship 的开放获取存储库以标准化的方式包括了每个项目的信息，从而很容易被搜索引擎爬取和理解。因此文章可以通过搜索找到，而且在搜索结果中也会处于前列。此外，我们计划在不久的将来纳入开放获取存储库，包括 eScholarship，一些诸如 UC-eLinks 的链接解决工具及其他机构的同类型工具。

如果作品上有版权水印，加州大学作者能够使其作品开放获取么？

某些情况下答案是肯定的，某些情况下答案是否定的。这取决于您是否必须签署协议来获取您使用的版权水印。如果您不必须签协议，由于水印处于公共区域，或您的使用属于合理使用，此时该作品即便有水印也可被公众开放获取。而如果您签了协议，重新审读协议，看其是否允许扩展使用文章背景内的水印。如果协议的条款不允许文章背景内的公开使用，您有以下选择——

- 联系协议另一方取得许可。
- 从其他遵从更优条款的来源获得不同水印的复本，或者依照您所属学科查找符合您需求的不同水印。
- 存储不包括水印的文章版本，所以读者们仍然可以看到您的观点和分析——对于不熟悉水印的读者们，想要彻底理解您的论点时需要从其他的渠道获取记录版本。
- 为该论文选择退出政策：请浏览有关搁置和附录的网页。

7 英国研究理事会开放获取政策

原文：http：//www. rcuk. ac. uk/documents/documents/rcukopenaccesspolicy-pdf/

英国研究理事会开放获取政策及支持指南

1. 导言

（1）免费和开放获取公共资助的研究成果提供了巨大的社会和经济效益并有助于开展新的研究。为符合这一针对透明性和开放数据的整体承诺，政府致力于确保出版的研究成果能够被免费获取。作为将公共资金投入研究的负责机构，研究理事会在履行其使研究成果向公众提供的职责方面非常严肃——不仅要对其他研究者负责，同时也对潜在的商业用户、慈善和公共领域以及普通纳税群众负责。

（2）研究理事会自2005年起制定开放获取政策，本次修订的政策考虑了英国和全球演变的政策图景。

（3）本文件由政策陈述（第二部分）和特别针对研究者、其研究机构和同行评审研究论文的出版商的支持指南（第三部分）组成。

关键问题提示

- 本政策仅适用于经审阅的研究出版文章（包括非由出版商委托的评论文章）和承认接受英国研究理事会资助的会议论文；
- 英国研究理事会（RCUK）政策支持开放获取“金色”和“绿色”路径，尽管RCUK倾向于提供最大再利用机会的立即开放获取；
- 研究理事会资助研究产生的开放获取费用将以直接向研究机构授予一

揽子补助款的形式提供；

• RCUK 认识到通往全面开放获取的旅途是一个过程绝不仅仅是一次单独事件，因此我们期待政策规定的落实能在预计五年的过渡期内逐步完成。RCUK 将于 2014 年对开放获取政策的效益和影响做出基于证据的全面审查，然后还会周期性地进行审查（可能在 2016 年和 2018 年）；

• 在对研究资助提议进行评估时，RCUK 认为所提议的研究本身的质量是至关重要，而不是作者已经或打算在哪里发表；

• RCUK 意识到其政策在不同学科领域的影响可能有所不同，因此通过允许研究理事会支持的各学科采用不同的时滞期，各自调整把握实施政策的步调。我们在监控政策影响和未来考察政策落实情况时也会考虑这种学科差异。

2. RCUK 开放获取政策

政策目标

研究理事会致力于确保公共投资的研究取得最大的经济和社会回报。实现该目标的途径之一是开放获取。RCUK 开放获取政策的目标是实现立即而无限制地在线获取经同行评审后发表的研究文章，并完全无需为获取支付费用。我们的愿景是让所有的使用者能够阅读已发表的研究文章的电子版，并且能够搜索和再利用（包括下载）文章内容，包括手动方式以及借助自动工具（如对于文本和数据挖掘），只要任何在进行此类再利用时完全并恰当标明作品的归属。

——关于“开放获取”的定义，参见 3.1 节。

适用范围

政策适用于自从 2013 年 4 月 1 日起承认研究理事会资助的提交发表的经同行审议的研究文章（包括非被出版社委托的评论文章），及发表在期刊或会议论文集中的文章。

——关于本政策覆盖及未覆盖的作品的定义，参见 3.2 节。

对研究者的期待

作为所有研究文章的生产者及大部分同行评审的负责者，研究者应当将承认研究理事会资助的经同行评审的研究文章发表在符合 RCUK 开放获取政策的期刊上。所有文章必须包含支持研究的资金的详细情况，以及——如果适用——关于支撑研究的材料如数据、样本或模型等的说明，以备评估。

——关于确认资金来源和研究职称材料的更多详情，参见 3.3 节。

期刊的满足条件

如果期刊满足以下条件，PCUK 则认为其符合本政策：

期刊在其网站利用“知识共享署名许可证”（CC BY）立即而无限制地提供文章的最终发表版本，并允许在其他资源库立即存储该最终发表版本，而且不对其再利用加以限制。这可能涉及向出版社支付“文章处理费”（APC）。

或者，期刊同意任一知识库在一定期间内存储文章的最终接受稿，并对非商业性再利用不加限制。期刊出版商不会收到文章处理费。

在后一种情况下，对于自然科学、技术、工程和数学学科（英文合称 STEM——译者注），RCUK 只接受不超过 6 个月的时滞期，即从在线出版到最终接受稿进入开放获取之间的延迟。对于艺术、人文学科和社会科学文章（主要由英国艺术与人文研究理事会与欧洲科学研究理事会资助），最长时滞期为 12 个月。对于处在过渡期而无法向作者提供文章处理费资助的情况，可允许更长的时滞期（见 3.6 节）。

RCUK 承认原稿本身的著作权通常由作者保留，正如历史权利和作者甚至在提交前即在线发布文章原稿的传统做法一样，并且这将会继续。

——更多详情参见：

- 文章处理费：3.5 节

- 时滞期：3.6 节
- 许可证：3.7 节
- 知识库：3.8 节
- 被接受手稿：3.9 节
- 过渡期：3.10 节

文章处理费

自 2013 年 4 月 1 日起，文章处理费及其他与研究理事会资助的研究相关的出版费用以 RCUK 开放获取一揽子补助款的形式向合格的研究机构提供。文章处理费和其他与经同行评审的研究文章相关的出版费用将不再包括在研究拨款申请中。

——更多详情参见：

- 文章处理费：3.5 节
- RCUK 开放获取一揽子补助款：3.4 节
- 研究申请所允许的花费：3.11 节

对研究机构的期待

接受 RCUK 开放获取整体补助款的合格研究机构应当建立机构出版资金，以及管理和分配提供给开放获取收费及其他出版花费的资金流程。机构可运用他们认为能够最好的传递 RCUK 开放获取政策的方式运用整体补助款，透明公平地在不同学科和不同研究者事业的不同阶段分配资金。RCUK 期待整体补助款主要被用于支付文章处理费。我们期待接受 RCUK 开放获取整体补助款的研究机构符合 RCUK 为执行此政策采取的监控安排。

更多详情参见：

- RCUK 开放获取整体拨款：3.4 节
- 机构出版资金：3.12 节
- 监控：3.14 节

实施与合规

RCUK 允许在实施此政策时一定的灵活性，包括关于过渡期间时滞期的长度。独立主席和来自不同地区的成员将于 2014 年对开放获取政策采取基于证据的实施审查。后续审查将并随着转换进程周期性进行（可能在 2016 年和 2018 年）。

更多细节见：

- 时滞期：3.6 节
- 转换阶段：3.10 节
- 2014 审查：3.13 节
- 监控：3.14 节

3. RCUK 开放获取政策指南

3.1 开放获取的定义

（1）RCUK 将开放获取定义为无限制的，在线获取经审阅和出版的研究文章的途径。尤其是用户必须能够免费获得以下内容：

- 阅读已出版文章的电子版；
- 手动或运用自动工具（例如对于文本和数据挖掘）搜索和再利用已发表文章的内容，前提是这种再利用是针对完全及合适的分配并且不损害文章中包含的任何第三方材料的著作权。

（2）RCUK 认为文章“内容”包括但不限于文中的文本，数据，图像和图形。

（3）有许多实现开放获取的模型，其中一些允许更加及时的获取途径。RCUK 倾向于立刻的无约束的在线获取经审阅出版的文章途径，无任何收费并且拥有最大的再使用机会。这通常被称为开放获取“金色”路径。我们支持这一选择并向合格研究机构拨款以资助相关的文章过程费。尽管这是我们的偏好，我们许可开放获取的多种途径；决定采取哪种方式的决策权保留在研究者及其研究机构手中。

3.2 政策覆盖哪些内容？

（1）政策覆盖所有承认研究理事会资助的经审阅研究和通常出版在学术期刊的评论文章或会议论文集。政策不包括专著、书籍、评述版、卷和目录，或其他形式的无同行审议材料。然而，RCUK 鼓励这些材料作者在可能时考虑将这些材料公开获取。

（2）尽管 RCUK 认识到许多研究者通过分享文章早期版本获得价值（例如使用 arXiv 预印存储），RCUK 在评估服从政策情况时只考虑“被接受出版”的版本（见 3.9 节）。

3.3 资金来源和潜在的研究材料确认

（1）政策要求资金信息被包含在文章的致谢部分。关于如何致谢资金信息的指南由研究信息网络提供。①

（2）作为支持研究开放和透明度推动力的一部分，并为了确保研究者考虑数据存储问题，政策要求所有研究文章，如果适用的情况下，涵盖一个关于潜在的研究材料如数据、样本或模型如何能够被获取的陈述。然而，政策不要求数据必须被公开。如果有被认为是保护数据获取的强制理由，例如商业机密或围绕数据的源自潜在可识别的参与者的立法敏感性问题，其应当被包含在陈述中。

① 参见 http：//rinarchive. jisc-collections. ac. uk/system/files/attachments/Acknowledgement-funders-guidance. pdf

3.4 RCUK 开放获取整体补助款

（1）研究理事会曾通过直接和间接成本作为整体补助款的一部分为文章处理费提供支持。从 2013 年 4 月 1 日起，RCUK 运用实际收到 RCUK 资助的研究机构的整体补助款为其资助研究产生的文章支付文章处理费。2014 年 4 月 1 日后被拨款的研究和研究申请者不再允许包含开放获取出版或其他关于经审阅期刊和评论文章和经审阅会议文章的出版费用的条款。

（2）RCUK 开放获取拨款目的主要在于支持文章处理费的支付。然而，研究机构可以采取他们认为最佳的传递 RCUK 开放获取政策的方式使用整体拨款，只要支持支付文章处理费的主要目标实现了。

（3）按计划研究理事会提供的用于支持开放获取的资金会在未来五年内增加直到所有研究理事会资助的经审议的出版文章实现公开获取（不论是通过“金色”或“绿色”路径出版）。该过渡期内增加的资金反映了完成向完全开放获取模型转变对研究者、机构和出版商需要的时间。这也会要求已通过直接或间接花费提供的出版资金现有拨款被充分利用。

（4）RCUK 政策也适用于研究理事会自己的机构产生的研究文章。他们会建立另外的资金安排来支持他们承担的研究产生的文章。相同或更严格的开放获取目标和合规期望会适用于研究理事会机构。

（5）更多关于整体补助款的分配和资金水平可见 RCUK 2012 年 11 月的公告①

3.5 文章处理费

（1）在 RCUK 开放获取整体补助款用于支付文章处理费的情况下，文章必须在在线出版的时候立刻实现开放获取，运用知识共享署名（CC BY）许

① 参见 www. rcuk. ac. uk/media/news/2012news/Pages/121108. aspx

可证。

（2）RCUK 并不制定运用整体补助款支付文章过程费的最高或最低限额。整体补助款是基于预计的产生文章数和 Finch 报告中引用的平均文章过程费。RCUK 期待机构和组织如联合信息系统委员会收藏（JISC）、英国研究博物馆、大学社区、国家和大学图书馆（SCONUL）能够一起合作，与出版商谈判合适的文章处理费。在这种情况下，认识到研究理事会只资助英国总体研究工作的一部分是很重要的，并且 RCUK 整体补助款并不被认为是研究机构可能用于支持开放获取的唯一公共资金：使用来自于例如资金委员会与研究价值相关的分配支付文章处理费是合法的。

（3）许多收到研究理事会资金的研究组织并没有收到 RCUK 开放获取整体补助款。如果有证据证明这造成了严重问题，我们会考虑将此作为 2014 年审查的一部分。如果一个研究机构没有公共资金用以支付文章处理费，那么其研究者可以运用时滞期更长的绿色路径出版其研究作品（参见 3.6 节）。

3.6 时滞期

（1）理想而言，研究文章应该在其在线出版后尽快可开放获取。然而，RCUK 认识到在绿色开放获取的情况下，时滞期目前被一些期刊通过依赖于订阅期刊产生的收益的商业模型使用。因此，当期刊不提供立刻开放获取选择时，RCUK 在科学、技术、工程、数学学科接受在线出版和文章开放获取之间不多于六个月的延迟。

（2）因为六个月时滞期在艺术、人文科学和社会科学领域可能非常困难（主要由 AHRC 和 ESRC 资助），RCUK 接受对此类文章最高 12 个月的时滞期。RCUK 希望向着对所有研究文章最长六个月时滞期的许可方向努力，但认识到这一进程可能因学科而有所区别。因此我们会在未来的审议中将基于展示的证据的不同学科间变化速度的差异，如果存在，作为一个关键的考量。

（3）开放获取路径的选择权保留在研究者和他们的研究机构，并且在过渡期间文章过程费不能提供时，将许可更长的时滞期。在这种情况下，我们期待文章发表在最长 12 个月时滞期的期刊，或在科学、技术、娱乐、数学领域为最长 24 个月［主要由欧洲科学研究理事会（ESRC）、英国艺术与人文研究理事会（AHRC）资助］。这与政府在 Finch 报告中的答复相一致。①

（4）自从医学研究理事会 2006 年授权政策起，生物医学领域的研究文章应当立刻出版或享有不多于六个月的时滞期。

（5）这种过渡期间时滞期的灵活性在下面由出版商协会②制造的公共资助研究决策树中有所反映。当使用决策树时应当注意尽管我们倾向于立刻的无限制的开放获取（金色），我们许可开放获取的混合路径，并且决定选择何路径——绿色或金色——的选择权由研究者和他们的研究机构保留。

3.7　许可证

（1）当研究理事会资金用于支付开放获取文章的文章处理费的情况下，我们要求出版商利用“知识共享署名”（CC BY）许可证③使得文章可免费提供。这是开放获取期刊使用的标准许可证，并能够在保护作者道德权利的同时支持最大的传播和已出版文章的再利用。其许可其他人分配、混合、支配和在其基础上写作文章，包括商业性使用，只要他们向原文章作者致谢并且不侵犯文章中任何第三方材料的版权。在支付文章过程费的情况下使用 CC BY 也是惠康基金会的政策。

（2）CC BY 许可证通过对文章的再利用为研究开辟了新的可能性，通过

① Accessibility，sustainability，excellence：how to expand access to research publications. Report of the Working Group on Expanding Access to Published Research Findings，June 2012（参见 http：//www. researchinfonet. org/wp- content/uploads/2012/06/Finch-Group-report-FINAL-VERSION. pdf）

② 来源于 http：//www. publishers. org. uk/index. php？option＝com_ docman&task＝doc_ download&gid＝780&Itemid＝

③ 参见 http：//creativecommons. org/licenses/

文本和数据挖掘为文章内容提供了新的可能，通过创新性和潜在的增加价值的方法再现文章为研究的传播探索了新的途径。关键的是，CC BY 许可证移除了文章能够做什么的怀疑和不明确性，并使得不用追回出版商询问条件或申请特殊许可即可再利用文章成为可能。

（3）CC BY 许可证的使用使得 RCUK 产生了潜在问题的担忧。包括：

• 使得出版商失去再印刷销售的商业收益——对一些生物医学期刊尤为严重；

• 第三方不愿意使他们的材料在使用 CC BY 许可证的研究文章中被复制；

• 更容易产生错误归类，错误引用，错误代表，剽窃或参考资料断章取义，从而可能损害作者利益。

（4）CC BY 现在被许多期刊使用，主要在科学、技术、工程、数学领域，并且和知识共享组织一起，其报告使用 CC BY 许可证没有重大问题。然而这是一个正在发展的领域，RCUK 会确保 2014 年审查和随后的审查包括对使用 CC BY 的影响的评估，尤其是在艺术，人文科学和社会科学学科。这将会通过积极地和不同学术社群和他们的出版商合作审查。

（5）RCUK 将和 JISC 和英国开放获取实施群体合作发布 CC BY 许可证使用指南（预计在 2013 年年底），包括如何在使用 CC BY 许可证的文章中有效识别第三方材料。

（6）在开放获取资源库中存储最终被接受的文稿版本（绿色路径）的情况下，为了最大化对资源库中内容的获取机会和再使用，研究理事会希望研究论文运用最自由和可授权的许可证实现，理想化的为 CC BY。然而，RCUK 政策只要求提供文稿开放获取没有对非商业再利用进行限制。政策没有明确一个特别的许可证，并且该要求可以通过使用知识共享署名非商业许可证

(CC BY NC) 被满足。特定出版商许可证①是可以被接受的，只要他们支持政策目标，并且许可包括非商业文本和数据挖掘的再利用。

3.8 资源库

(1) 资源库的选择通常在于作者及其研究机构的决策。然而，一些研究理事会要求文章必须被存储在特定的资源库。这在个别的研究理事会拨款的条款和条件中有详细叙述。

(2) 机构和学科资源库应当包含许可持续集聚和搜索形式的开放获取和创始者元数据。RCUK 正在和 JISC 协作资源库 (RIOxx) 和开放获取词汇项目 (V4OA) 开发一个英国资源库元数据标准，并期待该标准可以从 2013 年 6 月以后被英国资源库采用。

3.9 被接受的文稿

(1) 被接受的文稿是作者提交的已经被接受用于期刊发表的文章版本，并且已经通过同行评审过程。同行评审在保证研究质量的过程中是一个关键环节，并且 RCUK 希望确保所有使用者拥有获取经审阅研究文章的途径。

(2) 尽管 RCUK 认识到许多研究者通过分享文章早期版本获得价值 (例如使用 arXiv 预印存储)，RCUK 在评估服从政策情况时只考虑“被接受出版”的版本。

(3) 被接受文稿也被称为作者文稿，作者被接受的文稿或后印本。值得注意的是作者保留他们被接受文稿的著作权是很正常的，并且我们希望继续保持这种做法。

① 例如对于《自然》出版集团 http://www.nature.com/authors/policies/license.html

3.10　过渡期

（1）我们期待本政策完全实施的过渡期大约在5年期间，但这将取决于开放获取的途径如何演变。在过渡期间我们期待研究者及其机构跟随本政策的精神并努力实现完全合规。由于过渡期间提供开放获取的资金增加，我们对于合规的程度的期待也随着增加。在过渡期结束时我们期待研究者及其机构完全符合本政策，并且对于我们资助的研究发表的期刊文章100%符合我们的开放获取政策。

（2）在第一年研究机构被期待确保他们至少45%的研究文章通过开放获取出版，不论是绿色或金色路径。第二年该标准提高至53%。开放获取路径的选择保留在作者及其研究机构，只要其符合RCUK开放获取政策。

（3）我们的目标是，在第五年过渡期结束时，我们资助的研究中75%的开放获取文章能够通过立刻无限制的在线途径和最多的再利用机会被传播（“金色”）。

3.11　研究申请中的许可成本

（1）起始于2013年4月1日后的研究拨款和奖金从现在起将不包括开放获取出版或其他涉及经审阅研究文章的出版费用的条款。

（2）拨款申请书要求与目前不被RCUK开放获取政策覆盖的其他研究产出类型相关的花费依然是允许的。对于例如专著、书籍、评述、卷和目录的产出形式的出版花费可以被申请，但是正如对任何开销一样，他们仍然需要在申请中被完全论证。

（3）在已经被授予的拨款中拥有文章处理费作为直接花费的一部分的条款情况下，研究机构应当使用与报告开放获取整体拨款一样的机制管理和报告这些收费。

3.12 机构出版资金

根据 Finch 报告的推荐，研究机构应当建立机构出版资金以满足开放获取出版文章处理费，以及分配其拥有资金的步骤和程序。RCUK 开放获取整体补助款应当在机构资金的条件下被管理，正如管理其他来源的用以支付文章处理费的资金。

3.13 政策回顾及实施

（1）RCUK 认识到开放获取政策的实施需要研究者、机构和出版商管理出版的流程和传播研究理事会资助的研究结果的方式的重大改变。RCUK 也希望这种文化的转变发生在一个相对较短的时间内（大概五年）。基于上述原因，RCUK 将开放获取的转变看做一个过程而不是一次性事件。

（2）RCUK 提供的支持开放获取的资金数目在第一年和第二年是基于可能花费的估值。RCUK 会监察机构如何使用这笔资金，并会要求机构与我们合作为 2014 年政策审查提供必要的证据。只有有了证据 RCUK 才能够适当地了解考察期开放获取政策的工作情况，以及，例如，将整体补助款确定在一个合适的实现我们要求的合规标准的水平。

（3）我们的审查将会是全面的。我们预计的审查问题包括：

- 全球开放获取图景；
- 关于以下问题的政策影响及其实施：

○ 不同学科

○ 同行评审

○ 研究者之间在英国及全世界的合作；

- 监察和确保合规最好的机制；
- RCUK 向合格研究组织授予的整体补助款的标准；

- 不同许可证在不同学科的影响，尤其是 CC BY；
- 不同学科的时滞期长短及过渡期长度的分配；
- 研究出版的总体花费，考虑到出版商的订阅收费会继续在许多情况下被支付；
- 机构管理 RCUK 开放获取整体补助款系统的花费；
- 研究者及其研究机构倾向的开放获取路径之间的平衡；
- 任何相反的结果（例如关于学术团体的持续性）。

（4）我们知道这些问题中一部分在 2014 年审查时会缺乏可提供的证据。因此，按计划将有后续的审查，可能在 2016 年和 2018 年，那时更多的证据将被考虑。

（5）审查将基于证据。我们热切保证在实施期间及未来会有研究者、研究机构、学术团体和出版商的持续参与。2014 年审查会拥有独立主席并包含独立会员。后续审查的形式会在 2014 年审查后决定。

（6）审查结果将被用来通知任何必要的政策变化以及塑造未来的政策资助要求。

3.14　2014 年审查的证据收集

（1）作为 2014 年审查证据收集的一部分，RCUK 希望：

（a）通过包括立即出版（金色）及使用数据库（银色）衡量开放获取的影响。

（b）寻求对用于支持开放获取设定分配的初始资金数量和研究机构开放获取整体补助款分配的计划假设的再测试。

（2）RCUK 希望借此了解开放获取补助款是如何使用的，尤其是通过支付文章过程费实现开放获取的研究文章数量和实际支付的文章过程费。RCUK 也会考察文章过程资金在不同学科间平衡使用情况的证据。了解关于多少文章通过存储在资源库开放获取的形式可供取得而无需支付文章处理费也很重要。

（3）为了 RCUK 进行审查，我们将会需要通过两种模型实现开放获取的研究文章的信息，以及 RCUK 开放获取整体补助款是如何被使用的。RCUK 会将其收集的数据向公众提供以确保政策实施和向出版商支付的文章过程费及其他出版费用最大的透明度。

（4）RCUK 认识到任何报告的要求不能对研究机构施加不恰当的管理负担，并且应当因此被限制在最小的信息要求。在更长期内，我们面对机器人操作系统（ROS）和 Researchfish 或任何后继者报告系统会提供最适宜的收集此信息的方式。我们会和研究机构和出版商合作确保我们使用了可提供的数据来源，并因此从研究机构只收集对于审查至关重要的数据，这是我们无法在其他地方收集到的。

（5）RCUK 会和研究机构合作改善和协商实现报告的最小标准，以及收集必须数据的机制。这将会组成 RCUK 支持的研究信息网络从事的“HEI 最佳实践项目”的一部分。

（6）对于每个出版物，我们认为我们需要知道其数字对象标识符（DOI），以及文章是否能够通过金色、绿色或其他路径获取的指示，其是否承认研究理事会资助并包含一个对于潜在研究材料获取的声明。对于没有立刻在出版商网站使用 CC BY 许可证实现开放获取的文章，我们需要一个统一资源定位符及关于时滞期长度和许可证条件的声明。该信息将通过 ROS/Researchfish 和 Sherpa/FACT 系统提供，由从文章致谢部分收割的细节补充支持。总结而言在文章阶段我们提议如下信息收集方式：

信息：所有文章	来源
数字对象标识符	ROS/Researchfish
金色 * /绿色/其他/未知	ROS/Researchfish
CC BY 是否适用	资助者和作者合规工具（Sherpa/FACT）服务（基于期刊水平数据）
文章是否包含资助者致谢	研究理事会随机的量尺检查（包括通过使用可获取的文献计量学数据，如 Web of Science 数据）
文章包含对于潜在的研究材料获取的声明	研究理事会随机的量尺检查（包括通过使用可获取的文献计量学数据，如 Web of Science 数据）
信息：所有文章没有使用 CC BY 许可证在出版商网站立刻开放获取	来源
统一资源定位符	ROS/Researchfish
时滞期	资助者和作者合规工具（Sherpa/FACT）服务（基于期刊水平数据）

* 定义为使用 CC BY 许可证在出版商网站立刻开发获取

（7）为了审查整体补助款是如何使用的（包括为了说明性目的），RCUK 要求研究机构提供短期财务报告，并列明署名出版商的支出，及关于本政策覆盖的完全开放获取出版的工作中整体补助款其他用途的简短描述。建议的模板参见附录 A。

英国研究理事会

2013 年 4 月 8 日

8 英国研究理事会开放获取政策常见问题

原文：http：//www. rcuk. ac. uk/documents/documents/openaccessfaqs-pdf/

英国研究理事会开放获取政策常见问题

最后更新于：2016 年 11 月 10 日

问题与解答

1. 政策的覆盖面是哪些？

1.1 如果我的项目同时拥有英国研究理事会（RCUK）和其他资金机构的资金，是否也需要服从 RCUK 政策？

是的，RCUK 政策覆盖所有确认从英国研究理事会获得资金的相关出版物（见指南 3.2 节）。如果确认有多个资助者，并且其中一个（或多个）是一个研究理事会，则 RCUK 的政策适用。

研究理事会正在资助一个由研究信息网络带领的与多个股票持有者合作的项目，该项目将考察在多个机构和/或资助者之间共摊开放获取费用的具体方面，并建立良好的实践建议。

1.2 我的研究由商业伙伴和 RCUK 资助，其是否需要服从该政策？

是的，RCUK 的政策覆盖所有确认从英国研究理事会获得资金的相关出版物（见指南 3.2 节）。如果确认有多个资助者，并且其中一个（或多个）是一个研究理事会，则 RCUK 的政策适用。

由于经审阅的出版物被视为属于公共领域，即使经常要求订阅阅览期刊，鉴于商业敏感性，并没有限制将文章公开获取。

1.3 我的研究是和海外伙伴合作的，我是否还需要服从该政策？如果这意味着由于海外出版的不同期待，我不能作为作者署名怎么办？

是的，RCUK 的政策覆盖所有确认从英国研究理事会获得资金的相关出版物（见指南 3.2 节）。如果确认有多个资助者，并且其中一个（或多个）是一个研究理事会，则 RCUK 的政策适用。

RCUK 资助的研究者应当确保合作者尽早了解项目资金的所有条款和条件，并且开放获取出版成果的义务已经包含在合作协议中。

我们期待研究理事会资助的作者在确保文章出版后立刻可获取或自主存储在合适的资源库方面发挥引导作用（参见指南 3.8）。

研究理事会也积极与全世界资助者接洽；由于越来越多的资助者实施了支持开放获取的政策，这个问题可能只会在例外情况下发生。

1.4　我是被研究理事会资助的学生之一。政策是否适用于我发表的文章？

是的，RCUK 开放获取政策适用于学生奖励，因此相关出版物必须可供公开获取。

1.5　是否可期待未来其他类型的研究成果可能被本政策覆盖？

研究理事会对待他们将公开资助的研究免费提供的责任非常严肃——不只是对其他研究者，也是对潜在的商业，慈善和公共领域使用者，和对普遍的纳税公众。

虽然经审阅的研究文章、评论和会议论文集覆盖了绝大部分公共资助的研究产出，其并不涵盖所有形式的出版物。作为计划中的政策审查的一部分，研究理事会因此会考虑将政策覆盖面延伸至其他形式的出版物是否合适。目前没有此计划。

研究委员会在数据共享和数据共享的个体政策方面拥有共同立场，总结为英国研究理事会数据政策共同原则（参见 http：//www.rcuk.ac.uk/research/Pages/DataPolicy.aspx）。

1.6　RCUK 指南指出经管理研究委员会决定，支付的颜色费和版面费也可以从拨款中支付，在已经支付文章加工费的情况下是否也如此？

是的，然而，并不清楚为何有时在文章加工费之外还要征收这些费用，特别是这种支出主要适用于印刷出版期刊。

1.7　政策是否适用于 RCUK 资助的 2013 年 4 月 1 日后许可发表（但在此日期前提交的），还是适用于在 4 月 1 日后提交的文章？

正如所述，政策适用于提交发表的经审阅的期刊文章，但并不必须是在 4 月 1 日后被接受的。然而，在转换期间，我们愿意对此灵活，允许在文章加工费不包含在拨款之内的情况下将拨款用于 4 月 1 日前提交的出版物。

2. 选择“金色开放获取”或“绿色开放获取”

2.1　出版商提供金色路径时，研究者是否有选择绿色路径的自由？

是的，尽管研究理事会倾向于立刻无限制的开放获取（“金色”），他们也支持开放获取的混合路径，并且决定采取何种途径的权利由研究者及其研究机构保留。

在某些情况下，在转变期间可能不能提供文章加工费资金时，自主存储（或绿色开放获取）可能是唯一可能的路径。

这种情况下，文章应当发表在科学、技术、娱乐、数学领域最长 12 个月时滞期或对在艺术、人文科学和社会科学领域 24 个月时滞期的期刊上。

自 2006 年海洋研究中心授权政策起，生物医学研究文章应当出版在时滞期不长于六个月的期刊上。

2.2　如果我倾向的期刊不允许“绿色开放获取”又无钱支付“金色开放获取”怎么办？

在转换期间拨款无法提供文章过程费的情况下，文章应当发表在科学、技术、娱乐、数学领域最长 12 个月时滞期或对在艺术、人文科学和社会科学领域 24 个月时滞期的期刊上。

自2006年海洋研究中心授权政策起，生物医学研究文章应当出版在时滞期不长于六个月的期刊上（参见 http：//www. mrc. ac. uk/Ourresearch/Ethicsresearchguidance/Openaccesspublishing/index. htm）。机构需要管理他们的RCUK开放获取资金以满足该要求。

如果选择的期刊没有提供这种时滞期，那么需要选择一个替换的期刊，或者作者必须认识到该研究文章不会计算在其所在机构符合开放获取的目标中。

2.3 我是一名生物医学研究着，并且来自我的研究机构的资金不支持为我选择的期刊支付文章过程费。我可以自己存储文章来代替吗？

为符合RCUK开放获取政策，自2006年海洋研究中心授权政策起，所有生物医学研究文章必须在不多于6个月的时滞期内可供公开获取。该要求适用于任何情况（参见指南3.6v）。

如果选择的期刊没有提供这种时滞期，那么需要选择一个替换的期刊，或者作者必须认识到该研究文章不会计算在其所在机构符合开放获取的目标中。

另外，如果研究由医学研究理事会（MRC）或生物技术和生物科学研究理事会（BBSRC）资助，为满足要求，文章必须存储在欧洲公共医学中心（http：//eurropepmc. org）。当支付文章过程费时这由出版商自动完成，但也可以有作者通过欧洲PMC Plus（http：//plus. europepmc. org）完成。

MRC资助的研究者经常使用的期刊名录及如何满足要求的信息可访问 http：//www. mrc. ac. uk/Ourresearch/Ethicsresearchguidance/Openaccesspublishing/Frequentlyusedjournals/ index. htm

2.4 研究者能否不选择金色获取并通过时滞期更长的绿色获取存储？

RCUK的政策是当一个期刊不提供一个立刻无限制的开放获取路径（如金色通道）时，为符合我们的政策，期刊必须提供短时滞期内绿色存储经审阅的文稿（如绿色通道）——科学、技术、娱乐、数学领域为最长 6 个月，欧洲科学研究理事会（ESRC）、英国艺术与人文研究理事会（AHRC）资助的研究为 12 个月。

然而，随着我们增加文章过程费的资金，在转换期间关于时滞期的规定有更大的灵活性。当期刊提供金色路径，但作者没有办法获得文章过程费资金时，我们将接受符合政府政策的拥有更长时滞期的绿色路径，正如出版商协会“决策树”中描述的。对于科学、技术、娱乐、数学领域为最长 12 个月，艺术、人文科学和社会科学领域为最长 24 个月。一个例外是自 2006 年海洋研究中心授权政策起，所有生物医学研究文章必须在不多于 6 个月的时滞期内可供公开获取。机构在分配文章加工费时需考虑此例外情况，因为并不是所有的生物医学期刊都提供最长六个月时滞期的绿色通道。

3. RCUK 开放获取整体补助款

3.1　整体补助款的数目是如何计算的？

2016—2017 年度拨款是从 2016—2017 年度预计支出，在前三年间少花费的整体补助款中计算的，并使用更新的基于研究委员会在截至 2015 年的三年中补助款的直接劳动力的分配算法，和 2015—2016 年度的平均文章过程费价值。

在研究组织报告累积少花费超过 2016—2017 年度预计支出的情况下，他们并没有在 2016—2017 年度被授予任何额外的资金。使用之前资助的研究组织被授予了达到算法总额的补助款。2017—2018 年补助款将基于类似于 2017 年 3 月到 5 月报告期的类似方法计算。

3.2　整体补助款是否用来支付 80%全部经济成本（fEC）？

不，根据社团讨论，RCUK 不要求研究组织提供额外的 20%。

3.3　我的拨款是在 2013 年 4 月 1 日前取得的，已包含出版花费。我是否还应当申请花费被我的机构出版资金负担？

研究理事会意识到很大一部分资金已经被作为现有拨款的一部分用来支付出版费用。

任何已拨款中文章加工费的指定资金都应当在使用 RCUK 开放获取整体拨款前使用。

3.4 为什么算法用工作成本而不用实际研究工作（小时）计算每个研究机构的整体补助款？

工作成本对于研究理事会而言更容易取得，并且被认为是研究包含的工作的合理代表。若改变算法可能导致单独研究机构分配微小的变化，但并不清楚其是否会对整体政策实施有任何可观的影响。

3.5 RCUK 是否会向低于标准的研究机构拨款支付文章加工费？

不，RCUK 经详细考虑此问题并得出结论，认为基于这一层次的拨款是不具有资金效率的。

3.6 整体补助款是否会向我的机构支付？

2016—2017 年整体补助款会由英国工程与自然科学研究理事会代表研究委员会一次性支付。

我们期待在 2016 年 11 月期间向合格机构付款。

4. 符合率

4.1 RCUK 的开放获取水平是什么？

2013—2014 年间机构应当将其至少 45%的研究文章通过开放获取（金色或绿色）提供。2014—2015 年该比率增加到 53%，2015—2016 年为 60%，2016—2017 年为 67%，2018—2019 年达到 75%。

RCUK 倾向于立刻无限制开放获取（金色），并期待其提供的大多数开放获取整体补助款用于支付金色开放获取文章加工费。

5. 时滞期

5.1 如果文章基于医学研究理事会（MRC）、欧洲科学研究理事会（ES-RC）、英国艺术与人文研究理事会（AHRC）资助的研究，适用何时滞期？

在研究由多个资金来源的情况下，包括多个研究理事会，则适用最短的时滞期，除非其他的附属于的资金提供的条款和条件会被违反。

RCUK 资助的研究者应当确保合作者尽早了解项目资金的所有条款和条件，并且开放获取出版成果的义务已经包含在合作协议中（见第 3.2 问）。

作为未来政策审核的一部分，研究委员会会考虑未来如何统一最长的时滞期。

6. 执照

6.1 我选择的期刊出版商不允许我使用姓名标示（CC-BY）执照，我应该怎么办？

如果你选择的期刊不允许使用 CC-BY 标志，你应当选择不支付文章过程费因为期刊不符合 RCUK 在该路径的政策。期刊如果允许不多于 6 个月之后存储和完整的非商业重新使用文章（在艺术和人文科学研究文章为 12 个月），则也符合政策。

7. 已接受的原稿

7.1 什么版本的文章可以被存储？

同行评审是保证研究质量的一个关键步骤，RCUK 希望确保所有使用者可获取经评审的研究文章。

当考察是否符合政策时，RCUK 只考虑“接受发表”的版本。

被接受的原稿是作者提交的已被期刊接受发表的期刊文章，并且已通过同行评审步骤。

被接受的原搞也被称作作者手稿或后印本。

7.1 文章有来自不同研究机构的作者时，谁负责存储文章？

每个研究者都应负责确保他（她）符合其资助者和（或）机构关于开放获取的要求并确保包含了所有相关致谢（见指南 3.3）。

当要求文章存储在某个特定资料库的情况下，例如欧洲公共医学中心，通常相应的作者会代表所有作者完成。

研究委员会正在资助一个与多个利益相关者合作的项目，由研究信息网络带领，该项目将考察涉及多个作者时向资源库提交文章的具体方面，并建立良好的实践建议。

8. 政策审查及实施

8.1 自 2014 年政策实施后，研究委员会在审查开放获取政策方面作了哪些行动？

研究委员采纳了社区的同意反馈，并建立了由高等教育机构（HEI）代表组成的开放获取从业者群体，并有其他开放获取从业者加入。第一次会议发生于 2016 年 10 月，团体的部分决议将会审查开放获取政策及其实施情况。

9　北京大学机构知识库开放获取政策（试行）

原文：http：//ir. pku. edu. cn/help/PKU_ IR_ policy_ trial. pdf

10 国家自然科学基金会关于受资助项目科研论文实行开放获取的政策声明

原文：http：//or. nsfc. gov. cn/statement

国家自然科学基金委员会

关于受资助项目科研论文实行开放获取的政策声明

公共资金资助科学研究，是社会创造知识、支持创新、促进发展的重要手段。受资助项目所发表的科研论文是全社会的知识资源，其在全社会的开放获取，将促进知识传播利用，推进科学事业的全球化进程，并能将公共投资所产生的知识迅速转化为全社会的创新发展能力，让知识普惠社会发展。

为此，特制定国家自然科学基金受资助项目科研论文的开放获取政策：

自本政策发布之日起，国家自然科学基金全部或部分资助的科研项目投稿并在学术期刊上发表研究论文的作者应在论文发表时，将同行评议后录用的最终审定稿，存储到国家自然科学基金委员会的知识库，不晚于发表后 12 个月开放获取。如果出版社允许提前开放获取，应予提前；如果论文是开放出版的，或出版社允许存储最终出版 PDF 版的，应存储论文出版 PDF 版，并立即开放获取。

授权我委相关部门制定受资助项目科研论文开放获取细则，建立开放获取知识库，按照国际通用规范，支持公众通过网络检索开放获取内容。

要求我委相关部门积极与国家相关部门和公共教育科研机构合作，推动国家各类科技计划和公共机构资助项目已发表论文的开放获取；要求我委相关部门积极与国际科技界合作，共同促进公共资助项目科研论文在全球的开放共享。

11 国家自然科学基金委员会基础研究知识库开放获取政策实施细则

原文：http：//or. nsfc. gov. cn/policies

国家自然科学基金委员会

基础研究知识库开放获取政策实施细则

一、总则

根据《国家自然科学基金委员会关于受资助项目科研论文实行开放获取的政策声明》的相关规定和要求，从 2015 年 5 月开始，国家自然科学基金委员会正式发布“国家自然科学基金基础研究知识库”，收集国家自然科学基金资助项目成果的研究论文的全文，并向社会公众提供开放获取，传播基础研究领域的前沿科技成果，促进科技进步。

二、术语

1. 自然科学基金会：“国家自然科学基金委员会”的简称。

2. 自然科学基金会开放获取政策：《国家自然科学基金委员会关于受资助项目科研论文实行开放获取的政策声明》的简称。

3. 基础研究知识库：“国家自然科学基金基础研究知识库”的简称。

4. 项目负责人：指国家自然科学基金资助项目的负责人。

5. 自然科学基金会项目管理系统：指基金委开发并管理的“科学基金网络信息系统”。

三、内容

1. 存储内容

根据“自然科学基金会开放获取政策”，自该政策发布之日起，国家自然科学基金全部或部分资助的科研项目投稿并在学术期刊上发表研究论文的作者应在论文发表时，将同行评议后录用的最终审定稿，存储到“基础研究知识库”，不晚于发表后 12 个月开放获取。

2. 存储版本

“基础研究知识库”存储的版本包含已发表在学术期刊等的研究论文的：

（1）最终审定稿：即作者投稿后经过同行评议和修改、被最终接受的论文稿。

（2）出版 PDF 版：如果论文本身是开放出版的，或出版社允许作者把经过出版社版式设计的最终出版 PDF 版存储到相关知识库的，“基础研究知识库”将存储出版 PDF 版。

在保护成果贡献者的合法权益的前提下，倡导和鼓励科研人员把公共资助科研项目所产生的其他形式科技成果存储到“基础研究知识库”供开放获取。

四、提交

项目负责人通过“自然科学基金会项目管理系统”提交与项目研究相关的论文全文和元数据，将经过相关处理后转入“基础研究知识库”进行存储，并提供开放获取。

如果出版商或其他资助方的开放获取政策与“自然科学基金会开放获取政策”有冲突的，负责人应在提交论文时注明，同时注明支持开放获取的时间。

五、使用

“基础研究知识库”将严格遵守《中华人民共和国著作权法》《信息网络传播权保护条例》及其他相关法律法规的规定，切实保护作者及相关权利人的合法权益。在出版商或相关资助方的禁锢期结束前，“基础研究知识库”将不会对所存储的内容提供开放获取。

1. 元数据使用

“基础研究知识库”允许用户为个人学习、研究或者欣赏，免费获取和使用研究论文元数据；用户在使用研究论文元数据时必须给出原始元数据记录的超链接或 OAI 标示符。第三方在超出许可条件下使用作品，需得到著作权人的许可。

2. 全文使用

“基础研究知识库”允许用户为个人学习、研究或者欣赏，免费获取和使用研究论文全文。用户在使用该研究论文全文时必须给出作者、标题、详细书目信息，原始页面的超链接或 OAI 标示符。第三方在超出许可条件下使用作品，需得到著作权人的许可。

六、系统互操作

自然科学基金会将积极促成“基础研究知识库”与其他科学与教育机构知识库等系统之间的信息互通、数据关联和标准共享。

七、知识产权

“基础研究知识库”中存储成果的著作权等知识产权的归属和使用，按照《中华人民共和国著作权法》和《关于加强国家科技计划知识产权管理工作的规定》等相关法律法规的规定执行。

八、免责声明

“基础研究知识库”在建设及运维过程中，将严格遵守《中华人民共和国著作权法》《信息网络传播权保护条例》及其他相关法律法规的规定。

“基础研究知识库”收集“自然科学基金会开放获取政策”发布之日后由国家自然科学基金全部或部分资助的科研项目的研究论文，同时回溯该政策发布之前由国家自然科学基金全部或部分资助的科研项目的研究论文。收集和回溯的研究论文由“基础研究知识库”存储和管理，并向社会公众提供开放获取服务。

“基础研究知识库”在做好数据收集、整理和信息审核工作的同时，请项目负责人和出版商等相关权利人定期关注“基础研究知识库”的研究论文，如发现错误，或认为侵犯了相关方的权利，请及时与自然科学基金会信息中心联系更正。

附录 2　中国机构知识库用户调查问卷

您好！

首先衷心感谢您在教学、研究、学习之余填写本调查问卷。2012 年 10 月，国内 15 家单位发起成立了“中国机构知识库推进工作组”（China IR Implementation Group），建立开放协同创新机制，群策群力，致力于促进我国机构知识库的发展。

本次调查面向全国的教育与科研机构人员（包括研究生群体），旨在了解和掌握教育科研人员对机构知识库使用情况的认知、行为、需求以及相关影响因素，进而为机构知识库的规划发展和推广使用提供参考依据。您的观点和意见对本调查非常重要，您大概利用 10—15 分钟即可完成问卷内容的填写，感谢您的鼎力支持！

本调查完全采取匿名方式，我们郑重保证所有调查信息和数据仅作为调查结果分析资料，不会用于商业等其他用途。

中国机构知识库推进工作组
2013 年 5 月

相关术语和概念界定：

● 机构知识库（Institutional Repository，简称 IR）

又称机构仓储、机构资料库、机构信息库、机构典藏库等，是教育与科研机构存储本机构的学术研究成果和智力资产，并向网络用户群体开放，提供免费阅读和使用的数字文档库。国内外著名的机构知识库有 MIT 的 DSpace @ MIT、香港科技大学的 The HKUST Institutional Repository、台湾大学机构典藏、中国科学院机构知识库服务网络等。

● 机构知识库的功能

机构知识库承担着保存机构知识资产和支持知识开放共享的重要职责，是保存和传播知识成果的有力工具，正逐渐成为机构知识基础设施和新型学术信息交流与评价体系的重要组成部分。通过机构知识库，教育科研人员和机构可以保存、传播和管理所属研究成果，并促进成果的利用，从而提高学术地位，提升学术影响力。

一、您是否知道或听说过机构知识库？

A. 知道而且清楚它的用处

B. 知道但是不太清楚它的用处

C. 知道但是完全不明白它的用处

D. 此前从未听说过

二、您所在的机构是否有机构知识库？

A. 有　　B. 没有　　C. 我不知道　　D. 我不关心

三、您是否使用过机构知识库？

A. 使用过而且清楚怎么使用

B. 使用过但是不太熟悉怎么使用

C. 未使用过，但看到他人使用过

D. 未使用过，完全不明白怎么使用

四、如果您使用过机构知识库，一般情况下进入机构知识库的途径是：

进入机构知识库的方式	请勾选一个数字		
从机构知识库的主页	3	2	1
从图书馆或者信息中心的网页链接	3	2	1
从学会、研讨会或者其他网站的网页链接	3	2	1
从图书馆或者信息中心的检索结果链接	3	2	1
从搜索引擎的检索结果链接	3	2	1

3＝经常如此　2＝偶尔如此　1＝并非如此

五、您愿意使用机构知识库的原因在于：

使用机构知识库的原因	请勾选一个数字				
资源丰富，可以找到正式出版物（数据库）中无法找到的特色信息（如工作和研究报告、演讲报告、机构学位论文等）	5	4	3	2	1
资源质量高，有学术价值	5	4	3	2	1
获取方便，可按照机构线索直接查到某机构的成果，并下载使用	5	4	3	2	1
开放使用，降低了获取信息的成本	5	4	3	2	1
受所在学科或机构同行的影响	5	4	3	2	1
提倡开放获取，推广学术成果开放共享	5	4	3	2	1
其他（请说明）________________	5	4	3	2	1

5＝比较同意　4＝同意　3＝无意见　2＝不太同意　1＝不同意

六、您不愿意/使用机构知识库的原因在于：（如使用过，可跳过此问至问题7）

不愿意/使用机构知识库的原因	请勾选一个数字				
对机构知识库作用不了解，缺乏相关认知	5	4	3	2	1
不习惯使用机构知识库	5	4	3	2	1
对机构知识库不感兴趣	5	4	3	2	1
机构知识库内容质量参差不齐、不规范	5	4	3	2	1
机构知识库内容更新慢、数量与种类少	5	4	3	2	1
机构知识库没有吸引我的资源	5	4	3	2	1
机构知识库功能（如检索、浏览、评论等）不完善、不便使用	5	4	3	2	1
机构知识库系统界面（如布局、文字、美观等）不够完善	5	4	3	2	1
机构知识库的服务（如下载、排名、评价等）不够完善	5	4	3	2	1
当前学术出版模式已经能满足信息获取需求	5	4	3	2	1
担心知识产权的问题	5	4	3	2	1
访问权限有限制，不便使用	5	4	3	2	1
其他（请说明）________________	5	4	3	2	1

5＝比较同意　4＝同意　3＝无意见　2＝不太同意　1＝不同意

七、您认为所在的机构有必要建设机构知识库吗？

A. 十分有必要　　B. 有必要　　C. 可有可无（无所谓）

D. 没有必要　　E. 完全没有必要

八、您是否愿意将您的科研产出（论文、著作、报告、实验数据、图片等）存缴至所在机构的知识库？

A. 大力支持　　B. 愿意　　C. 有条件愿意（如有限开放存取）

D. 无所谓（没有意愿）　　E. 不愿意

九、以下情况是否促使您愿意将自己的科研成果存缴到机构知识库？（是为A，否为B）

促使成果存缴至机构知识库的因素	是	否
长期保存自己的学术成果产出	A	B
借此管理自己的学术成果产出	A	B
从统计报表得知下载和浏览量	A	B
促进个人成果的共享与传播	A	B
认同并且实践开放共享的方式	A	B
所在单位或者课题组有此要求	A	B
方便他人利用，增强成果显示度	A	B
其他（请补充）____________________	A	B

十、以下情况，是否困扰/影响您将科研成果存缴到机构知识库？（是为A，否为B）

困扰或影响成果存缴至机构知识库的因素	是	否
科研人员对机构知识库不了解，缺乏相关认知	A	B
提交内容的要求，增加工作量	A	B
提交内容的手续过程复杂	A	B
提交内容过程中的机构知识库操作不方便	A	B
担心现行学术评价体系不认可，所在学科/单位不认同	A	B
担心信息安全和数据备份等问题	A	B

续表

困扰或影响成果存缴至机构知识库的因素	是	否
担心影响传统模式下成果的发表，出版商/资助机构不允许	A	B
担心成果被剽窃或用于商业用途	A	B
科研成果属于保密范围	A	B
其他（请补充）________________	A	B

十一、您希望以怎样的方式存缴您的个人成果至机构知识库？（是为 A，否为 B）

存缴方式	是	否
我自己存缴（自我存缴）	A	B
我授权给团队或委托人（科研团队成员、图书馆员等）存缴	A	B
我提交管理部门，由管理部门人员存缴	A	B
我提交管理部门，由管理部门提交机构知识库管理者存缴	A	B
我提交机构知识库管理者存缴	A	B
其他平台授权机构知识库管理者，进行数据迁移或者复制	A	B

十二、作为存储内容的成果作者（呈缴者），您期望机构知识库中存储资源的开放范围？

A. 完全开放

B. 在 IP 范围内的用户，允许访问

C. 通过帐号登录的用户，允许访问

D. 兼具以上多重限制

十三、作为存储内容的成果作者（呈缴者），您认为机构知识库的全文浏览，应该如何限定？

A. 完全开放，自由浏览，并允许下载全文到个人计算机或移动设备上

B. 限制在视窗内浏览全文，不允许下载全文到个人计算机或移动设备上

C. 限制在视窗内浏览全文的部分内容（限制全文阅读页数），不允许下

载全文到个人计算机或移动设备上

D. 兼具以上多重限制

十四、作为存储内容的成果作者（呈缴者），您认为机构知识库内容全文的下载范围，应该如何限定？

A. 完全开放，允许下载

B. 在 IP 范围内的用户，允许下载

C. 通过帐号登录的用户，允许下载

D. 兼具以上多重限制

十五、作为存储内容的成果作者（呈缴者），您认为存缴多长时间后，提供开放获取（下载）比较合适？

A. 立即实施开放共享

B. 三个月后实施开放共享

C. 六个月后实施开放共享

D. 一年以后（含一年）实施开放共享

E. 没有意见，无所谓

F. 其他（请补充）____________________

十六、您认为有必要对存缴的内容进行质量控制和数据规范吗？

A. 非常必要　B. 必要　C. 一般　D. 不必要　E. 无所谓

十七、您希望机构知识库存储的成果类型有哪些？(是为 A，否为 B)

存储成果的类型	是	否
期刊论文	A	B
会议论文	A	B
学位论文	A	B
专著文集	A	B
研究报告	A	B
工作记录	A	B

续表

存储成果的类型	是	否
演讲课件	A	B
视频音频等多媒体资料	A	B
专利文件	A	B
实验数据	A	B
机构内部发行资料	A	B
其他类型（请补充）________________		

十八、您期望机构知识库对您的教学/科研工作发挥的作用是：

支持类型	请勾选一个数字				
收集、保存和呈现个人或机构成果	5	4	3	2	1
便于个人或机构成果的管理与评价	5	4	3	2	1
便于寻找相关合作者	5	4	3	2	1
扩大个人或机构成果影响力	5	4	3	2	1
便于个人或机构成果共享	5	4	3	2	1
其他（请补充）________________					

5=非常重要　4=比较重要　3=重要　2=一般　1=不太重要

十九、您认为可以采取何种措施，进一步提升机构知识库的使用？

提升使用的措施	请勾选一个数字				
加大宣传力度，增强使用意识推广	5	4	3	2	1
丰富资源内容，增加特色信息收藏	5	4	3	2	1
采用便捷、实用、开放的系统平台	5	4	3	2	1
提高数据被多种检索工具检索的开放性	5	4	3	2	1
获得版权许可和政策保障的支持	5	4	3	2	1
争取科研评价体系的认同	5	4	3	2	1
拓展成果利用统计、评价服务功能	5	4	3	2	1
其他（请补充）________________					

5=非常重要　4=比较重要　3=重要　2=一般　1=不太重要

二十、您还期望从机构知识库获得何种服务或支持？欢迎您畅所欲言！

____

____

三、请填写您的基本信息

您的性别：○男　○女

您的年龄：○20~24岁　○25~29岁　○30~34岁　○35~39岁
○40~44岁　○45~49岁　○50~54岁　○55~59岁
○60岁以上

您的身份：（教师/科研人员当前如在职读书，身份优先选择教师/研究人员系列）

如果您是教师/研究人员：○教授/研究员　○副教授/副研究员
○讲师/助理研究员　○助教/实习研究员

如果您是研究生：○硕士生　○博士生

您的教育程度：○本科及以下　○硕士/在读博士　○博士/博士后

您所属地域：（根据国务院《中华人民共和国行政区划（2006年）》，请以机构所在地为准）

○北京市　○天津市　○河北省　○山西省　○内蒙古自治区
○辽宁省　○吉林省　○黑龙江省　○上海市　○江苏省
○浙江省　○安徽省　○福建省　○江西省　○山东省
○河南省　○湖北省　○湖南省　○广东省　○广西壮族自治区
○海南省　○重庆市　○四川省　○贵州省　○云南省
○西藏自治区　○陕西省　○甘肃省　○青海省
○宁夏回族自治区　○新疆维吾尔自治区

您所属学科：（根据2011年教育部《学位授予和人才培养学科目录》，如

涉及跨学科研究，请以主要或最为靠近学科为准)

○哲学　○经济学　○法学　○教育学　○文学

○历史学　○理学　○工学　○农学　○医学

○军事学　○管理学　○艺术学

您对提高机构知识库的内容质量、提升机构库的使用成效有何建议、看法，或您对机构知识库的未来发展有何期望？欢迎您留下宝贵建议！

____

____

您已经完成问卷，如果您需要获取调查结果，请留下您的电子邮件____________________，方便我们与您联系！

再次感谢您的支持与合作！